1 uno

MCDOUGAL LITTELL

# ¡En español!

**AUTHORS**

Estella Gahala

Patricia Hamilton Carlin

Audrey L. Heining-Boynton

Ricardo Otheguy

Barbara J. Rupert

**CULTURE CONSULTANT**

Jorge A. Capetillo-Ponce

**McDougal Littell**
A HOUGHTON MIFFLIN COMPANY
Evanston, Illinois • Boston • Dallas

TEX+BOOK
R
468
EN

**Cover Photography**

Center: Large image taken in Mexico City by Martha Granger/EDGE Productions.

Bottom, from left to right: Aztec ceramic, Mexico, Dick Keen/Visuals Unlimited; Windmills in La Mancha, Spain, Michael Busselle/Tony Stone Images, Inc. (also on back cover); Painted wooden sculpture, Guatemala, Private Collection, Tom Holton/Superstock; Calle San Sebastián, Old San Juan, Puerto Rico, Martha Granger/EDGE Productions.

Hardcover ISBN: 0-395-91081-1
Softcover ISBN:  0-618-01794-1

     5  6  7  8  9  - VJM -  05  04  03  02  01  00

Internet: www.mcdougallittell.com

# CONTENIDO

## OBJECTIVES

- Greet people
- Introduce yourself
- Say where you are from
- Exchange phone numbers
- Say which day it is

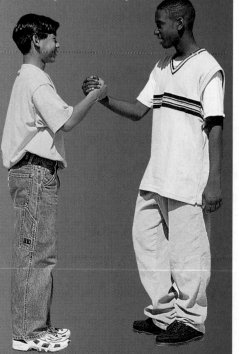

# UNIDAD

# ESTADOS UNIDOS

## MI MUNDO

*Visit Miami, San Antonio, and Los Angeles with Francisco and his friend Alma.*

### ETAPA 1

## OBJECTIVES

- Greet others
- Introduce others
- Say where people are from
- Express likes

# UNIDAD 1

## ETAPA 3

### OBJECTIVES

- Describe family
- Ask and tell ages
- Talk about birthdays
- Give dates
- Express possession

## Los Ángeles - Te presento a mi familia 68

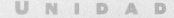

# UNIDAD 2

## ETAPA 1

### OBJECTIVES

- Describe classes and classroom objects
- Say how often you do something
- Discuss obligations

# CIUDAD DE MÉXICO
## MÉXICO

### UNA SEMANA TÍPICA

*Explore exciting Mexico City with Isabel and Ricardo, two Mexican teenagers.*

# UNIDAD 2

## ETAPA 2

## ¡Un horario difícil! 118

### OBJECTIVES

- Talk about schedules
- Ask and tell time
- Ask questions
- Say where you are going
- Request food

ETAPA
**3**

## OBJECTIVES

- Discuss plans
- Sequence events
- Talk about places and people you know

# UNIDAD 3

# SAN JUAN
## PUERTO RICO

### EL FIN DE SEMANA

*Enjoy the weather and the landscape of Puerto Rico with three friends.*

## ETAPA 1

### OBJECTIVES

- Extend invitations
- Talk on the phone
- Express feelings
- Say where you are coming from
- Say what just happened

ETAPA
2

### OBJECTIVES

- Talk about sports
- Express preferences
- Say what you know
- Make comparisons

ETAPA **3**

## El tiempo en El Yunque — 212

Coquí ARTEL
Puerto Rico
En su tamaño y color natural

ETAPA

1

# OAXACA
## MÉXICO

¡DE VISITA!

*Enjoy regional handicrafts and food with Rosa, Carlos, and Sofía.*

## OBJECTIVES

- Identify places
- Give addresses
- Choose transportation
- Request directions
- Give instructions

# UNIDAD 4

## ETAPA 2

### OBJECTIVES

- Talk about shopping
- Make purchases
- Talk about giving gifts
- Bargain

# UNIDAD 4

## ETAPA 3

### OBJECTIVES

- Order food
- Request the check
- Talk about food
- Express extremes
- Say where you went

# 5

## ETAPA 1

### OBJECTIVES

- Describe daily routine
- Talk about grooming
- Tell others to do something
- Discuss daily chores

# BARCELONA
## ESPAÑA

### PREPARACIONES ESPECIALES

*Have fun organizing a surprise birthday party for Luis.*

# UNIDAD 5

## ETAPA 2

### OBJECTIVES

- Say what people are doing
- Persuade others
- Describe a house
- Negotiate responsibilities

## ¿Qué debo hacer? 334

**OBJECTIVES**

- Plan a party
- Describe past activities
- Express extremes
- Purchase food

¡Qué buena celebración! **356**

# UNIDAD 6

# QUITO ECUADOR

## LA CIUDAD Y EL CAMPO

*Compare life in the city to life in the countryside with Patricia and Miguel and his family.*

### ETAPA 1

## OBJECTIVES

- Tell what happened
- Make suggestions to a group
- Describe city buildings
- Talk about professions

# UNIDAD 6

## ETAPA 2

### OBJECTIVES

- Point out specific people and things
- Tell where things are located
- Talk about the past

## A conocer el campo 406

## OBJECTIVES

- Talk about the present and future
- Give instructions to someone
- Discuss the past

# About the Authors

**Estella Gahala** holds a Ph.D. in Educational Administration and Curriculum from Northwestern University. A career teacher of Spanish and French, she has worked with a wide range of students at the secondary level. She has also served as foreign language department chair and district director of curriculum and instruction. Her workshops at national, regional, and state conferences as well as numerous published articles draw upon the current research in language learning, learning strategies, articulation of foreign language sequences, and implications of the national Standards for Foreign Language Learning upon curriculum, instruction, and assessment. She has coauthored six basal textbooks.

**Patricia Hamilton Carlin** completed her M.A. in Spanish at the University of California, Davis, where she also taught as a lecturer. She also holds a Master of Secondary Education with specialization in foreign languages from the University of Arkansas. She has taught preschool through college, and her secondary programs in Arkansas have received national recognition. A coauthor of the *¡DIME! UNO* and *¡DIME! DOS* secondary textbooks, she currently teaches Spanish and methodology at the University of Central Arkansas, where she also supervises student teachers. She is a frequent presenter at local, regional, and national foreign language conferences.

**Audrey L. Heining-Boynton** received her Ph.D. in Curriculum and Instruction from Michigan State University. She is a Professor of Education and Romance Languages at The University of North Carolina at Chapel Hill, where she is a second language teacher educator and Professor of Spanish. She has also taught Spanish, French, and ESL at the K–12 level. Dr. Heining-Boynton was the president of the National Network for Early Language Learning, has been on the Executive Council of ACTFL, and involved with AATSP, Phi Delta Kappa, and state foreign language associations. She has presented both nationally and internationally, and has published over forty books, articles, and curricula.

**Ricardo Otheguy** received his Ph.D. in Linguistics from the City University of New York, where he is currently Professor of Linguistics at the Graduate School and University Center. He has written extensively on topics related to Spanish grammar as well as on bilingual education, and the Spanish of the United States. He is coauthor of *Tu mundo: Curso para hispanohablantes,* a Spanish high school textbook for Spanish speakers, and of *Prueba de ubicación para hispanohablantes,* a high school Spanish placement test.

**Barbara J. Rupert** has taught Level 1 through A.P. Spanish during her many years of high school teaching. She is a graduate of Western Washington University, and has broadened her knowledge and skills base with numerous graduate level courses emphasizing language acquisition, authentic assessment, and educational leadership and reform. She serves as the World Languages Department Chair, District Trainer and Chair of her school's Site Council. Barbara is the author of CD-ROM activities for the *¡Bravo!* series and presents at a variety of foreign language conferences. In 1996, Barbara received the Christa McAuliffe Award for Excellence in Education.

## Culture Consultant

**Jorge A. Capetillo-Ponce** is presently a Ph.D. candidate in Sociology at the New School for Social Research, where he is also Special Consultant to the Dean of The Graduate Faculty. His graduate studies at the New School and El Colegio de México include a diversity of fields such as international relations, sociopolitical analysis, cultural theory, and sociology. He has published a wide range of essays on art, politics, religion, international relations, and society in Latin America, the United States, and the Middle East; as well as being an advisor to a number of politicians and public figures, a researcher and editor, and a college professor and television producer in Mexico, Nicaragua, and the United States.

--------------------------------------------------------------------

### Consulting Authors

Dan Battisti
Dr. Teresa Carrera-Hanley
Bill Lionetti
Patty Murguía Bohannan
Lorena Richins Layser

### Regional Language Reviewers

Dolores Acosta (Mexico)
Jaime M. Fatás Cabeza (Spain)
Grisel Lozano-Garcini (Puerto Rico)
Isabel Picado (Costa Rica)
Juan Pablo Rovayo (Ecuador)

### Contributing Writers

Ronni L. Gordon
Christa Harris
Debra Lowry
Sylvia Madrigal Velasco
Sandra Rosenstiel
David M. Stillman
Jill K. Welch

### Ad hoc Representatives

Vicki Armstrong
Jane Asano
Kathy Cavers
Dan Griffith
Rita McGuire
Gretchen Toole

### Senior Reviewers

O. Lynn Bolton
Dr. Jane Govoni
Elías G. Rodríguez
Ann Tollefson

## Teacher Reviewers

**Susan Arbuckle**
Mahomet-Seymour High School
Mahomet, IL

**Silvia Armstrong**
Mills High School
Little Rock, AR

**Warren Bender**
Duluth East High School
Duluth, MN

**Adrienne Chamberlain-Parris**
Mariner High School
Everett, WA

**Norma Coto**
Bishop Moore High School
Orlando, FL

**Roberto del Valle**
Shorecrest High School
Shoreline, WA

**Rubén D. Elías**
Roosevelt High School
Fresno, CA

**José Esparza**
Curie Metropolitan High School
Chicago, IL

**Lorraine A. Estrada**
Cabarrus County Schools
Concord, NC

**Alberto Ferreiro**
Harrisburg High School
Harrisburg, PA

**Judith C. Floyd**
Henry Foss High School
Tacoma, WA

**Lucy H. García**
Pueblo East High School
Pueblo, CO

**Marco García**
Lincoln Park High School
Chicago, IL

**Raquel R. González**
Odessa High School
Odessa, TX

**Linda Grau**
Shorecrest Preparatory School
St. Petersburg, FL

**Deborah Hagen**
Ionia High School
Ionia, MI

**Sandra Hammond**
St. Petersburg High School
St. Petersburg, FL

**Bill Heller**
Perry Junior/Senior High School
Perry, NY

**Jody Klopp**
Oklahoma State Department
of Education
Edmond, OK

**Richard Ladd**
Ipswich High School
Ipswich, MA

**Carol Leach**
Francis Scott Key High School
Union Bridge, MD

**Sandra Martín Arnold**
Palisades Charter High School
Pacific Palisades, CA

**Laura McCormick**
East Seneca Senior High School
West Seneca, NY

**Rafaela McLeod**
Southeast Raleigh High School
Raleigh, NC

**Kathleen L. Michaels**
Palm Harbor University
High School
Palm Harbor, FL

**Vickie A. Mike**
Horseheads High School
Horseheads, NY

**Terri Nies**
Mannford High School
Mannford, OK

**María Emma Nunn**
John Tyler High School
Tyler, TX

**Lewis Olvera**
Hiram Johnson West Campus
High School
Sacramento, CA

**Anne-Marie Quihuis**
Paradise Valley High School
Phoenix, AZ

**Rita Risco**
Palm Harbor University
High School
Palm Harbor, FL

**James J. Rudy, Jr.**
Glen Este High School
Cincinnati, OH

**Kathleen Solórzano**
Homestead High School
Mequon, WI

**Sarah Spiesman**
Whitmer High School
Toledo, OH

**M. Mercedes Stephenson**
Hazelwood Central High School
Florissant, MO

**Carol Thorp**
East Mecklenburg High School
Charlotte, NC

**Elizabeth Torosian**
Doherty Middle School
Andover, MA

**Pamela Urdal Silva**
East Lake High School
Tarpon Springs, FL

**Wendy Villanueva**
Lakeville High School
Lakeville, MN

**Helen Webb**
Arkadelphia High School
Arkadelphia, AR

**Jena Williams**
Jonesboro High School
Jonesboro, AR

**Janet Wohlers**
Weston Middle School
Weston, MA

## Teacher Panel

**Linda Amour**
Highland High School
Bakersfield, CA

**Dena Bachman**
Lafayette Senior High School
St. Joseph, MO

**Sharon Barnes**
J. C. Harmon High School
Kansas City, KS

**Ben Barrientos**
Calvin Simmons
Junior High School
Oakland, CA

**Paula Biggar**
Sumner Academy of
Arts & Science
Kansas City, KS

**Edda Cárdenas**
Blue Valley North High School
Leawood, KS

**Joyce Chow**
Crespi Junior High School
Richmond, CA

**Mike Cooperider**
Truman High School
Independence, MO

**Judy Dozier**
Shawnee Mission South
High School
Shawnee Mission, KS

**Maggie Elliott**
Bell Junior High School
San Diego, CA

**Dana Galloway-Grey**
Ontario High School
Ontario, CA

**Nieves Gerber**
Chatsworth Senior High School
Chatsworth, CA

**Susanne Kissane**
Shawnee Mission Northwest
High School
Shawnee Mission, KS

**Ann López**
Pala Middle School
San Jose, CA

Beatrice Marino
Palos Verdes Peninsula High School
Rolling Hills Estates, CA

Barbara Mortanian
Tenaya Middle School
Fresno, CA

Vickie Musni
Pioneer High School
San Jose, CA

Rodolfo Orihuela
C. K. McClatchy High School
Sacramento, CA

Terrie Rynard
Olathe South High School
Olathe, KS

Beth Slinkard
Lee's Summit High School
Lee's Summit, MO

Rosa Stein
Park Hill High School
Kansas City, MO

## Urban Panel

Rebecca Carr
William G. Enloe High School
Raleigh, NC

Norha Franco
East Side High School
Newark, NJ

Kathryn Gardner
Riverside University High School
Milwaukee, WI

Eula Glenn
Remtec Center
Detroit, MI

Jeana Harper
Detroit Fine Arts High School
Detroit, MI

Guillermina Jauregui
Los Angeles Senior High School
Los Angeles, CA

Lula Lewis
Hyde Park Career Academy High School
Chicago, IL

Florence Meyers
Overbrook High School
Philadelphia, PA

Vivian Selenikas
Long Island City High School
Long Island City, NY

Sadia White
Spingarn Stay Senior High School
Washington, DC

## Block Scheduling Panel

Barbara Baker
Wichita Northwest High School
Wichita, KS

Patty Banker
Lexington High School
Lexington, NC

Beverly Blackburn
Reynoldsburg Senior High School
Reynoldsburg, OH

Henry Foust
Northwood High School
Pittsboro, NC

Gloria Hawks
A. L. Brown High School
Kannapolis, NC

Lois Hillman
North Kitsap High School
Poulsbo, WA

Nick Patterson
Central High School
Davenport, IA

Sharyn Petkus
Grafton Memorial High School
Grafton, MA

Cynthia Prieto
Mount Vernon High School
Alexandria, VA

Julie Sanchez
Western High School
Fort Lauderdale, FL

Marilyn Settlemyer
Freedom High School
Morganton, NC

## Student Review Board

Andrea Avila
Fannin Middle School
Amarillo, TX

Maya Beynishes
Edward R. Murrow High School
Brooklyn, NY

James Dock
Guilford High School
Rockford, IL

Richard Elkins
Nevin Platt Middle School
Boulder, CO

Kathryn Finn
Charles S. Pierce Middle School
Milton, MA

Robert Foulis
Stratford High School
Houston, TX

Lorrain García
Luther Burbank High School
Sacramento, CA

Katie Hagen
Ionia High School
Ionia, MI

Steven Hailey
Davis Drive School
Apex, NC

Eli Harel
Thomas Edison Intermediate School
Westfield, NJ

Cheryl Kim
Dr. Leo Cigarroa High School
Laredo, TX

Jennifer Kim
Kellogg Middle School
Seattle, WA

Jordan Leitner
Scripps Ranch High School
San Diego, CA

Courtney McPherson
Miramar High School
Miramar, FL

Zachary Nelson
Warsaw Community High School
Warsaw, IN

Diana Parrish
Oak Crest Junior High School
Encinitas, CA

Kimberly Robinson
Perryville Senior High School
Perryville, AR

John Roland
Mountain Pointe High School
Phoenix, AZ

Nichole Ryan
Bermudian Springs High School
York Springs, PA

Ryan Shore
West Miami Middle School
Miami, FL

Tiffany Stadler
Titusville High School
Titusville, FL

Michael Szymanski
West Seneca East High School
West Seneca, NY

Anela Talic
Soldan International Studies High School
St. Louis, MO

Gary Thompson
Fort Dorchester High School
Charleston, SC

Bethany Traynor
Glen Este High School
Cincinnati, OH

Gerard White
Paramount High School
Paramount, CA

Nichols Wilson
Waubonsie Valley High School
Aurora, IL

Amy Wyron
Robert Frost Intermediate School
Rockville, MD

Karina Zepeda
West Mecklenburg High School
Charlotte, NC

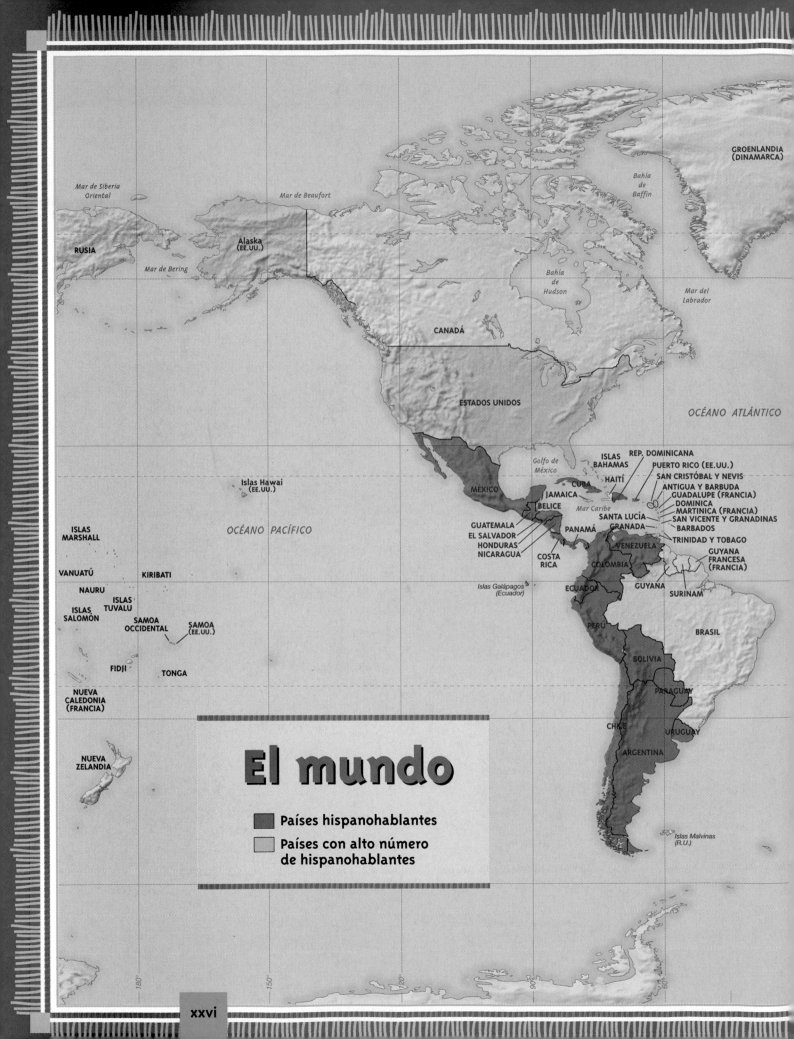

# El mundo

Países hispanohablantes

Países con alto número
de hispanohablantes

OCÉANO ÁRTICO

Mar de Laptev

Mar de Kara

Mar de Barents

Mar de Noruega

ISLANDIA

SUECIA
FINLANDIA
NORUEGA

RUSIA

Lago Baikal

Mar de Ojotsk

REINO UNIDO
Mar del Norte
ESTONIA
LETONIA
LITUANIA
Mar Báltico

IRLANDA

1  DINAMARCA
2  HOLANDA
3  BÉLGICA
4  LUXEMBURGO
5  SUIZA
6  REPÚBLICA CHECA
7  ESLOVAQUIA
8  HUNGRÍA

9   ESLOVENIA
10  CROACIA
11  BOSNIA Y HERZEGOVINA
12  YUGOSLAVIA
13  ALBANIA
14  MACEDONIA
15  BULGARIA
16  MALTA

POLONIA
BIELORRUSIA
ALEMANIA
UCRANIA
MOLDAVIA

FRANCIA
AUSTRIA
RUMANIA

ANDORRA
ITALIA

ESPAÑA
PORTUGAL

GRECIA

Mar Negro

GIBRALTAR (R.U.)

Mar Mediterráneo

CHIPRE
LÍBANO
TURQUÍA
GEORGIA
ARMENIA
AZERBAIYÁN

KAZAKSTÁN

UZBEKISTÁN
KIRGUISTÁN
TURKMENISTÁN
TADJIKISTÁN

MONGOLIA

COREA DEL NORTE
COREA DEL SUR

Mar de Japón

JAPÓN

Islas Canarias (Esp.)

MARRUECOS

SIRIA
IRAK
ISRAEL
JORDANIA

IRÁN
AFGANISTÁN

CHINA

TAIWÁN

ARGELIA
LIBIA
EGIPTO

KUWAIT
QATAR
BAHREIN
E.Á.U.

PAQUISTÁN
NEPAL
BHUTÁN

Trópico de Cáncer

GUAM (EE.UU.)

SAHARA OCCIDENTAL

MAURITANIA
MALÍ
NÍGER
CHAD
SUDÁN

ARABIA SAUDITA

Mar Rojo

OMÁN

INDIA

MYANMAR
LAOS

VIETNAM

SENEGAL
GUINEA
BISSAU
BURKINA FASO
BENIN
NIGERIA
TOGO

ERITREA
YEMEN
JIBUTI

Mar Arábigo

BANGLADESH

TAILANDIA
CAMBOYA

Mar de China

FILIPINAS

GUINEA
SIERRA LEONA
COSTA DE MARFIL
GHANA
LIBERIA

ETIOPÍA
SOMALIA

Golfo de Bengala

BRUNEI
MALAYSIA

PALAU
MICRONESIA

GUINEA ECUATORIAL
CAMERÚN
REP. CENTRO-AFRICANA
CONGO
GABÓN
REP. DEL CONGO
UGANDA
KENIA
RUANDA
BURUNDI
TANZANIA

SRI LANKA

ISLAS MALDIVAS

SINGAPUR

Ecuador

INDONESIA

PAPUASIA NUEVA GUINEA

CABINDA (ANGOLA)
ANGOLA
ZAMBIA
MALAWI
MOZAMBIQUE

SEYCHELLES
COMORES

MAURICIO

OCÉANO ÍNDICO

NAMIBIA
ZIMBABWE
BOTSWANA

MADAGASCAR

Trópico de Capricornio

AUSTRALIA

SUDÁFRICA
LESOTHO
SUAZILANDIA

N

0   1000   2000 kilómetros
0   1000   2000 millas

ANTÁRTIDA

30°   60°   90°   120°

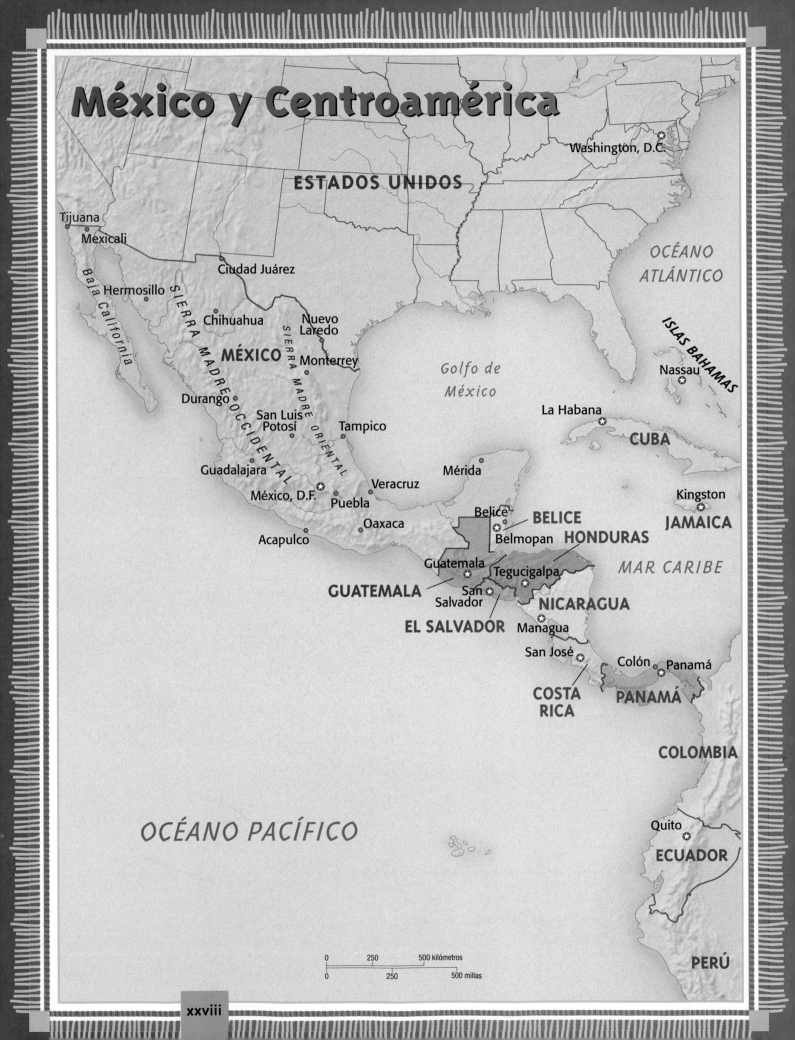

# México y Centroamérica

ESTADOS UNIDOS

Washington, D.C.

OCÉANO ATLÁNTICO

Tijuana

Mexicali

Ciudad Juárez

Hermosillo

Baja California

SIERRA MADRE OCCIDENTAL

Chihuahua

Nuevo Laredo

SIERRA MADRE ORIENTAL

MÉXICO

Monterrey

Golfo de México

ISLAS BAHAMAS

Nassau

Durango

San Luis Potosí

Tampico

La Habana

CUBA

Guadalajara

Mérida

Kingston

Veracruz

JAMAICA

México, D.F.

Puebla

Belice

BELICE

HONDURAS

Acapulco

Oaxaca

Belmopan

MAR CARIBE

Guatemala

Tegucigalpa

GUATEMALA

San Salvador

NICARAGUA

EL SALVADOR

Managua

San José

Colón

Panamá

COSTA RICA

PANAMÁ

COLOMBIA

OCÉANO PACÍFICO

Quito

ECUADOR

0    250    500 kilómetros

0    250    500 millas

PERÚ

# El Caribe

ESTADOS UNIDOS

Estrecho de Florida

Nassau

ISLAS BAHAMAS

OCÉANO ATLÁNTICO

La Habana

Santa Clara

CUBA

Nueva Gerona

Camagüey

Holguín

Manzanillo

Guantánamo

Santiago de Cuba

ISLAS DE TURCOS Y CAICOS (R.U.)

REPÚBLICA DOMINICANA

ANTILLAS MAYORES

HAITÍ

La Española

Arecibo

San Juan

Mayagüez

Puerto Príncipe

Santo Domingo

Ponce

Humacao

PUERTO RICO

Kingston

JAMAICA

HONDURAS

MAR CARIBE

NICARAGUA

Aruba (Hol.)

Curaçao (Hol.)

Bonaire (Hol.)

San José

Caracas

COSTA RICA

Panamá

PANAMÁ

Golfo de Panamá

VENEZUELA

COLOMBIA

OCÉANO PACÍFICO

Bogotá

| 0 | 250 | 500 kilómetros |
| 0 | 250 | 500 millas |

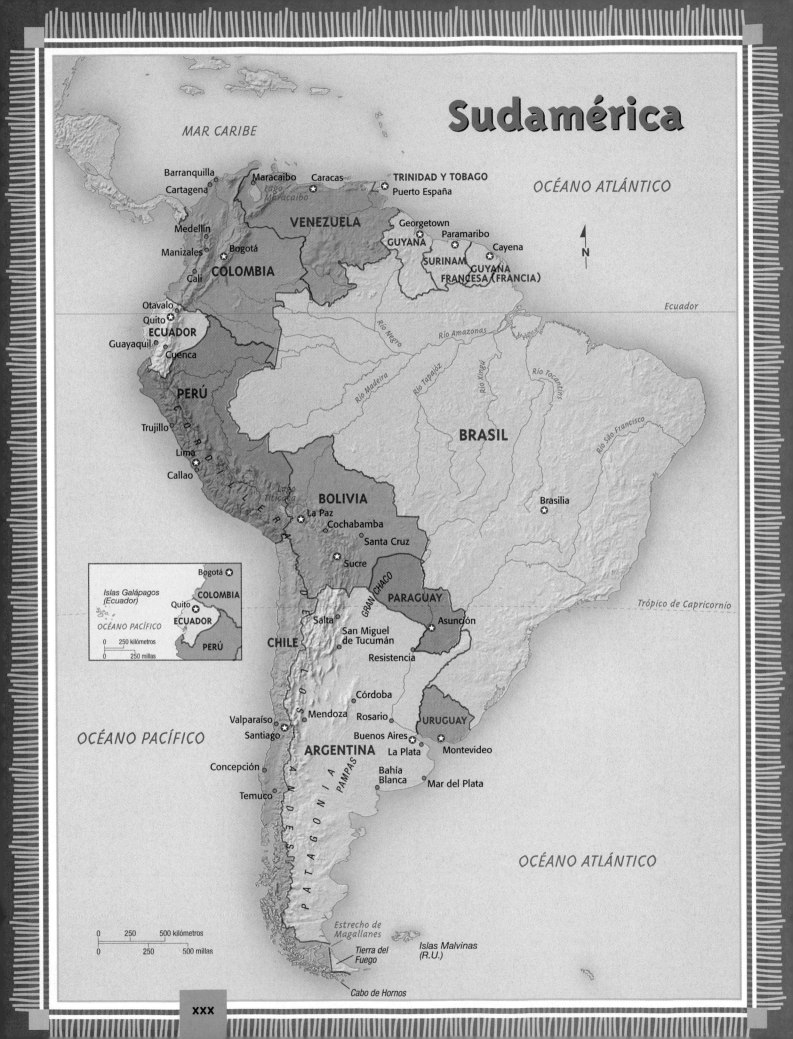

# Sudamérica

MAR CARIBE

OCÉANO ATLÁNTICO

Barranquilla
Cartagena
Maracaibo
Caracas
TRINIDAD Y TOBAGO
Puerto España
Lago Maracaibo

Medellín
VENEZUELA
Georgetown
Paramaribo
GUYANA
Cayena
Manizales
Bogotá
SURINAM
GUYANA
Cali
COLOMBIA
FRANCESA (FRANCIA)

Otavalo
Quito
Ecuador
ECUADOR
Guayaquil
Cuenca
Río Negro
Río Amazonas

PERÚ
Río Madeira
Río Tapajóz
Río Xingú
Río Tocantins

Trujillo
Lima
Callao
Río São Francisco

BRASIL

Lago Titicaca
BOLIVIA
La Paz
Cochabamba
Brasilia

Santa Cruz
Sucre
GRAN CHACO
PARAGUAY
Trópico de Capricornio

Salta
San Miguel de Tucumán
Asunción

Resistencia

CHILE
Córdoba
Valparaíso
Mendoza
Rosario
URUGUAY
Santiago
Buenos Aires
Montevideo
ARGENTINA
La Plata
Concepción
Bahía Blanca
Mar del Plata
Temuco
PAMPAS

OCÉANO PACÍFICO

N

PATAGONIA
ANDES

OCÉANO ATLÁNTICO

Estrecho de Magallanes
Islas Malvinas (R.U.)

Tierra del Fuego

Cabo de Hornos

### Inset map
Islas Galápagos (Ecuador)
Bogotá
COLOMBIA
Quito
ECUADOR
OCÉANO PACÍFICO
PERÚ
0    250 kilómetros
0    250 millas

0    250    500 kilómetros
0    250    500 millas

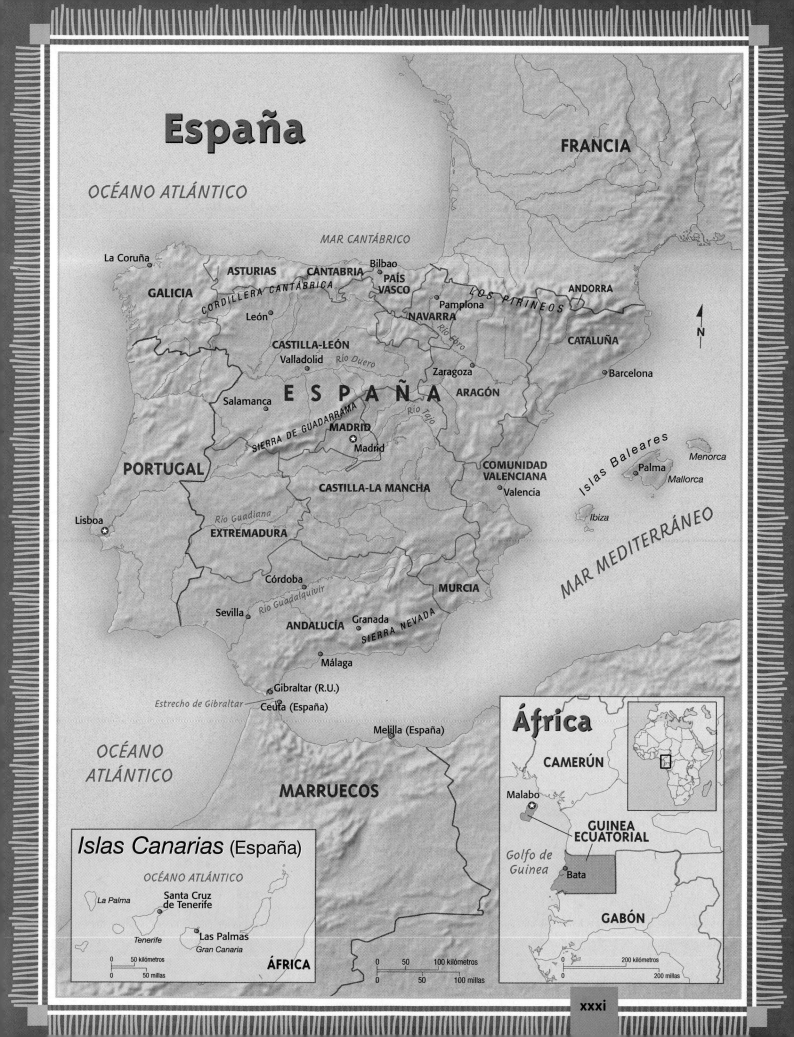

# España

OCÉANO ATLÁNTICO

FRANCIA

MAR CANTÁBRICO

La Coruña

GALICIA

ASTURIAS

CORDILLERA CANTÁBRICA

CÁNTABRIA

Bilbao

PAÍS VASCO

León

Pamplona

NAVARRA

LOS PIRINEOS

ANDORRA

CATALUÑA

CASTILLA-LEÓN

Valladolid

Río Duero

Zaragoza

Barcelona

E S P A Ñ A

ARAGÓN

Salamanca

Río Tajo

SIERRA DE GUADARRAMA

MADRID

Madrid

COMUNIDAD VALENCIANA

Islas Baleares

Menorca

Palma

Mallorca

PORTUGAL

CASTILLA-LA MANCHA

Valencia

Ibiza

Río Guadiana

Lisboa

EXTREMADURA

MAR MEDITERRÁNEO

Córdoba

Río Guadalquivir

MURCIA

Sevilla

ANDALUCÍA

Granada

SIERRA NEVADA

Málaga

Gibraltar (R.U.)

Estrecho de Gibraltar

Ceuta (España)

OCÉANO ATLÁNTICO

Melilla (España)

MARRUECOS

## Islas Canarias (España)

OCÉANO ATLÁNTICO

La Palma

Santa Cruz de Tenerife

Tenerife

Las Palmas

Gran Canaria

ÁFRICA

0    50 kilómetros

0    50 millas

0    50    100 kilómetros

0    50    100 millas

## África

CAMERÚN

Malabo

GUINEA ECUATORIAL

Golfo de Guinea

Bata

GABÓN

0    200 kilómetros

0    200 millas

N

# Why Learn Spanish?

## To Appreciate the Importance of Spanish in the U.S.

The influence of Spanish is everywhere. Spanish words like **plaza** and **tornado** have become part of the English language. Just think of U.S. place names that come from Spanish: **Colorado, Florida, Nevada, Los Angeles, San Antonio, La Villita,** etc. You can see Spanish on signs. There are Spanish radio and television stations. Singers such as Jon Secada perform in Spanish as well as English.

## To Connect

Spanish will help you **communicate** with other people. Spanish is the second most common language in the U.S. and the third most common in the world.

You will be able do things like **ask someone for directions, bargain at a market,** and **order in a restaurant** in Spanish.

## To Have Fun

Taking Spanish is a new experience that will expose you to the **food,** the **music,** the **celebrations,** and other aspects of Spanish-speaking cultures. It will make travel to other countries as well as to different places in the United States much more enjoyable and more meaningful.

## To Be Challenged

Studying Spanish is a challenge. There is a lot to learn, but it's not just vocabulary and grammar in a textbook. In the future you **will be able to read** Spanish-language **newspapers, magazines,** and **books.** Imagine reading *Don Quijote de la Mancha* by Miguel de Cervantes in the original Spanish someday!

## To Help You in the Future

Taking a foreign language like Spanish is an accomplishment to be emphasized on college and job applications. It can also help you fulfill college language requirements. Spanish can be **useful in many careers,** from doctor, bank teller, and social worker to teacher, tour guide, and translator.

# How to Study Spanish

## Use Strategies

**Listening strategies** provide a starting point to help you understand.

**Speaking strategies** will help you express yourself in Spanish.

**Reading strategies** will show you different ways to approach reading.

**Writing strategies** help you out with your writing skills.

**Cultural strategies** help you compare Spanish-speaking cultures of the world to your own culture.

### PARA LEER • STRATEGY: READING

**Look for cognates** These are words that look alike and have similar meanings in both English and Spanish, such as **europeo** and **artificiales**. What other cognates can you find in **"Las celebraciones del año"**?

## Use Study Hints

The **Apoyo para estudiar** feature provides study hints that will help you learn Spanish.

### APOYO PARA ESTUDIAR

#### Gender

Knowing the gender of nouns that refer to people is easy. But how do you learn the gender of things? When learning a new word, such as **camiseta,** say it with the definite article: **la camiseta**. Say it to yourself and say it aloud several times.

## Build Your Confidence

Everyone learns differently, and there are different ways to achieve a goal. Find out what works for you. Grammar boxes are set up with an explanation, a visual representation, and examples from real-life contexts. Use this combination of words and graphics to help you learn Spanish. Focus on whatever helps you most.

### GRAMÁTICA

### Expressing Feelings with estar and Adjectives

♻ **¿RECUERDAS?** *p. 130* You learned that the verb **estar** is used to say where someone or something is located.

**Estar** is also used with **adjectives** to describe how someone feels at a given moment.

| estoy | estamos |
| estás | estáis |
| está | están |

*agrees*

Diana **está** **preocupada** por Ignacio.
*Diana **is worried** about Ignacio.*

*agrees*

Ignacio **está** **preocupado** por Roberto.
*Ignacio **is worried** about Roberto.*

Remember that **adjectives** must **agree** in gender and number with the nouns they describe.

# Have Fun

Taking a foreign language does not have to be all serious work. The dialogs in this book present the Spanish language in **entertaining, real-life contexts**.

* Pair and group activities give you a chance to **interact with your classmates**.
* Vocabulary and grammar puzzles will test your knowledge, but will also be **fun to do**.

# Listen to Spanish
## Inside and Outside of Class

Listening to Spanish will help you understand it. Pay attention to the **dialogs** and the **listening activities** in class.

Take advantage of opportunities to **hear Spanish outside of class** as well.

* Do you know someone who speaks Spanish?
* Are there any Spanish-language radio and/or television stations in your area?
* Does your video store have any Spanish-language movies?

# Take Risks

The goal of studying a foreign language like Spanish is to **communicate**.

Don't be afraid to **speak**.

Everyone makes mistakes, so don't worry if you make a few. When you do make a mistake, **pause and then try again**.

# ETAPA PRELIMINAR

# ¡Hola, bienvenidos!

- Greet people

- Introduce yourself

- Say where you are from

- Exchange phone numbers

- Say which day it is

## ¿Qué ves?

Look at the photo of the first day of school.

1. How might the students be greeting one another?

2. What are they carrying?

3. Where should new students go? At what time?

¡Bienvenidos estudiantes nuevos!

Reunión: 8:30

Auditorio Colón

# ¡Hola!

Hola.

*Buenos días.*

*Buenas tardes.*

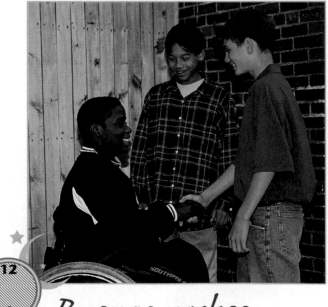

*Buenas noches.*

# Adiós

*Adiós.*

*Hasta luego.*

*Hasta mañana.*

*Nos vemos.*

## ACTIVIDAD 1 — Buenos días

How would you greet a friend at these times?

**modelo**

| 5:00 P.M. | *Buenas tardes.* |
|-----------|------------------|

1. 8:00 P.M.     **3.** 2:00 P.M.     **5.** anytime
2. 10:45 A.M.     **4.** 8:30 A.M.     **6.** 9:00 P.M.

## ACTIVIDAD 2 — Hasta mañana

Use different expressions to say good-bye to these people.

1. Ana
2. Señor Ruiz
3. Señora Díaz
4. Alfredo

## ACTIVIDAD 3  — ¿Saludo o despedida?

Imagine that you are in a Spanish-speaking community. Identify what you hear as a greeting (**saludo**) or a farewell (**despedida**) for these eight phrases.

## ACTIVIDAD 4 — Nos vemos

Greet and say good-bye to your partner, according to these situations.

1. Greet each other in the afternoon. You will see each other tomorrow.
2. Greet each other in the evening. You don't expect to see each other anytime soon.
3. Greet each other in the morning. You will see each other later today.

# ¿Cómo te llamas?

**Me llamo Tomás.**

**Me llamo Alma.**

## Chicos

| | | |
|---|---|---|
| Adán | Fernando | Marcos |
| Alejandro | Francisco | Mateo |
| Álvaro | Gerardo | Miguel |
| Andrés | Gilberto | Nicolás |
| Arturo | Gregorio | Pablo |
| Benjamín | Guillermo | Patricio |
| Carlos | Ignacio | Pedro |
| Cristóbal | Iván | Rafael |
| Daniel | Jaime | Ramón |
| David | Javier | Raúl |
| Diego | Jorge | Ricardo |
| Eduardo | José | Roberto |
| Enrique | Juan | Teodoro |
| Esteban | Julio | Timoteo |
| Federico | Leonardo | Tomás |
| Felipe | Luis | Vicente |

## Chicas

| | | |
|---|---|---|
| Alejandra | Elena | Mercedes |
| Alicia | Emilia | Micaela |
| Alma | Estefanía | Mónica |
| Ana | Estela | Natalia |
| Andrea | Eva | Patricia |
| Anita | Francisca | Raquel |
| Bárbara | Graciela | Rosa |
| Beatriz | Isabel | Rosalinda |
| Carlota | Juana | Rosana |
| Carmen | Julia | Sofía |
| Carolina | Luisa | Susana |
| Claudia | Margarita | Teresa |
| Consuelo | María | Verónica |
| Cristina | Mariana | Victoria |
| Diana | Marta | Yolanda |

**APOYO PARA ESTUDIAR**

### Chico, chica

In Spanish, all nouns have either a masculine or feminine gender. Masculine nouns usually end in **-o** and feminine nouns usually end in **-a**.

**Francisco:** Hola. ¿Cómo te llamas?

**Alma:** Me llamo Alma.

**Francisco:** Encantado, Alma. Me llamo Francisco.

**Alma:** Es un placer, Francisco.

el apellido    el nombre

**Raquel:** Hola.
Me llamo Raquel.

**Susana:** Me llamo
Susana. Encantada.

**Raquel:** Igualmente.

**Susana:** ¿Cómo se
llama el chico?

**Raquel:** Se llama Jorge.

**Jorge:** ¿Cómo se
llama la chica?

**Enrique:** Se llama
Ana.

**Rosa:** Buenos días. Me llamo Rosa. ¿Cómo te llamas?

**Carlos:** Mucho gusto, Rosa. Me llamo Carlos.

**Rosa:** El gusto es mío.

## ACTIVIDAD 5 Me llamo...

How do these people introduce themselves?

**modelo**

| *Marcos García* | *Me llamo **Marcos García.*** |
|---|---|

1. Marta Blanco
2. Raúl Morales
3. Rosa Vivas
4. Felipe Estrada
5. Ana Martínez
6. Ricardo Herrera
7. Arturo Cruz
8. Sofía Ponce

## ACTIVIDAD 6  ¿Cómo te llamas en español?

Find out the Spanish names of five classmates
and list them.

**modelo**

**You:** *¿Cómo te llamas?*    **Classmate:** *Me llamo Ana.*

## ACTIVIDAD 7  ¿Cómo se llama?

- Greet and introduce yourself to a classmate.
- Point to other students and find out their
  names.
- Say good-bye.

**modelo**

**You:** *Buenos días. Me llamo… ¿Cómo te llamas?*

**Classmate:** *Me llamo Mónica. Encantada.*

**You:** *Es un placer. ¿Cómo se llama la chica?*

**Classmate:** *Se llama Mariana.*

**You:** *Adiós. Hasta luego.*

**Classmate:** *Nos vemos.*

### Nota

If you are a boy, say **encantado.** If you are a girl, say
**encantada.**

# ¿De dónde es?

**Es de México.**

**Es de Estados Unidos.**

**Es de Ecuador.**

**Es de Perú.**

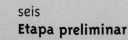

## NOTA CULTURAL

Spanish speakers sometimes use the articles **el, la, las,** or **los** before these country names. Their use is optional.

(la) Argentina

(el) Ecuador

(los) Estados Unidos

(las) Filipinas

(el) Paraguay

(el) Perú

(la) República Dominicana

(el) Uruguay

Es de España.

Es de Puerto Rico.

Es de Costa Rica.

Es de Argentina.

Color Key

Spanish is the official language.

Much Spanish is spoken.

## LOS PAÍSES DEL MUNDO HISPANOHABLANTE

Argentina 21
Belice 4
Bolivia 17
Chile 18
Colombia 14
Costa Rica 8
Cuba 10
Ecuador 15
El Salvador 5
España 22
Estados Unidos 1
Filipinas 24
Guam 25
Guatemala 3
Guinea Ecuatorial 23
Honduras 6
México 2
Nicaragua 7
Panamá 9
Paraguay 19
Perú 16
Puerto Rico 12
República Dominicana 11
Uruguay 20
Venezuela 13

# Soy de...

**Raquel:** ¿De dónde es?
**Susana:** Es de Uruguay.

**Ricardo:** ¿De dónde eres?
**Manuel:** Soy de Guatemala.

 **¿De dónde es?**

You and your partner have made some new friends. Tell where they are from. Change roles.

**modelo**

*Tomás: España*

**You:** *¿De dónde es **Tomás**?*

**Partner:** *Es de **España**.*

1. Estefanía: Panamá
2. Graciela: Cuba
3. Vicente: Costa Rica
4. Ignacio: Honduras
5. Mercedes: México
6. Alejandro: Nicaragua
7. Iván: Puerto Rico
8. Claudia: El Salvador

ACTIVIDAD **9**  **¿De dónde eres?**

You meet several South Americans. Role-play the situation with a partner, following the model.

**modelo**

*1*

**You:** *¿De dónde eres?* **Partner:** *Soy de Ecuador.*

ACTIVIDAD **10**  **Nuevos amigos**

Listen as several people introduce themselves to you. Say their country of origin.

**modelo**

*Álvaro: ¿Cuba o Colombia?*

***Álvaro** es de Colombia.*

1. Alma: ¿Puerto Rico o Costa Rica?
2. Guillermo: ¿Honduras o Estados Unidos?
3. Carmen: ¿Uruguay o Paraguay?
4. Eduardo: ¿México o España?
5. Yolanda: ¿Venezuela o Guatemala?
6. Adán: ¿Argentina o Nicaragua?

ACTIVIDAD **11**  **¿Eres de...?**

Imagine that everyone in your class is from different Spanish-speaking countries. Choose a country. Ask other students questions to find out which country each person is from. Follow the model.

**modelo**

**Student 1:** *¿Eres de Honduras?*

**You:** *No.*

**Student 2:** *¿Eres de Guatemala?*

**You:** *Sí, soy de Guatemala.*

**Nota**

To say yes, use **sí. No** is the same as in English.

# El abecedario (El alfabeto)

avión

bota

cerdo

dinero

escalera

flor

gafas

huevo

imán

jarra

kiwi

lápiz

maleta

nieve

ñu

oso

paraguas

queso

**APOYO PARA ESTUDIAR**

**Dictionary**

Dictionaries published before 1994 include **ch** and **ll** as separate letters in the Spanish alphabet.

reloj

guitarra

sombrero

tijeras

unicornio

video

wafle

xilófono

yogur

zanahoria

## ACTIVIDAD 12  Información

Listen to two people introduce themselves. Complete the information, writing down their first and last names as they are spelled.

1. **a.** nombre
   **b.** apellido

2. **a.** nombre
   **b.** apellido

## ACTIVIDAD 13 ¿Cómo te llamas?

Find out the Spanish names of five classmates. Write the names down as they spell them.

### modelo

**You:** *¿Cómo te llamas?*

**Classmate:** *Me llamo Esteban, E - S - T - E - B - A - N.*

*(e, ese, te, e, be, a, ene)*

## Pronunciación

Here is how to say the name of each letter of the Spanish alphabet.

| | | |
|---|---|---|
| a = a | k = ka | rr = erre |
| b = be, be larga | l = ele | s = ese |
| c = ce | m = eme | t = te |
| d = de | n = ene | u = u |
| e = e | ñ = eñe | v = ve, uve, ve corta |
| f = efe | o = o | w = doble ve, doble uve |
| g = ge | p = pe | x = equis |
| h = hache | q = cu | y = i griega, ye |
| i = i | r = ere | z = zeta |
| j = jota | | |

# Los números de cero a diez

**cero**

0

**uno**

1

**dos**

2

**tres**

3

**cuatro**

4

**cinco**

5

**seis**

6

**siete**

7

**ocho**

8

**nueve**

9

**diez**

10

**Roberto:** ¿Cuál es tu teléfono?

**Ignacio:** 8–9–7–3–1–4–2.

# ¿Qué día es hoy?

| | septiembre | el día |
|---|---|---|
| | | 3 lunes |
| | | 4 martes |
| | | 5 miércoles |
| la semana | hoy | 6 jueves |
| | mañana | 7 viernes |
| | | 8 sábado |
| | | 9 domingo |

**Sofía:** Hoy es jueves.

**Rosa:** Mañana es viernes. ¡Fantástico!

**APOYO PARA ESTUDIAR**

**Days of the week**

In Spanish the days of the week are not capitalized.

ACTIVIDAD 14  **¿Cuál es tu teléfono?**

Ask for and write down the telephone numbers of five classmates.

**modelo**

**You:** *Carolina, ¿cuál es tu teléfono?*

**Classmate:** *Seis - seis - tres - seis - nueve - cinco - siete.*

ACTIVIDAD 15 **El día**

Tell what day it is today and tomorrow.

**modelo**

*jueves*      *Hoy es **jueves**. Mañana es viernes.*

1. lunes
2. sábado
3. miércoles
4. martes
5. domingo
6. viernes

ACTIVIDAD 16 **¿Qué día?**

You often forget what day it is. Ask your partner for help. Change roles.

**modelo**

*lunes*

**You:** *¿Qué día es hoy?*

**Partner:** *Hoy es **lunes**.*

**You:** *¡Sí! Mañana es martes.*

1. sábado
2. miércoles
3. viernes
4. domingo
5. jueves
6. martes

# Frases útiles

 **In the Classroom**

| | |
|---|---|
| **Abran los libros.** | Open your books. |
| **Cierren los libros.** | Close your books. |
| **Escriban…** | Write… |
| **Escuchen…** | Listen (to)… |
| **Lean…** | Read… |
| **Levanten la mano.** | Raise your hand. |
| **Miren el pizarrón.** | Look at the chalkboard. |
| **la foto.** | the photo. |
| **Pásenme la tarea.** | Pass in the homework. |
| **Repitan.** | Repeat. |
| **Saquen un lápiz.** | Take out a pencil. |

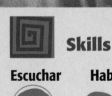 **Skills**

**Escuchar**   **Hablar**

**Leer**   **Escribir**

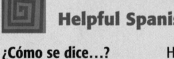 **Helpful Spanish Phrases**

| | |
|---|---|
| **¿Cómo se dice…?** | How do you say…? |
| **Más despacio, por favor.** | More slowly, please. |
| **No sé.** | I don't know. |
| **¿Qué quiere decir…?** | What does… mean? |
| **Repita, por favor.** | Repeat, please. |

ACTIVIDAD **17** **Instrucciones**

Repond to your teacher's classroom instructions.

ACTIVIDAD **18** **En la clase**

What is the teacher telling the students? Match the picture with the instructions below.

a. Abran los libros.  c. Miren el pizarrón.
b. Pásenme la tarea.  d. Levanten la mano.

ACTIVIDAD **19**  **¡Atención, clase!**

Take turns giving classroom instructions to your partners, who will respond with appropriate gestures.

ACTIVIDAD **20**  **¡Abran los libros!**

Working in groups, look through your textbook to find examples of the different instructions you have learned. Write down the page number where you find each one.

# Onda Internacional

## El concurso

In this book you will get to know teens from different parts of the Spanish-speaking world. Many of these young people are interested in a contest sponsored by a Spanish magazine for teens called *Onda Internacional.* Why are they interested? Read on!

**Hi!** I've got the new edition of *Onda Internacional* magazine. It has many different articles. There are articles about Spanish-speaking countries, sports, fashion, food, school, leisure activities, and much more. And look! There's a contest. Write an article or prepare a photo essay about what it means to you to be latino or latina. The two winners will travel to parts of the Spanish-speaking world and work for the magazine. Well, get out your cameras, pencils, paper, and ideas, and take part in the contest!

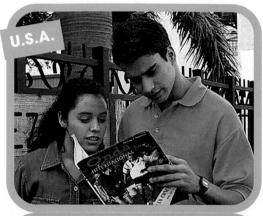

U.S.A.

Puerto Rico

Spain

Ecuador

## APOYO PARA ESTUDIAR

**Reading a poster**

When you read a poster, look at the size of lettering, kinds of words, colors, visuals, and any other items it contains. Based on what you already know about *Onda Internacional* and what you see on this poster, why might someone use a poster? Give as many reasons as you can.

Mexico: Monte Albán

¡Gran concurso!

"¿QUÉ SIGNIFICA SER LATINO DE CORAZÓN?"

¡Lee más información en la revista!

Onda INTERNACIONAL

Año 2 No. 1 Precio $2.95

¡GRAN CONCURSO! pág. 31

## ¿Comprendiste?

1. Although you may know little Spanish, are there words whose meaning you can guess? Which ones? What do you think they mean? What helps you guess their meaning?
2. What do you notice different about punctuation? What does that tell you about the meaning of the phrases?

## ¿Qué piensas?

What about this poster catches your attention or stimulates your interest?

# *En uso*
## REPASO Y MÁS COMUNICACIÓN

**Now you can...**
- greet people.
- introduce yourself.

**To review**
- greetings and introductions, see pp. 2–5.

**OBJECTIVES**
- Greet people
- Introduce yourself
- Say where you are from
- Exchange phone numbers
- Say which day it is

### ACTIVIDAD 1 En la clase

Marta speaks with two people. Complete the conversations with the words given.

adiós · hasta · llamo · se · placer · llama · llamas · mañana · tardes · encantada · vemos · hola · mío · mucho · me

**Marta:** ¡___1___! Me llamo Marta. ¿Cómo te ___2___?

**Andrea:** ___3___ llamo Andrea. ___4___.

**Marta:** Igualmente. ¿Cómo se ___5___ el chico?

**Andrea:** ___6___ llama Mateo.

**Marta:** Es un ___7___, Andrea. Nos ___8___.

**Andrea:** ___9___, Marta. ___10___ luego.

**Marta:** Buenas ___11___, Mateo. Me ___12___ Marta.

**Mateo:** ___13___ gusto, Marta.

**Marta:** El gusto es ___14___. Hasta ___15___.

**Now you can...**
- say where you are from.

**To review**
- saying where you are from, see pp. 6–8.

### ACTIVIDAD 2 ¿De dónde eres?

You are talking to some international students who say where they and their friends are from. Where are they from?

**modelo**

*Luisa (Chile) / Jorge (Puerto Rico)*

*Me llamo **Luisa**. Soy de **Chile**. **Jorge** es de **Puerto Rico**.*

1. Julio (Panamá) / Mónica (Bolivia)
2. Diana (Estados Unidos) / Rafael (Uruguay)
3. Patricio (España) / Alejandra (Guatemala)
4. Natalia (Argentina) / Benjamín (México)
5. Gregorio (Cuba) / Verónica (El Salvador)

**Now you can...**
- exchange phone numbers.

**To review**
- numbers, see p. 12.

## ACTIVIDAD 3 Teléfonos

You need some phone numbers. With a partner, role-play conversations asking for friends' numbers. Follow the model.

**modelo**

*Rosana: 530-4401*

**You:** *Rosana, ¿cuál es tu teléfono?*

**Rosana:** *Cinco - tres - cero - cuatro - cuatro - cero - uno.*

1. Timoteo: 927-2296
2. Mariana: 820-3981
3. Cristóbal: 450-5649
4. Emilia: 392-4100
5. Leonardo: 758-3141
6. otro(a) estudiante: ¿?

**Now you can...**
- say which day it is.

**To review**
- days of the week, see p. 13.

## ACTIVIDAD 4 ¿Qué día es hoy?

Tell what day it is today, based on what tomorrow is.

**modelo**

*Mañana es viernes.*

*Hoy es jueves.*

1. Mañana es domingo.
2. Mañana es miércoles.
3. Mañana es lunes.
4. Mañana es jueves.
5. Mañana es martes.
6. Mañana es sábado.

## ACTIVIDAD 5 Hola

Greet a partner and introduce yourself. Talk about which day it is today and tomorrow. Say good-bye.

### modelo

**You:** *Hola. Me llamo…
¿Cómo te llamas?*

**Partner:** *Mucho gusto. Me llamo…*

**You:** *¿Qué día es…?*

## ACTIVIDAD 6 Mucha información

Imagine that everyone has a new identity. Ask three classmates for the information needed to complete the chart.

### modelo

**You:** *Hola. Me llamo… ¿Cómo te llamas?*

**Student 1:** *Es un placer. Me llamo Carolina. Soy de Perú. ¿De dónde eres?*

**You:** *Soy de Honduras. ¿Cuál es tu teléfono?*

**Student 1:** *Siete - tres - cero - siete - seis - seis - dos. ¿Cuál es tu…?*

| Nombre | País | Teléfono |
|---|---|---|
| I. Carolina | Perú | 730-7662 |
| 2. | | |
| 3. | | |

## ACTIVIDAD 7 En tu propia voz

**ESCRITURA** Write to your new pen pal. Include the following information.

- Write a greeting.
- Introduce yourself.
- Say where you are from.
- Write three questions for your new pen pal to answer.

# En resumen
## REPASO DE VOCABULARIO

### GREETINGS

**Greeting People**

| Buenos días. | Good morning. |
| Buenas tardes. | Good afternoon. |
| Buenas noches. | Good evening. |
| Hola. | Hello. |

**Responding**

| El gusto es mío. | The pleasure is mine. |
| Encantado(a). | Delighted/Pleased to meet you. |
| Es un placer. | It's a pleasure. |
| Igualmente. | Same here. |
| Mucho gusto. | Nice to meet you. |

**Saying Good-bye**

| Adiós. | Good-bye. |
| Hasta luego. | See you later. |
| Hasta mañana. | See you tomorrow. |
| Nos vemos. | See you later. |

### INTRODUCING YOURSELF

| el apellido | last name, surname |
| el nombre | name, first name |
| ¿Cómo te llamas? | What is your name? |
| ¿Cómo se llama? | What is his/her name? |
| Me llamo... | My name is... |
| Se llama... | His/Her name is... |

### SAYING WHERE YOU ARE FROM

| ¿De dónde eres? | Where are you from? |
| ¿De dónde es? | Where is he/she from? |
| Soy de... | I am from... |
| Es de... | He/She is from... |

### EXCHANGING PHONE NUMBERS

| ¿Cuál es tu teléfono? | What is your phone number? |

**Numbers from Zero to Ten**

| cero | zero |
| uno | one |
| dos | two |
| tres | three |
| cuatro | four |
| cinco | five |
| seis | six |
| siete | seven |
| ocho | eight |
| nueve | nine |
| diez | ten |

### SAYING WHICH DAY IT IS

| ¿Qué día es hoy? | What day is today? |
| Hoy es... | Today is... |
| Mañana es... | Tomorrow is... |
| el día | day |
| hoy | today |
| mañana | tomorrow |
| la semana | week |

**Days of the Week**

| lunes | Monday |
| martes | Tuesday |
| miércoles | Wednesday |
| jueves | Thursday |
| viernes | Friday |
| sábado | Saturday |
| domingo | Sunday |

### OTHER WORDS AND PHRASES

| no | no |
| sí | yes |

**Skills**

| escribir | to write |
| escuchar | to listen |
| hablar | to talk, to speak |
| leer | to read |

**SPANISH IS THE OFFICIAL LANGUAGE OF THESE COUNTRIES:**

| Argentina | Argentina |
| Bolivia | Bolivia |
| Chile | Chile |
| Colombia | Colombia |
| Costa Rica | Costa Rica |
| Cuba | Cuba |
| Ecuador | Ecuador |
| El Salvador | El Salvador |
| España | Spain |
| Guatemala | Guatemala |
| Guinea Ecuatorial | Equatorial Guinea |
| Honduras | Honduras |
| México | Mexico |
| Nicaragua | Nicaragua |
| Panamá | Panama |
| Paraguay | Paraguay |
| Perú | Peru |
| Puerto Rico | Puerto Rico |
| República Dominicana | Dominican Republic |
| Uruguay | Uruguay |
| Venezuela | Venezuela |

# ESTADOS UNIDOS

## MI MUNDO

### OBJECTIVES

**ETAPA 1**

¡Bienvenido a Miami!

- Greet others
- Introduce others
- Say where people are from
- Express likes

**ETAPA 2**

Mis buenos amigos

- Describe others
- Give others' likes and dislikes
- Describe clothing

**ETAPA 3**

Te presento a mi familia

- Describe family
- Ask and tell ages
- Talk about birthdays
- Give dates
- Express possession

**MURALES** are popular art sometimes found on the sides of buildings in L.A. Often their artists are Chicano, or Mexican American. What street art have you seen?

• **SAN JOSÉ**

**FAJITAS** reflect the Mexican influence on Los Angeles cuisine. What Mexican dishes have you tried?

**LOS ÁNGELES**
•
**SAN DIEGO**
•

**ISLAS HAWAI**

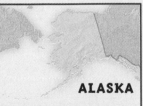

**ALASKA**

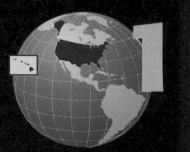

22

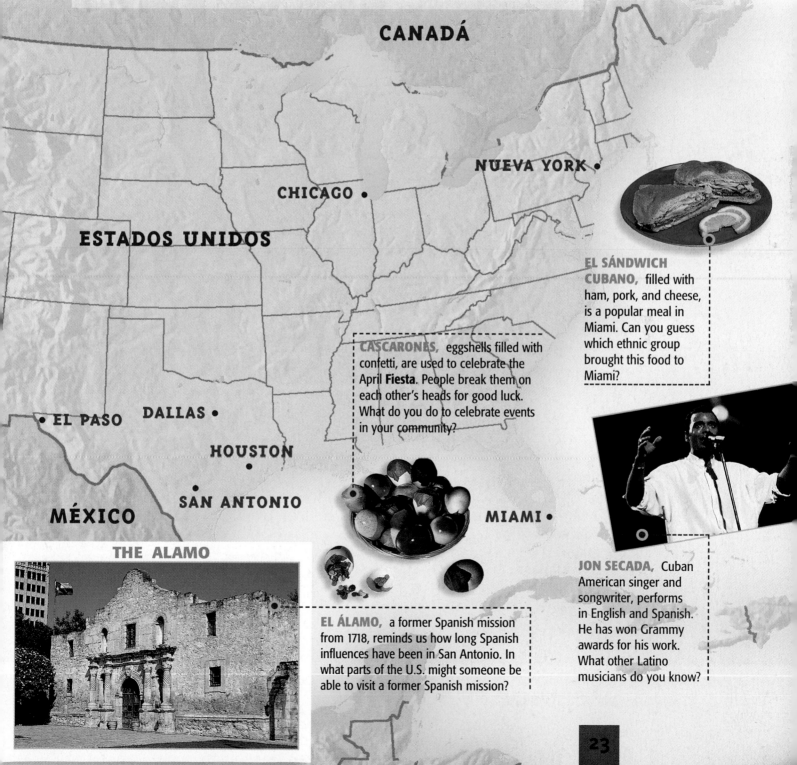

## ALMANAQUE

**Población:** 265,557,000
**Población de descendencia hispana:** 28,269,000
**Ciudad con más latinos:** Nueva York
**Ciudad con mayor porcentaje (%) de latinos:** El Paso
**En Estados Unidos** Las ciudades que ves en el mapa tienen el mayor número de latinos. En esta unidad vas a visitar Miami, San Antonio y Los Ángeles. ¡Vamos!

 For more information about the influence of Latinos in the United States, access www.mcdougallittell.com

CANADÁ

NUEVA YORK •

CHICAGO •

ESTADOS UNIDOS

**EL SÁNDWICH CUBANO,** filled with ham, pork, and cheese, is a popular meal in Miami. Can you guess which ethnic group brought this food to Miami?

**CASCARONES,** eggshells filled with confetti, are used to celebrate the April **Fiesta**. People break them on each other's heads for good luck. What do you do to celebrate events in your community?

• EL PASO    DALLAS •

HOUSTON •

MÉXICO    SAN ANTONIO •    MIAMI •

THE ALAMO

**EL ÁLAMO,** a former Spanish mission from 1718, reminds us how long Spanish influences have been in San Antonio. In what parts of the U.S. might someone be able to visit a former Spanish mission?

**JON SECADA,** Cuban American singer and songwriter, performs in English and Spanish. He has won Grammy awards for his work. What other Latino musicians do you know?

ETAPA

**1**

# ¡Bienvenido a Miami!

- Greet others

- Introduce others

- Say where people are from

- Express likes

## ¿Qué ves?

Look at the photo of Máximo Gómez Park in Miami.

1. Which people do you think are the main characters in this **Etapa**?

2. Look at their gestures. What are they doing?

3. What do the photos tell you about the community?

CITY OF MIAMI
MAXIMO GOMEZ PARK
DOMINO CLUB          OPEN DAILY 9A.M. TO 8P.M.

# *En contexto*

## VOCABULARIO

Francisco García Flores has just moved into his new community in Miami. He is getting to know the people there. Look at the illustrations. They will help you understand the meanings of the words in blue and answer the questions on the next page.

**un policía**

**A** **La chica** es Alma Cifuentes. **El chico** es Francisco García. Son **amigos.**

**Alma:** ¿Qué tal?
**Francisco:** Estoy bien, ¿y tú?
**Alma:** Regular.

**B** **El policía vive en el apartamento.**

**un apartamento**

**un chico**

**una chica**

**una mujer**

**C** **Mujer:** Gracias.
**Francisco:** De nada.

una familia

una señorita

una señora

un señor

un muchacho

una maestra

una estudiante

**D** La familia García vive en una casa. La señora García es doctora.

**Francisco:** Alma, te presento a mi familia.
**Señor García:** Mucho gusto. ¿Cómo estás?
**Alma:** Bien, gracias. ¿Cómo está usted?
**Señor García:** No muy bien hoy.

**E** La mujer es maestra y la muchacha es estudiante.

una casa

un hombre

**F** El hombre es el señor Estrada. Alma es una amiga.

**Alma:** Le presento a mi amigo, Francisco.
**Señor Estrada:** Encantado. ¿Cómo estás?
**Francisco:** Muy bien, gracias, ¿y usted?
**Señor Estrada:** Si es lunes, estoy terrible.

## Preguntas personales

1. ¿Tienes amigos?
2. ¿Eres maestro(a) o estudiante?
3. ¿Vives en un apartamento o en una casa?
4. ¿Cómo se llaman las personas de tu familia?
5. ¿Cómo estás hoy?

# En vivo

### DIÁLOGO

Alma

Francisco

David

Arturo

Sr. Estrada

## ¡Bienvenido!

### PARA ESCUCHAR • STRATEGY: LISTENING

**Listen to intonation** A rising or falling voice (intonation) helps a listener understand meaning as much as individual words do. The voice often rises at the end of a question and falls at the end of a statement. Listen carefully. Can you tell which sentences are questions? Being a good listener will help you become a good speaker. When you speak, try to imitate the intonation.

**1 ▶ Alma:** Hola, me llamo Alma Cifuentes. Soy tu vecina. Ésa es mi casa.
**Francisco:** Mucho gusto, Alma.

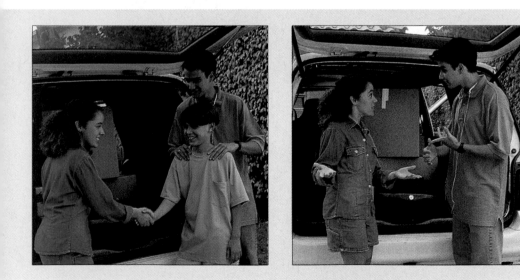 

**5 ▶ Francisco:** ¡Ay, David! Alma, te presento a David. David es el monstruo de Miami.
**David:** ¡No soy monstruo! ¡Y no soy de Miami!
**Alma:** Es un placer, señor David.

**6 ▶ Alma:** Pues, ¿de dónde son ustedes?
**Francisco:** Nosotros somos de muchos lugares. Mamá es de Puerto Rico. Papá es de México. Yo soy de Puerto Rico y David es de San Antonio.
**Alma:** Entonces, ¡bienvenido a Miami!

**7 ▶ Arturo:** ¡Alma, chica! ¿Qué tal?
**Alma:** Muy bien, gracias, Arturo. Arturo, te presento a Francisco García. Él es mi vecino.
**Arturo:** Francisco, es un placer.
**Francisco:** Igualmente, Arturo.

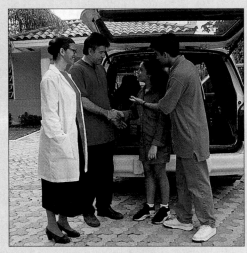

2 ▶ **Alma:** Y tú, ¿cómo te llamas?

**Francisco:** ¿Yo? Yo me llamo Francisco García Flores.

**Alma:** Encantada, Francisco.

3 ▶ **Francisco:** Papá, te presento a Alma Cifuentes. Alma, mi papá.

**Sr. García:** Es un placer, Alma.

**Alma:** Mucho gusto, señor García.

4 ▶ **Francisco:** Mamá, Alma Cifuentes. Alma, mi mamá.

**Sra. García:** Mucho gusto, Alma.

**Alma:** El gusto es mío, señora.

8 ▶ **Alma:** A Arturo le gusta mucho correr. A mí me gusta también. ¿Te gusta correr, Francisco?

**Francisco:** No, no me gusta mucho correr.

9 ▶ **Sr. Estrada:** ¡Alma! ¿Cómo estás hoy?

**Alma:** Muy bien, señor Estrada, ¿y usted?

**Sr. Estrada:** Hoy es lunes, ¿no? Si es lunes, estoy terrible.

**Alma:** Le presento a mi amigo Francisco.

**Francisco:** Es un placer, señor Estrada.

10 ▶ **Francisco:** Este concurso es muy interesante.

# *En acción*
## VOCABULARIO Y GRAMÁTICA

### ¿Quién?

**Escuchar** ¿Quién habla: Alma, Francisco o el señor Estrada? *(Hint: Say who speaks.)*

Sr. Estrada  Alma  Francisco

1. «Soy tu vecina. Ésa es mi casa.»
2. «Nosotros somos de muchos lugares.»
3. «A Arturo le gusta mucho correr.»
4. «Si es lunes, estoy terrible.»
5. «Este concurso es muy interesante.»

### ¿Cierto o falso?

**Escuchar** ¿Es cierto o falso? Si es falso, di lo que es cierto. *(Hint: True or false? If it is false, say what is true.)*

1. Alma es de San Antonio.
2. Francisco es el vecino de Arturo.
3. David no es de Miami.
4. Francisco dice: «Me gusta correr.»
5. Francisco dice que el concurso es interesante.
6. El señor Estrada está muy bien.

### ¿Quién es?

**Hablar** Describe a las personas de la comunidad: **una chica, un chico, un muchacho, un hombre** o **una mujer.** *(Hint: Describe the people from the community.)*

*modelo*

Es **un hombre.**

 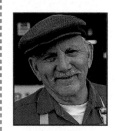 

1.  2.  3.

4.  5.

### TAMBIÉN SE DICE

There are different ways to say *boy* and *girl* in Spanish.

- **chaval(a):** Spain
- **chavo(a):** Mexico
- **chico(a):** many countries
- **joven:** many countries
- **muchacho(a):** many countries
- **niño(a):** many countries
- **pibe(a):** Argentina

- Use familiar and formal greetings
- Use subject pronouns and the verb **ser**
- Use **ser de** to express origin
- Use verbs to talk about what you like to do

ACTIVIDAD

**4**

## ¿Qué son?

**Leer** ¿Qué es cada persona de la comunidad de Alma: **estudiante, señora, maestra, mujer, doctora, policía** o **chica**? *(Hint: Say who each person from Alma's community is.)*

modelo

La __mujer__ es doctora.

1. La mujer es la _____ Durán.
2. La _____ es una vecina.
3. La señorita Galdós es _____.
4. El señor Durán es _____.
5. La muchacha es _____.
6. La mujer es _____.

ACTIVIDAD

**5**

## ¿Quiénes son?

**Escribir** Escribe quién es y dónde vive.
*(Hint: Write who each one is and where he or she lives.)*

modelo

la señorita Álvarez:

**La señorita Álvarez** es maestra. Vive en **un apartamento**.

1. el señor Gómez: 
2. Alma: 
3. la señora García:

## Familiar and Formal Greetings

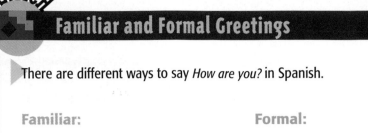

There are different ways to say *How are you?* in Spanish.

**Familiar:**

Mr. Estrada greets
Alma by saying:

—¡Alma!
**¿Cómo estás** hoy?

*Alma!* ***How are you*** *today?*

**¿Cómo estás?** is a familiar greeting.

Use with: • a friend
• a family member
• someone younger

Another familiar greeting: **¿Qué tal?**

**Formal:**

If Alma had spoken first,
she might have said:

—¡Señor Estrada!
**¿Cómo está usted?**

*Mr. Estrada!* ***How are you?***

**¿Cómo está usted?** is a formal greeting.

Use with: • a person you don't know
• someone older
• someone for whom you
want to show respect

**Tú** is a familiar way to say *you*.

**Usted** is a formal way to say *you*.

---

**ACTIVIDAD 6 · Gramática**

## ¿Quién dice qué?

**Hablar** ¿Quién habla? Trabaja con otro(a) estudiante para practicar las conversaciones. *(Hint: Who is speaking? Work with another student to practice the conversations.)*

1. Francisco y Arturo
2. Alma y el señor Estrada
3. David y el señor García
4. el señor Estrada y la señora García

a. —¿Cómo está usted?
   —Muy bien, ¿y tú?
b. —¿Qué tal?
   —Regular. ¿Y tú?
c. —¿Cómo está usted?
   —Bien, ¿y usted?
d. —¿Cómo estás, papá?
   —Muy bien, ¿y tú?

**MÁS PRÁCTICA** *cuaderno* p. 13

**PARA HISPANOHABLANTES** *cuaderno* p. 11

**ACTIVIDAD 7**

## ¿Cómo estás? o ¿Cómo está usted?

**Hablar/Escribir** Pregúntale a cada persona cómo está. *(Hint: Ask each person how he or she is.)*

*modelo*

*Juan*

*¿Cómo estás, **Juan**?*

1. Antonio
2. señorita Díaz
3. Felipe
4. señor Castro
5. Luisa
6. señora Ramos
7. Paquita
8. doctora Flores

## ¿Tú o usted?

**Hablar** Practica los saludos con otro(a) estudiante. Cambien de papel. *(Hint: Practice the greetings with another student. Change roles.)*

### modelo

*Juan–señor Álvarez*

**Juan:** *¿Cómo está usted, señor Álvarez?*

**Sr. Álvarez:** *Bien, gracias, ¿y tú, Juan?*

**Juan:** *Regular.*

1. Pablo–Felipe
2. señora Ruiz–señor Muñoz
3. Francisco–señor Fernández
4. Juan–Julia
5. señora Campos–Susana

---

**PARA CONVERSAR**

**STRATEGY: SPEAKING**

**Practice** To become a good speaker, practice aloud— to yourself and with a partner. When talking with a partner, make it sound like a real conversation. Soon you'll be a good speaker of Spanish.

---

## Describing People: Subject Pronouns and the Verb ser

To discuss people in Spanish, you will often use **subject pronouns**. When you want to describe a person or explain who he or she is, use the verb **ser**.

When Alma introduces Francisco to Arturo, she uses a **subject pronoun** with **ser**.

—**Él es** mi vecino.
**He is** my neighbor.

Francisco uses other examples.

—**Nosotros somos** de muchos lugares.
**We are** from many places.

—**Yo soy** de Puerto Rico.
**I am** from Puerto Rico.

| Singular | | Plural | |
|---|---|---|---|
| **yo soy** | | **nosotros(as) somos** | |
| *I am* | | *we are* | |
| **tú eres** | *familiar* | **vosotros(as) sois** | |
| *you are* | | *you are* | |
| **usted es** | *formal* | **ustedes son** | |
| *you are* | | *you are* | |
| **él, ella es** | | **ellos(as) son** | |
| *he, she is* | | *they are* | |

Vosotros(as) is only used in Spain.
Ustedes is formal in Spain; formal and familiar in Latin America.

If Alma were to say that someone is a neighbor, she would say:

—**Él es un vecino.**

However, if she were to say that someone is a policeman, she would say:

—**Él es policía.**

> The word **un** or **una** does not appear before a profession.

## ACTIVIDAD 9 · Gramática

### ¡Descríbelos!

**Leer** Explica quién es cada persona de la comunidad. Usa cada pronombre sólo una vez. (*Hint: Explain who each person from the community is. Use each pronoun only once.*)

1. _____ eres doctora.
2. _____ somos amigas.
3. _____ es doctor.
4. _____ son amigas.
5. _____ somos estudiantes.
6. _____ son amigos.
7. _____ es maestra.
8. _____ soy estudiante.
9. _____ son maestros.
10. _____ es policía.

a. yo
b. tú
c. usted
d. él
e. ella
f. nosotros
g. nosotras
h. ustedes
i. ellos
j. ellas

## ACTIVIDAD 10 · Gramática

### ¡Escucha! ¿Quién es?

**Escuchar** Escoge la oración correcta para indicar quién es la persona. (*Hint: Choose the correct sentence to indicate who the person is.*)

1. a. Ella se llama Francisca.
   b. Él se llama Francisco.

2. a. Ellas son policías.
   b. Ellos son policías.

3. a. A él le gusta correr.
   b. A ella le gusta correr.

4. a. Ella no está bien.
   b. Él no está bien.

5. a. Ellos son estudiantes.
   b. Ellas son estudiantes.

**MÁS PRÁCTICA** *cuaderno* p. 14
**PARA HISPANOHABLANTES** *cuaderno* p. 12

## ACTIVIDAD 11

### ¿Quién es Francisco?

**Hablar/Escribir** Explica quiénes son las personas. (*Hint: Explain who the people are.*)

*modelo*

Francisco: estudiante

Él es **Francisco**. Es **estudiante**.

1. Francisco y Alma: amigos
2. la señora García: doctora
3. el señor Gómez: policía
4. Arturo: un amigo
5. Alma: estudiante
6. la señora Díaz y la señora Castro: maestras

## Yo soy...

**Escribir** Decide la profesión de las personas de tu comunidad. Escribe cinco oraciones. *(Hint: Decide the profession of the people in your community. Write five sentences.)*

| modelo | Nota |
|---|---|
| *Ella es doctora.* | To make a noun plural, add **-s** if it ends in a vowel, **-es** if it ends in a consonant: amiga**s**, doctor**es**. |

**1**
yo
él
nosotros
ellas
tú
ella
ellos
ustedes

**2**
eres
soy
somos
es
son

**3**
¿?

■ **MÁS COMUNICACIÓN** p. R1

## GRAMÁTICA

### Using **ser de** to Express Origin

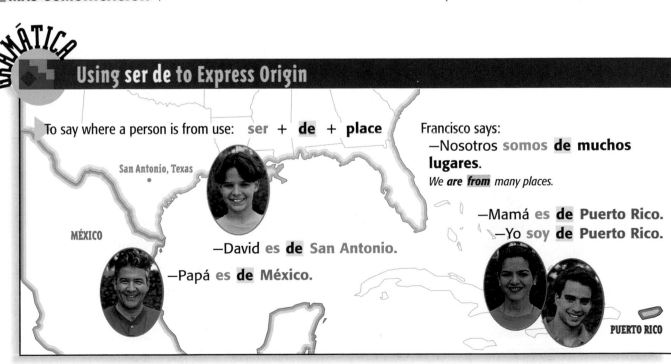

To say where a person is from use: **ser** + **de** + **place**

San Antonio, Texas

MÉXICO

—David **es de** San Antonio.

—Papá **es de** México.

Francisco says:
—Nosotros **somos de muchos lugares**.
*We **are from** many places.*

—Mamá **es de** Puerto Rico.
—Yo **soy de** Puerto Rico.

PUERTO RICO

## ACTIVIDAD 13 Gramática

### ¿De dónde son?

**Hablar/Escribir** ¿De dónde son los estudiantes de intercambio? *(Hint: Where are the exchange students from?)*

**modelo**

Elena / Argentina
**Elena es de Argentina.**

1. Carlos / España
2. tú / Panamá
3. Luisa / Colombia
4. nosotros / México
5. Ana y Felipe / Bolivia
6. Rita / Argentina
7. ellos / Chile
8. Carmen y yo / Costa Rica
9. ella / Miami
10. él / Los Ángeles

## NOTA CULTURAL

Spanish influences are seen in Miami's architecture. The tower of this hotel was modeled after La Giralda, part of the cathedral in Sevilla, Spain.

## ACTIVIDAD 14 Gramática

### ¡Son de muchos lugares!

**Hablar** Estás en una comunidad nueva. Pregúntale a otro(a) estudiante de dónde son las personas. Cambien de papel. *(Hint: You are in a new community. Ask another student where the people are from. Change roles.)*

**modelo**

Ana: México

**Estudiante A:** ¿De dónde es **Ana**?

**Estudiante B:** Ella es de **México**.

los policías: Chile

**Estudiante B:** ¿De dónde son los **policías**?

**Estudiante A:** Ellos son de **Chile**.

1. los muchachos: Bolivia
2. la muchacha: Perú
3. Elena: Los Ángeles
4. Luisa: Ecuador
5. Ramón: Estados Unidos
6. las mujeres: Panamá
7. Paco: Bolivia
8. las estudiantes: San Antonio
9. Inés: Colombia
10. los hombres: Argentina

**MÁS PRÁCTICA** *cuaderno* p. 15

**PARA HISPANOHABLANTES** *cuaderno* p. 13

## ACTIVIDAD 15

### ¡Somos de lugares diferentes!

**Hablar/Escribir** Imagínate que eres de otro lugar. Pregúntales a otros estudiantes de dónde son. Escribe una lista. *(Hint: Imagine you are from another place. Ask other students where they are from. Write a list.)*

**modelo**

**Tú:** ¿De dónde eres, Juan?

**Juan:** Soy de San Francisco.

| Nombre | Es de... |
|--------|----------|
| 1. Juan | San Francisco |
| 2. | |
| 3. | |
| 4. | |
| 5. | |

# GRAMÁTICA

## Using Verbs to Talk About What You Like to Do

▶ When you want to talk about what you like to do, use the phrase:

**Me gusta + infinitive**

*The **infinitive** is the basic form of a verb.*

Other helpful phrases to talk about what people like:

| | |
|---|---|
| **Te gusta correr.** | *You like **to run**.* |
| **Le gusta correr.** | *He/She likes **to run**.* |
| **¿Te gusta correr?** | *Do you like **to run**?* |
| **¿Le gusta correr?** | *Does he/she like **to run**?* |

Arturo would say:  —**Me gusta correr.**
*I like **to run**.*

▶ To say someone doesn't like something, use **no** before the phrase.

—**No** me gusta **correr.**
*I **don't like** to run.*

### Vocabulario

#### Infinitives

**bailar**

**leer**

**cantar**

**nadar**

**comer**

**patinar**

**escribir**

**trabajar**

¿Qué te gusta?

## ACTIVIDAD 16 — Gramática

### Le gusta...

**Hablar/Escribir** Explica lo que le gusta o no le gusta hacer a cada persona. *(Hint: Explain what each person likes or doesn't like to do.)*

*modelo*

Marisol: correr (sí)   tú: trabajar (no)

Le gusta **correr.**   **No** te gusta **trabajar.**

1. Mario: comer (sí)
2. tú: escribir (no)
3. Susana: patinar (no)
4. yo: cantar (sí)
5. él: nadar (sí)
6. Elena: bailar (no)
7. tú: leer (sí)
8. yo: trabajar (sí)

**MÁS PRÁCTICA** *cuaderno p. 16*

**PARA HISPANOHABLANTES** *cuaderno p. 14*

**ACTIVIDAD 17**

## Preferencias

**Hablar** Pregúntale a otro(a) estudiante qué le gusta hacer. Cambien de papel. *(Hint: Ask another student what he or she likes to do. Change roles.)*

modelo

**Estudiante A:** *¿Te gusta patinar?*

**Estudiante B:** *Sí, me gusta **patinar**.*

Estudiante A
**PREGUNTAS**

¿Te gusta...?

1. 2. 3. 4. 5. 6.

Estudiante B
**RESPUESTAS**

Sí, me gusta...     No, no me gusta...

**ACTIVIDAD 18**

## Me gusta

**Hablar/Escribir** Explica lo que te gusta y lo que no te gusta hacer. *(Hint: Explain what you like and don't like to do.)*

modelo

escribir

*Me gusta **escribir**.*

1. cantar
2. trabajar
3. patinar
4. comer

5. nadar
6. correr
7. bailar
8. leer

**APOYO PARA ESTUDIAR**

### Cracking the language code

Spanish is not translated English. Spanish has its own way of expressing ideas. Grammar is the rules for putting words together in order to make sense. How many expressions can you find where Spanish and English express the same idea differently? Think about these when practicing so you prepare yourself for real communication. Read Spanish examples carefully. Read English equivalents when you need help.

## ACTIVIDAD 19

## Presentaciones

**Hablar** Trabaja en un grupo de tres. Tus amigos no se conocen. Preséntalos. *(Hint: Work in a group of three. Your friends don't know each other. Introduce them.)*

### modelo

*señor Estrada–David*

**Tú:** *Señor Estrada, le presento a mi amigo, David.*

**Señor Estrada:** *Mucho gusto, David.*

**David:** *Igualmente, señor Estrada.*

### Nota

To make a formal introduction, use **Le presento a…** To make a familiar introduction, use **Te presento a…**

1. Alma–Jorge
2. señor Gómez–Carlos
3. Arturo–David
4. señorita Álvarez–Manuel
5. señora Delgado–Emilio

### Pronunciación

#### Refrán

**Pronunciación de las vocales** The vowels a, e, i, o, u are always pronounced the same way. One word in Spanish that uses all the vowels is the word for the animal known as a bat. It is **murciélago.** Try to pronounce it.

Here is a popular nonsense rhyme that children use when playing games. It is the Spanish version of "Eeny, meeny, miney, moe." Use it to practice vowels.

Tin, marín

de dos Pingües

cúcara, mácara

títere, fue.

SOY UN MURCIÉLAGO.

## ACTIVIDAD 20

## ¡Un nuevo amigo!

**Escuchar** Escucha lo que dice tu nuevo amigo. Contesta las preguntas. *(Hint: Listen to what your new friend says. Answer the questions.)*

1. ¿Cómo se llama el chico?
   a. Ángel
   b. Enrique
2. ¿De dónde es?
   a. Los Ángeles
   b. Miami
3. ¿Cómo está hoy?
   a. Muy bien.
   b. Bien.
4. ¿Qué le gusta hacer?
   a. bailar y patinar
   b. bailar y cantar
5. ¿Le gusta trabajar?
   a. sí
   b. no

## ACTIVIDAD 21

## ¿Quién eres tú?

**Hablar/Escribir** Escribe algo de ti. *(Hint: Write about yourself.)*

### modelo

*¡Hola! Me llamo Elena. Yo soy de Miami. Vivo en un apartamento. Me gusta leer, bailar y cantar.*

### Nota

To say what kind of home you live in, use the phrase **Vivo en…**

**MÁS COMUNICACIÓN** p. R1

# En voces

## LECTURA

## Los latinos de Estados Unidos

En Estados Unidos hay personas de muchos países de Latinoamérica.

**PUERTO RICO**

**Sra. García:** Me llamo Anita García. También soy de Puerto Rico pero trabajo como doctora en Miami.

**Francisco:** ¿Qué tal? Me llamo Francisco García Flores. Soy de Puerto Rico, pero vivo en Miami. El hombre de México es mi papá. La mujer es mi mamá.

**MÉXICO**

**Sr. García:** Buenos días. Yo me llamo Juan García. Soy de México. Vivo en Miami con mi familia.

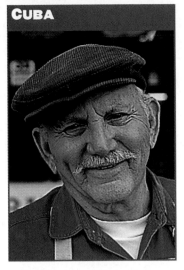

**CUBA**

**Sr. Estrada:** Hola. Me llamo Felipe Estrada. Yo soy de Cuba, pero vivo en Miami.

**CENTRO Y SUDAMÉRICA**

**Alma:** Mi nombre es Alma. Soy de Colombia, pero también vivo en Miami.

## NOTA CULTURAL

Francisco introduces himself as **Francisco García Flores**. **García** is his father's last name, and **Flores** is his mother's. In Spanish-speaking cultures most people use both last names. Some women add their husband's name after the word **de**. So Francisco's mother's name might be **Anita Flores de García** in many countries. In the U.S. some Spanish-speaking women use just their husband's name, as **Anita García** does here.

**REPÚBLICA DOMINICANA**

**Arturo:** Hola. Me llamo Arturo. Soy estudiante en Miami, pero soy de la República Dominicana.

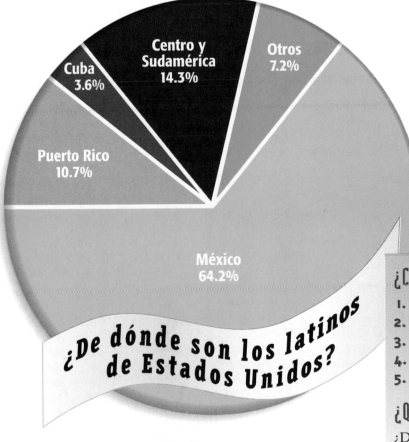

Cuba 3.6%

Centro y Sudamérica 14.3%

Otros 7.2%

Puerto Rico 10.7%

México 64.2%

**¿De dónde son los latinos de Estados Unidos?**

## ¿Comprendiste?

1. ¿De dónde es la doctora? ¿Cómo se llama?
2. ¿De dónde es el señor García?
3. ¿Cómo se llama el señor de Cuba?
4. ¿De dónde es la chica?
5. ¿Cómo se llama el estudiante? ¿De dónde es?

## ¿Qué piensas?

¿De dónde son los latinos de Estados Unidos? ¿De dónde son las personas de tu comunidad? Compara tu comunidad con la comunidad de Francisco.

# En uso
## REPASO Y MÁS COMUNICACIÓN

*Now you can...*

- greet others.

*To review*

- vocabulary for greetings, see p. 26.
- familiar and formal greetings, see p. 32.

### ¡Hola!

Escuchas esta conversación en tu comunidad. Completa la conversación con las palabras apropiadas. *(Hint: You hear this conversation in your community. Complete the conversation with the appropriate words.)*

bien    gusto    usted    cómo    gracias
está    estás    tal    tú    presento

| | |
|---|---|
| **Carlos:** | Hola, Sara. ¿Qué __1__? |
| **Sara:** | Muy bien, gracias, ¿y __2__? |
| **Carlos:** | No muy __3__. Hoy es lunes. |
| **Sara:** | Carlos, te __4__ a mi maestro de español, el señor Sánchez. |
| **Sr. Sánchez:** | Mucho __5__, Carlos. ¿__6__ estás? |
| **Carlos:** | Estoy terrible. ¿Y __7__? ¿Cómo __8__ hoy? |
| **Sr. Sánchez:** | Regular. ¿Cómo __9__ tú, Sara? |
| **Sara:** | Estoy muy bien, __10__. |

*Now you can...*

- introduce others.

*To review*

- making introductions, see p. 27 and p. 39.

### Te presento a...

Presenta a las siguientes personas. *(Hint: Introduce the following people.)*

**modelo**

*Daniela–Antonio*

**Daniela,** te presento a **Antonio.**

1. doctora Cruz–Miguel
2. Jorge–Gabriel
3. señora Ramos–Eva
4. señor Orozco–Víctor
5. Celia–Yolanda
6. Pablo–Juan
7. señorita Quintana–Ana
8. Mónica–Octavio

**Now you can...**

• say where people are from.

**To review**

• subject pronouns and the verb **ser**, see p. 33.

• **ser de** to express origin, see p. 35.

### 3 ¿Quiénes son?

Hay una fiesta. ¿Quiénes son y de dónde son estas personas?
*(Hint: Who are these people at a party and where are they from?)*

**modelo**

*la señora Moreno: policía (Bolivia)*

*Ella es **policía**. Es de **Bolivia.***

1. el señor Ortiz: maestro (Venezuela)
2. Julia: mi amiga (Paraguay)
3. tú: estudiante (Miami)
4. María y Rosa: amigas (Colombia)
5. Roberto y yo: vecinos (Chile)
6. usted: doctor (Puerto Rico)
7. la señora Romero: mi vecina (Los Ángeles)
8. José y yo: amigos (Guatemala)
9. yo: estudiante (Estados Unidos)
10. las mujeres: doctoras (Costa Rica)

**Now you can...**

• express likes.

**To review**

• verbs to talk about what you like to do, see p. 37.

### 4 Preferencias

¿Qué le gusta o no le gusta hacer? *(Hint: What does the person like or not like to do?)*

**modelo**

*Marta: sí*

*Le gusta correr.*

*tú: no*

*No te gusta patinar.*

1. Adriana: sí

2. la maestra: sí

3. tú: sí

4. ella: no

5. Raúl: no

6. yo: sí

7. yo: no

8. tú: sí

## ACTIVIDAD 5 — Nuevos amigos

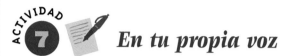

### PARA CONVERSAR

**STRATEGY: SPEAKING**

**Understand, then speak** Make sure you understand what your partner says. If you don't, say **Repite, por favor** (Please repeat). Once you understand, speaking clearly helps make you understood.

Imagínate que eres un(a) nuevo(a) estudiante. Contesta las preguntas de otro(a) estudiante. Cambien de papel. *(Hint: Imagine you are a new student. Answer the questions of another student. Change roles.)*

1. ¿Cómo te llamas?
2. ¿Cómo estás hoy?
3. ¿De dónde eres?
4. ¿Te gusta…?

## ACTIVIDAD 6 — ¡Mucho gusto!

Usando la información de la Actividad 5, preséntale tu nuevo(a) amigo(a) a otro(a) estudiante o a tu maestro(a). *(Hint: Using the information from Activity 5, introduce your new friend to another student or to your teacher.)*

## ACTIVIDAD 7 — En tu propia voz

**ESCRITURA** Le escribes a un(a) amigo(a). Explícale quiénes son y de dónde son las personas de tu comunidad. ¡Usa la imaginación! *(Hint: Explain who the people in your community are and where they are from. Use your imagination!)*

¿Quién?

¿Qué le gusta?

¿De dónde es?

## CONEXIONES

**Los estudios sociales** Compare Francisco's community with your own. Draw two intersecting circles. In one circle, write about the people in Francisco's new community. For example, Arturo is a student. Who are the people in your community? What do they do and where are they from originally? If they were all born in the U.S., do you know what country their families were originally from? Write about them in the second circle. What things does your circle have in common with Francisco's? List them where the two circles overlap.

| LA COMUNIDAD DE FRANCISCO | | MI COMUNIDAD |
|---|---|---|
| Arturo Francisco | estudiante vive en una casa | mi amiga yo |

*Venn diagram*

# En resumen
## REPASO DE VOCABULARIO

### SAYING WHERE PEOPLE ARE FROM

¿De dónde + ser...? — *Where is... from?*
ser de... — *to be from...*

#### People

el (la) amigo(a) — *friend*
la chica — *girl*
el chico — *boy*
la familia — *family*
el hombre — *man*
la muchacha — *girl*
el muchacho — *boy*
la mujer — *woman*
el señor — *Mr.*
la señora — *Mrs.*
la señorita — *Miss*

#### Professions

el (la) doctor(a) — *doctor*
el (la) estudiante — *student*
el (la) maestro(a) — *teacher*
el (la) policía — *police officer*

#### Subject Pronouns

yo — *I*
tú — *you (familiar singular)*
él — *he*
ella — *she*
usted — *you (formal singular)*
ustedes — *you (plural)*
nosotros(as) — *we*
vosotros(as) — *you (familiar plural)*
ellos(as) — *they*

#### Places

la comunidad — *community*
el mundo — *world*
el país — *country*

### GREETING OTHERS

¿Cómo está usted? — *How are you? (formal)*
¿Cómo estás? — *How are you? (familiar)*
¿Qué tal? — *How is it going?*
Estoy... — *I am...*
(No muy) Bien, ¿y tú/usted? — *(Not very) Well, and you (familiar/formal)?*
Regular. — *So-so.*
Terrible. — *Terrible./Awful.*
Gracias. — *Thank you.*
De nada. — *You're welcome.*

### INTRODUCING OTHERS

Te/Le presento a... — *Let me introduce you (familiar/formal) to...*

### SAYING WHERE YOU LIVE

Vivo en... — *I live in...*
Vive en... — *He/She lives in...*
el apartamento — *apartment*
la casa — *house*

### EXPRESSING LIKES

¿Te gusta...? — *Do you like...?*
¿Le gusta...? — *Does he/she like...?*
Me gusta... — *I like...*
Te gusta... — *You like...*
Le gusta... — *He/She likes...*

#### Activities

bailar — *to dance*
cantar — *to sing*
comer — *to eat*
correr — *to run*
escribir — *to write*
leer — *to read*
nadar — *to swim*
patinar — *to skate*
trabajar — *to work*

### OTHER WORDS AND PHRASES

bienvenido(a) — *welcome*
el concurso — *contest*
el lugar — *place*
mucho/s(a/s) — *much, many*
no — *not*
o — *or*
pero — *but*
también — *also, too*
y — *and*

## Juego

Le gusta bailar pero no le gusta correr. Le gusta leer pero no le gusta cantar. Le gusta nadar pero no le gusta comer mucho. ¿Qué actividades no le gusta hacer a Marisol?

**Marisol**

**correr**    **cantar**    **comer**

ETAPA **2**

# Mis buenos amigos

- Describe others

- Give others' likes and dislikes

- Describe clothing

## ¿Qué ves?

Look at the photo of the River Walk in San Antonio.

1. What do the teenagers look like?

2. What have they been buying?

3. What handicrafts do you see in the photo?

4. Which street name do you think comes from Spanish?

PASEO DEL RÍO, SAN ANTONIO

TRAVIS

COLLEGE

El Álamo

Plaza del Álamo

COMMERCE

MARKET

Paseo del Río

PASEO DE LA VILLITA

Parque HemisFeria

La Villita

# En contexto

## VOCABULARIO

Francisco's friends back in San Antonio are waiting to go to a Tejano music concert. Look at the illustrations. They will help you understand the meanings of the words in blue and answer the questions on the next page.

**A** Raúl, Rosalinda, Bill y Graciela son los amigos de Francisco.

castaño

el pelo

alto

baja

morena

el pelo largo

rubio

el pelo corto

delgado

el perro

gordo

pelirroja

la blusa blanca

la falda morada

la bolsa

Raúl es **cómico**.

Rosalinda es **bonita** y muy **inteligente**.

Bill (o Guillermo en español) es muy **simpático**. Tiene **un perro** que se llama Bud. Bud es **gordo**.

Graciela es **guapa**.

**B** Los mariachis llevan chaquetas y **pantalones negros**. Los sombreros son **grandes**.

los zapatos    los pantalones

trabajador

los ojos

la camiseta

el gato

**C** El hombre trabaja en el bote. Es muy **trabajador**. No es **perezoso**.

**D** El sombrero es grande. Los cascarones son **pequeños**. ¡Hay cascarones **azules** y **verdes**!

verde

azul

La chica es **paciente** y **seria**. El gato es **feo**.

## Preguntas personales

1. ¿Eres alto(a)?
2. ¿Tu pelo es largo o corto?
3. ¿Eres trabajador(a) o perezoso(a)?
4. ¿Eres rubio(a), moreno(a), castaño(a) o pelirrojo(a)?
5. ¿Cómo eres tú?

# En vivo

  DIÁLOGO

| Raúl | Rosalinda | Graciela | Guillermo |

## PARA ESCUCHAR · STRATEGY: LISTENING

**Listen to stress** Voice emphasis (stress) helps you understand sentences with extra emotion. Listen for greater emphasis on the first word of the sentence. Can you hear that emphasis? When these stressed sentences are written, they have exclamation points. Don't look at the written words. Can you guess which sentences are being written with exclamation points as you listen?

## Con los amigos...

1 ▶ **Alma:** ¡Paco! ¡Cuántas fotos!
**Francisco:** Son fotos de mis amigos y de mi familia. Son para el concurso.

5 ▶ **Alma:** Y la chica que lleva la blusa morada, ¿cómo se llama?
**Francisco:** Ella es mi amiga Rosalinda.
**Alma:** ¡Tiene el pelo largo!

6 ▶ **Alma:** Es muy bonita.
**Francisco:** También es muy inteligente. En el colegio, es seria y trabajadora. Le gusta mucho estudiar.

7 ▶ **Alma:** Y tu amiga pelirroja, ¿cómo se llama?
**Francisco:** Es Graciela. Graciela es muy simpática. Es mi mejor amiga.

**2 ▶ Francisco:** Tengo un video de mis amigos. ¿Te interesa?
**Alma:** ¡Claro que sí, cómo no!

**3 ▶ Alma:** ¡Qué divertidos son!
**Francisco:** Es verdad. Raúl es muy cómico. Raúl lleva jeans y una camiseta roja.

**4 ▶ Raúl:** Paco, ¿te gusta mi camiseta?
**Alma:** Raúl es muy guapo.
**Francisco:** ¡Por favor! ¡No digas eso! Es muy egoísta.

**8 ▶ Francisco:** Guillermo es rubio. Y su perro Bud, ¡es gordo! A Guillermo le gusta caminar con el perro.

**9 ▶ Francisco:** ¡Guillermo es fuerte! Pero es un poco perezoso.

**10 ▶ Alma:** ¡Qué buen amigo eres! ¡Y qué buenos amigos tienes! Pues, ahora tienes una nueva amiga…
**Francisco:** ¡Sí! ¡A los nuevos amigos!

# En acción
## VOCABULARIO Y GRAMÁTICA

### ¿Cierto o falso?

**Escuchar** ¿Es cierto o falso? Si es falso, di lo que es cierto. (*Hint: True or false? If it is false, say what is true.*)

1. Francisco tiene un video de sus amigos.
2. Los amigos de Francisco son de Miami.
3. Raúl no es cómico.
4. Alma dice: «Ahora tienes una nueva amiga.»
5. Para Francisco, los nuevos amigos son importantes.

---

**TAMBIÉN SE DICE**

Did you notice that Alma calls Francisco **Paco**? **Paco** is a nickname for **Francisco,** just like *Frank* is a nickname for *Francis* or *Franklin*.

### ¿Quién es?

**Escuchar** ¿Quién es: Rosalinda, Graciela, Guillermo o Raúl? (*Hint: Who is it?*)

Rosalinda  Graciela  Guillermo  Raúl

1. Es cómico y guapo.
2. Es seria y trabajadora.
3. Es pelirroja y simpática.
4. Es fuerte pero un poco perezoso.

### ♻ ¿Te gusta?

**Hablar/Escribir** Habla con cinco estudiantes. ¿Qué le gusta hacer a cada uno? Completa un cuadro. (*Hint: Talk with five students. What does each one like to do? Complete a chart.*)

modelo

**Tú:** *Rosa, ¿te gusta **leer**?*

**Rosa:** *Sí, me gusta **leer**.*

| Persona | patinar | leer | correr | nadar | cantar | bailar |
|---------|---------|------|--------|-------|--------|--------|
| Rosa | sí | sí | no | sí | sí | sí |
| | | | | | | |
| | | | | | | |

- *Use definite articles*
- *Use indefinite articles*
- *Use adjectives with correct gender*
- *Use adjectives with correct number*

## ACTIVIDAD 4

### ¿Cómo es?

**Hablar** Describe a cada persona o animal, usando la palabra correcta. *(Hint: Describe each person or animal, using the correct word.)*

> **modelo**
>
> El gato es __feo__ . (bonito, feo)

1. Ella tiene el pelo _____ . (largo, corto)
2. El perro es _____ . (grande, pequeño)
3. Él es _____ . (gordo, delgado)
4. Ella es _____ . (rubia, pelirroja)
5. El perro es _____ . (trabajador, perezoso)
6. Él es _____ . (alto, bajo)

## ACTIVIDAD 5

### La verdad es...

**Hablar** Tu amigo(a) no dice la verdad. Explica cómo es cada uno en realidad. Cambien de papel. *(Hint: Your friend doesn't tell the truth. Explain what each one is really like. Change roles.)*

> **modelo**
>
> Bud / delgado
>
> **Estudiante A: Bud es delgado.**
>
> **Estudiante B:** No es **delgado.** Es **gordo.**

1. Raúl / rubio
2. Guillermo / moreno
3. Bud / trabajador
4. Rosalinda / alta
5. Graciela / rubia
6. Raúl / serio
7. el gato / guapo
8. Guillermo / castaño
9. Rosalinda / pelirroja
10. Graciela / fea
11. Raúl / bajo
12. Guillermo / gordo

# GRAMÁTICA

## Using Definite Articles with Specific Things

Nouns name people, animals, places, or things.

- All Spanish nouns have **masculine** or **feminine** gender.

  **el chico**    **la chica**

- When nouns identify one item, they are **singular**.

  **el amigo**    **la amiga**

- When they identify more than one item, they are **plural**.

  **los amigos**

In Spanish, the **definite article** that accompanies a noun will match its gender and number.

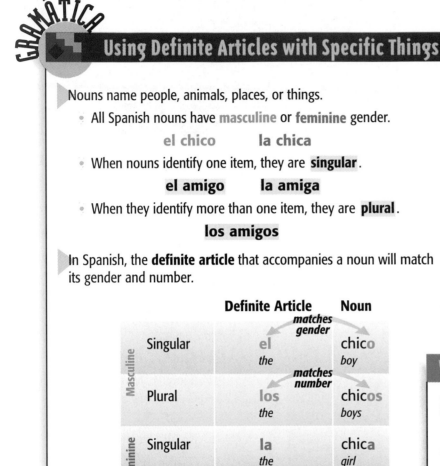

|  |  | Definite Article | Noun |
|---|---|---|---|
| **Masculine** | Singular | el *the* ← *matches gender* | chico *boy* |
|  | Plural | los *the* ← *matches number* | chicos *boys* |
| **Feminine** | Singular | la *the* | chica *girl* |
|  | Plural | las *the* | chicas *girls* |

Alma says:

—¡Tiene **el** pel**o** largo! *matches*
*She has long hair!*

Francisco says: *matches*

—¡A **los** nuevos amig**os**!
*To new friends!*

The gender of a noun must be learned. Usually

- nouns ending with **-o** are **masculine**.
- nouns ending with **-a** are **feminine**.

To help you learn the gender of a noun, each **noun** is given with its definite article.

### Gender

Knowing the gender of nouns that refer to people is easy. But how do you learn the gender of things? When learning a new word, such as **camiseta,** say it with the definite article: **la camiseta.** Say it to yourself and say it aloud several times. That will help you remember its gender.

## Vocabulario

### La ropa

**los calcetines**    **el sombrero**

**la camisa**    **el suéter**

**la chaqueta**

**el vestido**

**los jeans**

¿Cuál es tu ropa favorita?

## 🔄 Los vecinos de Raúl

**Leer** Raúl describe a sus vecinos. Completa sus oraciones con **el, la, los** o **las**. *(Hint: Raúl is describing his neighbors. Complete his sentences with the correct article.)*

1. _____ chicas son Ana y Luisa.
2. _____ señorita Madrigal es maestra.
3. _____ muchacho es Juan.
4. _____ hombres son doctores.
5. _____ muchachos son estudiantes.
6. _____ mujer es la señora Ramos.
7. _____ muchacha es estudiante.
8. _____ señoras son doctoras.
9. _____ señor Robles es policía.
10. _____ señores Suárez son maestros.

**MÁS PRÁCTICA** *cuaderno* p. 21
**PARA HISPANOHABLANTES** *cuaderno* p. 19

## ¿Qué llevan?

**Hablar/Escribir** Explica lo que llevan Graciela y Rosalinda en su viaje. *(Hint: Explain what Graciela and Rosalinda are taking on their trip.)*

*modelo*

1. *el vestido*   2. *las blusas*

1. 2. 3. 4. 5. 6.

Graciela

7. 8. 9. 10. 11.

Rosalinda

---

## Using Indefinite Articles with Unspecified Things

▶ A noun may sometimes appear with an indefinite article. The **indefinite article** that accompanies a noun will also match its gender and number.

| | | Indefinite Article | Noun |
|---|---|---|---|
| **Masculine** | Singular | *matches gender* → un <br> *a* | chico <br> *boy* |
| | Plural | *matches number* → unos <br> *some* | chicos <br> *boys* |
| **Feminine** | Singular | una <br> *a* | chica <br> *girl* |
| | Plural | unas <br> *some* | chicas <br> *girls* |

Francisco says:

—Raúl lleva **una** camiseta... *matches gender*
*Raúl wears **a** T-shirt...*

## ACTIVIDAD 8 — Gramática

### ¿Qué lleva?

**Hablar** Pregúntale a otro(a) estudiante qué lleva cada persona. Cambien de papel. *(Hint: Ask another student what each person is wearing. Change roles.)*

#### modelo

*la chica*

**Estudiante A:** *¿Qué lleva **la chica**?*

**Estudiante B:** *Ella lleva unos jeans y una camiseta.*

#### Nota

To ask what a person is wearing, say **¿Qué lleva?** To answer, use **lleva.**

**1.** Guillermo    **2.** Rosalinda

**3.** el chico    **4.** Graciela

■ **MÁS PRÁCTICA** *cuaderno* p. 22

■ **PARA HISPANOHABLANTES** *cuaderno* p. 20

---

## ACTIVIDAD 9

### ¿Qué llevas tú?

**Hablar/Escribir** Explica lo que llevas para ir a cada lugar. *(Hint: Explain what you wear to each place.)*

#### modelo

*Llevo unos jeans y un suéter.*

#### Nota

To say what you wear, use **llevo.**

1.

2.

3.

4.

### TAMBIÉN SE DICE

Different Spanish words can be used to talk about jeans. Sometimes the word **jeans** is used, just as in English. This is called a loan word. Other words are:

**bluyines:** many countries

**mahones:** Caribbean countries

**mezclillas:** Mexico

**vaqueros:** Argentina, Spain

**tejanos:** Spain

## GRAMÁTICA

### Using Adjectives to Describe: Gender

**Adjectives** describe nouns. Like articles, they match the gender of the nouns they describe. In Spanish, adjectives usually follow the noun.

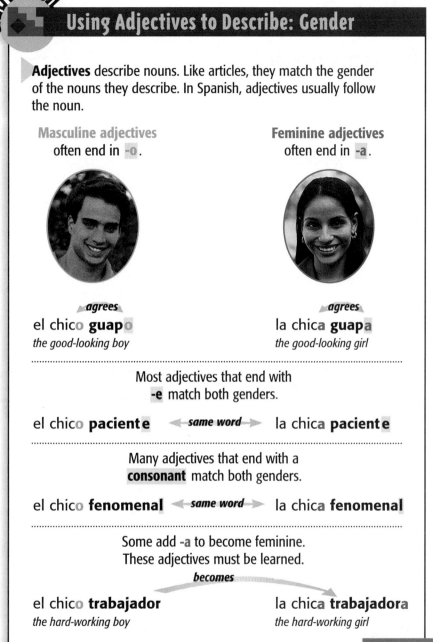

**Masculine adjectives**
often end in **-o**.

**Feminine adjectives**
often end in **-a**.

*agrees*

el chic**o** **guapo**
*the good-looking boy*

*agrees*

la chic**a** **guapa**
*the good-looking girl*

Most adjectives that end with
**-e** match both genders.

el chic**o** **paciente** ◀ *same word* ▶ la chic**a** **paciente**

Many adjectives that end with a
**consonant** match both genders.

el chic**o** **fenomenal** ◀ *same word* ▶ la chic**a** **fenomenal**

Some add **-a** to become feminine.
These adjectives must be learned.

*becomes*

el chic**o** **trabajador**
*the hard-working boy*

la chic**a** **trabajadora**
*the hard-working girl*

---

### Los amigos de Francisco

**Leer** Tu amigo(a) es curioso(a). Descríbele a los amigos de Francisco. *(Hint: Your friend is curious. Describe Francisco's friends to him or her.)*

1. Graciela es una amiga _____ [simpático(a)].

2. Mónica es _____ [malo(a)].

3. Javier no es un chico muy _____ [interesante].

4. Rosalinda es una chica _____ [bonito(a)].

5. Felipe es un amigo _____ [aburrido(a)].

6. ¡Qué _____ [cómico(a)] es Raúl!

7. Linda es _____ [divertido(a)].

8. Es un perro muy _____ [inteligente].

9. ¡Qué _____ [fuerte] es Guillermo!

10. Alma es _____ [bueno(a)].

**MÁS PRÁCTICA** *cuaderno* p. 23

**PARA HISPANOHABLANTES** *cuaderno* p. 21

---

### Vocabulario

#### Adjectives

**aburrido(a)** *boring*          **fuerte** *strong*

**bueno(a)** *good*              **interesante** *interesting*

**divertido(a)** *enjoyable*     **malo(a)** *bad*

**¿Cómo eres?**

## NOTA CULTURAL

During **Fiesta** week in San Antonio, there is a **charreada,** or Mexican-style rodeo. The contestants, **los charros,** compete in activities that display equestrian skills developed from ranch work.

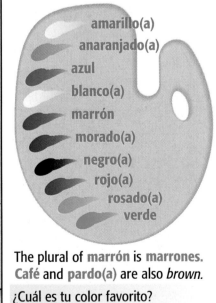

# ¡Todos son diferentes!

**Hablar** Tu amigo(a) no conoce a estas personas. Explícale cómo son. *(Hint: Your friend doesn't know these people. Explain what they're like.)*

### modelo

*Ana: interesante y guapo(a)*

**Estudiante A:** *¿Cómo es **Ana**?*

**Estudiante B:** *Ella es **interesante** y **guapa.***

### Nota

To ask what someone is like, use:
**¿Cómo + ser + noun?**

¿Cómo es Guillermo?

***What is** Guillermo **like**?*

■ **MÁS COMUNICACIÓN** p. R2

1. Graciela: interesante y divertido(a)
2. Guillermo: fuerte y trabajador(a)
3. Raúl: delgado(a) y simpático(a)
4. Rosalinda: moreno(a) y bonito(a)
5. tu amigo: ¿?
6. tu amiga: ¿?
7. tu vecina: ¿?
8. el (la) maestro(a): ¿?

## GRAMÁTICA

### Using Adjectives to Describe: Number

Adjectives must also match the number of the nouns they describe. To make an adjective plural, add **-s** if it ends with a vowel, **-es** if it ends with a consonant.

los chico**s:**
   **guapos, divertidos** y **fenomenales**

las chica**s:**
   **guapas, divertidas** y **fenomenales**

When an adjective describes a group with both genders, the masculine form of the adjective is used.

   El chic**o** y la chic**a** son **guapos.**

## Vocabulario

### Los colores

To ask what color something is, ask **¿De qué color es…?**

   amarillo(a)
   anaranjado(a)
   azul
   blanco(a)
   marrón
   morado(a)
   negro(a)
   rojo(a)
   rosado(a)
   verde

The plural of **marrón** is **marrones.** **Café** and **pardo(a)** are also *brown.*

¿Cuál es tu color favorito?

## ACTIVIDAD 12 Gramática

### ¿De qué color es?

**Hablar** Tu amigo(a) está en una fiesta y tú estás en casa. Hablan por teléfono de la ropa que llevan las personas. Tu amigo(a) dice qué ropa llevan y de qué color es. Cambien de papel. *(Hint: Your friend at a party tells you over the phone about the clothing people are wearing. Work with a partner to say what the item is and its color. Change roles.)*

Roberto

**modelo**

**Estudiante A:** *Roberto lleva una camisa interesante.*

**Estudiante B:** *¿De qué color es la camisa?*

**Estudiante A:** *Es roja.*

1. Guillermo
2. Francisco
3. Raúl
4. Alma

5. David
6. Ana
7. Graciela
8. Rosalinda

## ACTIVIDAD 13 Gramática

### ¡Muchos colores!

**Escuchar** Raúl lleva ropa de muchos colores. Escucha y escribe los colores de la ropa. *(Hint: Raúl wears colorful clothing. Listen and write the color of the clothing.)*

1. los pantalones
2. la camisa
3. la chaqueta
4. los calcetines
5. los zapatos

**MÁS PRÁCTICA** *cuaderno* p. 24

**PARA HISPANOHABLANTES** *cuaderno* p. 22

## ACTIVIDAD 14

### Los ojos y el pelo

**Hablar/Escribir** Descríbele a un(a) amigo(a) los ojos y el pelo de Francisco y de sus amigos. *(Hint: Describe for a friend the eyes and hair of Francisco and his friends.)*

**modelo**

*Francisco tiene los ojos marrones y el pelo corto. Es moreno.*

### Nota

**Tener** means *to have*. Use **tiene** to talk about the features a person has.

## ACTIVIDAD 15

# ¿Qué lleva y qué le gusta?

**Hablar/Escribir** Estás con un(a) amigo(a). Él (Ella) quiere saber algo de estas personas. Describe qué lleva cada persona y qué le gusta hacer. *(Hint: You are with a friend. He/She wants to know something about these people. Describe what each person is wearing and what he or she likes to do.)*

### modelo

*Graciela: escribir*

**Graciela** *lleva una blusa blanca, una falda morada y zapatos negros. Le gusta* **escribir.**

**1.** Alma: correr

**2.** la Sra. García: trabajar

**3.** Guillermo: leer

**4.** Raúl: nadar

**5.** Rosalinda: cantar

## ACTIVIDAD 16

# ¿Qué lleva hoy?

**Hablar/Escribir** Descríbele a la clase la ropa que llevan cinco estudiantes. *(Hint: Describe for the class the clothing that five students have on.)*

| Nombre | Lleva... |
|---|---|
| 1. Juana | una falda marrón, una camisa blanca, unos zapatos marrones |
| 2. | |

## ACTIVIDAD 17

# Es...

**Hablar** Describe a una persona de la clase. Otro(a) estudiante tiene que adivinar quién es. *(Hint: Describe a person from your class. Another student must guess who it is.)*

### modelo

**Estudiante A:** *Tiene el pelo corto y castaño. Tiene los ojos azules. Lleva una falda marrón, una camisa blanca y unos zapatos marrones.*

**Estudiante B:** *Es Juana.*

# ACTIVIDAD 18 ¿Cómo son?

## PARA CONVERSAR

### STRATEGY: SPEAKING

**Trust your first impulse** When speaking, your first impulse will usually be right. Go ahead and speak! Making mistakes is natural, and you will make more when speaking than when writing. When you make a mistake, pause and correct yourself. We all make mistakes, so don't worry if you make a few!

**Hablar** Da tu opinión de cada persona. Cambien de papel. *(Hint: Give your opinion of each person. Change roles.)*

### modelo

*el señor Álvarez: el maestro / bueno*

**Estudiante A:** *¿Cómo es **el señor Álvarez**?*

**Estudiante B:** *No es un **buen maestro**.*

      *o: Es un **buen maestro**.*

### Nota

Sometimes an adjective may precede a noun. When the words **bueno** or **malo** precede a masculine singular noun, they are shortened to **buen** and **mal**. When **grande** precedes any singular noun, it becomes **gran** and its meaning changes to *great*.

1. Francisco: el estudiante / malo
2. la señorita Álvarez: la maestra / grande
3. Raúl: el amigo / grande
4. el señor Gómez: el policía / bueno
5. Alma: la vecina / malo
6. Rosalinda: la estudiante / bueno

# ACTIVIDAD 19

## ¿Cómo es Teresa?

**Escuchar** Escucha el párrafo. ¿Son las oraciones ciertas o falsas? Si una oración es falsa, di lo que es cierto. *(Hint: Listen to the paragraph. Are the sentences true or false? If a sentence is false, say what is true.)*

1. Teresa es baja y rubia.
2. Ella tiene los ojos azules y el pelo largo.
3. En el colegio, es cómica y divertida.
4. Es una chica muy inteligente.
5. Le gusta bailar, pero no le gusta patinar.

# ACTIVIDAD 20

## ¿Cómo es tu amigo(a)?

**Escribir** Describe a un(a) amigo(a). Otro(a) estudiante va a dibujar según tu descripción. *(Hint: Describe a friend. Another student will draw your description.)*

### modelo

*Mi amiga Marta es baja y rubia. Tiene el pelo corto y los ojos azules. Ella es trabajadora y paciente. Le gusta leer y bailar. Es una buena estudiante.*

**■ MÁS COMUNICACIÓN** p. R2

## Pronunciación

### Trabalenguas

**Pronunciación de la *f*, la *s* y la *ch*** The letters **f** and **s**, and the combination **ch**, are pronounced the same in Spanish as they are in English. To practice the sounds, repeat these tongue twisters.

**—¡Qué falda fantástica! —dice Sara Sánchez.**

**¿Con cuántas planchas plancha Pancha?**

# En colores
## CULTURA Y COMPARACIONES

# EL CONJUNTO

### PARA CONOCERNOS
#### STRATEGY: CONNECTING CULTURES

When learning about another language, you also learn about the people who speak it— their way of life, traditions, and contributions to the world. In addition, you learn to think about your own culture.

**Recognize regional music** Is there a kind of music unique to your area or that you like a lot? What people or events influenced its development? What instruments are used? (See p. R20 for the names of instruments in Spanish.) Compare this music to Tejano music, using a Venn diagram.

```
        JAZZ      TEJANO

   (  saxofón ( guitarra ) acordeón  )
```

Un instrumento típico es el bajo sexto. Es una guitarra española grande. Tiene doce cuerdas[3].

_____
[3] twelve strings

Hay mucha música tejana en las estaciones de radio de San Antonio. También hay información en revistas[1] y periódicos[2].

_____
[1] magazines        [2] newspapers

Selena: una artista famosa de la música tejana

# TEJANO

Los músicos de la foto llevan camisas negras, chaquetas y sombreros.

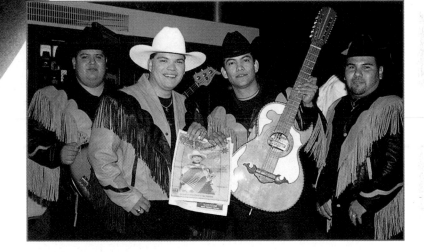

**E**n San Antonio hay muchos grupos de música tejana. Un grupo de música tejana se llama «un conjunto tejano».

La música tejana tiene influencias de la música de Europa y de México. También tiene influencias de la música de Estados Unidos.

Otro instrumento típico es el acordeón. Tiene teclas[4] blancas y negras y un sonido[5] divertido.

---

[4] keys     [5] sound

## ¿Comprendiste?

1. ¿Cómo se llama un grupo de música tejana?
2. ¿De dónde tiene influencias la música tejana?
3. ¿Cuáles son los instrumentos típicos?
4. ¿Qué es un bajo sexto?

## ¿Qué piensas?

1. ¿Cuál es tu música favorita?
2. ¿Cómo se llama tu grupo favorito? Compara el grupo con un conjunto tejano.

# En uso
## REPASO Y MÁS COMUNICACIÓN

*Now you can...*

• describe others.

*To review*

• definite and indefinite articles, see p. 54 and p. 55.

• adjectives, see p. 57 and p. 58.

### ACTIVIDAD 1 La comunidad

Describe a las personas de la comunidad. *(Hint: Describe the people of the community.)*

**modelo**

ella: bueno(a) / amigo(a)     muchachos: estudiante / inteligente / trabajador(a)

**Ella** es una **buena amiga.**     Los **muchachos** son **estudiantes inteligentes** y **trabajadores.**

1. señora: maestro(a) / paciente / cómico(a)

2. muchacho: bueno(a) / amigo(a)

3. señores: policía / fuerte / simpático(a)

4. yo: estudiante / trabajador(a)

5. él: grande / maestro(a)

6. nosotros: estudiante / interesante / serio(a)

7. chico: malo(a) / estudiante

8. señoras: vecino(a) / aburrido(a) / perezoso(a)

9. tú: estudiante / inteligente

10. señor: bueno(a) / doctor(a)

*Now you can...*

• give others' likes and dislikes.

*To review*

• verbs to talk about what others like to do, see p. 52.

### ACTIVIDAD 2 ¡Muy diferentes!

El señor García y la señora García son muy diferentes. Lee lo que al señor le gusta hacer y di lo que a la señora le gusta hacer.
*(Hint: Mr. and Mrs. García are very different. Read what he likes to do and then tell what she likes to do.)*

**modelo**

*Le gusta leer. (cantar)*

No **le gusta leer.** Le gusta **cantar.**

1. Le gusta trabajar. (escuchar música)

2. Le gusta correr. (nadar)

3. Le gusta patinar. (bailar)

4. Le gusta llevar jeans. (llevar pantalones)

5. Le gusta comer pizza. (comer un sándwich)

6. Le gusta hablar. (escuchar)

7. Le gusta leer. (escribir)

8. Le gusta llevar una camiseta. (llevar una blusa)

**Now you can...**

• describe clothing.

**To review**

• vocabulary for clothing, see p. 54.

• definite and indefinite articles, see p. 54 and p. 55.

• colors, see p. 58.

### ACTIVIDAD 3 ¿Qué llevan?

¿Qué llevan estas personas hoy? *(Hint: Tell what they are wearing today.)*

**modelo**

*chico*

**El *chico* lleva *una camiseta amarilla* y *unos pantalones blancos*.**

**1.** mujer

**2.** hombre

**3.** muchacho

**4.** chica

**5.** señorita

**6.** señor

**Now you can...**

• describe others.

• describe clothing.

**To review**

• vocabulary for clothing, see p. 54.

• adjectives, see p. 57 and p. 58.

• colors, see p. 58.

### ACTIVIDAD 4 Mis amigos

Alma habla de sus amigos. ¿A quién describe? *(Hint: Tell which friend Alma describes.)*

Nico    Anita    Horacio    Conchita    Gustavo

**1.** Es alto y tiene el pelo corto y negro.

**2.** Es bajo, feo y anaranjado.

**3.** Lleva una blusa blanca, una falda anaranjada y calcetines blancos.

**4.** Es pelirrojo y tiene una camisa blanca.

**5.** Tiene el pelo largo y rubio.

**6.** Lleva una chaqueta azul y pantalones negros.

**7.** Lleva una camiseta roja, jeans y zapatos blancos.

**8.** Es gordo y perezoso.

**9.** Lleva un suéter morado, pantalones amarillos y zapatos marrones.

**10.** Es alta y rubia.

**Amigos**

**Los estudiantes de la clase**

Describe a un(a) estudiante de la clase. Incluye características y ropa. Di lo que le gusta. La clase tiene que adivinar quién es.
*(Hint: Describe a student in the class, including characteristics and clothing. Say what he or she likes. The class will guess who it is.)*

> **PARA CONVERSAR**
> **STRATEGY: SPEAKING**
> **Think, plan, then speak**
> Think about what you want to say. Rely on what you have practiced and memorized. Plan, then speak, using what you know.

*En tu propia voz*

**ESCRITURA** Escribe una descripción de una persona famosa o popular. Incluye sus características, la ropa que lleva y las actividades que le gusta o no le gusta hacer. Lee la descripción mientras los otros estudiantes la dibujan y adivinan quién es.
*(Hint: Write a description of a famous or popular person. Include characteristics, clothing, and what he or she likes to do. Read your description while other students draw it and guess who the person is.)*

Describe a uno de los amigos de Francisco. Incluye características y ropa. Otro(a) estudiante tiene que adivinar quién es. *(Hint: Describe one of Francisco's friends, including characteristics and clothing. Another student will guess who it is.)*

Raúl   Arturo   Guillermo

Alma   Rosalinda   Graciela

**modelo**

*Es gordo. Lleva una chaqueta roja y unos pantalones rojos. Tiene el pelo blanco. Es un hombre simpático. Le gusta comer.*

*Es Santa Claus.*

**La música** Research music of the Spanish-speaking country of your choice. Report to the class. Your presentation may use writing, drawing, and/or music recordings. To learn the names of common instruments, see p. R20. Use **ser** and **tiene** to describe the music. For example, **Es música interesante y divertida.** As you hear your classmates' reports, write down the characteristics of the different types of music. Which ones are similar?

| MÚSICA TEJANA | |
|---|---|
| INFLUENCIAS | Europa, México, Estados Unidos |
| ¿CÓMO ES? | divertida |
| LOS MÚSICOS LLEVAN... | jeans |
| INSTRUMENTOS | acordeón, bajo sexto |

# En resumen
## REPASO DE VOCABULARIO

### DESCRIBING OTHERS

| | |
|---|---|
| ¿Cómo es? | *What is he/she like?* |

**Appearance**

| | |
|---|---|
| alto(a) | *tall* |
| bajo(a) | *short (height)* |
| bonito(a) | *pretty* |
| castaño(a) | *brown hair* |
| corto(a) | *short (length)* |
| delgado(a) | *thin* |
| feo(a) | *ugly* |
| fuerte | *strong* |
| gordo(a) | *fat* |
| grande | *big, large; great* |
| guapo(a) | *good-looking* |
| largo(a) | *long* |
| moreno(a) | *dark hair and skin* |
| pelirrojo(a) | *redhead* |
| pequeño(a) | *small* |
| rubio(a) | *blond* |

**Features**

| | |
|---|---|
| Tiene… | *He/She has…* |
| los ojos (verdes, azules) | *(green, blue) eyes* |
| el pelo (rubio, castaño) | *(blond, brown) hair* |

**Personality**

| | |
|---|---|
| aburrido(a) | *boring* |
| bueno(a) | *good* |
| cómico(a) | *funny, comical* |
| divertido(a) | *enjoyable, fun* |
| inteligente | *intelligent* |
| interesante | *interesting* |
| malo(a) | *bad* |
| paciente | *patient* |
| perezoso(a) | *lazy* |
| serio(a) | *serious* |
| simpático(a) | *nice* |
| trabajador(a) | *hard-working* |

### DESCRIBING CLOTHING

**What one is wearing**

| | |
|---|---|
| ¿De qué color…? | *What color…?* |
| Llevo…/Lleva… | *I wear…He/She wears…* |
| ¿Qué lleva? | *What is he/she wearing?* |

**Clothing**

| | |
|---|---|
| la blusa | *blouse* |
| el calcetín | *sock* |
| la camisa | *shirt* |
| la camiseta | *T-shirt* |
| la chaqueta | *jacket* |
| la falda | *skirt* |
| los jeans | *jeans* |
| los pantalones | *pants* |
| la ropa | *clothing* |
| el sombrero | *hat* |
| el suéter | *sweater* |
| el vestido | *dress* |
| el zapato | *shoe* |

**Colors**

| | |
|---|---|
| amarillo(a) | *yellow* |
| anaranjado(a) | *orange* |
| azul | *blue* |
| blanco(a) | *white* |
| marrón | *brown* |
| morado(a) | *purple* |
| negro(a) | *black* |
| rojo(a) | *red* |
| rosado(a) | *pink* |
| verde | *green* |

### OTHER WORDS AND PHRASES

| | |
|---|---|
| la bolsa | *bag* |
| el (la) gato(a) | *cat* |
| el (la) perro(a) | *dog* |
| nuevo(a) | *new* |
| otro(a) | *other, another* |
| pues | *well* |
| ¡No digas eso! | *Don't say that!* |
| ¡Qué (divertido)! | *How (fun)!* |
| Es verdad. | *It's true.* |

## Juego

La mujer alta tiene el pelo corto y negro. Lleva una chaqueta azul y una falda larga. ¿Quién es?

a.

b.

c.

ETAPA

# Te presento a mi familia

- Describe family

- Ask and tell ages

- Talk about birthdays

- Give dates

- Express possession

LOS ÁNGELES

OLVERA STREET

## ¿Qué ves?

Look at the photo of a home in Los Angeles.

1. Describe the people.

2. What do you think their relationships are?

3. What is each person doing?

4. Where in the United States might you see houses like this one?

# En contexto

## VOCABULARIO

Francisco's cousin Verónica is having a party for her fifteenth birthday. Look at the illustrations. They will help you understand the meanings of the words in blue and answer the questions on the next page.

¡FELICIDADES!

el abuelo          la abuela

**A** Hoy es **una fecha** muy especial. Es **el cumpleaños** de Verónica. Ella está **feliz**. ¿Cuántos años tiene ella? Tiene **quince años** de **edad**. ¡Tiene una fiesta quinceañera!

**B** Los señores García son los más **viejos** de la familia. Son **los abuelos** de Verónica. Javier y Juan García son **los hijos** de ellos.

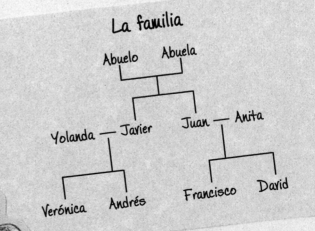

La familia

Abuelo — Abuela

Yolanda — Javier     Juan — Anita

Verónica     Andrés          Francisco     David

**Feliz Quince Años**

**C** Los padres de Verónica tienen una familia simpática. Verónica y Andrés son **hermanos**. Andrés es joven. Es **el hermano menor** de Verónica. Verónica es **la hija** y Andrés es **el hijo** de Javier y Yolanda. Verónica es la hija **mayor**.

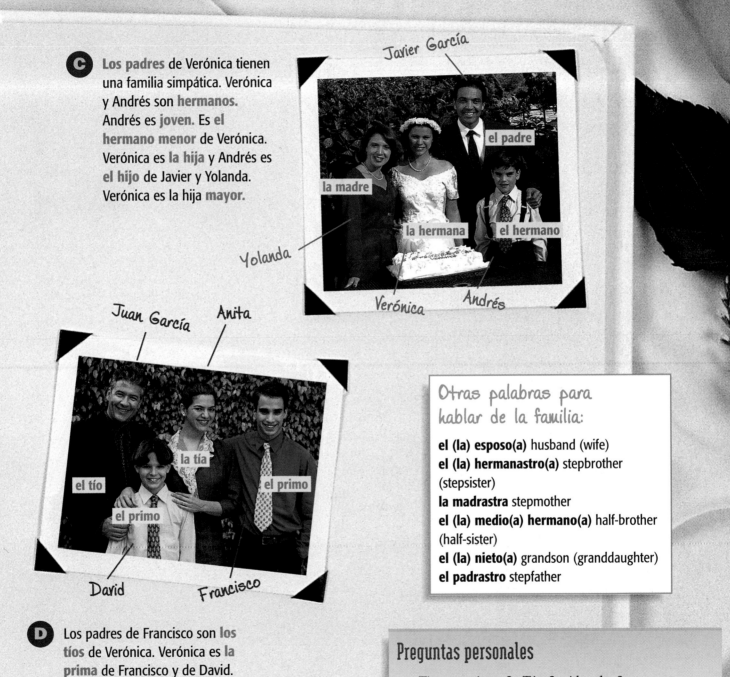

Javier García

el padre

la madre

la hermana          el hermano

Yolanda

Verónica          Andrés

Juan García     Anita

el tío

la tía

el primo

el primo

David          Francisco

**D** Los padres de Francisco son **los tíos** de Verónica. Verónica es **la prima** de Francisco y de David.

Otras palabras para hablar de la familia:

**el (la) esposo(a)** husband (wife)
**el (la) hermanastro(a)** stepbrother (stepsister)
**la madrastra** stepmother
**el (la) medio(a) hermano(a)** half-brother (half-sister)
**el (la) nieto(a)** grandson (granddaughter)
**el padrastro** stepfather

## Preguntas personales

1. ¿Tienes primos? ¿Tíos? ¿Abuelos?
2. ¿Tu familia es grande o pequeña?
3. ¿Tienes hermanos mayores o menores?
4. ¿Cuántos hermanos tienes?
5. ¿Cómo se llaman tus padres? ¿Tus hermanos?

# *En vivo*

  **DIÁLOGO**

Javier   Verónica   Yolanda   Andrés

### PARA ESCUCHAR • STRATEGIES: LISTENING

**Visualize** As you listen, point to the images that you hear named. Link the image and the name. This helps you learn and remember.

**Get the main idea** In order to understand, listen first to try to get the general idea of what is happening. What is the general topic of conversation between Francisco and Alma here?

## Con la familia...

**1▶ Alma:** ¿Y quién es este señor?
**Francisco:** Es mi tío Javier. La foto es de su cumpleaños. Tiene ahora 39 años. Es el hermano menor de mi papá.

   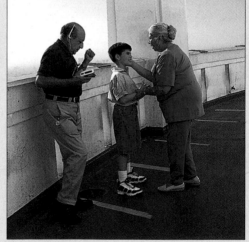   

**5▶ Alma:** Y esta familia, ¿quién es?
**Francisco:** Bueno, éstos son mis abuelos.

**6▶ Alma:** ¡Qué simpáticos son tus abuelos!
**Francisco:** Son muy activos. Mi abuelo siempre dice: «Soy viejo por fuera pero soy joven por dentro.»

**7▶ Alma:** Y tu abuela, ¿cómo es?
**Francisco:** Mi abuela es muy paciente, especialmente con sus queridos nietos. Ella adora a sus nietos.

**2▶ Francisco:** Es artista. Le gusta pintar murales. Hay muchos murales en la ciudad de Los Ángeles.

**Alma:** ¡Ay! ¡Qué chévere!

**3▶ Alma:** Y esta chica, ¿quién es?

**Francisco:** ¡Oh!, ¿esa chica? Esa chica es mi prima Verónica. Verónica es muy divertida.

**4▶ Alma:** ¿Qué edad tiene Verónica?

**Francisco:** Pues, su cumpleaños es en octubre. Así que ahora tiene quince años. Verónica es muy atlética.

**8▶ Alma:** ¿Quién es la mujer que está con tu tío Javier?

**Francisco:** Ella es su esposa. Es mi tía Yolanda.

**9▶ Francisco:** Ellos son los hijos de mi tío Javier y mi tía Yolanda.

**Alma:** ¡Ah, sí!, ésa es tu prima.

**Francisco:** Sí, y él es Andrés, mi primo.

**Alma:** ¿Cuántos años tiene Andrés?

**Francisco:** Andrés tiene siete años.

**10▶ Alma:** Tu familia es muy fotogénica.

**Francisco:** Gracias, Alma. Oye, ¿cuál es la fecha de hoy?

**Alma:** El once de noviembre. ¿Por qué?

**Francisco:** ¡Ay! Sólo tengo diez días más para el concurso.

# En acción
## VOCABULARIO Y GRAMÁTICA

**OBJECTIVES**
- Describe family
- Ask and tell ages
- Talk about birthdays
- Give dates
- Express possession

### ACTIVIDAD 1

### ¿Quién es?

**Escuchar** ¿Quién es cada persona? (*Hint: Who is each person?*)

Javier

Yolanda

Andrés

Verónica

1. Le gusta pintar murales.
2. Es muy atlética.
3. Tiene siete años.
4. Es la tía de Francisco.
5. Tiene quince años.

---

### TAMBIÉN SE DICE

Alma says **¡Qué chévere!** in the dialog. There are many ways to say *How awesome!* in Spanish.

- **¡Qué bárbaro!:** Argentina
- **¡Qué buena nota!:** Ecuador
- **¡Qué guay!:** Spain
- **¡Qué padre!:** Mexico

---

### ACTIVIDAD 2

### ¿Cierto o falso?

**Escuchar** ¿Es cierto o falso? Si es falso, di lo que es cierto. (*Hint: True or false? If it is false, say what is true.*)

1. Javier es el tío de Andrés.
2. Verónica es la prima de Francisco.
3. Andrés es el hermano mayor de Verónica.
4. Yolanda es la abuela de Javier.
5. Verónica y Andrés son los hijos de Javier y Yolanda.

### ACTIVIDAD 3

### La familia

**Leer** Explica quiénes son los miembros de la familia de Francisco, usando la palabra correcta: **abuelos, primo, prima, hermano, tía, tío, tíos, madre, padre, padres.** (*Hint: Explain who the members of Francisco's family are.*)

1. Verónica es la _____ de Francisco.
2. Yolanda y Javier son los _____ de él.
3. David es su _____.
4. Andrés es su _____.
5. Juan y Anita son sus _____.
6. Los señores García mayores son sus _____.
7. Anita es su _____.
8. Yolanda es su _____.
9. Javier es su _____.
10. Juan es su _____.

- Use the verb **tener**
- Express possession using **de**
- Use possessive adjectives
- Use dates and months

## ACTIVIDAD 4

♻️ **¿Cómo son?**

**Hablar/Escribir** Describe a las personas de Los Ángeles. *(Hint: Describe the people from Los Angeles.)*

### modelo

*Francisco*
*Francisco es alto, delgado y moreno. Es joven y simpático. Tiene el pelo corto.*

**I.** Andrés　　**2.** Verónica　　**3.** Rafael

**4.** el abuelo　**5.** la abuela　**6.** Yolanda　**7.** Javier

## ACTIVIDAD 5

**¡Una familia simpática!**

**Leer** Describe a la familia de Verónica, usando **los padres, el cumpleaños, la hermana, los hijos, el hermano, la familia, mayor, quince, los abuelos** o **menor.** *(Hint: Describe Veronica's family.)*

**I.** _____ García es pequeña.

**2.** Los señores García son _____ de Verónica.

**3.** Verónica es _____ de Andrés.

**4.** Ella es la hermana _____ .

**5.** Yolanda y Javier son _____ de Andrés.

**6.** Andrés es _____ de Verónica.

**7.** Él es el hermano _____ de ella.

**8.** Verónica y Andrés son _____ de Yolanda y Javier.

**9.** Hoy es _____ de Verónica.

**10.** Ella tiene _____ años.

## GRAMÁTICA

## Saying What You Have: The Verb **tener**

When you want to talk about what you have, use the verb tener.

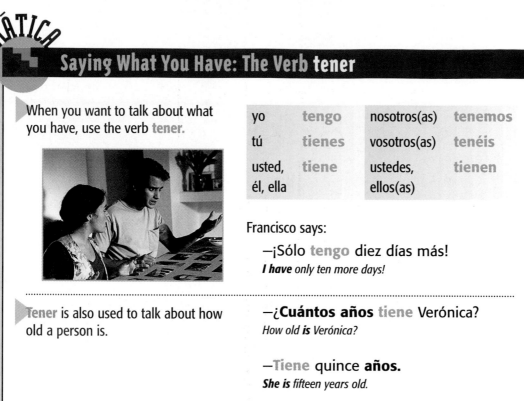

| yo | **tengo** | nosotros(as) | **tenemos** |
|----|-----------|--------------|-------------|
| tú | **tienes** | vosotros(as) | **tenéis** |
| usted, él, ella | **tiene** | ustedes, ellos(as) | **tienen** |

Francisco says:

—¡Sólo **tengo** diez días más!
*I have only ten more days!*

**Tener** is also used to talk about how old a person is.

—**¿Cuántos años** tiene Verónica?
*How old **is** Verónica?*

—**Tiene** quince **años.**
***She is** fifteen years old.*

## NOTA CULTURAL

The oldest house currently standing in Los Angeles is the Avila Adobe, located on Olvera Street, in the city's historic center. It was built as a home for the rancher Francisco Abela in 1818, a time when California was part of Mexico, not the United States!

### ACTIVIDAD 6 — Gramática

## ♻ ¡Unas familias interesantes!

**Hablar** Explica cómo son los miembros de las familias de estas personas. *(Hint: Explain what the family members of these people are like.)*

**modelo**

*ella: hermana / inteligente*  **Ella** tiene una **hermana inteligente.**

1. Paco: prima / cómico(a)
2. Alma: hermana / trabajador(a)
3. Verónica: tía / bonito(a)
4. los señores García: hijo / activo(a)
5. Verónica y Andrés: primos / aburrido(a)
6. nosotros: padres / ¿?
7. yo: tío / ¿?
8. mi familia y yo: abuelos / ¿?
9. tú: hermano(a) / ¿?
10. yo: familia / ¿?

**MÁS PRÁCTICA** *cuaderno* p. 29

**PARA HISPANOHABLANTES** *cuaderno* p. 27

## ACTIVIDAD 7

### ¿Qué edad?

**Escribir** Explica cuántos años tiene cada persona. (*Hint: Explain how old each person is.*)

**modelo**

la abuela: 70      **La abuela** tiene **setenta** años.

1. Andrés: 7
2. Verónica: 15
3. Javier: 39
4. yo: ¿?
5. mis padres: ¿?
6. mi amigo(a): ¿?

---

### Vocabulario

#### Los números de 11 a 100

| | | | |
|---|---|---|---|
| 11 | once | 25 | veinticinco |
| 12 | doce | 26 | veintiséis |
| 13 | trece | 27 | veintisiete |
| 14 | catorce | 28 | veintiocho |
| 15 | quince | 29 | veintinueve |
| 16 | dieciséis | 30 | treinta |
| 17 | diecisiete | 31 | treinta y uno |
| 18 | dieciocho | 40 | cuarenta |
| 19 | diecinueve | 50 | cincuenta |
| 20 | veinte | 60 | sesenta |
| 21 | veintiuno | 70 | setenta |
| 22 | veintidós | 80 | ochenta |
| 23 | veintitrés | 90 | noventa |
| 24 | veinticuatro | 100 | cien |

For 21, 31, and so on, use **veintiún, treinta y un,** and so on before a masculine noun and **veintiuna, treinta y una,** and so on before a feminine noun.

Tengo **veintiún** años. Tienes **treinta y una** camisetas.

¿Cuántos años tienes?

---

## ACTIVIDAD 8

### La familia de Antonio

**Escuchar** Lee las preguntas. Luego, escucha lo que dice Antonio de su familia. Escoge la respuesta correcta. (*Hint: Listen to what Antonio says about his family. Then answer the questions.*)

1. ¿Cómo se llama el hermano menor de Antonio?
   a. Alberto      b. Andrés
2. ¿Cuántos años tiene Andrés?
   a. 8      b. 17
3. ¿Quién es Luisa?
   a. su madre      b. su hermana
4. ¿Quiénes son Rosa y Alberto?
   a. sus abuelos      b. sus padres
5. ¿Cómo son Marta y Rafael?
   a. viejos y divertidos      b. jóvenes y divertidos

## ACTIVIDAD 9

### ¿Cuántos años?

**Hablar** Pregúntale a otro(a) estudiante cuántos años tiene cada persona. (*Hint: Ask another student how old each person is.*)

**modelo**

tu madre

**Estudiante A:** ¿Cuántos años tiene **tu madre**?

**Estudiante B:** Tiene cuarenta años.

1. tu padre
2. tú
3. tu abuelo(a)
4. tu tío(a)
5. tu amigo(a)
6. tu madre

**MÁS COMUNICACIÓN** p. R3

## Expressing Possession Using **de**

▶ In English, you express possession by adding **'s** to the **noun** that refers to the possessor. In Spanish, you use the preposition **de** to refer to the **possessor**.

el hermano **de** papá
*Dad**'s** brother*

los hijos **de** Javier
*Javier**'s** children*

---

 **Gramática**

♻ **La ropa de...**

**Hablar** Cada persona escoge su ropa para una fiesta. Di de quién es cada cosa. *(Hint: Everyone is choosing clothing for a party. Say whose each item is.)*

**modelo**

*Es* **la camisa** *de* **Andrés.**

Andrés

1. Verónica

2. Javier

3. Juan

4. Anita

5. Yolanda

6. David

**N O T A** CULTURAL

The early Spanish settlers of Los Angeles developed land into ranches, or **haciendas**. The names of many **haciendas** have survived as street names, such as **Los Feliz, Verdugos,** and **Sepúlveda.**

■ **MÁS PRÁCTICA** *cuaderno* p. 30
■ **PARA HISPANOHABLANTES**
*cuaderno* p. 28

# La familia de Rafael Ramos

**Hablar/Escribir** Explica la relación entre las personas. *(Hint: Explain the relationship between the people.)*

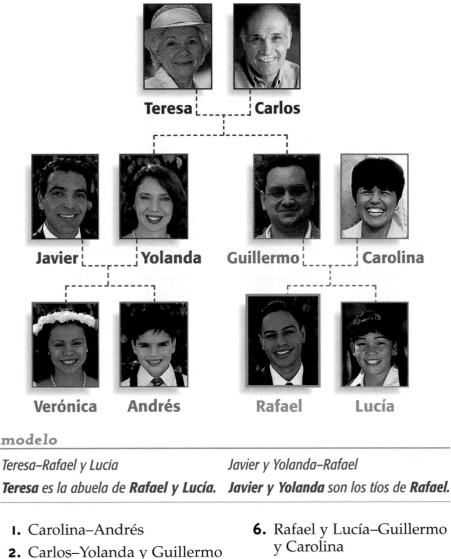

**Teresa**    **Carlos**

**Javier**    **Yolanda**    **Guillermo**    **Carolina**

**Verónica**    **Andrés**    **Rafael**    **Lucía**

*modelo*

Teresa–Rafael y Lucía      Javier y Yolanda–Rafael

**Teresa** *es la abuela de* **Rafael y Lucía.**    **Javier y Yolanda** *son los tíos de* **Rafael.**

1. Carolina–Andrés
2. Carlos–Yolanda y Guillermo
3. Lucía–Verónica
4. Rafael–Lucía
5. Teresa y Carlos–Rafael y Lucía
6. Rafael y Lucía–Guillermo y Carolina
7. Guillermo y Carolina–Rafael y Lucía
8. Rafael y Lucía–Andrés y Verónica

# ¿De quién es?

## PARA CONVERSAR

**STRATEGY: SPEAKING**

**Rehearse** Practicing with a partner is a rehearsal for real conversation, so make the most of it. Think of real situations where you can use what you are practicing, such as asking about what people in the class are wearing.

**Hablar** Trabaja con otro(a) estudiante para explicar de quién es la ropa. Cambien de papel. *(Hint: Work with another person to explain whose clothing it is. Change roles.)*

*modelo*

chaqueta: Francisco

**Estudiante A:** *¿De quién es la* **chaqueta***?*

**Estudiante B:** *Es de* **Francisco.**

**Nota**

Use the expression **¿De quién es...?** to ask who owns something. To answer, use **Es de...**

1. falda: Verónica
2. vestido: Anita
3. suéter: Andrés
4. camiseta: Javier
5. blusa: la abuela
6. ¿?

## Expressing Possession: Possessive Adjectives

**Possessive adjectives** tell you who owns something or describe a relationship between people or things. In Spanish, possessive adjectives agree in number with the nouns they describe.

### Singular Possessive Adjectives

| | |
|---|---|
| **mi** | **nuestro(a)** |
| my | our |
| **tu** | **vuestro(a)** |
| your (familiar) | your (familiar) |
| **su** | **su** |
| your | your |
| **su** | **su** |
| his, her, its | their |

### Plural Possessive Adjectives

| | |
|---|---|
| **mis** | **nuestros(as)** |
| my | our |
| **tus** | **vuestros(as)** |
| your (familiar) | your (familiar) |
| **sus** | **sus** |
| your | your |
| **sus** | **sus** |
| his, her, its | their |

Francisco would say:  —Es **mi** tío.

*He is **my** uncle.*

—Son **mis** abuelo**s**.

*They are **my** grandparents.*

The adjectives **nuestro(a)** and **vuestro(a)** must also agree in gender with the nouns they describe.

*agrees*
nuestr**o** abuel**o**

*agrees*
nuestr**o**s abuel**o**s

*agrees*
nuestr**a** abuel**a**

*agrees*
nuestr**a**s abuel**a**s

If you need to emphasize, substitute the adjective with:

**de** + **pronoun** or the person's name

This also helps to clarify the meaning of su and sus.

*becomes*

Es **su** tío.    Es el tío **de él**.

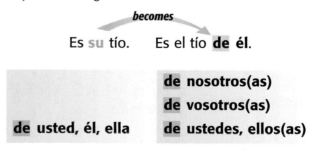

| | |
|---|---|
| | **de** nosotros(as) |
| | **de** vosotros(as) |
| **de** usted, él, ella | **de** ustedes, ellos(as) |

## ACTIVIDAD 13 · Gramática

### ♻ ¿De quién es la ropa?

**Hablar** Ves mucha ropa. No sabes de quién es. Pregúntale a otro(a) estudiante si es de él o ella. Cambien de papel. *(Hint: You see some clothing. You don't know whose it is. Ask another student if it's his or hers. Change roles.)*

**modelo**

chaqueta (no)

**Estudiante A:** *¿Es tu chaqueta?*

**Estudiante B:** *No, no es mi chaqueta.*

| | | |
|---|---|---|
| **1.** suéter (sí) | **4.** pantalones (no) | **7.** camiseta (no) |
| **2.** camisas (sí) | **5.** zapatos (sí) | **8.** calcetines (sí) |
| **3.** blusa (no) | **6.** falda (no) | **9.** vestido (no) |

## ACTIVIDAD 14 · Gramática

### ♻ ¿Quiénes son?

**Hablar** Estás en la casa de tus amigos para una fiesta. Pregúntale a uno de ellos quién es cada persona. Cambien de papel. *(Hint: You're at your friends' house for a party. Ask one of them who everyone is. Change roles.)*

**modelo**

| abuelo | abuelos |
|---|---|
| **Estudiante A:** *¿Quién es?* | **Estudiante B:** *¿Quiénes son?* |
| **Estudiante B:** *Es nuestro abuelo.* | **Estudiante A:** *Son nuestros abuelos.* |

**Nota**

When you want to ask who a person is, use the expression **¿Quién es?** When you want to ask who several people are, use **¿Quiénes son?**

| | | |
|---|---|---|
| **1.** tía | **4.** padres | **7.** abuela |
| **2.** primo | **5.** tío | **8.** vecinos |
| **3.** hermanas | **6.** primas | **9.** vecina |

■ **MÁS PRÁCTICA** *cuaderno* p. 31

■ **PARA HISPANOHABLANTES** *cuaderno* p. 29

## ACTIVIDAD 15

### ♻ ¿De quién es la camisa?

**Hablar** En tu casa tienes ropa de muchas personas. Otro(a) estudiante te pregunta de quién es. *(Hint: You have many people's clothes in your house. Another student asks you whose they are.)*

**modelo**

camisa / tu hermano

**Estudiante:** *¿La camisa es de tu hermano?*

**Tú:** *Sí, es su camisa.*

1. pantalones / David
2. vestido / tu tía
3. blusas / ellas
4. calcetines / tu padre
5. falda / tu abuela
6. chaquetas / tus abuelos
7. zapatos / Susana
8. camisetas / Rafael

### Juego

Marco tiene un hermano. José tiene un año. El hermano de Marco se llama José. ¿Cuántos años tiene el hermano de Marco?

## ACTIVIDAD 16

## En la clase

**Hablar/Escribir** Explica cuántas personas de cada tipo hay en la clase. *(Hint: Explain how many of each type of person there are in the class.)*

### Nota

The word **hay** is used to mean *there is* or *there are*.

**Hay** muchos murales en la ciudad de Los Ángeles.
*There are many murals in the city of Los Angeles.*

**Hay** un concurso muy interesante.
*There is a very interesting contest.*

To say that there are none, use **No hay...**

1. chicas castañas
2. chicos castaños
3. chicos rubios
4. chicas rubias
5. chicos morenos
6. chicas morenas
7. chicos pelirrojos
8. chicas pelirrojas
9. chicos
10. maestros

### NOTA CULTURAL

In Spanish-speaking countries, the date is written with the number of the day first, then the number of the month.

el dos de mayo = 2/5

## GRAMÁTICA

### Giving Dates: Day and Month

When you want to give the date, use the following phrase:

**Es el** + **number** + **de** + month.

—¿Cuál es la fecha de hoy?
*What is the date today?*

—Hoy **es el once** de noviembre.
*Today **is the eleventh of** November.*

In Spanish, the only date that does not follow this pattern is the first of the month.

**Es el primero** de noviembre.
*It is November **first**.*

Notice that the names of months are not capitalized in Spanish.

## Vocabulario

### Los meses del año

| enero | febrero | marzo | abril |
|---|---|---|---|
| mayo | junio | julio | agosto |
| septiembre | octubre | noviembre | diciembre |

¿Cuál es tu mes favorito?

## ACTIVIDAD 17 Gramática

# La familia de Francisco

**Escribir** Explica cuándo son los cumpleaños. *(Hint: Explain when their birthdays are.)*

### modelo

*Francisco: 15/3*

*El cumpleaños de **Francisco** es el **quince de marzo.***

1. Alma: 4/1
2. Verónica: 22/10
3. Andrés: 5/5
4. la abuela: 23/7
5. yo: ¿?
6. mi madre: ¿?
7. mi padre: ¿?
8. mi amigo(a): ¿?

**MÁS PRÁCTICA** *cuaderno* p. 32

**PARA HISPANOHABLANTES** *cuaderno* p. 30

## ACTIVIDAD 18

# ¿Cuál es la fecha de tu cumpleaños?

**Hablar** Pregúntales a otros estudiantes la fecha de su cumpleaños. ¿Cuántos cumpleaños hay en cada mes? *(Hint: Ask other students their birthdays. How many are in each month?)*

| Nombre | Su cumpleaños es |
|--------|------------------|
| Ramón | el 13 de junio |

## ACTIVIDAD 19

# ¿Cuál es la respuesta?

**Escuchar** Escoge la respuesta correcta. *(Hint: Choose the correct answer.)*

1. a. Tiene cinco años.
   b. Tiene setenta años.
   c. Tiene veinte años.

2. a. Son viejas.
   b. Son grandes.
   c. Son jóvenes.

3. a. Soy policía.
   b. Soy estudiante.
   c. Soy maestro.

4. a. Llevo un suéter.
   b. Llevo una camiseta.
   c. Llevo una chaqueta.

## ACTIVIDAD 20

# Mi madre

**Escribir** Describe a un miembro de tu familia. *(Hint: Describe a family member.)*

### modelo

*Mi madre se llama Elena. Es alta y castaña. Tiene los ojos verdes. Le gusta cantar y leer. Es muy inteligente. Tiene cuarenta años. Su cumpleaños es el cuatro de mayo.*

**MÁS COMUNICACIÓN** p. R3

## Pronunciación

### Trabalenguas

**Pronunciación de la *m* y la *n*** The letters m and n are pronounced in Spanish just as they are in English. Try the following tongue twisters.

**Nueve nenes nadan.**      **Mi mamá me mima.**

# *En voces*

## LECTURA

# Las celebraciones del año

**H**ay muchas fechas importantes durante el año. Los países hispanohablantes celebran estas fechas de varias formas. Algunas[1] celebraciones son iguales que las de Estados Unidos, pero también hay tradiciones diferentes.

## octubre

**12/10  El Día de la Raza**  En este día no hay trabajo. Hay muchos desfiles[2]. El día celebra el encuentro[3] del indígena[4] con el europeo y el africano. Hoy esta mezcla[5] de razas[6] y tradiciones forma la cultura latinoamericana.

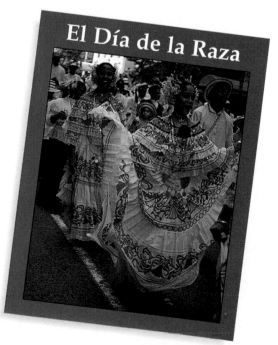

El Día de la Raza

## noviembre

**1/11  El Día de Todos los Santos y 2/11 el Día de los Muertos**[7]  En estos días todos honran a las personas de su familia. En México las familias decoran las tumbas de sus antepasados[8] con flores bonitas.

| | | |
|---|---|---|
| [1]some | [3]meeting | [5]mixture | [7]Dead |
| [2]parades | [4]native (Indian) | [6]races | [8]ancestors |

La Nochevieja

Feliz Año Nuevo
Les Desea. LA
FAMILIA.CHAVEZ VEGA

## diciembre y enero

**31/12  La Nochevieja y 1/1  el Año Nuevo**
Hay fuegos artificiales[9], desfiles o celebraciones en todos los países. En Ecuador los años viejos se representan con figuras grandes de personas famosas de ese año. A medianoche[10] los años viejos se queman[11]. En España es tradicional comer doce uvas[12] a la medianoche.

## enero

**6/1  El Día de los Reyes**
Es el día tradicional para dar regalos[13] de Navidad en los países latinos.

### TAMBIÉN SE DICE

To talk about U.S. holidays not mentioned in this reading, use these phrases:

Valentine's Day: **Día de los Enamorados, Día de San Valentín**
Mother's Day: **Día de la Madre**
Father's Day: **Día del Padre**
Memorial Day: **Día Conmemorativo**
July 4th: **Día de la Independencia**
Labor Day: **Día del Trabajador**
Halloween: **Noche de Brujas**
Thanksgiving: **Día de Acción de Gracias**
Christmas Eve: **Nochebuena**
Christmas: **Navidad**

### ¿Comprendiste?

1. ¿Cómo celebran los latinoamericanos el Día de la Raza?
2. ¿Cuáles son las fechas en que los mexicanos honran a su familia?
3. Describe dos tradiciones del Año Nuevo.
4. ¿En qué fecha dan regalos de Navidad las personas de los países latinos? ¿Cómo se llama ese día?

### ¿Qué piensas?

¿Hay una celebración especial en tu casa para un día festivo? ¿Cómo es?

---

[9] fireworks
[10] midnight
[11] are burned
[12] grapes
[13] give gifts

# En colores

## CULTURA Y COMPARACIONES

La palabra *quinceañera* se refiere a[1] dos conceptos. Una quinceañera es una chica de quince años. Una quinceañera también es una fiesta en que se celebra el cumpleaños de una chica de quince años.

### PARA CONOCERNOS

**STRATEGY: CONNECTING CULTURES**

**Compare rites of passage** In your community what are some events, formal or informal, that mark a young person's transition from childhood to adulthood? What are they called and when do they occur? How are they celebrated? If you could design your own event, how would it be celebrated? Use a word web to record your thoughts. Think of its components as you read **«La quinceañera».**

```
   what          when
         celebration
   where          how
```

**La quinceañera lleva un vestido especial. Es tradicional llevar un vestido rosado.**

**Hay mucha preparación para la quinceañera. Hay muchas decoraciones.**

# La quinceañera

¡FELICIDADES!

**La tradición más importante es que la familia acompaña a la quinceañera en su día especial.**

La quinceañera es una tradición especial de la cultura latina. Representa el momento en que una chica llega a ser[2] una mujer. Las tradiciones son diferentes en cada región. Una tradición es tener una ceremonia religiosa. Algunas fiestas se celebran en la casa de la familia. Otras se celebran en un hotel o un restaurante. La familia de la quinceañera invita a todos sus primos, sus tíos, sus abuelos y sus buenos amigos.

---

[1] refers to
[2] becomes

## ¿Comprendiste?

1. ¿Qué es una quinceañera?
2. ¿Cuál es una tradición de la quinceañera?
3. ¿Dónde se celebran las fiestas?
4. ¿Qué lleva la quinceañera?

## ¿Qué piensas?

1. ¿Qué fiestas hay en tu comunidad?
2. ¿Hay otras fiestas similares para una chica en tu comunidad? ¿Para un chico?

# En uso

## REPASO Y MÁS COMUNICACIÓN

**OBJECTIVES**

• Describe family
• Ask and tell ages
• Talk about birthdays
• Give dates
• Express possession

*Now you can...*

• describe family.

*To review*

• vocabulary for family, see p. 70.

### ACTIVIDAD 1 Una familia feliz

Mónica, una amiga de Verónica, describe a su familia. Completa el párrafo. *(Hint: Complete Monica's description of her family.)*

**modelo**

Tengo tres __primos__ . Lucas es mi primo __mayor__ .

Mi familia es muy interesante. Mis __1__ son Gregorio y Berta. Tengo una __2__ que se llama Rosita. Ella es mi hermana __3__. Mi padre tiene un hermano. Es mi __4__ Carlos. Es muy cómico. Sus tres __5__ son Paquita, Lucas y Pepe. Ellos son mis __6__. La __7__ de ellos es mi tía Amalia. Mis primos y yo tenemos unos __8__ muy simpáticos: Rafael y Esperanza Santana.

Rafael  Esperanza
Gregorio  Berta  Carlos  Amalia
Mónica  Rosita  Paquita  Lucas  Pepe

*Now you can...*

• tell ages.

*To review*

• the verb **tener**, see p. 76.

• vocabulary for numbers, see p. 77.

### ACTIVIDAD 2 ¿Cuántos años tienen?

Di la edad de cada persona que Verónica conoce. *(Hint: Tell the ages of the people Veronica knows.)*

**modelo**

Yolanda: 44    **Yolanda** tiene **cuarenta y cuatro años.**

1. Juan y Anita: 42
2. el señor Uribe: 100
3. su prima: 28
4. yo: 15
5. los amigos de los García: 70
6. tú: 13
7. la señora Quiroga: 91
8. su tío: 67
9. nosotros: 38
10. usted: 83
11. Rafael: 17
12. Carlota: 21

**Now you can...**

• talk about birthdays.

**To review**

• possession using **de,** see p. 78.

• dates and months, see p. 82.

### 3 ¿Cuándo cumplen años?

¿Cuál es la fecha de cumpleaños de cada persona? *(Hint: What is each person's birthday?)*

**modelo**

*Antonio: 19/7*

*El cumpleaños de **Antonio** es **el diecinueve de julio.***

1. Rafael: 23/12
2. Francisco: 15/3
3. Rosalinda: 6/2
4. la señora García: 1/10
5. David: 30/6
6. Yolanda: 25/11

*Un pastel para la quinceañera*

**Now you can...**

• give dates.

**To review**

• dates and months, see p. 82.

### 4 Las fiestas

¿Cuáles son las fechas de estos días festivos? *(Hint: What are the dates of these holidays?)*

**modelo**

*17/3*

*el diecisiete de marzo*

1. 25/12
2. 4/7
3. 1/1
4. 11/11
5. 14/6
6. 12/10
7. 5/5
8. 6/1
9. 2/2
10. 14/2
11. 17/3
12. 31/10

**Now you can...**

• express possession.

**To review**

• the verb **tener,** see p. 76.

• possessive adjectives, see p. 80.

### 5 Amigos internacionales

Estas personas tienen amigos y familia de otros países. ¿Cómo son? *(Hint: Describe people's international friends and family members.)*

**modelo**

*Inés: amiga de México (bonito)*

*Inés tiene **una amiga de México**. Su amiga es **bonita.***

1. Víctor: vecinos de Cuba (viejo)
2. yo: doctor de Guatemala (joven)
3. ustedes: amigos de Argentina (simpático)
4. nosotras: maestra de la República Dominicana (cómico)
5. tú: tíos de Chile (trabajador)
6. Raquel y Mario: prima de Puerto Rico (moreno)
7. Lisa y yo: amigo de España (guapo)

## ACTIVIDAD 6 — ¡Tenemos unas preguntas!

### PARA CONVERSAR

**STRATEGY: SPEAKING**

**Practice speaking smoothly** Speaking smoothly without starts and stops helps others understand you. So first think about what you want to say, then practice saying it smoothly and naturally.

Trabajando en grupos, escriban preguntas para su maestro(a). Incluyan preguntas sobre su familia y su cumpleaños. *(Hint: Work together to write questions for your teacher. Include questions about his or her family and birthday.)*

### modelo

*¿Quién es su madre?*

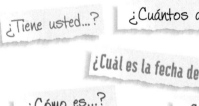

¿Tiene usted...?    ¿Cuántos años...?

¿Cuál es la fecha de...?    **¿De dónde...?**

¿Cómo es...?    ¿Cómo se llama...?

## ACTIVIDAD 7 — Su familia

Dibuja tu árbol genealógico. Incluye nombres y edades. Usando el árbol genealógico de otro(a) estudiante, descríbele la familia a otro grupo de la clase. *(Hint: Draw your family tree. Include names and ages. Using another student's family tree, describe his or her family to a group from the class.)*

### modelo

*La familia de Julio es pequeña. Él tiene un hermano mayor. No tiene hermanas. Su padre se llama Víctor y su madre se llama Lisa…*

## ACTIVIDAD 8 — En tu propia voz

**ESCRITURA** Usando tu árbol genealógico de la Actividad 7, escribe una descripción de tu familia. *(Hint: Using your family tree from Activity 7, write a description of your family.)*

## TÚ EN LA COMUNIDAD

**Theresa** is a student in Massachusetts. Spanish comes in handy when she and a friend help two fifth-grade Guatemalan girls learn English. At home, she practices speaking Spanish with her brother, who also studies it in school. She also writes letters in Spanish to a little girl in Guatemala, and she is able to read the letters the girl writes back. Do you correspond with anyone in Spanish?

# En resumen
## REPASO DE VOCABULARIO

### DESCRIBING FAMILY

**Family Members**

| | |
|---|---|
| la abuela | grandmother |
| el abuelo | grandfather |
| los abuelos | grandparents |
| la hermana | sister |
| el hermano | brother |
| los hermanos | brother(s) and sister(s) |
| la hija | daughter |
| el hijo | son |
| los hijos | son(s) and daughter(s), children |
| la madre | mother |
| el padre | father |
| los padres | parents |
| el (la) primo(a) | cousin |
| la tía | aunt |
| el tío | uncle |
| los tíos | uncle(s) and aunt(s) |

**Descriptions**

| | |
|---|---|
| joven | young |
| mayor | older |
| menor | younger |
| viejo(a) | old |

### EXPRESSING POSSESSION

| | |
|---|---|
| ¿De quién es...? | Whose is...? |
| el (la)... de... | (someone)'s... |
| Es de... | It's... |
| mi | my |
| tu | your (familiar) |
| su | your, his, her, its, their |
| nuestro(a) | our |
| vuestro(a) | your (plural familiar) |

### ASKING AND TELLING AGES

**Asking About Age**

| | |
|---|---|
| la edad | age |
| ¿Cuántos años tiene...? | How old is...? |
| Tiene... años. | He/She is...years old. |

**Numbers from 11 to 100**

| | |
|---|---|
| once | eleven |
| doce | twelve |
| trece | thirteen |
| catorce | fourteen |
| quince | fifteen |
| dieciséis | sixteen |
| diecisiete | seventeen |
| dieciocho | eighteen |
| diecinueve | nineteen |
| veinte | twenty |
| veintiuno | twenty-one |
| treinta | thirty |
| cuarenta | forty |
| cincuenta | fifty |
| sesenta | sixty |
| setenta | seventy |
| ochenta | eighty |
| noventa | ninety |
| cien | one hundred |

### Juego

El abuelo tiene 24 años más que su hijo Carlos. Carlos tiene 35 años más que su hijo Antonio. Los tres combinados tienen 100 años. ¿Cuántos años tiene...

1. el abuelo?
2. Carlos?
3. Antonio?

### GIVING DATES

**Asking the Date**

| | |
|---|---|
| el año | year |
| la fecha | date |
| ¿Cuál es la fecha? | What is the date? |
| Es el... de... | It's the...of... |

**Months**

| | |
|---|---|
| el mes | month |
| enero | January |
| febrero | February |
| marzo | March |
| abril | April |
| mayo | May |
| junio | June |
| julio | July |
| agosto | August |
| septiembre | September |
| octubre | October |
| noviembre | November |
| diciembre | December |

### TALKING ABOUT BIRTHDAYS

| | |
|---|---|
| el cumpleaños | birthday |
| felicidades | congratulations |
| feliz | happy |

### OTHER WORDS AND PHRASES

| | |
|---|---|
| ahora | now |
| la ciudad | city |
| con | with |
| dentro | inside |
| fuera | outside |
| hay | there is, there are |
| más | more |
| muy | very |
| ¡Qué chévere! | How awesome! |
| ¿Quién es? | Who is it? |
| ¿Quiénes son? | Who are they? |
| sólo | only |
| tener | to have |
| todo(a) | all |

# En tu propia voz

**ESCRITURA**

## ¡Estudia en otro país!

You have the opportunity to study in a Spanish-speaking country and live with a family there. The program requires you to write a description of yourself so that you can be placed in a home. Your description will be the family's introduction to their guest, you!

**Purpose:**   Tell others about yourself
**Audience:**  Study-abroad program and Spanish-speaking family
**Subject:**   You
**Structure:** Descriptive paragraph

### PARA ESCRIBIR • STRATEGY: WRITING

**Use different kinds of descriptive words**  Help your readers get to know you and understand what kind of person you are by giving a variety of descriptions. Include biographical data, physical traits, personal characteristics, and interests.

¡Estudia aquí!

Instituto de español

## Modelo del estudiante

The writer begins by offering basic biographical data about herself.

The author tells what she looks like. This strengthens the portrait she is creating.

The writer uses descriptive adjectives with **ser** to tell what kind of person she is.

The author talks about her interests that are relevant to the program. This completes her introduction.

> Me llamo Kristin Garza. Soy de Waco, Texas.
> Tengo 15 años. Soy castaña. Tengo el pelo largo
> y los ojos verdes. Soy alta y muy fuerte. Soy
> inteligente y atlética. No soy perezosa. Me gusta
> correr con mi perro y bailar con mis amigos.
> Vivo en una casa con mi familia. Tengo dos
> hermanos y una hermana. Mi padre es policía
> y mi madre es maestra. Mis abuelos viven en
> Waco también. Ellos son de México. Yo soy
> buena estudiante. Me gusta estudiar español
> y la historia de Latinoamérica.

# Estrategias para escribir

## Antes de escribir...

Prepare to write your descriptive paragraph by brainstorming ideas in these categories: biographical data, physical traits, personal characteristics, and interests. Do all of your brainstorming in Spanish. Use a concept web to organize your ideas. Then select the most interesting and descriptive words about yourself from your web. Decide what order to arrange them in your paragraph, and start writing.

inteligente
serio
características personales
YO
intereses
nadar
cantar

bajo
rubio
características físicas
información biográfica
14 años
Troy, OH

## Revisiones

When you finish your first draft, exchange paragraphs with a friend. Then ask:

- *Does the paragraph include name, age, and hometown?*
- *Are there enough descriptive adjectives?*
- *Is there a variety of information—family, activities, school, etc.?*

Me llamo Jason Potter. Yo tiene (tengo) catorce años. Vivo en Troy, Ohio, con mis padres. No tengo hermanos. Yo soy bajá°, inteligente y serio. Tengo los ojos azules. Soy rubiá...°o

## La versión final

Look at your revised paragraph and ask yourself these questions:

- *Are adjectives used correctly?*

**Try this:** Underline every adjective. Check to make sure that each one agrees in number and gender with its noun.

- *Did I use the right forms of **ser** and **tener**?*

**Try this:** Circle each form of **ser** and **tener** and their subjects (when given). Check to make sure that they match.

 Share your writing on www.mcdougallittell.com

noventa y tres
**Unidad 1**
 93

# UNIDAD 2

# CIUDAD DE MÉXICO MÉXICO

## UNA SEMANA TÍPICA

### OBJECTIVES

**ETAPA 1**

## Un día de clases

- Describe classes and classroom objects
- Say how often you do something
- Discuss obligations

**ETAPA 2**

## ¡Un horario difícil!

- Talk about schedules
- Ask and tell time
- Ask questions
- Say where you are going
- Request food

**ETAPA 3**

## Mis actividades

- Discuss plans
- Sequence events
- Talk about places and people you know

**OCÉANO PACÍFICO**

**GOLFO DE CALIFORNIA**

BAJA CALIFORNIA

**MÉXICO**

**TORTILLAS** are traditionally made by hand. The price of tortillas is set by the government. What Mexican dishes made with tortillas have you tried?

**GUADALAJARA •**

**DIEGO RIVERA** (1886–1957) painted *La vendedora de flores* (1942) as well as many other paintings and murals. What paintings by Mexican artists have you seen?

# ALMANAQUE

**Población:** 16.900.000
**Altura:** 2.309 metros (7.575 pies)
**Clima:** 19° C (66° F)
**Comida típica:** tortillas, frijoles, tacos
**Gente famosa de México:** Lázaro Cárdenas (político), Carlos Fuentes (escritor), Amalia Hernández (bailarina), Frida Kahlo (pintora), Diego Rivera (pintor)

**¿Vas a México, D.F.?** Generalmente los mexicanos usan la palabra *México* para hablar del país. Para hablar de la Ciudad de México, usan las frases *la capital, el distrito federal* o simplemente *el D.F.* El distrito federal está en el centro de la ciudad.

 INTERNET For more information about Mexico, access www.mcdougallittell.com

• MONTERREY

**EL PALACIO DE BELLAS ARTES,** begun in 1904 by an Italian architect, was finished 30 years later by a Mexican one. The Ballet Folklórico performs here. What do you think its name means?

**EL BALLET FOLKLÓRICO** has communicated the spirit of Mexico through dance since 1959. It was founded by Amalia Hernández. What traditional dances of the United States do you know?

PENÍNSULA DE YUCATÁN

★ MÉXICO, D.F.

BELICE

• OAXACA

SISTEMA DE TRANSPORTE COLECTIVO
**RED DEL METRO**
CIUDAD DE MEXICO

**EL METRO** opened in 1969 to combat pollution. It serves over 4 million people a day. To ride it, ask for a **billete!** Why might you ride a subway?

**LÁZARO CÁRDENAS** (1895–1970), president 1934–1940, made great improvements in Mexico. He created the Department of Tourism and made Mexico internationally influential. Who is the current president of Mexico?

# ETAPA

## 1

# Un día de clases

- Describe classes and classroom objects

- Say how often you do something

- Discuss obligations

## ¿Qué ves?

Mira la foto del centro de la Ciudad de México.

1. ¿Tiene pelo corto la chica?

2. ¿Son rubios o morenos los chicos?

3. ¿Es roja o rosada la chaqueta del chico?

4. ¿Isabel tiene clases el sábado?

### Horario: Isabel Palacios

| Hora | lunes | martes | miércoles | jueves | viernes |
|------|-------|--------|-----------|--------|---------|
| 12:30 | computación | inglés | computación | inglés | computación |
| 1:30 | literatura | matemáticas | literatura | matemáticas | literatura |
| 2:30 | arte | educación física | arte | educación física | arte |
| 3:30 | receso | receso | receso | receso | receso |
| 4:00 | historia | música | historia | música | historia |
| 5:00 | | ciencias naturales | | ciencias naturales | |

# *En contexto*

## VOCABULARIO

Isabel spends most of the week in school. Here Isabel describes the things she uses there.

**A**

Bienvenidos a mi **escuela. En la clase** el maestro **habla** mucho. Los estudiantes **escuchan** al maestro. Las lecciones son interesantes.

el diccionario     el lápiz     el papel

el escritorio     el cuaderno

**B** Para **estudiar**, tengo un **escritorio**. En mi escritorio, tengo un **cuaderno**, **un diccionario, un lápiz** y **papel**.

una buena nota

la mochila

la pluma     la calculadora

el libro

**C** En mi **mochila**, tengo mi **libro** de **ciencias**, mi **calculadora** y mi **pluma**. También tengo mi tarea. ¡Siempre **saco una buena nota** en la tarea!

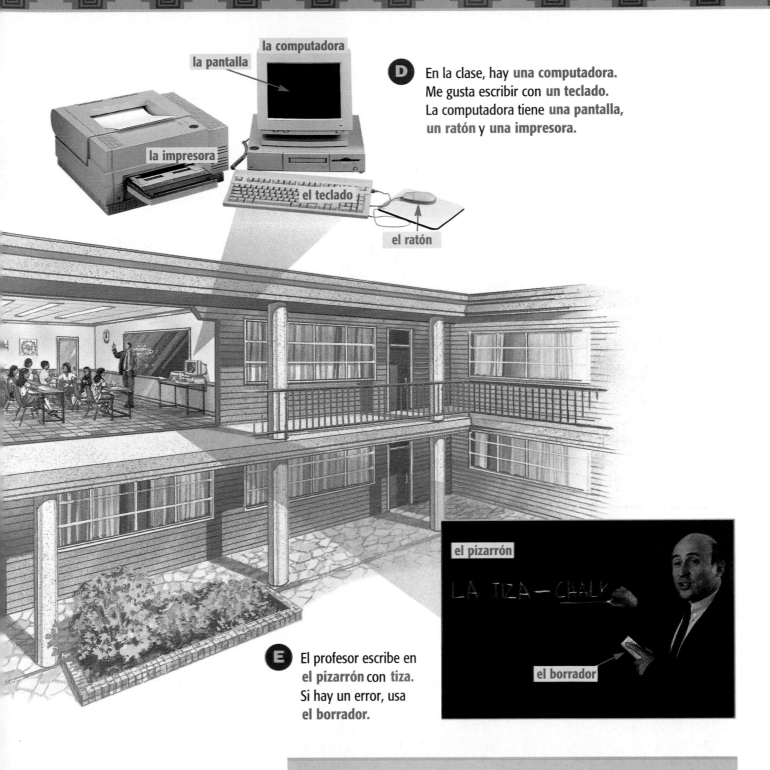

**la computadora**

**la pantalla**

**la impresora**

**el teclado**

**el ratón**

**D** En la clase, hay **una computadora**.
Me gusta escribir con **un teclado**.
La computadora tiene **una pantalla**,
**un ratón** y **una impresora**.

**el pizarrón**

LA TIZA — CHALK

**el borrador**

**E** El profesor escribe en
**el pizarrón** con **tiza**.
Si hay un error, usa
**el borrador**.

## Preguntas personales

1. ¿Hay una computadora en tu clase?
2. ¿Te gusta usar la computadora o una pluma?
3. ¿Practicas mucho o no en la clase de español?
4. ¿Qué tienes en tu mochila?
5. ¿Qué tienes en tu escritorio?

# En vivo

### DIÁLOGO

¡A la escuela!

 Isabel    Mamá    Ricardo    Prof. Martínez

**PARA ESCUCHAR • STRATEGY: LISTENING**

**Listen for feelings** Many things happen to Isabel in this scene. How does she feel? What do you hear that makes you think she feels that way?

**1▶ Isabel:** ¿Qué pasa con la computadora? ¡Y la pantalla! ¿Qué pasa con el ratón? Con razón. Hay que conectar el ratón al teclado.

**5▶ Isabel:** Necesito sacar una buena nota en esta clase.
**Ricardo:** Yo también. Estudio todos los días, pero la clase es difícil.

**6▶ Profesor:** Good morning, class.
**Clase:** Good morning, Professor Martínez.

**7▶ Isabel:** Tengo que sacar una buena nota. ¡Es muy importante!
**Profesor:** Miss, would you like to share your ideas with the class?

**2 ▶ Isabel:** ¡Papel! ¡La impresora no tiene papel!
**Mamá:** ¡Pronto! ¡Siempre llegas tarde a la escuela!

**3 ▶ Mamá:** ¿Necesitas tu cuaderno? ¿Y tus libros? ¿Y la calculadora?
**Isabel:** Sí, mamá, claro.

**4 ▶ Mamá:** ¿Y tu tarea, Isabel? ¿Tu tarea para la clase de ciencias naturales?

**8 ▶ Isabel:** Lo siento. No hablo más.
**Profesor:** This is English class.
**Isabel:** I'm sorry, teacher. I won't talk anymore.

**9 ▶ Isabel:** ¡Qué vergüenza! Siempre escucho con atención en la clase de inglés.
**Ricardo:** Cálmate, Isabel. ¿Qué clases tienes hoy?
**Isabel:** Tengo matemáticas y ciencias naturales.

**10 ▶ Isabel:** ¡Qué horror!
**Ricardo:** ¿Qué?
**Isabel:** ¡Mi tarea para la clase de ciencias naturales! ¡Está en la impresora, en mi casa! ¡Tengo que hablar con la profesora Díaz! ¡Ahora mismo!

# En acción
## VOCABULARIO Y GRAMÁTICA

**OBJECTIVES**

- Describe classes and classroom objects
- Say how often you do something
- Discuss obligations

**ACTIVIDAD 1**

### ¿Cuál es?

**Escuchar** Escoge la respuesta correcta. *(Hint: Choose the best answer.)*

1. Este semestre Isabel necesita sacar una buena nota en la clase de _____.
   a. matemáticas
   b. español
   c. inglés

2. Isabel prepara su tarea en _____.
   a. la computadora
   b. la clase
   c. el cuaderno

3. Isabel no tiene su tarea para la clase de _____.
   a. inglés
   b. ciencias naturales
   c. matemáticas

4. La tarea de Isabel está en _____.
   a. su mochila
   b. la impresora
   c. la clase

5. Isabel tiene que hablar con _____.
   a. la profesora Díaz
   b. Ricardo
   c. su mamá

**ACTIVIDAD 2**

### ¿Qué dicen?

**Escuchar** Escoge lo que dice cada persona según la foto. *(Hint: Choose what each person is saying.)*

1. a. ¿Qué pasa con el ratón?
   b. Éste es mi escritorio.
   c. Ésta es la computadora.

2. a. ¡La impresora no tiene papel!
   b. ¡Todos los días lo mismo!
   c. ¡Y la pantalla!

3. a. Usas la calculadora en la clase de matemáticas, ¿no?
   b. ¿Necesitas tu cuaderno?
   c. Yo siempre preparo mi tarea en la computadora.

4. a. Yo también tengo ciencias naturales hoy.
   b. Preparo mi tarea en la computadora.
   c. Cálmate, Isabel.

5. a. ¡Mi tarea! ¡Está en la impresora en mi casa!
   b. Tengo matemáticas y ciencias naturales.
   c. Tengo mis libros.

- Use present tense of regular **-ar** verbs
- Use adverbs of frequency
- Use **tener que, hay que**

## ♻ ¿Qué hay en la clase?

**Hablar** Trabaja con otro(a) estudiante para decir si hay o no hay estas cosas en la clase. Cambien de papel. *(Hint: Say if these things are in the classroom.)*

### modelo

**Tú:** *¿Hay una mochila azul?*

**Otro(a) estudiante:** *No, no hay una mochila azul. Hay una mochila roja.*

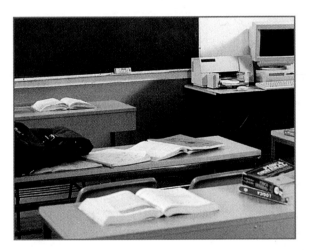

1. un libro
2. un cuaderno
3. un pizarrón
4. una mochila roja
5. un escritorio
6. un borrador
7. dos computadoras
8. ¿?

**TAMBIÉN SE DICE**

Mexico is a country with a lot of distinctive regional vocabulary. Many Mexicans would say **calificaciones** instead of **notas,** **gis** instead of **tiza,** and **libreta** instead of **cuaderno.** You may also hear the word **mouse** instead of **ratón** in many countries. This is a loan word from English.

## ♻ ¿Qué hay?

**Hablar/Escribir** ¿Qué hay en el escritorio de Isabel?
*(Hint: What's on Isabel's desk?)*

### modelo

*Hay tres libros.*

## ACTIVIDAD 5

# ¿Qué clases tienes?

**Hablar** Habla con otro(a) estudiante sobre las clases que tienes este semestre. Cambien de papel. *(Hint: Talk about your classes.)*

### modelo

*arte*

**Tú:** *¿Tienes clases de **arte** este semestre?*

**Otro(a) estudiante:** *Sí, tengo arte.*
**o:** *No, no tengo arte.*

1. ciencias
2. literatura
3. matemáticas
4. computación
5. música
6. estudios sociales

## ACTIVIDAD 6

# ¿Cómo son las clases?

**PARA CONVERSAR**

**STRATEGY: SPEAKING**

**Develop more than one way of expressing an idea** It adds variety and interest to your speech. For example, in addition to saying what something *is*, you can say what it is *not*.

—¿Cómo es tu clase de historia?

—No es interesante.

**Hablar** Descríbele tus clases a otro(a) estudiante. Contesta sus preguntas. Cambien de papel. *(Hint: Describe your classes. Answer the questions.)*

### modelo

**Tú:** *¿Qué clases tienes?*

**Otro(a) estudiante:** *Tengo historia, español, literatura…*

**Tú:** *¿Cómo es la clase de…?*

**Otro(a) estudiante:** *Es… No es…*

**Tú:** *¿Qué te gusta estudiar?*

---

## Vocabulario

### Las materias

el arte     la historia

las ciencias    el inglés  Good morning.

la computación    la literatura

la educación física    las matemáticas  x + y = z

el español  Buenos días.    la música

los estudios sociales

For more class subjects, see p. R21.

Here are other words to talk about classes.

**fácil** *easy*
**difícil** *difficult, hard*
**el examen** *test*
**la lección** *lesson*
**la prueba** *quiz*

 Remember that you can use these adjectives you've learned, too.

**aburrido(a)**
**interesante**
**bueno(a)**
**malo(a)**

¿Qué clase tiene mucha tarea?

---

## GRAMÁTICA

### Saying What You Do: Present of -ar Verbs

To talk about things you do, you use the present tense. To form the present tense of a regular verb that ends in **-ar**,

drop the **-ar** and add the appropriate ending.

estudi~~ar~~ ← o, as, a, amos, áis, or an

The verb **estudi**ar means *to study*.

| | | | |
|---|---|---|---|
| yo | **estudi**o | nosotros(as) | **estudi**amos |
| tú | **estudi**as | vosotros(as) | **estudi**áis |
| usted, él, ella | **estudi**a | ustedes, ellos(as) | **estudi**an |

Isabel's mother says:

—¿**Necesit**as tu cuaderno?
**Do you need** your notebook?

### Vocabulario

#### Verbs Ending in -ar

**ayudar (a)** *to help*

**buscar** *to look for, to search*

**contestar** *to answer*

**enseñar** *to teach*

**entrar (a, en)** *to enter*

**esperar** *to wait for, to expect*

**llegar** *to arrive*

**llevar** *to wear, to carry*

**mirar** *to look at, to watch*

**necesitar** *to need*

**pasar** *to happen, to pass, to pass by*

**preparar** *to prepare*

**usar** *to use*

¿Qué pasa cada día?

### ¿Qué estudian?

**Hablar/Escribir** Describe lo que estudia cada persona. *(Hint: Describe what each person studies.)*

*modelo*

Elena:

**Elena** estudia **historia**.

1. yo: Buenos días.
2. mis amigos: x+y=z
3. nosotros: Good morning.
4. Federico:
5. tú:
6. Juana y Miguel:
7. ella:
8. Lorenzo y yo:

## ¿Qué hacen en la escuela?

**Hablar** Tu amigo(a) está equivocado(a). Decide lo que hace cada persona en la escuela de Isabel y Ricardo en realidad. Cambien de papel. *(Hint: Your friend is mistaken. Decide what each person is really doing.)*

### modelo

*Ricardo / estudiar francés (¿?)*

**Estudiante A:** *Ricardo estudia francés.*

**Estudiante B:** *No, no estudia francés. Estudia inglés.*

1. Isabel / buscar su libro (¿?)
2. las muchachas / esperar a Ricardo (¿?)
3. su amigo / usar una computadora (¿?)
4. la profesora Díaz / enseñar historia (¿?)
5. los estudiantes / sacar malas notas (¿?)
6. la muchacha / mirar el libro (¿?)

**MÁS PRÁCTICA** *cuaderno* pp. 37–38

**PARA HISPANOHABLANTES** *cuaderno* pp. 35–36

## APOYO PARA ESTUDIAR

### Verb Conjugations

Using the right ending on a verb is very important. Often verbs are used without subject pronouns (**yo, tú, él, ella, usted,** and so on). To help remember verb endings, practice each **-ar** verb with a partner in a question/answer exercise:

| | |
|---|---|
| ¿Estudias…? | —Sí, estudio… |
| ¿Miran ustedes…? | —Sí, miramos… |
| ¿Enseña ella…? | —Sí, ella enseña… |
| ¿Preparan ellos…? | —Sí, ellos preparan… |

## ¿Qué haces?

**Hablar** Pregúntale a otro(a) estudiante si hace estas actividades. *(Hint: Ask another student if he or she does these activities.)*

### modelo

*sacar buenas notas*

**Tú:** *¿Sacas buenas notas?*

**Otro(a) estudiante:** *Sí, saco buenas notas.*

1. hablar mucho
2. usar un diccionario
3. escuchar en clase
4. preparar la tarea en la computadora
5. llegar tarde a la clase
6. usar una calculadora en la clase de matemáticas
7. mirar el pizarrón
8. estudiar mucho

## ¿Qué hacen?

**Hablar** Pregúntale a otro(a) estudiante qué actividades él o ella y su amigo(a) hacen. *(Hint: Ask if another student and a friend do these activities.)*

| | | |
|---|---|---|
| **bailar** | **hablar** | **preparar** |
| **cantar** | **nadar** | **trabajar** |
| **estudiar** | **patinar** | **usar** |

### modelo

**Tú:** *¿Tú y tu amigo(a) **estudian** mucho?*

**Otro(a) estudiante:** …

**MÁS COMUNICACIÓN** p. R4

## ACTIVIDAD 11

## ¡Lógicamente!

**Escuchar** Escucha la oración e indica la respuesta más lógica.
*(Hint: Listen and indicate the most logical response.)*

1. a. No estudia.
   b. Ayuda a sus padres.
   c. Necesita un lápiz.

2. a. Tiene un examen mañana.
   b. Habla mucho en clase.
   c. No escucha a la maestra.

3. a. Enseña ciencias naturales.
   b. Necesita estudiar.
   c. Espera a su amigo.

4. a. Usa una calculadora.
   b. No estudia mucho.
   c. Ayuda a su abuelo.

5. a. Necesita estudiar mucho.
   b. Estudia en casa.
   c. Busca su diccionario.

## GRAMÁTICA

## Expressing Frequency with Adverbs

To talk about how often someone does something, you use expressions of frequency. Expressions of frequency are adverbs or adverbial phrases.

| | |
|---|---|
| **siempre** | *always* |
| **todos los días** | *every day* |
| **mucho** | *often* |
| **a veces** | *sometimes* |
| **de vez en cuando** | *once in a while* |
| **poco** | *a little* |
| **rara vez** | *rarely* |
| **nunca** | *never* |

Ricardo and Isabel might say:

—Estudio **todos los días**.
*I study **every day**.*

—Yo **siempre** estudio.
*I **always** study.*

Different adverbs are placed in different parts of a sentence.

These expressions are usually placed **before** the **verb**:

| | |
|---|---|
| **siempre** | Isabel siempre **llega** tarde a la escuela. |
| **rara vez** | Isabel rara vez **habla** español en la clase de inglés. |
| **nunca** | Isabel nunca **usa** un diccionario. |

These expressions are usually placed **after** the **verb**:

| | |
|---|---|
| **mucho** | Ricardo **estudia** mucho. |
| **poco** | Isabel **habla** poco en la clase. |

Longer phrases can be placed at the **beginning** or the **end** of the **sentence**:

| | |
|---|---|
| **todos los días** | Todos los días Isabel llega tarde. |
| **a veces** | A veces De vez en cuando |
| **de vez en cuando** | Isabel llega tarde todos los días. a veces. de vez en cuando. |

## ACTIVIDAD 12 · Gramática

# Los estudiantes diferentes

**Leer** María es una buena estudiante. Felipe no es un buen estudiante. Lee las oraciones y explica quién dice probablemente cada una. *(Hint: Explain if María or Felipe most likely says each of these sentences.)*

### modelo

| | |
|---|---|
| Estudio mucho. | María |

1. Nunca escucho en clase.
2. Rara vez saco malas notas.
3. Preparo mi tarea todos los días.
4. Estudio poco para los exámenes.
5. A veces entro en la clase tarde.
6. Miro poco el pizarrón.
7. Siempre estudio para las pruebas.
8. Estudio de vez en cuando.

**■ MÁS PRÁCTICA** *cuaderno* p. 39

**■ PARA HISPANOHABLANTES**
*cuaderno* p. 37

## ACTIVIDAD 13

# ¿Siempre o nunca?

**Hablar** Pregúntale a otro(a) estudiante si hace mucho estas actividades. *(Hint: Ask another student if he or she does these activities often.)*

### modelo

**Tú:** *¿Usas* mucho **la computadora**?

**Otro(a) estudiante:** *Sí, uso la computadora todos los días.*

1. usar la computadora
2. llegar tarde a la escuela
3. estudiar español
4. escuchar a la maestra
5. hablar en clase
6. preparar tu tarea en la computadora
7. sacar una buena nota
8. ayudar a tus amigos
9. necesitar una calculadora

| |
|---|
| **siempre** |
| **todos los días** |
| **mucho** |
| **a veces** |
| **de vez en cuando** |
| **poco** |
| **rara vez** |
| **nunca** |

## ACTIVIDAD 14

# El estudiante ideal

**Hablar/Escribir** Trabaja en un grupo de tres para hacer un póster. Describe al estudiante ideal. Usa las expresiones **siempre, todos los días, mucho, a veces, de vez en cuando, poco, rara vez, nunca.** *(Hint: Work in groups of three to make a poster that describes the ideal student. Use expressions of frequency.)*

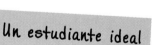

Un estudiante ideal

Prepara su tarea
todos los días.
Nunca llega tarde
a clase.

## GRAMÁTICA

### Expressing Obligation with hay que and tener que

To talk about things someone must do, you can use two different phrases that express obligation.

- Use the impersonal phrase

  **hay que** + *infinitive*

  if there is **no specific subject**.

- Use a form of **tener** in the phrase

  **tener que** + *infinitive*

  if there is a **specific subject**.

—Hay que **conectar** el ratón al teclado.
*You have to (one must) **connect** the mouse to the keyboard.*

—Tengo que **sacar** una buena nota.
*I have to **get** a good grade.*

### ACTIVIDAD 15 — Gramática

## Las necesidades

**Hablar/Escribir** Explica lo que los amigos de Ricardo tienen que hacer hoy. Di si tú tienes que hacer las mismas cosas. *(Hint: Explain what Ricardo's friends have to do and say if you have to do these things too.)*

**modelo**

*Juan / estudiar*

**Juan** tiene que **estudiar.** Yo (no) tengo que estudiar.

1. Elena / esperar a su hermano
2. Ana y Luis / usar la computadora
3. Antonio / preparar su tarea para mañana
4. Isabel y María / ayudar a su abuela
5. Andrés / hablar con el maestro
6. Felipe y yo / correr

**MÁS PRÁCTICA** *cuaderno* p. 40

**PARA HISPANOHABLANTES** *cuaderno* p. 38

### NOTA CULTURAL

**La Universidad Autónoma de México,** founded in 1551, is the oldest university in the continental Americas. Its modern campus covers almost three square miles.

## Buenas notas...

**Hablar/Escribir** ¿Qué hay que hacer para sacar buenas notas en la clase de matemáticas? Menciona un mínimo de cuatro cosas. *(Hint: Mention at least four things one must do to get a good math grade.)*

### modelo

*Hay que escuchar en clase.*

usar   practicar   preparar   escuchar

## ¿Qué tienes que hacer?

**Hablar/Escribir** Pregúntales a cinco estudiantes qué tienen que hacer después de clases. Da un resumen. *(Hint: Ask five students what they have to do after classes. Give a summary.)*

### modelo

**Tú:** *José, ¿qué tienes que hacer después de clases hoy?*

**José:** *Tengo que estudiar.*

**Resumen:** *Tres estudiantes tienen que estudiar.*

| Nombre | Tiene que... |
|--------|--------------|
| José | estudiar |
| Estudiante 1 | |
| Estudiante 2 | |

## ¡Pobre Isabel!

**Leer** Lee sobre Isabel y su profesora de ciencias naturales. Explica si **el** o **la** es necesario. *(Hint: Read about Isabel and her science teacher. Explain if **el** or **la** is necessary.)*

### Nota

Use **el** and **la** before titles like **profesor(a)** and **señor(a)** when talking *about* someone.

—¡Tengo que hablar con *la* **profesora Díaz**!

*El* **señor Martínez** es el profesor de inglés.

Do not use articles when talking *to* someone.

—No tengo mi tarea, **profesora Díaz.**

Isabel habla con ___**1**___ profesora Díaz, su profesora de ciencias naturales.

«Buenos días, ___**2**___ profesora Díaz. ¿Cómo está usted hoy?»

«Muy bien, Isabel, ¿y tú?»

«Pues, no estoy muy bien, ___**3**___ profesora. No tengo mi tarea para hoy.»

___**4**___ profesora Díaz no está muy feliz.

«Isabel, para sacar una buena nota, ¡hay que preparar la tarea todos los días!»

### NOTA CULTURAL

**Pluma** is the word for *feather*. It has come to mean *pen* because birds' feathers were once used with ink to serve as pens. **Bolígrafo** is a modern word for *pen*. Technically **bolígrafo**, or **boli**, refers to a ball-point pen, but **pluma** is also used.

## La clase de tu amiga

**Escuchar** Una amiga describe su clase de español. Escucha la descripción. Luego, contesta las preguntas. *(Hint: Listen to a friend describe her Spanish class, and then answer the questions.)*

I. La clase de español es
   _____.
   **a.** fácil y divertida
   **b.** difícil pero interesante
   **c.** fácil pero aburrida

2. La profesora de la clase es de _____.
   **a.** España
   **b.** México
   **c.** Estados Unidos

3. La señorita Casas habla español en clase _____.
   **a.** rara vez
   **b.** de vez en cuando
   **c.** todos los días

4. Tu amiga tiene que _____ cuando la señorita Casas habla.
   **a.** escribir
   **b.** escuchar
   **c.** estudiar

5. Tiene que preparar su tarea todos los días para
   _____.
   **a.** practicar mucho
   **b.** sacar una buena nota
   **c.** usar la computadora

## Mi clase favorita es...

**Escribir** Escribe un párrafo sobre tu clase favorita y qué tienes que hacer para sacar una buena nota. Luego, léele tu párrafo a la clase. *(Hint: Write about your favorite class and what you have to do to get a good grade. Read your paragraph to the class.)*

### modelo

*Mi clase favorita es historia. Me gusta escuchar a la maestra. Ella es la señorita Sánchez. Enseña bien. Habla mucho y es muy interesante. Todos los días escuchamos muy bien. Hay que estudiar para sacar una buena nota. Tengo que preparar la tarea todos los días. Siempre preparo la tarea con la computadora.*

■ **MÁS COMUNICACIÓN** p. R4

## Pronunciación

### Trabalenguas

**Pronunciación de la *y* y la *ll*** The **ll** and **y** have the same sounds in Spanish. At the beginning and middle of words they sound like the *y* in the English word *yes*. At the end of a word the **y** sounds like the Spanish **i**, as in **muy**. Ll does not occur at the end of words. To practice these sounds, say the tongue twisters.

**Yolanda ya vive en una casa amarilla.**         **¿Cómo se llama la llama llorona?**

# En voces

## 🎧 LECTURA

## Una encuesta¹ escolar

Ricardo tiene que hacer una encuesta en la escuela. Él prepara una lista de preguntas. Ricardo habla con los otros estudiantes y escribe sus respuestas en un cuaderno. En casa él escribe las respuestas en la computadora. Con una calculadora suma² el total de respuestas. El papel sale³ de la impresora con los resultados de la encuesta. Ricardo usa los resultados de la encuesta para hacer un proyecto en la clase de matemáticas.

---

¹survey          ²he adds          ³comes out

## Mi clase favorita es...

Soy estudiante de la escuela secundaria ————.

Tengo clases de...
- ☐ arte
- ☐ ciencias
- ☐ computación
- ☐ educación física
- ☐ inglés
- ☐ estudios sociales
- ☐ historia
- ☐ literatura
- ☐ matemáticas
- ☐ música

Tengo mucha tarea en la clase de ————.

Saco una buena nota en la clase de ————.

Siempre hablo en la clase de ————.

Nunca hablo en la clase de ————.

Siempre escucho en la clase de ————.

Nunca escucho en la clase de ————.

Mi clase más difícil es ————.

Mi clase más fácil es ————.

Mi clase favorita es ————.

## Los resultados
## Una encuesta a 50 estudiantes

Clase con más tarea: matemáticas
*(25 estudiantes)*

Los estudiantes sacan más buenas notas en la clase de: música
*(35 estudiantes)*

Los estudiantes hablan más en la clase de: literatura
*(30 estudiantes)*

Los estudiantes nunca hablan en la clase de: inglés
*(25 estudiantes)*

Los estudiantes escuchan más en la clase de: ciencias
*(40 estudiantes)*

Los estudiantes nunca escuchan en la clase de: historia
*(20 estudiantes)*

La clase más difícil es: ciencias
*(35 estudiantes)*

La clase más fácil es: arte
*(45 estudiantes)*

La clase favorita es: literatura
*(30 estudiantes)*

## ¿Comprendiste?

1. ¿Qué tiene que hacer Ricardo?
2. ¿Qué usa Ricardo para escribir la encuesta?
3. ¿Los estudiantes hablan mucho o poco en la clase de inglés?
4. ¿Es difícil la clase de música o arte en la escuela de Ricardo?
5. ¿Qué clase es la clase favorita de los estudiantes?

## ¿Qué piensas?

Escribe tus respuestas para la encuesta de Ricardo.

# En uso

## REPASO Y MÁS COMUNICACIÓN

**OBJECTIVES**

- Describe classes and classroom objects
- Say how often you do something
- Discuss obligations

**Now you can...**

- describe classes and classroom objects.

**To review**

- vocabulary for classroom objects, see pp. 98–99.

- the present tense of regular **-ar** verbs, see p. 105.

**ACTIVIDAD 1** En la clase de matemáticas

Mira el dibujo de la clase y corrige las oraciones. *(Hint: Correct the statements to match the drawing.)*

**modelo**

Hay siete libros en el escritorio de la profesora.

*Hay cinco libros en el escritorio de la profesora.*

1. Tres muchachas hablan y no escuchan a la profesora.
2. Hay tres cuadernos en el escritorio de la profesora.
3. La profesora usa una calculadora.
4. Hay tres computadoras y dos impresoras.
5. No hay borradores.
6. Las computadoras no tienen ratones.
7. Hay tres pizarrones en la clase.
8. Todos los estudiantes tienen lápices.

## Now you can...

- describe classes.

- say how often you do something.

### To review

- **-ar** verbs, see p. 105.

- adverbs of frequency, see p. 107.

## Now you can...

- say how often you do something.

### To review

- the present tense of regular **-ar** verbs, see p. 105.

- adverbs of frequency, see p. 107.

## Now you can...

- discuss obligations.

### To review

- **tener que**, see p. 109.

### 2 ¿Cómo es cada clase?

Una amiga de Isabel describe las acciones de unos estudiantes. ¿Cómo es cada clase que describe? Escoge la opción apropiada. *(Hint: Choose the option that describes each class.)*

1. Nosotros siempre escuchamos en la clase de música.
2. Isabel estudia mucho para la clase de inglés.
3. Isabel y Ricardo sacan buenas notas en la clase de arte.
4. Muchos estudiantes llegan tarde a la clase de matemáticas.

a. Es difícil.
b. Es fácil.
c. Es interesante.
d. Es aburrida.

### 3 ¡Unos estudiantes excelentes!

Todos estos estudiantes son excelentes. ¿Por qué? *(Hint: Tell why they are excellent.)*

**modelo**

*nosotros / preparar la tarea: ¿siempre o nunca?*

*Nosotros siempre preparamos la tarea.*

1. Isabel y Ricardo / llegar tarde: ¿todos los días o rara vez?
2. tú / sacar buenas notas: ¿siempre o nunca?
3. Alma / ayudar a sus amigos: ¿mucho o poco?
4. yo / escuchar al profesor: ¿de vez en cuando o todos los días?
5. Arturo y yo / hablar inglés en la clase de español: ¿a veces o nunca?
6. ellas / mirar el pizarrón: ¿mucho o poco?

### 4 Una fiesta pequeña

Explica por qué estas personas no están en la fiesta de Alberto. *(Hint: Tell why these people aren't at Alberto's party.)*

**modelo**

*Sonia: habla con su madre*      ***Sonia** tiene que **hablar con su madre**.*

1. ustedes: estudian
2. yo: preparo la tarea
3. mis amigos y yo: trabajamos
4. tú: esperas a tus padres
5. Samuel: ayuda a su hermano
6. Soledad y Raúl: usan la computadora

## ACTIVIDAD 5 — ¿Cómo son tus clases?

**PARA CONVERSAR**

**STRATEGY: SPEAKING**

**Expand the conversation** How do you keep a conversation going? Be interested. Find out more about your partner by asking either/or questions to prompt him or her when words don't come. Also, it's hard to keep a conversation going with just **sí** or **no** answers. So, say more rather than less.

¿Te gusta… o…?

¿Cómo es…?

Prepara cinco preguntas para hablar con otro(a) estudiante sobre sus clases. *(Hint: Prepare five questions to talk with another student about classes.)*

### modelo

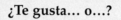

**Tú:** *¿Tienes clase de historia?*

**Otro(a) estudiante:** *Sí, tengo clase de historia.*

**Tú:** *¿Cómo es la clase?*

**Otro(a) estudiante:** *Es buena. El profesor enseña bien…*

## ACTIVIDAD 6 — Una visita a la clase

Imagínate que tus compañeros son nuevos estudiantes. Háblales de ocho cosas que hay en la clase y de cinco actividades que hacen los estudiantes. *(Hint: Give new students a "tour" of the class, pointing out items and discussing activities.)*

### modelo

*En la clase hay veinte escritorios y un pizarrón…*

*Los estudiantes estudian y…*

## ACTIVIDAD 7 — En tu propia voz

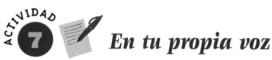

**ESCRITURA** Describe tu clase favorita con muchos detalles. Incluye información sobre las cosas que hay en la clase y las actividades que hacen los estudiantes. *(Hint: Describe your favorite class.)*

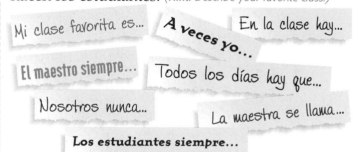

Mi clase favorita es… A veces yo… En la clase hay… El maestro siempre… Todos los días hay que… Nosotros nunca… La maestra se llama… Los estudiantes siempre…

## CONEXIONES

**Las matemáticas** Remember Ricardo's survey that polled students about their classes? Use his survey to interview students who are studying Spanish at your school. Interview twenty students to find out which class they like best, which class they find hardest, and so on. Summarize your results. Create a pie chart for each question, showing the percentage of students that voted for each class named. Compare your results with Ricardo's.

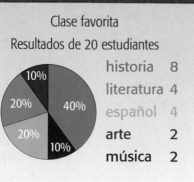

Clase favorita
Resultados de 20 estudiantes

| Clase | |
| --- | --- |
| historia | 8 |
| literatura | 4 |
| español | 4 |
| arte | 2 |
| música | 2 |

# En resumen
## REPASO DE VOCABULARIO

### DESCRIBING CLASSES

#### At School

| | |
|---|---|
| la clase | class, classroom |
| la escuela | school |
| el examen | test |
| la lección | lesson |
| la prueba | quiz |
| la tarea | homework |

#### School Subjects

| | |
|---|---|
| el arte | art |
| las ciencias | science |
| la computación | computer science |
| la educación física | physical education |
| el español | Spanish |
| los estudios sociales | social studies |
| la historia | history |
| el inglés | English |
| la literatura | literature |
| las matemáticas | mathematics |
| la materia | subject |
| la música | music |

#### Classroom Activities

| | |
|---|---|
| enseñar | to teach |
| escuchar | to listen (to) |
| estudiar | to study |
| hablar | to talk, to speak |
| mirar | to watch, to look at |
| preparar | to prepare |
| sacar una buena nota | to get a good grade |

### DESCRIBING CLASS OBJECTS

| | |
|---|---|
| el borrador | eraser |
| la calculadora | calculator |
| el cuaderno | notebook |
| el diccionario | dictionary |
| el escritorio | desk |
| el lápiz | pencil |
| el libro | book |
| la mochila | backpack |
| el papel | paper |
| el pizarrón | chalkboard |
| la pluma | pen |
| la tiza | chalk |

#### At the Computer

| | |
|---|---|
| la computadora | computer |
| la impresora | printer |
| la pantalla | screen |
| el ratón | mouse |
| el teclado | keyboard |

### SAYING HOW OFTEN

| | |
|---|---|
| a veces | sometimes |
| de vez en cuando | once in a while |
| mucho | often |
| nunca | never |
| poco | a little |
| rara vez | rarely |
| siempre | always |
| todos los días | every day |

### DISCUSSING OBLIGATIONS

| | |
|---|---|
| hay que | one has to, one must |
| tener que | to have to |

#### Actions

| | |
|---|---|
| ayudar (a) | to help |
| buscar | to look for, to search |
| contestar | to answer |
| entrar (a, en) | to enter |
| esperar | to wait for, to expect |
| llegar | to arrive |
| llevar | to wear, to carry |
| necesitar | to need |
| pasar | to happen, to pass, to pass by |
| usar | to use |

### OTHER WORDS AND PHRASES

| | |
|---|---|
| ¡Ahora mismo! | Right now! |
| Con razón. | That's why. |
| difícil | difficult, hard |
| fácil | easy |
| mismo(a) | same |
| pronto | soon |
| la razón | reason |
| tarde | late |

## Juego

Jorge tiene que preparar la tarea de cada clase. ¿En qué materias tiene tarea?

1. Usa una calculadora.
2. Estudia un libro sobre computadoras.
3. Busca una palabra en inglés en su diccionario.
4. Canta.

ETAPA

**2**

# ¡Un horario difícil!

- Talk about schedules

- Ask and tell time

- Ask questions

- Say where you are going

- Request food

## ¿Qué ves?

Mira la foto del patio de una escuela mexicana. **¡Ojo!** El símbolo **$** representa pesos mexicanos, **no** dólares.

1. ¿Llevan jeans todos?

2. ¿Hay aguas en el menú?

3. ¿Es verde o azul la mochila de Ricardo?

4. ¿Es roja o rosada la mochila de Isabel?

### MENÚ de la CAFETERÍA

| TORTAS | $12 |
|---|---|
| HAMBURGUESAS | $15 |
| PAPAS FRITAS | $5 |
| REFRESCOS | $3 |
| AGUAS | $2 |

# En contexto

## VOCABULARIO

Isabel and Ricardo have a lot to do at school today. Let's see where they go at different times during the day.

**A**

**Isabel:** Hola, Ricardo. ¿Qué hora es?
**Ricardo: Son las once.**
**Isabel:** ¿**A qué hora** está la maestra en **la oficina**?
**Ricardo: A la una.**

Horario para hoy

11:00 Oficina
11:30 Biblioteca
2:00 Auditorio
4:00 Gimnasio
5:00 Cafetería

**B**

**Son las once y media.** Todos los días Ricardo estudia en **la biblioteca.** Hay muchos libros en la biblioteca.

**C**

**Son las dos.** Isabel y Ricardo están en **el auditorio.** ¡Qué bien actúan!

**D**

**Son las cuatro.** Ricardo está en **el gimnasio** de la escuela con unos amigos.

**E**

**Son las cinco.** Durante **el receso,** Isabel y Ricardo toman **una merienda** en **la cafetería.**

**Isabel:** Para la merienda siempre **quiero comer una torta** o **fruta.** A veces quiero **tomar un refresco.**

**Ricardo:** Para la merienda yo quiero comer **una hamburguesa** y **papas fritas. Quiero beber agua.**

la merienda

las papas fritas

la fruta

el refresco

un vaso de agua

la hamburguesa

la torta

## Preguntas personales

1. ¿Tu escuela tiene un gimnasio? ¿Un auditorio?
2. ¿Estudias en la biblioteca o en casa?
3. ¿Te gusta comer en la cafetería de la escuela o en casa?
4. ¿Qué te gusta beber: un refresco o agua?
5. Para la merienda, ¿qué te gusta comer?

# En vivo
## DIÁLOGO

Isabel

Maestra

Ricardo

## Horas y horarios

### PARA ESCUCHAR • STRATEGY: LISTENING

**Listen for the main idea**  It is important first to understand the main idea without getting lost in the details. Here Isabel is looking for a teacher. What do you hear that tells you that?

**1▶ Isabel:** Busco a la profesora Díaz.
**Maestra:** No está en este momento.
**Isabel:** ¿A qué hora llega?
**Maestra:** A las diez y media.

**5▶ Ricardo:** Quiero comer unas papas fritas, y quiero beber un refresco.
**Isabel:** Quiero beber un refresco también.

**6▶ Isabel:** ¡Este semestre es horrible! Tengo un horario difícil. Los lunes, miércoles y viernes tengo inglés, historia, matemáticas y literatura. Y los martes y jueves música, geografía, computación y ciencias naturales.

**7▶ Ricardo:** ¿A qué hora es tu clase de computación?
**Isabel:** A la una de la tarde, con el profesor García.
**Ricardo:** Mi clase de computación es a las cuatro, con el profesor Anaya.

**2▶ Isabel:** Profesora, ¿qué hora es?
**Maestra:** Son las once menos cuarto.

**3▶ Maestra:** A veces la profesora Díaz está en su oficina durante el almuerzo, y a las tres.
**Isabel:** Muchas gracias, profesora. Hasta luego.

**4▶ Isabel:** ¿Adónde vas, Ricardo?
**Ricardo:** Voy a la cafetería. ¿Me acompañas?
**Isabel:** Sí, vamos. Tengo tiempo.

**8▶ Isabel:** Mira, ¿qué es eso?
**Ricardo:** ¡De verdad es interesante! ¿Te gusta escribir?
**Isabel:** Sí, me gusta mucho.
**Ricardo:** ¿Por qué no participamos?

**9▶ Isabel:** Quiero participar… pero con mi horario…
**Ricardo:** Isabel, por la noche hay tiempo para trabajar en el concurso…
**Isabel:** Por la noche tengo que trabajar en mi tarea. ¡Tengo mucha tarea!

**10▶ Ricardo:** ¿Por qué no vamos a la cafetería para hablar más tranquilos?
**Isabel:** ¿Cuándo?
**Ricardo:** A las cinco y veinte.
**Isabel:** De acuerdo. Voy a las cinco y veinte. ¡Ay! ¡Ya es tarde!

# En acción
## VOCABULARIO Y GRAMÁTICA

**OBJECTIVES**
- Talk about schedules
- Ask and tell time
- Ask questions
- Say where you are going
- Request food

**ACTIVIDAD 1**

### ¿Cierto o falso?

**Escuchar** ¿Es cierto o falso? Si es falso, di lo que es cierto.
(*Hint: True or false? If it is false, say what is true.*)

1. La profesora Díaz está en su oficina.
2. Ricardo quiere comer una hamburguesa.
3. Isabel tiene un horario muy difícil.
4. Isabel y Ricardo tienen la clase de computación con el profesor Anaya.
5. Isabel tiene mucha tarea.

**ACTIVIDAD 2**

### ¿Qué pasa?

**Escuchar** Escoge la respuesta correcta según el diálogo.
(*Hint: Choose the correct answer.*)

1. Isabel busca _____.
   a. a Ricardo
   b. su libro de matemáticas
   c. a la profesora Díaz
2. La profesora Díaz normalmente llega a su oficina _____.
   a. a las diez y media
   b. tarde
   c. a las dos
3. Ricardo va _____.
   a. a la cafetería
   b. al gimnasio
   c. a la clase
4. Ricardo quiere beber _____.
   a. unas papas fritas
   b. un refresco
   c. agua
5. Isabel va a la cafetería _____.
   a. a las cinco y veinte
   b. a las diez y media
   c. a las tres

**ACTIVIDAD 3**

### ♻ Los amigos de Isabel

**Leer** Isabel dice lo que ella y sus amigos hacen en clase. Completa sus oraciones con la forma correcta del verbo. (*Hint: Complete Isabel's sentences, telling what she and her friends do.*)

1. Elena _____ (hablar) poco.
2. Antonio y Marisol siempre _____ (ayudar) al profesor.
3. Ana y yo _____ (buscar) un libro.
4. Yo _____ (escuchar) al profesor en la clase de inglés.
5. Nosotros _____ (usar) la calculadora en la clase de matemáticas.
6. Mis amigos _____ (hablar) mucho en la clase de inglés.
7. Yo _____ (mirar) la pantalla de la computadora para leer.
8. Tú _____ (estudiar) mucho.

**TAMBIÉN SE DICE**
In Latin America, a potato is **una papa,** but in Spain it is **una patata. Papas fritas** and **patatas fritas** are both french fries and potato chips.

- Use the verb **ir**
- Use phrases to tell time
- Use the verb **estar**
- Use interrogative words

## ¡Una buena merienda!

**Hablar** Trabajas en la cafetería. Un(a) estudiante quiere comprar algo. ¿Qué dicen ustedes? Cambien de papel. *(Hint: A student asks for a snack as you work in the cafeteria. Change roles.)*

*modelo*

**Estudiante:** ¿Qué hay para la merienda?

**Tú:** ¿Quieres comer **una torta** o **fruta**?

**Estudiante:** *Una torta, por favor.*

**Nota**

To ask what someone wants to eat, say **¿Quieres comer…?**; to ask what someone wants to drink say, **¿Quieres beber…?** Use **por favor** when you want to say *please*.

## ¿Qué es?

**Hablar/Escribir** Isabel le muestra la escuela a una nueva estudiante. ¿Qué dice? *(Hint: Isabel shows a new student the school. What does she say?)*

*modelo*

Es **el gimnasio.**

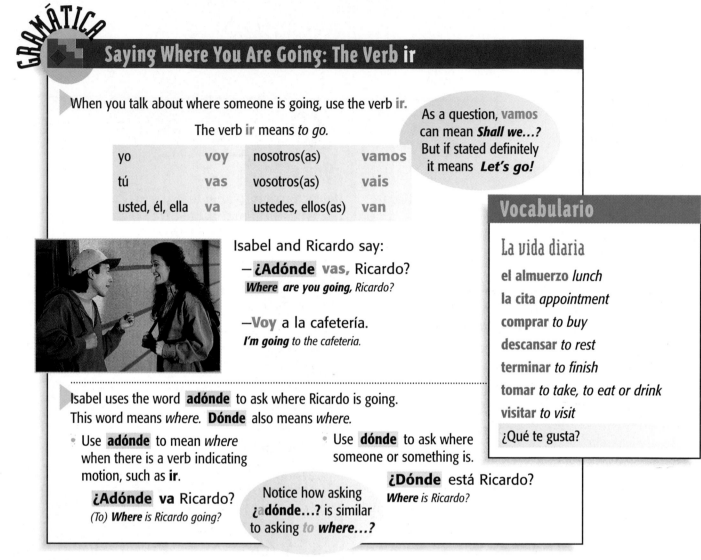

## GRAMÁTICA

### Saying Where You Are Going: The Verb ir

When you talk about where someone is going, use the verb **ir**.

The verb **ir** means *to go.*

| yo | voy | nosotros(as) | vamos |
| tú | vas | vosotros(as) | vais |
| usted, él, ella | va | ustedes, ellos(as) | van |

As a question, **vamos** can mean **Shall we...?** But if stated definitely it means **Let's go!**

Isabel and Ricardo say:

—**¿Adónde vas,** Ricardo?
**Where** *are you going*, Ricardo?

—**Voy** a la cafetería.
*I'm going* to the cafeteria.

**Vocabulario**

#### La vida diaria

**el almuerzo** *lunch*

**la cita** *appointment*

**comprar** *to buy*

**descansar** *to rest*

**terminar** *to finish*

**tomar** *to take, to eat or drink*

**visitar** *to visit*

**¿Qué te gusta?**

Isabel uses the word **adónde** to ask where Ricardo is going. This word means *where*. **Dónde** also means *where*.

• Use **adónde** to mean *where* when there is a verb indicating motion, such as **ir**.

  **¿Adónde va** Ricardo?
  *(To)* **Where** *is Ricardo going?*

• Use **dónde** to ask where someone or something is.

  **¿Dónde** está Ricardo?
  **Where** *is Ricardo?*

Notice how asking **¿adónde...?** is similar to asking *to where...?*

---

### ACTIVIDAD 6 Gramática

## ¿Adónde van?

**Leer** Isabel y Ricardo hablan en la escuela. Completa su conversación con **ir**. *(Hint: Complete what Isabel and Ricardo say, using ir.)*

**Isabel:** ¡Hola, Ricardo! ¿Adónde __1__?

**Ricardo:** __2__ a la cafetería a tomar un refresco.

**Isabel:** Yo __3__ a la oficina de la profesora Díaz. Tengo una cita con ella ahora mismo.

**Ricardo:** Y después, ¿adónde __4__?

**Isabel:** Después, Andrea y yo __5__ a la biblioteca para estudiar.

**Ricardo:** Es un semestre difícil, ¿verdad?

**Isabel:** ¡Sí! ¡Tengo un horario horrible!

**MÁS PRÁCTICA** *cuaderno* p. 45

**PARA HISPANOHABLANTES** *cuaderno* p. 43

## ACTIVIDAD 7

### ♻ Un horario difícil

**Hablar/Escribir** Éste es el horario de Isabel. ¿Qué días va a sus clases? *(Hint: On what days does Isabel go to her classes?)*

#### modelo

inglés

*Isabel va a la clase de **inglés** los martes y jueves.*

#### Nota

Use **el** with a day of the week to say an event will happen on a specific day. Use **los** with a day of the week to say an event happens every week on that day. Add an **s** to **sábado** and **domingo** when you use **los**.

**El** lunes voy a la biblioteca.
*On Monday I am going to the library.*

**Los** martes y jueves tengo estudios sociales.
*On Tuesdays and Thursdays I have social studies.*

**Los** sábado**s** y domingo**s** no tengo clase.
*On Saturdays and Sundays I don't have class.*

#### Horario: Isabel Palacios

| lunes | martes | miércoles | jueves | viernes |
|-------|--------|-----------|--------|---------|
| computación | inglés | computación | inglés | computación |
| literatura | matemáticas | literatura | matemáticas | literatura |
| arte | educación física | arte | educación física | arte |
| receso | receso | receso | receso | receso |
| historia | música | historia | música | historia |
| | ciencias naturales | | ciencias naturales | |

1. educación física
2. historia
3. computación
4. literatura
5. ciencias naturales
6. matemáticas
7. música
8. arte

## ACTIVIDAD 8

### ¿Adónde vas para...?

**Hablar** Pregúntales a cinco estudiantes adónde van para hacer estas actividades. Léele un resumen de las respuestas a la clase. *(Ask five others where they go to do these things and report your results.)*

#### modelo

**Tú:** *¿Adónde vas para **estudiar**?*

**Estudiante 1:** *Voy a **casa**.*

**Resumen:** *Cuatro estudiantes van a casa para estudiar. Un estudiante va a la biblioteca.*

#### Nota

When **a** is placed before the definite article **el**, the two words form the contraction **al**.

**a + el = al**     Voy **al** gimnasio.

**Las actividades**

1. estudiar
2. visitar al (a la) profesor(a) de español
3. comprar una hamburguesa
4. tomar un refresco
5. descansar
6. usar la computadora
7. buscar un diccionario
8. preparar tu tarea

**¿Adónde?**

el auditorio
la biblioteca
la cafetería
casa
la clase
la escuela
el gimnasio
su oficina
¿otro lugar?

### NOTA CULTURAL

Public high schools in Mexico City have two daily schedules. The students attend classes either during the morning, from around 7:30 to 12:30, or during the afternoon, from around 1:00 to 6:00.

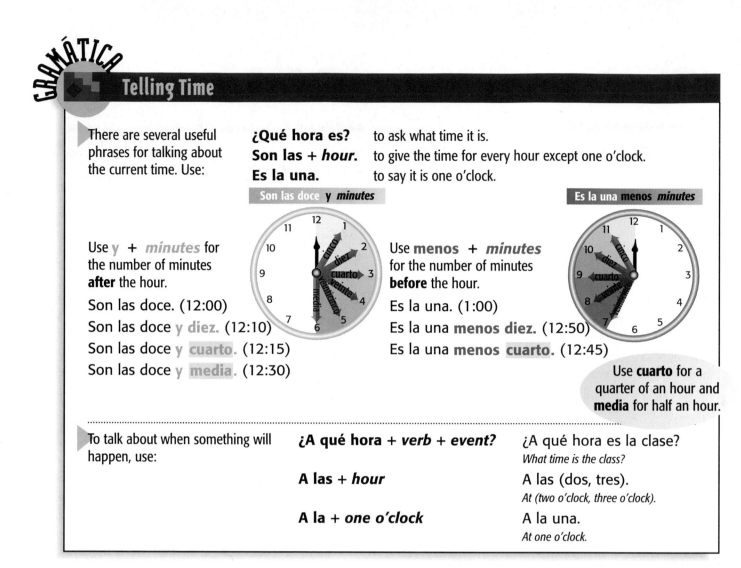

There are several useful phrases for talking about the current time. Use:

**¿Qué hora es?** — to ask what time it is.

**Son las + *hour*.** — to give the time for every hour except one o'clock.

**Es la una.** — to say it is one o'clock.

Son las doce **y** *minutes*

Es la una **menos** *minutes*

Use **y** + *minutes* for the number of minutes **after** the hour.

Son las doce. (12:00)
Son las doce **y diez**. (12:10)
Son las doce **y cuarto**. (12:15)
Son las doce **y media**. (12:30)

Use **menos** + *minutes* for the number of minutes **before** the hour.

Es la una. (1:00)
Es la una **menos diez**. (12:50)
Es la una **menos cuarto**. (12:45)

Use **cuarto** for a quarter of an hour and **media** for half an hour.

To talk about when something will happen, use:

**¿A qué hora + *verb* + *event*?**

**A las + *hour***

**A la + *one o'clock***

¿A qué hora es la clase?
*What time is the class?*

A las (dos, tres).
*At (two o'clock, three o'clock).*

A la una.
*At one o'clock.*

---

## ¿Qué hora es?

**Hablar** El padre de Isabel tiene una colección de relojes. Trabaja con otro(a) estudiante para preguntar y decir la hora que da cada uno. Cambien de papel. *(Hint: Isabel's father has a collection of clocks. Tell the time for each.)*

modelo

**Estudiante A:** *¿Qué hora es?*

**Estudiante B:** *Son las siete y veinte.*

1.

2.

3.

4.

5.

6.

■ **MÁS PRÁCTICA** *cuaderno* p. 46    ■ **PARA HISPANOHABLANTES** *cuaderno* p. 44

## ¿A qué hora?

**Escuchar/Escribir** Escucha al profesor para completar el horario de Ana, una amiga de Isabel. Luego, escribe cuándo tiene cada clase. *(Hint: Listen and complete Ana's schedule. Then write when each class is.)*

### modelo

*arte - 7:30*

*Ana tiene la clase de arte a las siete y media de la mañana.*

1. matemáticas
2. inglés
3. receso
4. ciencias naturales
5. estudios sociales
6. literatura

### Vocabulario

#### Para hablar de la hora

Use these phrases when telling time.

**A la una de la mañana/tarde/noche** *At one in the morning/afternoon/night*

**la medianoche** *midnight*

**el mediodía** *noon*

**el reloj** *clock, watch*

**por la mañana/tarde/noche** *during the morning/afternoon/night*

**¿Cuándo estudias?**

---

## Tu horario

**Hablar** Habla con otro(a) estudiante de tu horario, usando las preguntas como guía. Cambien de papel. *(Hint: Take turns with another student to ask questions about your schedules.)*

1. ¿Qué clases tienes por la mañana?
2. ¿Qué clases tienes por la tarde?
3. ¿A qué hora tienes inglés?
4. ¿A qué hora tienes el almuerzo?
5. ¿A qué hora tienes…?
6. ¿Qué días tienes la clase de…?

**MÁS COMUNICACIÓN** p. R5

### NOTA CULTURAL

In Mexico the word **torta** is used to describe a large sandwich on crusty bread. In Spain **bocadillo** is used. In other countries, **torta** usually means *cake*. In Mexico, the word **pastel** is used to mean *cake*. In Spain, **tarta** is used for *cake*.

*pastel / tarta / torta*

*torta / bocadillo*

## GRAMÁTICA

### Describing Location with the Verb estar

To say where people or things are located, use the verb **estar**. Here are its forms in the present tense.

| yo | **estoy** | nosotros(as) | **estamos** |
|---|---|---|---|
| tú | **estás** | vosotros(as) | **estáis** |
| usted, él, ella | **está** | ustedes, ellos(as) | **están** |

The teacher says:

—La profesora Díaz **está** en su oficina durante el almuerzo…

*Professor Díaz **is** in her office during lunch…*

---

### ACTIVIDAD 12 Gramática

## ¿Dónde están?

**Leer/Escribir** Lee las oraciones y explica dónde están los estudiantes. *(Hint: Read the sentences and explain where the students are.)*

**modelo**

*Carlos habla español.*

*Está en la clase de español.*

1. Nosotros miramos el pizarrón.
2. Ella usa una calculadora.
3. Ellas toman un refresco.
4. Él escucha música.
5. Tú buscas un libro.
6. Juana corre.

**MÁS PRÁCTICA** *cuaderno* p. 47

**PARA HISPANOHABLANTES** *cuaderno* p. 45

---

### ACTIVIDAD 13

## ¡Cuántos lugares!

**Hablar** Isabel, Ricardo y sus amigos están en varios lugares durante el día. Con otro(a) estudiante, di dónde están.

*(Hint: Take turns saying where Isabel, Ricardo, and friends are in the pictures.)*

**modelo**

**Tú:** *¿Dónde están Isabel y Ricardo?*

**Otro(a) estudiante:** *Están en la clase.*

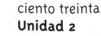

**ACTIVIDAD 14**

## ¿Dónde estás?

**Hablar/Escribir** Son las diez de la mañana del lunes. Explica dónde están estas personas. *(Hint: It's ten o'clock Monday morning. Explain where these people are.)*

1. yo
2. mi maestro(a) de español
3. los maestros de educación física
4. los estudiantes de drama
5. mi hermano(a)
6. los estudiantes de mi clase y yo

## GRAMÁTICA

### Asking Questions: Interrogative Words

There are many ways to ask questions. This is how you create a simple question that has a *yes* or *no* answer.

| Statement | Technique | Question |
|---|---|---|
| Isabel va a la escuela. | Use rising intonation to imply a question. | ¿Isabel va a la escuela? |
| Isabel **va** a la escuela. | Switch the position of the **subject** and **verb**. | ¿**Va** Isabel a la escuela? |

You've already learned the interrogative words (a)dónde and cuántos(as).

Here are more interrogative words.

> *Each interrogative word has an **accent** on the appropriate vowel.*

Some questions are formed by putting a **conjugated verb** after the question word.

> *All questions are **preceded** by an **inverted question mark** and **followed** by a **question mark.***

| | |
|---|---|
| **cómo** | *how* |
| **cuál(es)** | *which or what* |
| **cuándo** | *when* |
| **por qué** | *why* |
| **qué** | *what* |
| **quién(es)** | *who* |

¿Cómo está Ricardo?

¿Cuál es el libro?

¿Cuándo estudia Ricardo?

¿Por qué va Ricardo a casa?

¿Qué es?

¿Quién(es) habla(n) con el profesor?

Sometimes qué and cuál(es) are followed by words other than verbs. Qué can be followed directly by a **noun**, but cuál or cuáles cannot. Use cuál for one item and cuáles for more than one.

¿Qué **libro** mira Isabel?
*What **book** is Isabel looking at?*

¿Cuáles **de los libros** mira Isabel?
*Which **books** is Isabel looking at?*

## ACTIVIDAD 15 Gramática

# Un día típico

**Hablar** Una amiga de Isabel te habla de un día típico, pero tú no escuchas. Tienes que verificar lo que dice. Cambia la posición del verbo para formar una pregunta. Sigue el modelo. *(Hint: Make sure of what Isabel's friend is telling you. Ask a question by changing the position of the verb.)*

### modelo

*Isabel y Ricardo van a la escuela a la una.*

*¿Van Isabel y Ricardo a la escuela a la una?*

1. Ellos tienen clases difíciles hoy.
2. Ricardo habla con su profesora a las dos.
3. Isabel y Ricardo tienen una prueba.
4. Isabel y sus amigas estudian en la biblioteca.
5. Ellos terminan las clases a las cinco.

## ACTIVIDAD 16 Gramática

# La amiga curiosa

**Leer/Escribir** Isabel tiene una amiga curiosa. Le hace muchas preguntas sobre su clase de ciencias naturales. Escribe la palabra interrogativa para completar sus preguntas. *(Hint: Write the appropriate question word.)*

1. ¿A _____ hora tienes la clase?    A las cuatro.
2. ¿_____ es la clase?    Difícil.
3. ¿_____ enseña la clase?    La profesora Díaz.
4. ¿_____ es la profesora?    Simpática.
5. ¿_____ tienes que hablar con la profesora?    No tengo mi tarea.
6. ¿_____ preparas tu tarea?    Por la noche.

## ACTIVIDAD 17 Gramática

# ¿Qué o cuál?

**Leer** Necesitas más información sobre Isabel y Ricardo. Completa las preguntas con **qué** o **cuál(es)** para informarte. *(Hint: Complete each question with **qué** or **cuál(es)** to ask for more information.)*

1. Ricardo tiene ocho materias este semestre.

   ¿_____ materia le gusta más?
2. Hoy es el cumpleaños de Isabel.

   ¿_____ es la fecha de hoy?
3. Ricardo tiene una clase a la una.

   ¿_____ clase tiene a la una?
4. Hay dos señores en la clase.

   ¿_____ es el profesor?
5. Hay cinco libros en la clase de matemáticas.

   ¿_____ de los libros son de Ricardo?
6. No es una calculadora.

   ¿_____ es?
7. Paco, Ricardo, Ana y Marcela son estudiantes en la clase de matemáticas.

   ¿_____ de ellos sacan buenas notas?

**MÁS PRÁCTICA** *cuaderno* p. 48

**PARA HISPANOHABLANTES** *cuaderno* p. 46

## NOTA CULTURAL

Mexico City is located in a valley surrounded by volcanic mountains. Its Olympic Stadium, built for the 1968 Summer Olympics, resembles a volcano with a bowl sunk into its crater.

## ¿Quién?

**Hablar/Escribir** A veces Isabel no escucha cuando sus amigos le hablan. Ayúdala a hacer preguntas basadas en lo que dicen. *(Hint: Help Isabel ask questions based on what her friends say.)*

### modelo

*Elena estudia español. (¿Quién?)*

*¿Quién estudia español?*

1. El inglés es fácil. (¿Cómo?)
2. Paco y sus amigos tienen el receso a las tres. (¿Cuándo?)
3. La clase de música es divertida. (¿Cuál?)
4. Ana está en clase. (¿Dónde?)
5. Margarita compra una computadora. (¿Qué?)
6. Luisa descansa. (¿Quién?)
7. Estudio por la mañana. (¿Cuándo?)
8. Rita tiene una computadora nueva. (¿Qué?)
9. El libro de arte es interesante. (¿Cuál?)
10. Es un diccionario. (¿Qué?)

## ¡Pobre Luis!

**Escuchar** Escucha la conversación entre Ernesto y Luis. Luego, contesta las preguntas. *(Hint: Listen to the conversation. Then answer the questions.)*

1. ¿Por qué no está bien Luis?
   a. Tiene que ayudar a su padre.
   b. Está muy bien.
   c. Tiene un semestre difícil.

2. ¿Qué hora es?
   a. Es la una y veinticinco.
   b. Son las dos y media.
   c. A la una y veinticinco.

3. ¿A qué hora tiene la cita con la señora García?
   a. A las ocho.
   b. A la una y media.
   c. Es la una y media.

4. ¿Cuándo tiene un examen de literatura?
   a. mañana
   b. el lunes
   c. hoy

## ¿Cómo es tu horario?

**Hablar** Pregúntale a otro(a) estudiante sobre los detalles de su horario, como los días y las horas de sus clases, cómo son y adónde va para las clases. Cambien de papel. *(Hint: Ask another student about his or her schedule. Change roles.)*

### modelo

**Tú:** *¿Qué clases tienes por la mañana?*

**Otro(a):** *Tengo español, matemáticas y…*

**Tú:** *¿A qué hora tienes la clase de…?*

**Otro(a):** *A las diez menos cuarto.*

**Tú:** *¿Adónde vas para esta clase?*

**Otro(a):** *Voy al…*

■ **MÁS COMUNICACIÓN** p. R5

### Pronunciación

**Trabalenguas**

**Pronunciación de la *h* y la *j***
The **h** in Spanish is always silent, like the *h* in the English word *honest*. The **j** in Spanish sounds like the English *h* in *Ha, ha!* To practice these sounds, try this tongue twister.

**Hoy Juanita hace de jinete.**

# En colores
## CULTURA Y COMPARACIONES

# ¿Quieres comer una merienda mexicana?

**PARA CONOCERNOS**

**STRATEGY: CONNECTING CULTURES**

**Compare snack foods** Make a list of your favorite snack foods. Then read to find out about typical snack foods in Mexico City. Based on this, how would you compare snack foods in the U.S. with those in Mexico?

### Las meriendas populares

| Estados Unidos | México |
| --- | --- |
| 1. | 1. |
| 2. | 2. |
| 3. | 3. |

**A**quí tenemos dos tipos de meriendas típicas de México. En México la merienda grande se llama **una torta.** La torta tiene pan redondo[1] y muchos ingredientes. La merienda pequeña se llama **un sándwich.** En Estados Unidos, ¿cómo se llama una torta?

Una merienda típica de México es **el taco al pastor.** Tiene carne asada[2], normalmente puerco[3], en una tortilla de maíz[4]. ¿Es diferente de los tacos que tú comes?

---

[1] round bread
[2] roasted meat
[3] pork
[4] corn

Si te gusta comer fruta para la merienda, hay una variedad increíble. O tal vez te interesa[5] un **agua de fruta** en vez de[6] agua. En México es común beber aguas de frutas tropicales. Hay aguas de papaya, piña[7] y muchas otras frutas. ¡Y si no te gustan las frutas, siempre es posible comprar **una hamburguesa y papas fritas**!

[5] you are interested in
[6] instead of
[7] pineapple

## ¿Comprendiste?

1. ¿Qué diferencia hay entre un sándwich y una torta en México?
2. ¿Cómo es el taco al pastor?
3. ¿Qué hay en un agua de fruta?
4. ¿Cuáles de las meriendas mexicanas comes?

## ¿Qué piensas?

Estás en México y quieres comer. ¿Qué vas a comprar, una hamburguesa o una merienda típica de México? ¿Por qué?

135

# *En uso*

## REPASO Y MÁS COMUNICACIÓN

**OBJECTIVES**

- Talk about schedules
- Ask and tell time
- Ask questions
- Say where you are going
- Request food

**Now you can...**

- talk about schedules.

**To review**

- telling time, see p. 128.

### ACTIVIDAD 1 ¡Qué horario!

Sara habla de su horario. ¿Qué dice?
*(Hint: Tell what Sara says about her schedule.)*

**modelo**

*inglés*

*Tengo inglés los lunes, miércoles y viernes a las siete y media.*

| Sara Blanco | lunes | martes | miércoles | jueves | viernes |
|---|---|---|---|---|---|
| 7:30 | inglés | — | inglés | — | inglés |
| 8:15 | — | computación | — | computación | — |
| 9:00 | literatura | música | literatura | música | literatura |
| 9:45 | receso | receso | receso | receso | receso |
| 10:30 | educación física | ciencias naturales | educación física | ciencias naturales | educación física |
| 11:15 | historia | — | historia | — | historia |
| 12:00 | matemáticas | arte | matemáticas | arte | matemáticas |

1. arte
2. literatura
3. música
4. ciencias naturales
5. receso
6. historia
7. matemáticas
8. computación

**Now you can...**

- ask and tell time.

**To review**

- telling time, see p. 128.
- location with the verb **estar**, see p. 130.

### ACTIVIDAD 2 Un día ocupado

Hablas por teléfono con un(a) amigo(a). Hablen de la hora y expliquen dónde están estas personas. Cambien de papel.
*(Hint: You're on the phone. Tell the time and where people are.)*

**modelo**

*9:05: Isabel (cafetería)*

**Tú:** *¿Qué hora es?*

**Otro(a) estudiante:** *Son las **nueve y cinco** de la mañana.*

**Tú:** *¿Dónde está **Isabel**?*

**Otro(a) estudiante:** *Está en **la cafetería**.*

1. 8:15: Gloria (clase de arte)
2. 11:30: Ricardo (gimnasio)
3. 12:50: la profesora (oficina)
4. 1:00: Manuel y Eva (auditorio)
5. 2:40: Isabel (oficina del maestro)
6. 4:25: ustedes (gimnasio)
7. 7:30: René (biblioteca)
8. 9:45: tú (casa)

Now you can...

• ask questions.

To review

• interrogative words, see p. 131.

## ¡Muchas preguntas!

Los amigos de Ricardo le hacen preguntas. Complétalas con palabras interrogativas según las respuestas entre paréntesis. *(Hint: Complete Ricardo's friends' questions with the correct interrogative word.)*

1. ¿ _____ estudias? (En mi casa.)
2. ¿ _____ es tu clase favorita? (La clase de literatura.)
3. ¿ _____ vas al gimnasio? (Por la tarde.)
4. ¿ _____ estás hoy? (Bien.)
5. ¿ _____ es el profesor de computación? (El profesor Anaya.)
6. ¿ _____ vas? (A la cafetería.)
7. ¿ _____ estudias inglés? (Me gusta el inglés.)
8. ¿ _____ están en la biblioteca? (Isabel y Andrea.)
9. ¿ _____ de estos libros necesitas? (El diccionario y el libro de inglés.)

Now you can...

• say where you are going.

To review

• the verb **ir**, see p. 126.

## En la escuela

Es la una de la tarde. ¿Adónde van estas personas? *(Hint: Tell where everyone is going.)*

**modelo**

*Miguel y Ana tienen que correr.*          *Van al gimnasio.*

1. Necesito buscar unos libros.
2. Isabel tiene que hablar con sus profesores.
3. Tú quieres comprar una torta.
4. Mis amigos tienen que cantar en un programa.
5. Nosotros tenemos un examen de español.

Now you can...

• request food.

To review

• vocabulary for snacks, see p. 121.

## En la cafetería

¿Qué dices cuando quieres una de estas meriendas? *(Hint: What do you say when you want one of these snacks?)*

**modelo**

*Un taco, por favor.*

1.          2.          3.          4.          5.          6.

## ACTIVIDAD 6 — El horario

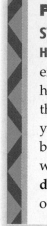

**PARA CONVERSAR**

**STRATEGY: SPEAKING**

**Help your partner** Make an effort to discover what you have in common. If you think of an activity that you have learned to say but don't remember the word, ask **¿Cómo se dice…?** Help each other out.

Conversa con otro(a) estudiante sobre su horario. *(Hint: Discuss your schedule with a partner.)*

**¿A qué hora…?**

estar en la clase de inglés

ir a la cafetería

estar en el gimnasio

preparar la tarea

usar la computadora

descansar

## ACTIVIDAD 7 — ¿Dónde estoy?

Describe una situación. Incluye información sobre la hora y las actividades de las personas. Tus amigos tienen que adivinar dónde estás. *(Hint: Describe a situation. Your partners have to guess where you are.)*

**modelo**

**Tú:** *Son las diez. Uso mi calculadora y escucho al profesor.*

**Otro(a) estudiante:** *Estás en la clase de matemáticas.*

## ACTIVIDAD 8 — *En tu propia voz*

**ESCRITURA** Prepara siete preguntas para un(a) nuevo(a) estudiante. Incluye preguntas sobre su horario, sus clases y sus actividades. *(Hint: List seven questions for a new student.)*

¿A qué hora…?   ¿Cuál es…?   ¿Qué…?

¿Dónde estás a las…?   ¿Cómo es…?   ¿Cuándo…?

¿Por qué…?   ¿Adónde vas para…?   ¿Quién…?

## CONEXIONES

**La salud** You can learn about the nutrition in Mexican food from cookbooks, a menu from a Mexican restaurant, or the grocery store. Choose three foods and a beverage and find out about their nutritional value. Read their packaging, request nutritional information from a restaurant, or check a book that lists nutritional values. Create a chart. Which is the most nutritious? Why?

|    | Calorías | Grasa | Carbohidratos | Vitaminas |
|----|----------|-------|---------------|-----------|
| 1. |          |       |               |           |
| 2. |          |       |               |           |

# En resumen

## REPASO DE VOCABULARIO

### TALKING ABOUT SCHEDULES

| | |
|---|---|
| el almuerzo | lunch |
| la cita | appointment |
| el horario | schedule |
| el receso | break |
| el semestre | semester |

**Activities**

| | |
|---|---|
| comprar | to buy |
| descansar | to rest |
| estar | to be |
| terminar | to finish |
| tomar | to take, to eat or drink |
| visitar | to visit |

### ASKING AND TELLING TIME

| | |
|---|---|
| ¿A qué hora es...? | (At)What time is...? |
| ¿Qué hora es? | What time is it? |
| A la(s)... | At... o'clock. |
| Es la.../Son las... | It is... o'clock. |
| de la mañana | in the morning |
| de la noche | at night |
| de la tarde | in the afternoon |
| la medianoche | midnight |
| el mediodía | noon |
| menos | to, before |
| por la mañana | during the morning |
| por la noche | during the evening |
| por la tarde | during the afternoon |
| el reloj | clock, watch |
| y cuarto | quarter past |
| y media | half past |

### ASKING QUESTIONS

| | |
|---|---|
| adónde | (to) where |
| cómo | how |
| cuál(es) | which (ones), what |
| cuándo | when |
| dónde | where |
| por qué | why |
| qué | what |
| quién(es) | who |

### REQUESTING FOOD

| | |
|---|---|
| ¿Quieres beber...? | Do you want to drink...? |
| ¿Quieres comer...? | Do you want to eat...? |
| Quiero beber... | I want to drink... |
| Quiero comer... | I want to eat... |

**Snacks**

| | |
|---|---|
| el agua (fem.) | water |
| la fruta | fruit |
| la hamburguesa | hamburger |
| la merienda | snack |
| las papas fritas | french fries |
| el refresco | soft drink |
| la torta | sandwich |
| el vaso de | glass of |

### SAYING WHERE YOU ARE GOING

| | |
|---|---|
| ir | to go |
| al | to the |

**Places**

| | |
|---|---|
| el auditorio | auditorium |
| la biblioteca | library |
| la cafetería | cafeteria, coffee shop |
| el gimnasio | gymnasium |
| la oficina | office |

### OTHER WORDS AND PHRASES

| | |
|---|---|
| durante | during |
| por favor | please |
| la verdad | truth |

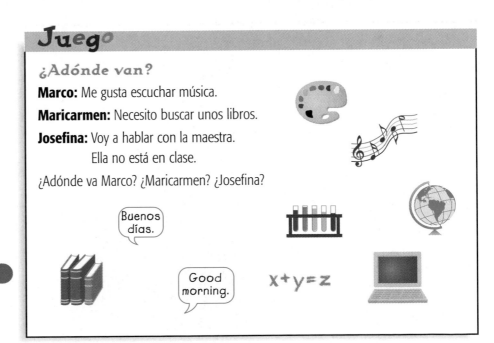

## Juego

### ¿Adónde van?

**Marco:** Me gusta escuchar música.

**Maricarmen:** Necesito buscar unos libros.

**Josefina:** Voy a hablar con la maestra. Ella no está en clase.

¿Adónde va Marco? ¿Maricarmen? ¿Josefina?

# UNIDAD 2

## ETAPA 3

# Mis actividades

- Discuss plans
- Sequence events
- Talk about places and people you know

## ¿Qué ves?

Mira la foto del centro de Coyoacán, en la Ciudad de México. *Coyoacán* significa «lugar de los coyotes».

1. ¿Hay muchas personas en el parque?
2. ¿La familia de la foto quiere comer o beber?
3. ¿Hay una universidad en la Ciudad de México?

Ciudad de México

La Villa
Chapultepec   Centro
Aeropuerto
San Ángel   COYOACÁN
Universidad

# En contexto

## VOCABULARIO

Ricardo is taking a walk through a park where he and his friends spend a lot of time after school.

**¡Hola!** Después de clases voy al **parque.** Hay mucho que **hacer.** Me gusta **caminar con el perro.** Mi perro **tiene sed** y quiere **beber** agua. **Voy a** buscar a mis amigos.

la guitarra

**A** Me gusta **pasar un rato con mis amigos** en el parque. **Tocan la guitarra** y cantan.

la bicicleta

**B** A veces me gusta **andar en bicicleta.**

142

el parque

la tienda

los chicharrones

la revista

el periódico

**C** La chica **cuida a su hermano.** Ellos **pasean** por el parque.

**D** A Isabel le gusta leer **una revista.** A mí me gusta leer **el periódico.** ¿Quieres ir al **museo** o al **teatro** por la tarde?

**E** Cuando **tenemos hambre** y sed, compramos una merienda, como fruta y un refresco, en **la tienda.** ¡También me gusta **comer chicharrones!**

## Preguntas personales

1. ¿Hay un parque en tu comunidad?
2. ¿Qué te gusta más, andar en bicicleta o correr?
3. ¿Te gusta leer el periódico o una revista?
4. ¿De vez en cuando vas a un museo o al teatro? ¿Vas con tus padres o con amigos?
5. ¿Tocas la guitarra u otro instrumento? ¿Uno(a) de tus amigos(as) toca un instrumento? ¿Cuál?

# En vivo

### DIÁLOGO

Ricardo    Isabel

## En el parque

### PARA ESCUCHAR • STRATEGY: LISTENING

**Listen and observe** During a conversation, it is just as important to observe physical actions as it is to listen to the words spoken. Body language supports what is being said and sometimes better expresses meaning. What do you see and hear in this segment that influences Isabel's decision?

**1 ▶ Ricardo:** ¡Hola, Isabel! ¿Qué tal?
**Isabel:** Bien, no tengo problemas con la clase de ciencias naturales.
**Ricardo:** ¡Qué bueno!

**5 ▶ Ricardo:** También toco el piano.
**Isabel:** ¡Mira nada más!
**Ricardo:** La verdad es que… no toco el piano muy bien.
**Isabel:** ¡Conozco a alguien muy modesto!

**6 ▶ Ricardo:** ¿Tienes hambre? ¿Comemos unos chicharrones? Esa señora vende unos chicharrones deliciosos.
**Isabel:** Sí, buena idea. Voy contigo.

**7 ▶ Ricardo:** Vamos a hablar del concurso. ¿Vas a participar?
**Isabel:** ¿Con mi horario?
**Ricardo:** Si no haces algo muy complicado, no hay problema.
**Isabel:** Pero, ¿qué?, ¿qué hago?

**2 ▶ Isabel:** ¿Adónde vamos? Quiero hablar del concurso.
**Ricardo:** ¿Tienes hambre?
**Isabel:** No, la verdad, no.

**3 ▶ Ricardo:** ¿Qué haces después de clases?
**Isabel:** Veo la televisión o paso un rato con mis amigos.
**Ricardo:** ¿Por qué no vamos al parque?

**4 ▶ Isabel:** Y tú, ¿qué haces después de las clases y antes de cenar?
**Ricardo:** Si no tengo que cuidar a mi hermano, ando en bicicleta.

**8 ▶ Ricardo:** No te preocupes. Las personas con inspiración no tienen problemas en México.
**Isabel:** Ricardo, ya es tarde. ¡Es hora de ir a casa!
**Ricardo:** Sí, es verdad.

**9 ▶ Isabel:** ¡La plaza! ¡La gente! ¡Los animales! ¡Los muchachos! ¡Las actividades! ¡La gente vive en una plaza! ¡Es mi proyecto para el concurso! La plaza es el corazón de la vida mexicana.

**10 ▶ Isabel:** ¡Voy a participar en el concurso! Para conocer a los mexicanos, hay que ir a una plaza. La plaza es un poema.

ciento cuarenta y cinco **145**
**Etapa 3**

# *En acción*
## VOCABULARIO Y GRAMÁTICA

### ¿En qué orden?

**Escuchar** ¿Cuándo pasan estas cosas? Pon las oraciones en el orden correcto según el diálogo. (*Hint: Put the sentences in order.*)

**a.** Isabel y Ricardo comen chicharrones.

**b.** Isabel pasa por la plaza.

**c.** Isabel y Ricardo van al parque.

**d.** Isabel decide participar en el concurso.

**e.** Ricardo habla de sus actividades después de las clases.

### ¿Qué pasa?

**Escuchar** Escoge la(s) respuesta(s) correcta(s) según el diálogo. ¡Ojo! Algunas oraciones tienen más de una respuesta correcta. (*Hint: Choose the correct answer or answers.*)

**I.** Normalmente, después de las clases, Isabel _____.
   **a.** va al parque
   **b.** ve la televisión
   **c.** pasa un rato con los amigos

**2.** Después de las clases, Ricardo _____.
   **a.** cuida a su hermano
   **b.** toca la guitarra
   **c.** anda en bicicleta

**3.** En el parque, los dos comen _____.
   **a.** papas fritas
   **b.** chicharrones
   **c.** tacos

**4.** El proyecto de Isabel para el concurso va a ser sobre la vida en _____.
   **a.** el parque
   **b.** la plaza
   **c.** la ciudad

---

### TAMBIÉN SE DICE

There are different ways to say *Wow!* when you are amazed by something or someone. Isabel uses one in the dialog. Do you recognize which?

• **¡Anda!:** Spain
• **¡Mira nada más!:** Mexico
• **¡Mirá vos!:** Argentina

---

### N O T A  CULTURAL

**El Museo Nacional de Antropología,** in Mexico City's **Parque Chapultepec,** contains objects from Mexico's native cultures. It is a popular place for school groups to visit.

- Use **ir + a +** infinitive
- Use the present tense of regular **-er** and **-ir** verbs
- Use verbs with irregular **yo** forms
- Use the verb **oír**

## ACTIVIDAD 3

### ♻ ¿Dónde están?

**Hablar** ¿Dónde están Isabel y Ricardo?
*(Hint: Say where they are.)*

**modelo**

*Están en la cafetería.*

## ACTIVIDAD 4

### ¿Qué hacen?

**Hablar** Explica lo que hacen después de las clases. ¿Lo haces también? *(Hint: Say what these people do after class. Do you do it too?)*

**modelo**

**Estudiante A:** *La muchacha cuida a su hermano. ¿Cuidas a tu hermano también?*

**Estudiante B:** *Sí, yo cuido a mi hermano.*

## ACTIVIDAD 5 — ¿Qué haces?

**PARA CONVERSAR**

**STRATEGY: SPEAKING**

**Use all you know** It is easy to rely on what you learned most recently. But it is important to reuse what you've learned before. Try to include activities you learned in Unit 1, such as **cantar** and **nadar,** in your answers.

**Hablar/Escribir** Escribe dos cosas que haces después de clases. Luego, habla con cinco estudiantes y escribe sus respuestas. *(Hint: Write two things you do and ask five others what they do.)*

### modelo

**Tú:** *Normalmente, ¿qué haces después de clases, Marco?*

**Marco:** *Paso un rato con mis amigos.*

| Nombre | Actividad |
|--------|-----------|
| yo | Ando en bicicleta. |
| | ............ |
| Marco | Pasa un rato con sus amigos. |
| | ............ |

## Juego

Paco tiene agua. Pepe tiene sed. ¿Qué tiene el perro?

## ACTIVIDAD 6 — ¡Qué hambre y sed!

**Hablar** Trabaja con otro(a) estudiante para hacer y contestar preguntas basadas en cada dibujo. Cambien de papel. *(Hint: Take turns answering questions based on each picture.)*

### modelo

**Estudiante A:** *¿Tienes sed?*

**Estudiante B:** *Sí, tengo sed. Voy a beber un vaso de agua.*

**Estudiante B:** *¿Tienes hambre?*

**Estudiante A:** *Sí, tengo hambre. Voy a comer una hamburguesa.*

### Nota

To say that someone is thirsty, use the phrase **tener sed;** if the person is hungry, use **tener hambre.**

1.

2.

3.

4.

5.

6.

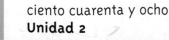

## GRAMÁTICA

### Saying What You Are Going to Do: ir a...

When you talk about things you are planning to do in the future, you say what you are *going to* do. To talk about activities you are going to do, use the phrase:

**ir + a + *infinitive***

| | | | |
|---|---|---|---|
| yo | voy a... | nosotros(as) | vamos a... |
| tú | vas a... | vosotros(as) | vais a... |
| usted, él, ella | va a... | ustedes, ellos(as) | van a... |

Isabel says:

—¡Voy a **participar** en el concurso!
*I'm going to participate in the contest!*

### 7 Gramática

♻️ **¿A qué hora?**

**Hablar** Isabel y Ricardo tienen mucho que hacer hoy. Explica lo que van a hacer y a qué hora. ¿Cuándo vas a hacer tú estas actividades?
*(Hint: Say when they are going to do these things and when you will do them.)*

**modelo**

*Isabel y Ricardo / estudiar en la escuela / 10:00*

**Isabel y Ricardo** van a **estudiar en la escuela** a las **diez**.

*Yo voy a estudiar a las seis.*

1. Isabel / usar la computadora / 11:20
2. Ricardo / ir a la biblioteca / 12:45
3. Isabel y Ricardo / tomar un refresco / 1:55
4. Ricardo / hacer ejercicio / 3:00
5. Isabel / pasear con su amiga / 6:30
6. Ricardo / ayudar a su padre / 7:45
7. Ricardo / preparar su tarea / 8:15
8. Isabel y Ricardo / cenar / 9:00
9. Isabel / ver la televisión / 9:35

### Vocabulario

**Más para hacer después de clases**

**cuidar (a)** *to take care of*
un animal

**el pájaro**

**el pez**

See the words for more pets on p. R20.

**mandar una carta**

**pintar**

**tocar el piano**

**ver la televisión**

**cenar** *to have dinner, supper*

**hacer ejercicio** *to exercise*

**preparar** *to prepare*
la cena *supper, dinner*
(la) comida *food, a meal*

**ir al supermercado** *to go to the supermarket*

**leer** *to read*
un poema *poem*
(la) poesía *poetry*
una novela *novel*

¿Qué te gusta hacer?

## ACTIVIDAD 8 — Gramática

### ¿Adónde vas?

**Hablar** Un(a) estudiante te pregunta sobre las actividades que tú y tus amigos van a hacer después de clases. *(Hint: Say what you and your friends are going to do after school.)*

**modelo**

*tú y tus amigos: museo (¿ver arte o hacer ejercicio?)*

**Estudiante:** *¿Adónde van ustedes?*

**Tú:** *Vamos al museo.*

**Estudiante:** *¿Qué van a hacer allí?*

**Tú:** *Vamos a ver arte.*

1. tú y tus amigos: parque (¿comprar libros o pasear?)

2. tú: casa (¿ver la televisión o hablar con el maestro?)

3. tú: biblioteca (¿estudiar o tocar la guitarra?)

4. tú y tus amigos: tienda (¿caminar con el perro o comprar ropa?)

5. tú: supermercado (¿mandar una carta o comprar una merienda?)

6. tú y tus amigos: cafetería (¿comer chicharrones o usar la computadora?)

7. tú: gimnasio (¿leer una revista o hacer ejercicio?)

**■ MÁS PRÁCTICA** *cuaderno p. 53*

**■ PARA HISPANOHABLANTES** *cuaderno p. 51*

---

**TAMBIÉN SE DICE** **Plaza** is a word that refers to any public square in the Spanish-speaking world. The main square in a city or town might be called the **plaza principal** or **plaza mayor**. In Mexico, the main square is called the **zócalo**. The **Zócalo** in Mexico City is where the cathedral and many government buildings are.

---

## ACTIVIDAD 9

### ¡Lógicamente!

**Hablar/Escribir** ¿Adónde van y qué van a hacer tus amigos y tu familia? *(Hint: What are the people going to do?)*

**modelo**

*Yo voy a la plaza. Voy a caminar con el perro.*

| ¿Quién? | ¿Adónde? | ¿Qué va a hacer? |
|---|---|---|
| 1. yo | auditorio | beber un refresco |
| 2. mi amigo(a) | biblioteca | buscar un libro |
| 3. mi amiga y yo | cafetería | pasear |
| 4. mis padres | plaza | comprar una revista |
| 5. ellas | tienda | escuchar música |
| 6. mi hermano(a) | ¿otro lugar? | ¿otra actividad? |

### Vocabulario

#### Sequencing Events

To sequence events, use these words.

| | |
|---|---|
| **primero** *first* | **antes** *before* |
| **entonces** *then, so* | **después** *after, afterward* |
| **luego** *later* | |
| **por fin** *finally* | |

When a **noun** or an **infinitive** follows **antes** or **después**, use the preposition **de**.

¿Qué haces **después de las clases** y **antes de cenar**?

*What do you do **after** classes and **before** eating dinner?*

¿Qué pasa cada día?

---

## ACTIVIDAD 10

### Primero...

**Escuchar** Lee las oraciones. Luego, escucha el párrafo. ¿En qué orden va a hacer Ricardo estas actividades? *(Hint: Listen and indicate the order in which Ricardo plans to do things.)*

a. Va a hacer ejercicio en el gimnasio.

b. Va a cenar.

c. Va a pasar un rato con sus amigos.

d. Va a ir a la biblioteca a buscar un libro.

## ACTIVIDAD 11

### ♻ Después de clases...

**Escribir** Escribe un párrafo sobre lo que *te gusta hacer* y lo que *tienes que hacer*. Usa **primero, antes (de), después (de), entonces, luego.** *(Hint: Write about what you **like to do** and **have to do**.)*

#### modelo

*Después de las clases, me gusta hacer muchas cosas. Primero, me gusta ir al gimnasio. Luego, paso un rato con mis amigos. Hablamos o escuchamos música. A las seis voy a casa. ¿Y entonces? Siempre tengo que ayudar a mi madre y cuidar a mi hermana. Después de cenar, tengo que preparar mi tarea. ¡Por fin estudio!*

■ **MÁS COMUNICACIÓN** p. R6

---

## Present Tense of Regular -er and -ir Verbs

♻ **¿RECUERDAS?** *p. 105* Remember how to conjugate present tense **-ar** verbs?

| | |
|---|---|
| **estudio** | **estudiamos** |
| **estudias** | **estudiáis** |
| **estudia** | **estudian** |

▶ Regular verbs that end in **-er** or **-ir** work similarly. Regular **-er** verbs have the same endings as **-ir** verbs except in the **nosotros(as)** and **vosotros(as)** forms.

> The letter change matches the verb ending:
> **-er** verbs = **emos, éis**
> **-ir** verbs = **imos, ís**

### com**er** *to eat*

| | | | |
|---|---|---|---|
| yo | com**o** | nosotros(as) | com**emos** |
| tú | com**es** | vosotros(as) | com**éis** |
| usted, él, ella | com**e** | ustedes, ellos(as) | com**en** |

### viv**ir** *to live*

| | | | |
|---|---|---|---|
| yo | viv**o** | nosotros(as) | viv**imos** |
| tú | viv**es** | vosotros(as) | viv**ís** |
| usted, él, ella | viv**e** | ustedes, ellos(as) | viv**en** |

Ricardo says:

—Esa señora vend**e** unos chicharrones deliciosos.
*That woman **sells** delicious pork rinds.*

## Vocabulario

### Verbs Ending in -er and -ir

You have seen the verbs **beber, comer, correr, escribir,** and **leer** before. Here are some others.

Verbs: **-er**

| | |
|---|---|
| **aprender** *to learn* | **vender** *to sell* |
| **comprender** *to understand* | **ver** *to see* (**yo: veo**) |

Verbs: **-ir**

| | |
|---|---|
| **abrir** *to open* | **recibir** *to receive* |
| **compartir** *to share* | **vivir** *to live* |

¿Qué pasa después de clases?

## ACTIVIDAD 12 Gramática

### ¿Qué leen y escriben?

**Hablar** Explica lo que leen y escriben estas personas.
(*Hint: Explain what these people are reading and writing.*)

modelo

*Alberto / leer una novela*

*Alberto lee una novela.*

1. Beatriz / leer un libro
2. los muchachos / leer el diccionario
3. tú / leer una revista
4. Horacio / escribir un poema
5. tú / escribir una carta
6. sus padres / escribir poesía
7. yo / leer ¿?
8. mi amigo(a) / escribir ¿?
9. mi amigo(a) y yo / leer ¿?
10. yo / escribir ¿?

**MÁS PRÁCTICA** *cuaderno* p. 54

**PARA HISPANOHABLANTES**
*cuaderno* p. 52

### NOTA CULTURAL

In Mexico mealtimes are much later than in the United States. Lunch is usually between 2:00 and 3:00 in the afternoon and dinner between 9:00 and 10:00 in the evening.

## ACTIVIDAD 13

###  ¿Mucho o poco?

**Hablar/Escribir** ¿Las personas que tú conoces hacen mucho o poco estas cosas? (*Hint: Do the people you know do these things a lot or a little?*)

1. yo (aprender)
2. mis amigos y yo (comer)
3. mis amigos (compartir las meriendas)
4. mi amigo(a) (vender periódicos)
5. yo (ver la televisión)
6. mi hermano(a) (recibir cartas)
7. mi padre (leer)
8. los estudiantes (abrir los libros)
9. mis primos (comer y beber)
10. mi madre (comprender)

## ACTIVIDAD 14

### ¿Lo hacen o no?

**Hablar/Escribir** Pregúntales a cinco estudiantes si hacen lo siguiente. Dale un resumen de las respuestas a la clase.
(*Hint: Ask five students whether they do the following. Report the results.*)

modelo

*comer en la cafetería*

**Tú:** *¿Comes en la cafetería?*

**Pedro:** *No, no como en la cafetería.*

**Resumen:** *Cristina, Ramón, Lidia y Tomás comen en la cafetería. Pedro no come en la cafetería.*

1. vivir en un apartamento
2. aprender mucho en la escuela
3. ver la televisión todos los días
4. recibir muchas cartas
5. comprender las matemáticas

# GRAMÁTICA

## Regular Present Tense Verbs with Irregular yo Forms

These are verbs that have regular present tense forms except for an irregular **yo** form.

**conocer** *to know, to be familiar with (a person or a place)*

| | |
|---|---|
| cono**zco** | conocemos |
| conoces | conocéis |
| conoce | conocen |

*These verbs follow the form for regular -er verbs except in the yo form.*

**hacer** *to do, to make*

| | |
|---|---|
| ha**go** | hacemos |
| haces | hacéis |
| hace | hacen |

Isabel says:

—¡Cono**zco** a **alguien** muy modesto!
*I know someone very modest!*

Voy a cuidar a **mi hermano.**
*I am going to take care of my brother.*

Voy a cuidar mi **gato.**
*I am going to take care of my cat.*

Note that whenever a **person** is the object of a verb, the personal **a** must be used after the **verb** except when using the verb **tener.**

*A may also be used when talking about animals that are pets, but it is not required.*

---

### ACTIVIDAD 15 — Gramática

## En la biblioteca

**Leer** Completa la conversación de Isabel y Ricardo con el verbo **hacer**. *(Hint: Practice with the verb hacer.)*

**Isabel:** Ricardo, ¿qué __1__?

**Ricardo:** __2__ la tarea. Y tú, ¿qué __3__?

**Isabel:** Yo también __4__ la tarea.

**Ricardo:** ¿Vas a participar en el concurso?

**Isabel:** ¡Sí, y voy a __5__ algo muy interesante!

■ **MÁS PRÁCTICA** *cuaderno* p. 55
■ **PARA HISPANOHABLANTES**
*cuaderno* p. 53

---

### ACTIVIDAD 16

## Un día típico

**Hablar/Escribir** Explica lo que hacen. Usa la **a** personal si es necesario. *(Hint: Explain what they're doing. Use the personal a if needed.)*

1. un amigo / cuidar / ¿?
2. yo / hacer / ¿?
3. nosotros / esperar / ¿?
4. mis padres / visitar / ¿?
5. tú / ayudar / ¿?
6. yo / conocer / ¿?

### ACTIVIDAD 17

 **¿A quién conocen?**

**Hablar/Escribir** Tú, tus amigos y tu familia conocen a muchas personas. Explica a quiénes conocen. *(Hint: Explain who they know.)*

1. yo
2. mi amigo(a)
3. mis amigos
4. mi familia y yo
5. mis padres

## Using the Verb oír

Like **hacer** and **conocer**, the verb **oír** *(to hear)* has an irregular **yo** form in the present tense.

| | |
|---|---|
| oigo | oímos |
| oyes | oís |
| oye | oyen |

- Some of its forms also require a spelling change where the **i** becomes a **y**.
- Note that the **nosotros(as)** and **vosotros(as)** forms have accents.

You may hear the expression ¡**Oye!** used throughout the dialog. It is used to get someone's attention, the way *Hey!* is used in English.

To get Isabel's attention Ricardo might say:  —¡**Oye,** Isabel!

---

### ¿A quiénes oyen?

**Escribir** ¿A quién oye cada persona? Completa las oraciones con la forma correcta del verbo **oír**. *(Hint: Say whom each person hears.)*

**modelo**

*Isabel / su madre*

**Isabel** oye a **su madre.**

1. Anita / sus amigos
2. los estudiantes / la profesora
3. tú / tu amigo
4. yo / mi hermano
5. Felipe y yo / la señora Ruiz
6. ustedes / sus vecinos

**MÁS PRÁCTICA** *cuaderno* p. 56

**PARA HISPANOHABLANTES** *cuaderno* p. 54

---

### ♻ ¿Dónde oyes...?

**Hablar** Conversa con otro(a) estudiante sobre dónde oyes estas cosas. *(Hint: Say where you hear these things.)*

**modelo**

| *música* | **Estudiante A:** *¿Dónde oyes música?* |
|---|---|
| | **Estudiante B:** *Oigo música en el auditorio.* |

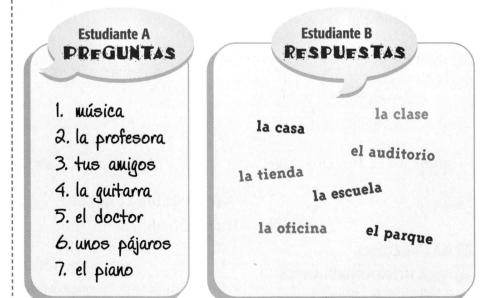

Estudiante A
PREGUNTAS

1. música
2. la profesora
3. tus amigos
4. la guitarra
5. el doctor
6. unos pájaros
7. el piano

Estudiante B
RESPUESTAS

la clase
la casa
el auditorio
la tienda
la escuela
la oficina
el parque

---

## ¡A oír bien!

**Escuchar** Escoge la respuesta más apropiada para cada oración. *(Hint: Choose the best response.)*

1. **a.** caminar con el perro
   **b.** tocar la guitarra
   **c.** hacer ejercicio

2. **a.** ir al parque
   **b.** comer una hamburguesa
   **c.** abrir el libro

3. **a.** mandar una carta
   **b.** ir al teatro
   **c.** comprar una novela

4. **a.** comer una torta
   **b.** beber un refresco
   **c.** visitar a los amigos

## Una carta

**Escribir** Tu amigo(a) quiere saber qué haces todos los días. Escríbele una carta. *(Hint: Write a letter to your friend.)*

### modelo

*Querido Paco:*

*¿Cómo estás? Yo estoy muy bien. ¿Qué hago todos los días? Pues, hago muchas cosas. Primero, siempre camino con el perro en el parque. Después, paso un rato con mis amigos. A veces, andamos en bicicleta o vamos a casa para escuchar música. De vez en cuando, tengo que cuidar a mi hermano...*

*¿Y tú? ¿Qué haces después de las clases?*

*Tu amigo,*

*Daniel*

■ **MÁS COMUNICACIÓN** p. R6

## Pronunciación

### Refrán

**La pronunciación y los acentos**

1. Words ending in a vowel, or the letters **n** or **s**, are stressed on the next-to-last syllable.

2. Words ending in a consonant other than **n** or **s** are stressed on the last syllable.

3. Words that have written accents are stressed on the syllable with the accent.

*A las diez en la cama estés,*
*mejor antes que después.*

# En voces

## México y sus jóvenes

### PARA LEER
**STRATEGY: READING**

**Skim** Before reading a long passage, it is helpful to read quickly to get a general idea of its content. Skim the paragraphs, noting clues that indicate the central theme or topic. By skimming, you can tell quickly what a reading is about. Then it will be easier to do a more careful reading.

¿Qué hacen los mexicanos jóvenes? De lunes a viernes los muchachos que tienen menos de[1] 18 años van a la escuela. Tienen muchas materias —a veces tienen hasta ocho clases en un día. Y también tienen mucha tarea. Por eso, después de clases muchos de los estudiantes van a sus casas para hacer la tarea y después descansar.

En la Ciudad de México hay muchos teatros, museos, tiendas y parques. En cada[2] lugar es posible ver a muchos jóvenes, especialmente los fines de semana.

[1] less than
[2] each, every

Los viernes por la tarde, los sábados y los domingos son los días principales en que los jóvenes mexicanos están libres[3]. Los domingos hay mucha gente en los parques. Andan en bicicleta, practican deportes[4] o tocan un instrumento. De vez en cuando, para el almuerzo, van a un restaurante con sus familias. El domingo es el día principal para pasear y descansar.

[3] free
[4] sports

## ¿Comprendiste?

1. ¿Qué hacen los jóvenes de lunes a viernes?
2. ¿Adónde van muchos jóvenes los fines de semana en la Ciudad de México?
3. ¿Qué actividades hacen los domingos?
4. ¿Qué hace a veces una familia los domingos?

## ¿Qué piensas?

Explica si tu vida es como la vida de un joven mexicano.

# En colores

## CULTURA Y COMPARACIONES

### PARA CONOCERNOS
### STRATEGY: CONNECTING CULTURES

**Compare places** Have you lived in or visited a place that has a long history? Is there a special name for that historical area? How old is it? What can you see—buildings, sculptures, murals—that reveals its history? What is its historical importance? What comparisons can you make between it and places in «**El Zócalo: centro de México**»?

| Conozco este lugar | Lugar histórico de México |
|---|---|
| Nombre del lugar:<br>Edad del lugar:<br>Pinturas/Murales:<br>Otras cosas: | Nombre del lugar:<br>Edad del lugar:<br>Pinturas/Murales:<br>Otras cosas: |

Un canal del imperio azteca

# El Zócalo:

El Zócalo es el centro de la Ciudad de México. Es la plaza principal de la ciudad. Allí estaban[1] la vieja capital colonial española y también la capital azteca de México, Tenochtitlán. En los días de los aztecas, el Zócalo fue[2] un centro ceremonial con pirámides y palacios. Después de conquistar Tenochtitlán en 1521, los españoles construyeron[3] su capital encima de[4] la capital de los aztecas. La Catedral española está aquí, encima del Templo Mayor de los aztecas,

---

[1] there used to be    [2] was    [3] built    [4] on top of

En el Zócalo están **la Catedral** y **el Sagrario**. Son dos símbolos religiosos y ejemplos importantes de la arquitectura y el arte colonial de México.

**El Templo Mayor** es la pirámide principal de Tenochtitlán. De esta excavación vienen descubrimientos[6] importantes sobre los aztecas.

**El calendario azteca** o la Piedra del Sol[7] fue descubierto[8] debajo del[9] Zócalo en 1790.

# centro de México

una gran pirámide. El Palacio Nacional, el centro del gobierno[5] mexicano, está encima de las ruinas de un palacio azteca. Hoy el Zócalo es el centro de la vida social y religiosa de las personas de esta ciudad.

---

[5] government
[6] discoveries
[7] Sun Stone
[8] was discovered
[9] beneath

## ¿Comprendiste?

1. ¿Cómo se llama la capital azteca?
2. ¿Qué está encima de las ruinas de un palacio?
3. ¿Qué descubrimientos importantes hay en el Zócalo?
4. ¿Qué lugar del Zócalo representa la vida política de México?
5. ¿Cuáles representan la vida religiosa?

## ¿Qué piensas?

1. Si vas a la Ciudad de México, ¿por qué es importante ver el Zócalo?
2. ¿Qué importancia tiene el Zócalo en la historia de México?

# En uso
## REPASO Y MÁS COMUNICACIÓN

**Now you can...**

• discuss plans.

**To review**

• **ir** + **a** + infinitive, see p. 149.

### ACTIVIDAD 1 ¿Qué vas a hacer tú?

Todos tienen planes para esta tarde. ¿Qué van a hacer? *(Hint: Tell what people's afternoon plans are.)*

**modelo**

*Victoria*     *Victoria va a tocar la guitarra.*

**I.** Juan y Rubén

**2.** yo

**3.** la señora Estrada

**4.** nosotros

**5.** tú

**6.** Benjamín

**Now you can...**

• talk about places and people you know.

**To review**

• the verb **conocer**, see verbs with irregular **yo** forms, p. 153.

### ACTIVIDAD 2 Nuestra comunidad

Todos hablan de las personas y de los lugares que conocen en la comunidad. ¿Qué dicen? *(Hint: Tell who is familiar with the people and places.)*

**modelo**

*nosotros: la familia Méndez*
***Nosotros** conocemos a **la familia Méndez.***

**I.** ellos: los maestros

**2.** yo: el museo de arte

**3.** tú: la tienda de música

**4.** Marcela: el doctor

**5.** nosotras: el teatro

**6.** yo: las policías

**Now you can...**

• sequence events.

**To review**

• vocabulary for sequencing events, see p. 150.

## 3  Todos los sábados

¿Qué hace Miguel todos los sábados? Usa el horario para completar las oraciones. *(Hint: Tell what Miguel does every Saturday.)*

**modelo**

__Primero__ , *Miguel lee el periódico.*

1. _____ correr en el gimnasio, Miguel lee el periódico.

2. _____ correr, él escribe cartas.

3. _____ , Miguel come con los amigos.

4. _____ comer, descansa en casa.

5. _____ , él pasea en el parque.

| 10:00 | leer el periódico |
| 10:30 | correr en el gimnasio |
| 11:30 | escribir cartas |
| 1:00 | comer con los amigos |
| 3:00 | descansar en casa |
| 5:00 | pasear en el parque |

**Now you can...**

• discuss plans.

**To review**

• the present tense of regular **-er** and **-ir** verbs, see p. 151.

• verbs with irregular **yo** forms, see p. 153.

• the verb **oír**, see p. 154.

## 4  ¡Muchas actividades!

¿Dónde hacen estas personas las siguientes actividades?
*(Hint: Where do people do these activities?)*

**modelo**

*Luz / correr (¿museo o parque?)*

*Luz corre en el parque.*

1. Samuel y Sofía / leer unos libros (¿biblioteca o teatro?)
2. yo / ver la televisión (¿gimnasio o casa?)
3. usted / comer fruta (¿museo o cafetería?)
4. nosotros / hacer la tarea (¿supermercado o biblioteca?)
5. yo / oír música (¿auditorio o museo?)
6. la señora Santana / vender ropa (¿cafetería o tienda?)
7. tú / recibir cartas (¿casa o parque?)
8. yo / hacer ejercicio (¿gimnasio o museo?)
9. nosotros / comer chicharrones (¿parque o biblioteca?)
10. Eduardo / oír los pájaros (¿teatro o parque?)
11. Marcelo / comprender la lección (¿clase de matemáticas o cafetería?)
12. Cristina / aprender historia (¿escuela o gimnasio?)

## ACTIVIDAD 5 — Y luego...

### PARA CONVERSAR
**STRATEGY: SPEAKING**

**Ask for clarification** Show your interest by asking for clarification or verification: **Ah, sí, ¿tú vas al museo antes de comer?** Or use other words about the sequence of plans: **entonces, luego, después (de), antes (de),** or a specific time.

Imagínate que eres un(a) turista en una ciudad mexicana. Selecciona cuatro actividades. Luego, conversa con otro(a) estudiante sobre tus planes. (**Hint:** You are a tourist. Select four activities and explain your plans.)

#### modelo

*Primero, voy al Zócalo...*

| | |
|---|---|
| 9:00 | Excursión al Zócalo |
| 10:30 | Museo de Arte Moderno |
| 2:00 | Almuerzo |
| 3:30 | Tienda de ropa típica |
| 5:00 | Paseo en el parque central |
| 8:30 | Cena mexicana en el hotel |

## ACTIVIDAD 6 — En la plaza

Tú y tus compañeros están en esta plaza mexicana. Hablen sobre lo que ven y oyen y mencionen a las personas que conocen. ¡Usen la imaginación! (**Hint:** You and your classmates are in this Mexican plaza. Talk about what you see and hear and the people you know.)

## ACTIVIDAD 7 — En tu propia voz

**ESCRITURA** Imagínate que el sábado vas a hacer muchas cosas. Describe tus planes. (**Hint:** Describe your plans.)

Entonces...    **Luego...**    Antes de...    Por la tarde voy a...    Después...    Primero, voy a...

## TÚ EN LA COMUNIDAD

**Tim** is a high school student in Wisconsin. He volunteers to help children with their homework, and he often speaks with them in Spanish. He also uses Spanish to understand some of the customers at his part-time job at a store. Do you speak Spanish at work?

# En resumen
## REPASO DE VOCABULARIO

### DISCUSSING PLANS

ir a…               to be going to…

**After-school Plans**

| | |
|---|---|
| andar en bicicleta | to ride a bike |
| caminar con el perro | to walk the dog |
| cenar | to have dinner, supper |
| comer chicharrones | to eat pork rinds |
| cuidar (a) | to take care of |
|   el animal | animal |
|   mi hermano(a) | my brother (sister) |
|   el pájaro | bird |
|   el pez | fish |
| hacer ejercicio | to exercise |
| ir al supermercado | to go to the supermarket |
| leer | to read |
|   la novela | novel |
|   el periódico | newspaper |
|   el poema | poem |
|   la poesía | poetry |
|   la revista | magazine |
| mandar una carta | to send a letter |
| pasar un rato con los amigos | to spend time with friends |
| pasear | to go for a walk |
| pintar | to paint |
| preparar | to prepare |
|   la cena | supper, dinner |
|   la comida | food, a meal |
| tocar el piano | to play the piano |
| tocar la guitarra | to play the guitar |
| ver la televisión | to watch television |

### SEQUENCING EVENTS

| | |
|---|---|
| antes (de) | before |
| después (de) | after, afterward |
| entonces | then, so |
| luego | later |
| por fin | finally |
| primero | first |

### ACTIVITIES

| | |
|---|---|
| abrir | to open |
| aprender | to learn |
| beber | to drink |
| compartir | to share |
| comprender | to understand |
| hacer | to make, to do |
| oír | to hear |
| recibir | to receive |
| tener hambre | to be hungry |
| tener sed | to be thirsty |
| vender | to sell |
| ver | to see |
| vivir | to live |

### PLACES AND PEOPLE YOU KNOW

| | |
|---|---|
| conocer a alguien | to know, to be familiar with someone |

**Places**

| | |
|---|---|
| el museo | museum |
| el parque | park |
| el teatro | theater |
| la tienda | store |

### OTHER WORDS AND PHRASES

| | |
|---|---|
| cada | each, every |
| el corazón | heart |
| la gente | people |
| el problema | problem |
| la vida | life |

### Juego

¿Qué actividades hacen las personas?

**Adriana:** Le gusta hacer ejercicio y tiene un perro.

**José:** Le gusta tocar un instrumento. Jakob Dylan, Mary Chapin Carpenter y Melissa Etheridge tocan este instrumento.

**Jorge:** Es un hermano muy responsable. Tiene una familia grande.

# *En tu propia voz*

## ESCRITURA

### El horario de la escuela

Alicia and Álvaro are Spanish-speaking students who are coming to your school. Familiarize them with a typical school week by sending them their schedule, which is the same as yours.

**Purpose:**   Acquaint new students with school schedule
**Audience:**  Spanish-speaking students
**Subject:**   School day
**Structure:** School schedule

> **PARA ESCRIBIR** • STRATEGY: WRITING
>
> **Organize information chronologically and by category** A clear and detailed schedule is important for any student. Alicia and Álvaro will need to know the school hours, class subjects and times, and after-school activities in chronological order.

## Modelo del estudiante

Franklin High School   FHS

### El horario escolar

The writer organizes information chronologically, using appropriate times.

● **7:40**  Llegamos a la escuela.

● **7:45–11:00**  Tenemos las clases de historia, música (lunes, miércoles y viernes), arte (martes y jueves), inglés y biología por la mañana.

The author groups classes according to the morning or afternoon, noting that not all classes meet every day.

**11:05–12:05**  Almuerzo. Comemos en la cafetería.

**12:10–2:35**  Tenemos las clases de español, matemáticas, educación física (lunes y jueves) y computación (martes, miércoles y viernes) por la tarde.

● **2:50–4:00**  Siempre hay actividades después de las clases. Los lunes vamos al club de español. Los martes y jueves nadamos. Los miércoles usamos las computadoras. Los viernes bailamos en el gimnasio.

The writer describes a variety of extracurricular activities (common in U.S schools but not Latin ones) and tells on which days they take place.

# Estrategias para escribir

## Antes de escribir...

Before you begin the first draft of your schedule, brainstorm the elements of your school week. Good writers always begin by thinking about their audience, the people who will be reading their work. So think about the Spanish-speaking students. What kinds of things would you want to know if you were in their place? Use a chart to help you organize your ideas. Be sure to include your class subjects and times, lunch time, and after-school activities. Then write your schedule in chronological order, including complete-sentence descriptions for each block of time.

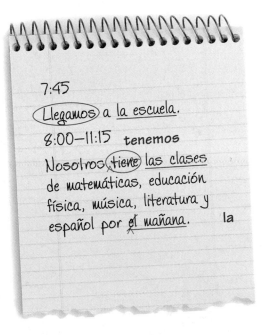

| mi horario | | | | | |
|---|---|---|---|---|---|
| hora | lunes | martes | miércoles | jueves | viernes |
| 7:45 | llegar | | | | → |
| 8:00 | matemáticas | | | | → |
| 8:45 | educación física | música | música | educación física | música |

## Revisiones

Share your draft with a partner. Then ask:

- *Is the schedule complete and accurate?*
- *Is the schedule organized chronologically?*
- *Would any other information be useful?*

## La versión final

Review what you have written, asking yourself these questions:

- *Did I use the appropriate verb forms?*

**Try this:** Circle every verb. Check to make sure that each verb has the appropriate subject.

- *Are articles used correctly?*

**Try this:** Underline every article/noun combination. Check to make sure that each article agrees in number and gender with its noun.

 Share your writing on www.mcdougallittell.com

7:45
Llegamos a la escuela.
8:00—11:15 tenemos
Nosotros tiene las clases
de matemáticas, educación
física, música, literatura y
español por el mañana.    la

# 3

# SAN JUAN
# PUERTO RICO

## EL FIN DE SEMANA

**OBJECTIVES**

**ETAPA 1**

### ¡Me gusta el tiempo libre!

- Extend invitations
- Talk on the phone
- Express feelings
- Say where you are coming from
- Say what just happened

**ETAPA 2**

### ¡Deportes para todos!

- Talk about sports
- Express preferences
- Say what you know
- Make comparisons

**ETAPA 3**

### El tiempo en El Yunque

- Describe the weather
- Discuss clothing and accessories
- State an opinion
- Describe how you feel
- Say what is happening

**ARECIBO**

**GIGI FERNÁNDEZ** won the gold medal in women's tennis (doubles) in the 1992 and 1996 Summer Olympics. What other Latin American athletes do you know?

• **MAYAGÜEZ**

**PONCE** •

**PASTA DE GUAYABA** is a popular dessert. This sweet, thick paste made from the guava fruit is usually eaten with white cheese. What tropical fruits have you eaten?

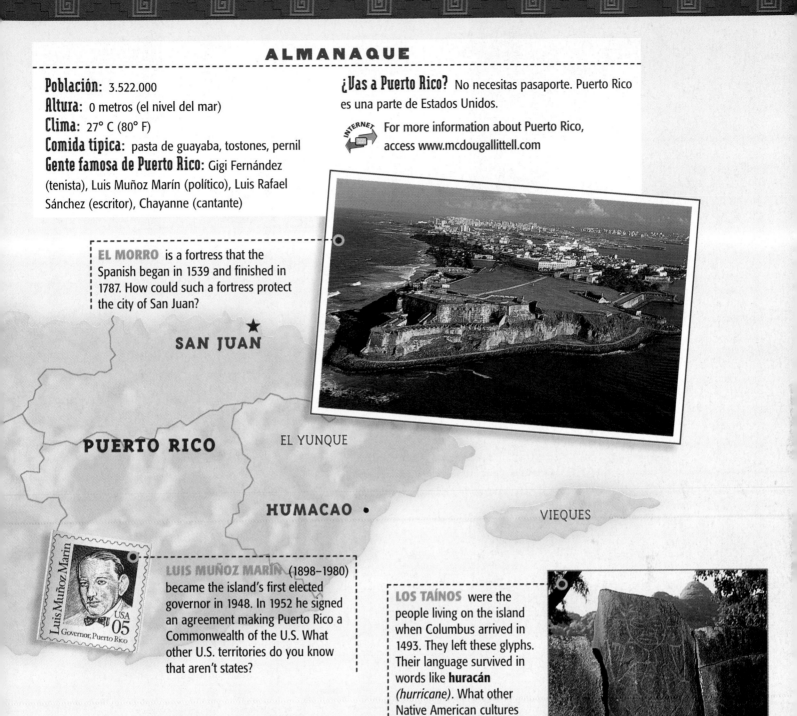

# ALMANAQUE

**Población:** 3.522.000
**Altura:** 0 metros (el nivel del mar)
**Clima:** 27° C (80° F)
**Comida típica:** pasta de guayaba, tostones, pernil
**Gente famosa de Puerto Rico:** Gigi Fernández (tenista), Luis Muñoz Marín (político), Luis Rafael Sánchez (escritor), Chayanne (cantante)

**¿Vas a Puerto Rico?** No necesitas pasaporte. Puerto Rico es una parte de Estados Unidos.

INTERNET For more information about Puerto Rico, access www.mcdougallittell.com

**EL MORRO** is a fortress that the Spanish began in 1539 and finished in 1787. How could such a fortress protect the city of San Juan?

★ **SAN JUAN**

**PUERTO RICO**

EL YUNQUE

HUMACAO •

VIEQUES

**LUIS MUÑOZ MARÍN** (1898–1980) became the island's first elected governor in 1948. In 1952 he signed an agreement making Puerto Rico a Commonwealth of the U.S. What other U.S. territories do you know that aren't states?

**LOS TAÍNOS** were the people living on the island when Columbus arrived in 1493. They left these glyphs. Their language survived in words like **huracán** *(hurricane)*. What other Native American cultures can you name?

EL CARIBE

Estados Unidos
Islas Bahamas
Cuba
Jamaica   Haití
República Dominicana
Puerto Rico
Antillas Menores

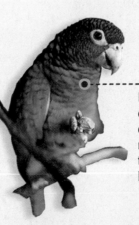

**EL LORO PUERTORRIQUEÑO** became an endangered species in 1971, when only twenty of these parrots were left. Their numbers have now increased. You might see one in El Yunque, the tropical rain forest. What other animals have been saved from extinction?

UNIDAD 3

ETAPA 1

# ¡Me gusta el tiempo libre!

- Extend invitations

- Talk on the phone

- Express feelings

- Say where you are coming from

- Say what just happened

## ¿Qué ves?

Mira la foto de la calle de San Sebastián en el Viejo San Juan, Puerto Rico.

1. ¿Las casas son viejas?

2. ¿Qué llevan las personas, ropa formal o casual?

3. ¿Cómo se llama la plaza de la calle San Sebastián?

### VIEJO SAN JUAN

Muralla histórica

Boulevard del Valle

Plaza de San José

San Sebastián

Sol

Boulevard del Valle

Parque de Beneficencia

Cristo

Luna

Cruz

San José

San Justo

San Francisco

Plaza Colón

Recinto Oeste

Plaza de Armas

Fortaleza

Tanca

Tetuán

Recinto Sur

Estacionamiento

Parque de las Palomas

Paseo de la Princesa

Marina

Terminal de cruceros

# En contexto

## VOCABULARIO

Look at the illustrations to see what Diana and Ignacio do in their free time. This will help you understand the meaning of the words in blue. It will also help you answer the questions on the next page.

**A**

Ignacio y Diana tienen **tiempo libre.** Hoy van a unas tiendas para **ir de compras.**

**Diana:** ¿Quieres acompañarme a comprar unas cosas?
**Ignacio: Sí, me encantaría.**

**B** El muchacho de la tienda trabaja mucho. Él está muy **ocupado.**

**Diana:** ¿Por qué no **alquilamos un video?** ¿**Te gustaría** ver algo?
**Ignacio: ¡Claro que sí!**

ocupado

alegre · triste
enojada · tranquilo
contenta · preocupado

**C** ¡Para Ignacio y Diana es divertido tomar fotos! Expresan muchas emociones. Primero, Diana está **alegre,** pero Ignacio está **triste.** Luego, Diana está **enojada,** pero Ignacio no. Él está **tranquilo.** Al final Ignacio está **preocupado,** pero Diana no. Ella está **contenta.**

nervioso

enfermo

emocionada

deprimido

**D** El hombre que trabaja en la tienda está **nervioso**. ¡El cliente de la camisa roja está enojado! La madre cuida a su niño. Él está **enfermo**.

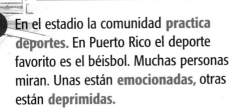

**F** En el estadio la comunidad **practica deportes**. En Puerto Rico el deporte favorito es el béisbol. Muchas personas miran. Unas están **emocionadas**, otras están **deprimidas**.

**G** **Ignacio:** Te invito a ir a **un concierto**.
**Diana:** ¡Gracias!

**E** Ignacio y Diana **van al cine**. Después de ver **la película**, Diana está **cansada**.

el cine

cansada

## Preguntas personales

1. ¿Tienes mucho tiempo libre?
2. ¿Te gusta más ir al cine o alquilar un video?
3. ¿Te gusta ir de compras o practicar deportes?
4. ¿Te gusta ir a conciertos? ¿Cómo estás cuando escuchas un concierto?
5. ¿Cuál es tu actividad favorita? ¿Cómo estás cuando haces la actividad?

# En vivo

## DIÁLOGO

| | | |
|---|---|---|
| Diana | Ignacio | Roberto |

## La llamada

**PARA ESCUCHAR** • STRATEGY: LISTENING

**Listen for a purpose** Listening for specific information is like scanning when reading. Practice listening for one idea. What is the exact day and time of an important event for Ignacio? Why is it important?

| El evento | El día | La hora |
|-----------|--------|---------|
|           |        |         |

1 ▶ **Diana:** Oye, hermano, voy de compras. ¿Quieres acompañarme?
**Ignacio:** No, tal vez otro día.
**Diana:** ¡Qué aburrido!

5 ▶ **Roberto:** Tengo muy buenas noticias. ¡Estoy muy emocionado! ¡Mi familia y yo vamos a Puerto Rico a vivir! Llegamos el viernes. ¿Cuándo hablamos?

6 ▶ **Ignacio:** Te invito a mi práctica de béisbol. Es el sábado, a las dos. ¿Te gustaría venir?
**Roberto:** ¡Claro que sí! En el lugar de siempre, ¿no?
**Ignacio:** Sí, en el mismo lugar de siempre.
**Roberto:** Bueno, ¡adiós!

7 ▶ **Diana:** ¿Tu pana Roberto?
**Ignacio:** Roberto y su familia vienen a vivir a Puerto Rico de nuevo.
**Diana:** Estás contento, ¿no?
**Ignacio:** Sí, pero también estoy nervioso.

**2▶ Ignacio:** ¡El teléfono!

**Diana:** Ay, Ignacio. No tienes que contestar; la máquina contesta.

**3▶ Mensaje:** Es la casa de la familia Ortiz. Deja un mensaje después del tono. ¡Gracias!

**Roberto:** ¡Oye, Ignacio! Habla tu viejo amigo Roberto. Si estás allí, ¡por favor, contesta!

**4▶ Ignacio:** ¡Sí, Roberto, estoy aquí! ¡Qué sorpresa! ¿Cómo estás? ¿Dónde estás? En Minnesota, ¿no?

**8▶ Diana:** Va a ser el Roberto de siempre. Bueno, ¿quieres ir de compras, o no?

**Ignacio:** Pues, sí, hermanita. Ya no quiero ver más deportes. Vamos.

**9▶ Diana:** Acabo de comprar unos zapatos.

**Ignacio:** Yo vengo del cine.

**Diana:** ¿Hay una película interesante?

**Ignacio:** A las muchachas sólo les gusta ver las películas de romance, ¿no es verdad?

**Diana:** ¡No! ¡También nos gusta ver otras!

**10▶ Diana:** ¿Qué pasa? ¿Estás preocupado?

**Ignacio:** Es que… dos años en Minnesota… ya no conozco a Roberto.

**Diana:** ¡No te preocupes! Los buenos amigos son amigos para siempre.

# *En acción*
## VOCABULARIO Y GRAMÁTICA

**OBJECTIVES**
- Extend invitations
- Talk on the phone
- Express feelings
- Say where you are coming from
- Say what just happened

**ACTIVIDAD 1**

### ¿Cierto o falso?

**Escuchar** ¿Es cierto o falso? Si es falso, di lo que es cierto. *(Hint: Say what is true.)*

1. Roberto es un viejo amigo.
2. Roberto está en San Juan.
3. Diana compra unos calcetines.
4. Ignacio pasa por el cine.
5. A Diana sólo le gusta ver las películas de romance.
6. Ignacio está muy tranquilo.

**ACTIVIDAD 2**

### ¿Quién?

**Escuchar** ¿Qué persona del diálogo habla: Diana, Ignacio o Roberto? *(Hint: Say who speaks.)*

1. «Oye, hermano, voy de compras.»
2. «Tengo muy buenas noticias.»
3. «¡Mi familia y yo vamos a Puerto Rico a vivir!»
4. «Te invito a mi práctica de béisbol.»
5. «Yo vengo del cine.»
6. «¡También nos gusta ver otras!»

**ACTIVIDAD 3**

### ♻ El tiempo libre

**Hablar** Explica lo que Ignacio y Diana hacen en su tiempo libre. Pregúntale a otro(a) estudiante si también hace la actividad.
*(Hint: Say what they do. Ask another student if he or she does it, too.)*

alquilar un video    leer una novela    ver la televisión

escribir una carta

ir al cine    practicar deportes    ir de compras

**modelo**

**Estudiante A:** *En su tiempo libre, Ignacio y Diana ven la televisión. ¿Te gusta ver la televisión en tu tiempo libre?*

**Estudiante B:** *Sí, me gusta ver la televisión en mi tiempo libre.*

1.

2.

3.

4.

5.

6.

• Use **estar** with adjectives
• Use **acabar de**
• Use the verb **venir**
• Use **gustar** with infinitives

## ♻ El tiempo libre de su amiga

**Escuchar** Escucha lo que dice la amiga de Diana. Ella habla de lo que hace los sábados. Luego, indica el orden en que ocurren las actividades. *(Hint: Put Diana's friend's activities in order.)*

a. Alquila un video.

b. Prepara el almuerzo.

c. Hace la tarea.

d. Cuida a su hermano.

e. Va de compras.

---

### TAMBIÉN SE DICE

There are many ways to talk about **un buen amigo.** Diana uses one of them, **pana.**

- **colega:** Spain
- **cuadro:** Colombia
- **cuate:** Mexico
- **pana:** Puerto Rico, Ecuador, parts of Latin America
- **pata:** Peru
- **vale:** Venezuela

Ignacio uses the word **hermanita** when talking to Diana. The ending **-ito(a)** adds meaning to a word. It can mean *very small* or express a special relationship. **Hermanita** means *little sister,* but it also expresses Ignacio's close relationship with his sister. This ending is used in most Spanish-speaking countries.

## ¿Cómo están?

**Leer** ¿Cómo están Diana, Ignacio y Roberto en estas situaciones? Completa cada oración con los adjetivos de la lista. *(Hint: How do they feel?)*

alegre · deprimido(a) · nervioso(a) · tranquilo(a) · preocupado(a) · ocupado(a) · enfermo(a) · triste · cansado(a) · emocionado(a) · enojado(a) · contento(a)

1. Cuando Diana trabaja mucho, ella está _____.

2. Cuando Roberto habla con Ignacio, ellos están _____.

3. Cuando Ignacio y Diana sacan una buena nota, ellos están _____.

4. Cuando Ignacio y Diana sacan una mala nota, ellos están _____.

5. Cuando Roberto no está bien, él está _____.

6. Cuando no hay clases, Diana está _____.

7. Cuando Ignacio tiene mucha tarea, él está _____.

8. Cuando Roberto está en la clase y no tiene su tarea, él está _____.

9. Cuando su abuelo está enfermo, Diana está _____.

10. Cuando Ignacio come la comida de Diana, ella está _____.

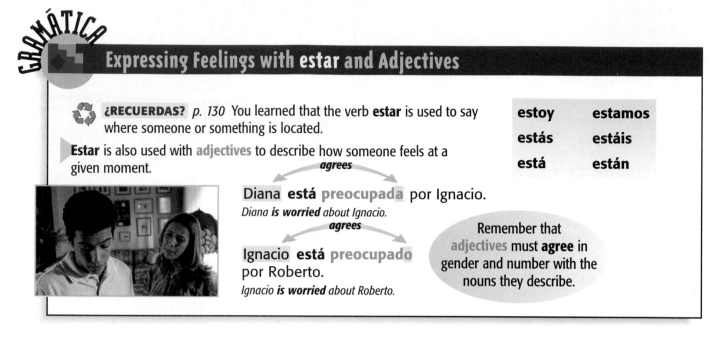

# GRAMÁTICA

## Expressing Feelings with **estar** and Adjectives

♻ **¿RECUERDAS?** *p. 130* You learned that the verb **estar** is used to say where someone or something is located.

▶ **Estar** is also used with **adjectives** to describe how someone feels at a given moment.

| | |
|---|---|
| estoy | estamos |
| estás | estáis |
| está | están |

*agrees*

Diana **está** preocupada por Ignacio.
*Diana is worried about Ignacio.*

*agrees*

Ignacio **está** preocupado por Roberto.
*Ignacio is worried about Roberto.*

Remember that **adjectives** must **agree** in gender and number with the nouns they describe.

---

## ACTIVIDAD 6 · Gramática

## Una reacción típica

**Hablar** ¿Cómo están estas personas en estas situaciones?
*(Hint: How are they?)*

**modelo**

*Cuando mi tía está enferma…    ella está deprimida.*

**Nota**

When **cuando** is not used as a question word, it does not have an accent.

1. Cuando mis amigos(as) y yo vamos de compras…
2. Cuando vemos una película muy divertida…
3. Cuando tengo un examen de inglés…
4. Cuando mi amigo(a) saca una mala nota…
5. Cuando no recibes una carta de tu buen amigo…
6. Cuando mis amigos(as) no tienen clases…
7. Cuando oigo música alegre…
8. Cuando es tu cumpleaños…

▦ **MÁS PRÁCTICA** *cuaderno p. 61*
▦ **PARA HISPANOHABLANTES** *cuaderno p. 59*

---

## ACTIVIDAD 7

## ¿Cuándo estás…?

**Hablar** Con otro(a) estudiante, explica cuándo te sientes así.
*(Hint: Say when you feel this way.)*

**modelo**

*deprimido(a)*

**Tú:** *¿Cuándo estás **deprimido(a)**?*

**Otro(a):** *Estoy **deprimido(a)** cuando no tengo tiempo para pasar un rato con mis amigos. ¿Y tú?*

**Tú:** *Estoy **deprimido(a)** cuando tengo mucho trabajo.*

1. alegre
2. triste
3. nervioso(a)
4. cansado(a)
5. enojado(a)
6. contento(a)

---

 **176** ciento setenta y seis
**Unidad 3**

## ¿Te gustaría...?

**Hablar** Pregúntale a otro(a) estudiante si le gustaría hacer estas actividades contigo el sábado. Cambien de papel. *(Hint: Invite a classmate to do things with you.)*

### modelo

**Estudiante A:** *¿Te gustaría ir conmigo al museo el sábado?*

**Estudiante B:** *¡Claro que sí!*

### Nota

When you use **mí** and **ti** after **con**, they combine with **con** to form the words **conmigo** and **contigo**.

¿Te gustaría venir **conmigo**?
*Would you like to come **with me**?*

Sí, me gustaría ir **contigo**.
*Yes, I'd like to go **with you.***

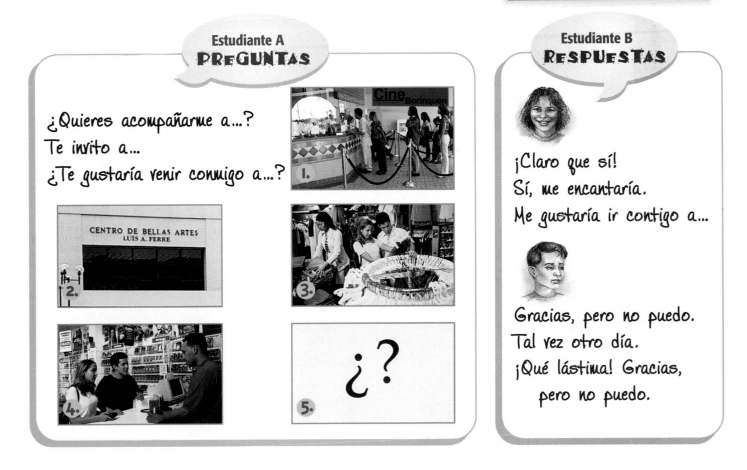

## GRAMÁTICA

# Saying What Just Happened with acabar de

When you want to say that something just happened, use the present tense of

acabar + **de** + *infinitive*

| | |
|---|---|
| **acabo de comer** | **acabamos de comer** |
| *I just ate* | *we just ate* |
| **acabas de comer** | **acabáis de comer** |
| *you just ate* | *you just ate* |
| **acaba de comer** | **acaban de comer** |
| *he, she, you just ate* | *they, you just ate* |

Diana says:

—**Acabo de comprar** unos zapatos.
*I just bought some shoes.*

---

## ACTIVIDAD 9 · Gramática

 **¿Qué acaban de hacer?**

**Hablar** Ignacio y sus amigos acaban de hacer muchas cosas. ¿Qué acaban de hacer? *(Hint: Say what they just did.)*

*modelo*

*Ignacio y yo: ver una película interesante*

**Ignacio y yo** acabamos de **ver una película interesante.**

1. Ignacio y Pedro: escuchar un concierto
2. yo: correr en el parque
3. Raquel: bailar con Juan
4. Lucía y Pilar: alquilar un video
5. tú: comprar una novela nueva
6. mi hermano y yo: visitar a nuestro primo
7. Ana: sacar una buena nota en el examen
8. Alma y Dorotea: comer tacos

**MÁS PRÁCTICA** *cuaderno* p. 62
**PARA HISPANOHABLANTES** *cuaderno* p. 60

## ACTIVIDAD 10

**¿Por qué están así?**

**Escribir** Diana explica cómo están sus amigos. Escribe por qué están así. *(Hint: Diana explains how her friends are. Tell why they feel that way.)*

*modelo*

*Ignacio y yo / triste*

**Ignacio y yo** estamos **tristes** porque acabamos de **leer una novela triste.**

1. Roberto / ocupado(a)
2. unas amigas / preocupado(a)
3. yo / tranquilo(a)
4. Antonio / cansado(a)
5. ellos / enojado(a)
6. Ana / enfermo(a)
7. Ignacio / contento(a)
8. mis amigas y yo / emocionado(a)

| |
|---|
| leer una novela triste |
| sacar una mala nota |
| ir a un concierto |
| llegar a San Juan |
| comer mucho |
| terminar un examen |
| ver su programa favorito |
| trabajar mucho |
| leer poesía |

# ACTIVIDAD 11 ¿Cómo están?

## PARA CONVERSAR • STRATEGY: SPEAKING

**Personalize** After completing this activity, make the expressions your own by describing how you feel after doing these things.

**Hablar** ¿Cómo están estas personas cuando acaban de hacer lo siguiente? *(Hint: How are these people when they just did the following?)*

**modelo**

*¿Cómo está tu padre…? (trabajar mucho)*

**Estudiante A:** *¿Cómo está tu padre cuando acaba de trabajar mucho?*

**Estudiante B:** *Está cansado.*

1. ¿Cómo está tu amigo(a)…? (estudiar mucho)
2. ¿Cómo está tu amigo(a)…? (pasear por el parque)
3. ¿Cómo estás tú…? (terminar un examen)
4. ¿Cómo están tus padres…? (escuchar un concierto)
5. ¿Cómo estás tú…? (leer una revista)
6. ¿Cómo está tu maestro(a)…? (hablar mucho)

■ **MÁS COMUNICACIÓN** p. R7

## NOTA CULTURAL

The name **Puerto Rico** was given to the island by the Spanish. Its port is one of the world's busiest. Guess what **Puerto Rico** means in English.

# GRAMÁTICA

## Saying Where You Are Coming From with venir

♻ **¿RECUERDAS?** *p. 76* Do you remember the forms of the verb **tener?**

| | |
|---|---|
| tengo | tenemos |
| tienes | tenéis |
| tiene | tienen |

▶ Venir *(to come)* is similar to **tener,** except that the **nosotros(as)** and **vosotros(as)** forms have **-ir** endings, while **tener** uses **-er** endings.

| | |
|---|---|
| vengo | ven**imos** |
| vienes | ven**ís** |
| viene | vienen |

Ignacio says:
—Roberto y su familia vienen a Puerto Rico…
*Roberto and his family **are coming** to Puerto Rico…*

Later he says:
—Yo vengo del cine.
*I'm **coming** from the movie theater.*

ciento setenta y nueve

**179**

**Etapa 1**

## ACTIVIDAD 12 Gramática

# Vienen de...

**Leer** Roberto está en el aeropuerto de San Juan. Él viene de Minneapolis. ¿De dónde vienen los otros pasajeros? *(Hint: Where are these passengers coming from?)*

modelo

Tomás __viene__ de Miami.

1. Yo _____ de Nueva York.
2. Antonio _____ de Quito, Ecuador.
3. Nosotros _____ de San Antonio.
4. Tú _____ de la Ciudad de México.
5. Las señoras _____ de Los Ángeles.

■ **MÁS PRÁCTICA** *cuaderno* p. 63
■ **PARA HISPANOHABLANTES** *cuaderno* p. 61

## ACTIVIDAD 13

 **¿Por qué no vienen?**

**Hablar/Escribir** Diana va al cine, pero sus amigos no van. Ella explica por qué. *(Hint: What does Diana say about her friends not coming with her?)*

modelo

Julio

**Julio** no viene conmigo porque va a **practicar deportes.**

| | |
|---|---|
| 1. tú | hacer la tarea |
| 2. Ignacio | preparar la cena |
| 3. mis primos | cuidar a su hermano |
| 4. Emiliana | ver la televisión |
| 5. Ana | practicar deportes |

## ACTIVIDAD 14

 **¿De dónde vienen?**

**Hablar/Leer** Lee las oraciones. Explica de dónde vienen estas personas. *(Hint: Explain where the people are coming from.)*

| tienda | cine | gimnasio |
|---|---|---|
| museo | concierto | parque |
| cafetería | biblioteca | escuela |

modelo

*Ignacio y Diana acaban de escuchar música.*

*Vienen **del concierto.***

**Nota**

Remember how **a** contracts with **el** to form **al**? The preposition **de** also contracts with **el** to form **del.**

1. Mis amigos acaban de hacer ejercicio.
2. Ustedes acaban de ver una exhibición de arte.
3. Ignacio y Diana acaban de comer.
4. Acabo de buscar un libro.
5. Acabas de comprar una falda.
6. Roberto acaba de ver una película.
7. Acabas de tomar un examen de historia.
8. Acabo de caminar con el perro.

**NOTA CULTURAL**

Ricky Martin, already an international Latin music star, catapulted to fame in the U.S. with his debut English single "Livin' la Vida Loca." Born in Puerto Rico in 1971, he began singing professionally at age twelve. He has also acted on TV and on Broadway.

## GRAMÁTICA

### Saying What Someone Likes to Do Using gustar + infinitive

♻ **¿RECUERDAS?** *p. 37* You learned to use me gusta, te gusta, and le gusta + *infinitive* to talk about the activities a person likes to do.

> me gusta **correr**
> te gusta **correr**
> le gusta **correr**

▶ Here are more phrases to use to talk about what people like to do.

**nos gusta correr** *we like to run*

**os gusta correr** *you (familiar plural) like to run*

**les gusta correr** *they/you (plural) like to run*

▶ When you want to emphasize or identify the person that you are talking about, use:

**a** + 

| name | **A Diana** le gusta **ir** de compras. *Diana likes to shop.* |
| noun | **A su hermana** le gusta **ir** de compras. *His sister likes to shop.* |
| pronoun | **A ella** le gusta **ir** de compras. *She likes to shop.* |

These are the **pronouns** that follow **a**.

**a mí** → me gusta

**a ti** → te gusta

**a usted, él, ella** → le gusta

**a nosotros(as)** → nos gusta

**a vosotros(as)** → os gusta

**a ustedes, ellos(as)** → les gusta

### 15 Gramática

## ¿A quién le gusta?

**Leer** Diana le escribe una carta a su amiga Elena, contándole las actividades que ella y sus amigos hacen. Completa su carta con **a mí, a ti, a él, a ella, a nosotros, a ustedes.** *(Hint: Complete Diana's letter to her friend.)*

▪ **MÁS PRÁCTICA** *cuaderno* p. 64

▪ **PARA HISPANOHABLANTES** *cuaderno* p. 62

*Querida Elena:*

*¿Qué hago aquí en San Juan? Bueno, primero estudio mucho porque \_\_1\_\_ me gusta sacar buenas notas. Después de las clases, normalmente voy a la cafetería con mis amigos Pablo y Linda. Pablo siempre compra dos hamburguesas. ¡\_\_2\_\_ le gusta mucho comer!*

*Cuando tenemos tiempo libre, vamos al cine. \_\_3\_\_ nos gusta ver películas de acción. A veces, Pablo y yo vamos al museo. Linda no va porque \_\_4\_\_ no le gusta el arte.*

*Y tú, ¿qué haces? ¿\_\_5\_\_ te gusta estudiar? ¿Qué haces con tus amigos? ¿\_\_6\_\_ les gusta ir al cine o a un museo?*

*Bueno, espero tu carta.*

*Tu amiga,*

*Diana*

## ¿A quién le gusta ir a...?

**Hablar/Escribir** ¿A quién le gusta hacer estas actividades? *(Hint: Who likes to do the following?)*

a mis abuelos    a mi amigo y a mí

a mis padres    a mi amigo(a)    a mí

a mi profesor(a) de...    a mis amigos(as)

a mi hermano(a)

**modelo**

*ir a los museos*

*A mis padres les gusta **ir a los museos**.*

| | |
|---|---|
| **1.** ir a los museos | **6.** llegar temprano |
| **2.** ir de compras | **7.** ir a conciertos |
| **3.** hacer la tarea | **8.** alquilar videos |
| **4.** ir al cine | **9.** practicar deportes |
| **5.** bailar | **10.** cantar solo(a) |

**ACTIVIDAD**
**17**

## ¿Qué les gusta hacer?

**Hablar** Pregúntales a otros estudiantes lo que a ellos y a sus amigos les gusta hacer. *(Hint: Ask others what they and their friends like to do.)*

**modelo**

*nadar*

**Tú:** *¿A ustedes les gusta **nadar**?*

**Otro(a):** *No, no nos gusta **nadar**, pero nos gusta bailar.*

| | |
|---|---|
| **1.** andar en bicicleta | **5.** patinar |
| **2.** escribir poesía | **6.** leer novelas |
| **3.** practicar deportes | **7.** ir de compras |
| **4.** alquilar videos | **8.** ¿? |

**ACTIVIDAD**
**18**

## Una conversación telefónica

**Escuchar** Escucha la conversación de Ignacio y Roberto. Luego, di si las oraciones son ciertas o falsas. Corrige las falsas. *(Hint: Say if the sentences are true or false. Correct the false ones.)*

**1.** El señor Campos contesta el teléfono.

**2.** Roberto no está en casa.

**3.** Ignacio invita a Roberto a ir a un concierto.

**4.** Roberto no tiene tiempo libre el sábado.

**5.** El sábado es el cumpleaños de su hermano.

**6.** Ignacio y Roberto van al cine el domingo.

**7.** La película es a las cuatro.

### Vocabulario

#### El teléfono

**contestar** *to answer*

**dejar un mensaje** *to leave a message*

**la guía telefónica** *phone book*

**la llamada** *call*

**llamar** *to call*

**la máquina contestadora** *answering machine*

**marcar** *to dial*

**Speaking on the phone:**

| | |
|---|---|
| **¿Puedo hablar con...?** | *May I speak with...?* |
| **Un momento.** | *One moment.* |
| **Regresa más tarde.** | *He/She will return later.* |
| **Dile/Dígale que me llame.** | *Tell (familiar/formal) him or her to call me.* |
| **Quiero dejar un mensaje para...** | *I want to leave a message for...* |
| **Deje/a un mensaje después del tono.** | *Leave (formal/familiar) a message after the tone.* |

¿Qué dices cuando hablas por teléfono?

## ACTIVIDAD 19

♻️ **¿Puedo hablar con...?**

**Hablar/Leer** Practica con otro(a) estudiante la llamada de Diana. Contesta las preguntas. *(Hint: Practice the conversation and answer the questions.)*

**Señor Ruiz:** Hola.

**Diana:** Buenas tardes, señor Ruiz. Soy Diana.

**Señor Ruiz:** ¡Ah! Diana, ¿cómo estás?

**Diana:** Muy bien, gracias, señor. ¿Puedo hablar con Gloria, por favor?

**Señor Ruiz:** Pues, Gloria no está en este momento. Está en la biblioteca. Regresa más tarde.

**Diana:** Dígale que me llame, por favor.

**Señor Ruiz:** Sí, cómo no.

**Diana:** Gracias, adiós.

**Señor Ruiz:** Hasta luego.

1. ¿Quién hace la llamada?
2. ¿Quién contesta?
3. ¿Cómo está Diana?
4. ¿Dónde está Gloria?
5. ¿Cuándo regresa Gloria?

### TAMBIÉN SE DICE

There are many ways to answer the phone.

- **Hola:** Puerto Rico
- **Aló:** Chile, Colombia, Venezuela
- **Bueno:** Mexico
- **Diga:** Spain
- **Hable:** Argentina
- **Oigo:** Uruguay

## ACTIVIDAD 20

**Te invito a...**

**Hablar/Escribir** Trabaja en un grupo de tres. Tú llamas a casa de un(a) amigo(a) para hablar de su tiempo libre y hacerle una invitación. *(Hint: Work in a group of three to create two telephone conversations.)*

**Conversación 1:**

Tu amigo(a) no puede aceptar tu invitación. Explica por qué.

**Conversación 2:**

Tu amigo(a) acepta tu invitación. Deciden la hora y el día.

*modelo*

**Señor Cano:** *Hola.*

**Luis:** *Buenas tardes. Soy Luis. ¿Puedo hablar con Ana?*

**Señor Cano:** *Sí, Luis. Un momento.*

**Ana:** *Hola, Luis…*

■ **MÁS COMUNICACIÓN** p. R7

### Pronunciación

*Refrán*

**Pronunciación de la *b* y la *v*** The b and v are pronounced alike. At the beginning of a phrase and after the letters **m** or **n**, they are pronounced like the English *b* in the word *boy*. In the middle of a word, a softer sound is made by vibrating the lips. Practice the following words.

bueno    vamos    acaba    novela    hombre

La **b** es de **burro**.    La **v** es de **vaca**.

Now try this **refrán**. Can you guess what it means?

*No hay mal que por bien no venga.*

# En voces

## LECTURA

**PARA LEER**

**STRATEGY: READING**

**Scan** Reading very quickly to get a specific piece of information, like a football score or a movie time, is called scanning. Scan this poster and decide whether Ignacio and Roberto can attend the festival. (Remember their plans for Saturday.)

## ¡TODOS A BAILAR!

Concierto espectacular de

### BOMBA y PLENA

¡Músicos sensacionales!

Claudio de Mata: maracas

Rubén López: cuatro

Lucio Escobar: tamborín

¡Y la actuación especial de los bailarines

### Lilián y Alberto!

Sábado 16 de octubre
a las 5 de la tarde
en el Instituto de Cultura

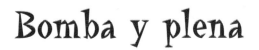

# Bomba y plena

La bomba y la plena son danzas típicas de Puerto Rico. Tienen sus orígenes en la música africana. Los instrumentos originales para tocar esta música alegre son los tambores[1], las panderetas[2], las maracas y el cuatro. El cuatro es un tipo de guitarra española pequeña, originalmente con cuatro cuerdas[3]. Las personas que bailan estas danzas llevan ropa de muchos colores. La música tiene mucho ritmo[4] y las personas ¡mueven todo el cuerpo[5]!

---

[1] drums
[2] type of tambourine
[3] strings

[4] rhythm
[5] body

## ¿Comprendiste?

1. ¿Cuándo es el concierto?
2. ¿En qué tienen sus orígenes la bomba y la plena?
3. ¿Es una música triste o alegre?
4. ¿Qué es el cuatro?
5. ¿Qué otros instrumentos hay?
6. ¿Qué ropa llevan las personas que bailan?

## ¿Qué piensas?

1. Hoy hay un concierto de bomba y plena en tu ciudad. ¿Qué ropa llevas y por qué?
2. ¿Un concierto de bomba y plena es divertido? ¿Por qué sí o por qué no?

# En uso

## REPASO Y MÁS COMUNICACIÓN

**OBJECTIVES**

• Extend invitations
• Talk on the phone
• Express feelings
• Say where you are coming from
• Say what just happened

**Now you can...**

• extend invitations.

• talk on the phone.

**To review**

• vocabulary for invitations, see p. 170 and p. 177.

• vocabulary for talking on the phone, see p. 182.

### ACTIVIDAD 1 Una invitación por teléfono

Mateo, un amigo de Ignacio, habla por teléfono. Completa las dos conversaciones con las palabras apropiadas. *(Hint: Complete Mateo's conversations.)*

conmigo    contigo    lástima    mensaje    tal vez

puedo    gracias    dígale    regresa

**Sra. Ruiz:** Hola.

    **Mateo:** Buenas tardes, señora. Soy Mateo. ¿__1__ hablar con Laura?

**Sra. Ruiz:** No está en este momento. __2__ más tarde. ¿Quieres dejar un __3__?

    **Mateo:** Sí, gracias. __4__ que me llame, por favor.

**Más tarde...**

**Mateo:** Hola.

**Laura:** Hola, Mateo. Soy Laura.

**Mateo:** Oye, ¿te gustaría ir al cine __5__ mañana?

**Laura:** __6__, pero no puedo. Tengo que trabajar. __7__ otro día.

**Mateo:** ¡Qué __8__! ¿Y el sábado?

**Laura:** Sí, me encantaría ir __9__.

**Now you can...**

• express feelings.

**To review**

• **gustar** with infinitives, see p. 181.

### ACTIVIDAD 2 Están contentos

Todos están contentos porque hacen las actividades que les gusta hacer. ¿Qué les gusta hacer? *(Hint: Say what they like to do.)*

modelo

*Carlos: pasear*

A **Carlos** le gusta **pasear**.

1. mis padres: alquilar un video
2. tú: escuchar un concierto
3. mis hermanos y yo: practicar deportes
4. la vecina: ir al cine
5. yo: ver la televisión
6. Berta y José: ir de compras
7. Ignacio: pasear
8. nosotros: hablar por teléfono

**Now you can...**

• express feelings.

**To review**

• **estar** with adjectives, see p. 176.

### 3 Un festival internacional

Hay un festival internacional el sábado. ¿Cómo reaccionan estas personas? *(Hint: Tell how these people are feeling.)*

 alegre   emocionado(a)   triste   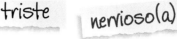 nervioso(a)   enojado(a)

> **modelo**
>
> *Julia: le gusta bailar*
>
> **Julia** está alegre porque **le gusta bailar.**

**I.** Ignacio y Diana: tienen que estudiar

**2.** Rogelio: sus amigos no van

**3.** tú: vas a cantar

**4.** yo: tengo que trabajar

**5.** ustedes: su grupo favorito va a tocar

**6.** nosotros: vamos a ver a nuestros amigos

**Now you can...**

• say what just happened.

• say where you are coming from.

**To review**

• **acabar de,** see p. 178.

• the verb **venir,** see p. 179.

### 4 Muchas actividades

Todos estos amigos de Diana están muy ocupados hoy. ¿Qué acaban de hacer? ¿De dónde vienen? *(Hint: Tell what these people have just done and where they are coming from.)*

> **modelo**
>
> *mis amigos: hacer ejercicio*
>
> **Mis amigos** acaban de **hacer ejercicio.** *Vienen del gimnasio.*

**I.** yo: ver una exhibición de arte

**2.** tú: practicar deportes

**3.** Ernesto: leer revistas y periódicos

**4.** Hugo y Raquel: escuchar música

**5.** mi madre y yo: comprar comida

**6.** los Fernández: ver una película

**7.** usted: ir de compras

**8.** nosotros: comer papas fritas

## ACTIVIDAD 5 — Por teléfono

**PARA CONVERSAR**
**STRATEGY: SPEAKING**
**Use your tone to convey meaning** Words alone do not reveal meaning. Your tone of voice makes a difference. In both your invitations and answers, express different feelings (happy, nervous, worried, angry, etc.).

Imagínate que vas a invitar a un(a) amigo(a) a hacer algo contigo. Llama a dos amigos. Un(a) amigo(a) no acepta la invitación, pero el (la) otro(a) sí. Decidan la hora y el día.
*(Hint: Call two friends. One refuses your invitation, but the other accepts. Agree on the time and day.)*

## ACTIVIDAD 6 — ¡De visita!

Imagínate que estás de visita en Puerto Rico en la casa de una amiga. Los amigos de tu amiga vienen a conocerte. Conversen para aprender quiénes son, cómo están, por qué y de dónde vienen. *(Hint: Find out more about the people your friend knows.)*

### modelo

**Tú:** *¿Quién es la muchacha?*

**Tu amigo(a):** *Es mi amiga Rosa. Está cansada porque acaba de practicar deportes. Viene del gimnasio.*

| ¿Quién es? | ¿Cómo está? | ¿Por qué? | ¿De dónde viene? |
|---|---|---|---|
| un(a) amigo(a) | alegre | acaba de ¿ ? | la escuela |
| ¿ ? | ¿ ? | acaba de ¿ ? | ¿ ? |

## ACTIVIDAD 7 — *En tu propia voz*

**ESCRITURA** Imagínate que tienes un(a) amigo(a) puertorriqueño(a) por correspondencia. Escribe una carta sobre tus actividades y pregúntale sobre sus actividades. Sigue las instrucciones. *(Hint: Write a letter about your leisure activities to your pen pal.)*

• ¿Cuáles son tres de tus actividades favoritas?

• Pregúntale a tu amigo(a) sobre tres actividades específicas.

## CONEXIONES

**La música** Would you like to hear **bomba y plena** music? Check your local library or the international section of a music store for recordings. You can probably find many kinds of music with Spanish influences. What other kinds of music do you like? You can check the Internet to find out what is popular in Spain. Listen to five songs from any source and complete the following chart. Then say why you do or don't like the songs.

| Título | Sí, me gusta/No, no me gusta | ¿Por qué? |
|---|---|---|
|  |  |  |
|  |  |  |

# En resumen
## REPASO DE VOCABULARIO

| | |
|---|---|
| ¿Quieres acompañarme a…? | Would you like to come with me to…? |
| Te invito. | I'll treat you. I invite you. |
| ¿Te gustaría…? | Would you like…? |

**Accepting**

| | |
|---|---|
| ¡Claro que sí! | Of course. |
| Me gustaría… | I would like… |
| Sí, me encantaría. | Yes, I would love to. |

**Declining**

| | |
|---|---|
| Gracias, pero no puedo. | Thanks, but I can't. |
| ¡Qué lástima! | What a shame! |
| Tal vez otro día. | Maybe another day. |

**Activities**

| | |
|---|---|
| alquilar un video | to rent a video |
| el concierto | concert |
| ir al cine | to go to a movie theater |
| ir de compras | to go shopping |
| la película | movie |
| practicar deportes | to play sports |
| el tiempo libre | free time |

**EXPRESSING FEELINGS**

| | |
|---|---|
| alegre | happy |
| cansado(a) | tired |
| contento(a) | content, happy, pleased |
| deprimido(a) | depressed |
| emocionado(a) | excited |
| enfermo(a) | sick |
| enojado(a) | angry |
| nervioso(a) | nervous |
| ocupado(a) | busy |
| preocupado(a) | worried |
| tranquilo(a) | calm |
| triste | sad |

**TALKING ON THE PHONE**

| | |
|---|---|
| contestar | to answer |
| dejar un mensaje | to leave a message |
| la guía telefónica | phone book |
| la llamada | call |
| llamar | to call |
| la máquina contestadora | answering machine |
| marcar | to dial |
| el teléfono | telephone |

**Phrases for talking on the phone**

| | |
|---|---|
| Deje/a un mensaje después del tono. | Leave (formal/familiar) a message after the tone. |
| Dile/Dígale que me llame. | Tell (familiar/formal) him or her to call me. |
| ¿Puedo hablar con…? | May I speak with…? |
| Quiero dejar un mensaje para… | I want to leave a message for… |
| Regresa más tarde. | He/She will return later. |
| Un momento. | One moment. |

**WHERE YOU ARE COMING FROM**

| | |
|---|---|
| del | from the |
| venir | to come |

**SAYING WHAT JUST HAPPENED**

| | |
|---|---|
| acabar de… | to have just… |

**OTHER WORDS AND PHRASES**

| | |
|---|---|
| conmigo | with me |
| contigo | with you |
| cuando | when, whenever |
| ¡No te preocupes! | Don't worry! |
| porque | because |
| solo(a) | alone |
| temprano | early |
| ya no | no longer |

## Juego

¿Adónde van en su tiempo libre?

1. A Miguel le gusta escuchar música.

2. A Mariela le gusta ver las películas de Antonio Banderas.

3. A Martina y a Martín les gusta comprar ropa.

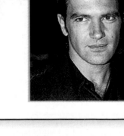

ETAPA

**2**

# ¡Deportes para todos!

- Talk about sports

- Express preferences

- Say what you know

- Make comparisons

**Campeonato de béisbol**

Los Toros Valientes

vs.

Los Huracanes

domingo
17 de abril
a las 6 de la tarde
en el campo de deportes

Entrada: $3

## ¿Qué ves?

Mira la foto de un campo de béisbol en San Juan.

1. Para ti, ¿el béisbol es interesante?

2. ¿Quién practica, Ignacio o Roberto?

3. ¿Cuál es la fecha del campeonato de béisbol?

4. ¿En qué día de la semana es el campeonato?

# *En contexto*

## VOCABULARIO

Diana and Ignacio are looking at equipment in a sporting goods store. Look at the illustrations to understand the meaning of the words in blue. This will help you answer the questions on the next page.

**¡Hola!** Ignacio y yo estamos en **la tienda de deportes.** ¡Vamos a ver qué hay!

**A**

A mí me gusta andar en **patineta**. Uso **un casco** cuando ando en patineta y cuando uso **patines.**

los patines

las bolas

el casco

la patineta

**B**

Aquí hay de todo para practicar deportes como **el baloncesto, el voleibol, el fútbol** y el **fútbol americano.** ¡Y hay **una bola** especial para cada deporte! El baloncesto y el voleibol se practican en **una cancha.** El fútbol y el fútbol americano se practican en **un campo.** A veces se practican en **un estadio.**

¡Los deportes!

las canchas

El baloncesto    El voleibol

el estadio

El fútbol americano    los campos    El fútbol

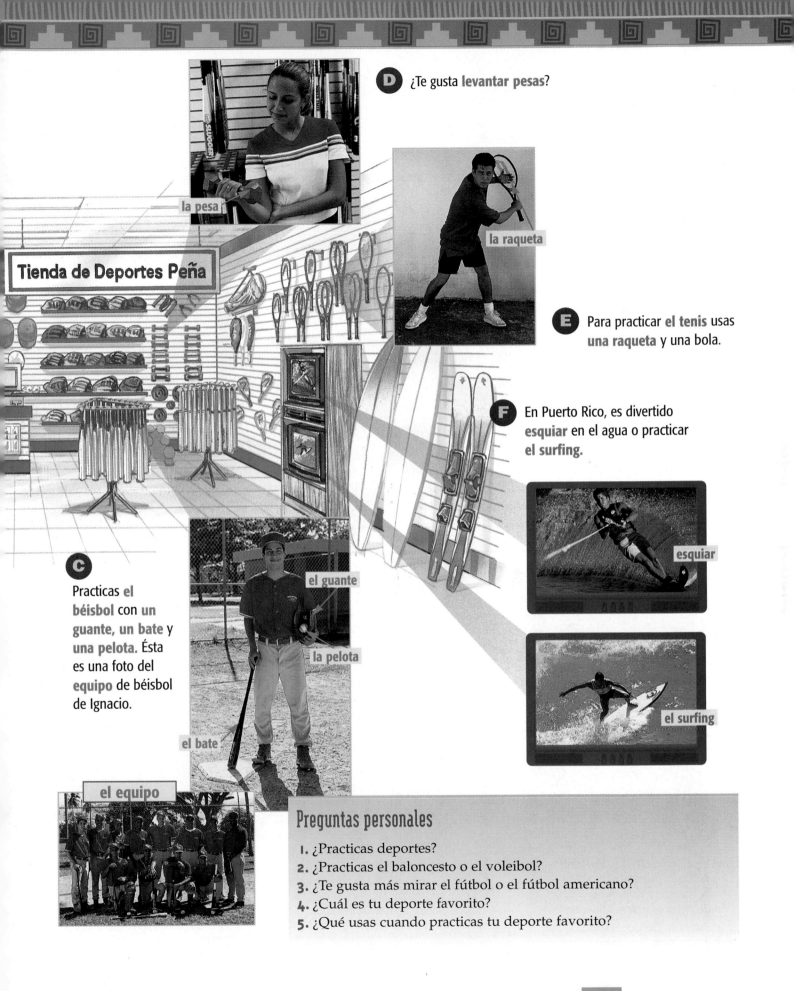

la pesa

**D** ¿Te gusta **levantar pesas**?

la raqueta

**Tienda de Deportes Peña**

**E** Para practicar **el tenis** usas **una raqueta** y una bola.

**F** En Puerto Rico, es divertido **esquiar** en el agua o practicar **el surfing**.

esquiar

**C** Practicas **el béisbol** con un **guante, un bate** y **una pelota**. Ésta es una foto del **equipo** de béisbol de Ignacio.

el guante

la pelota

el bate

el surfing

el equipo

## Preguntas personales

1. ¿Practicas deportes?
2. ¿Practicas el baloncesto o el voleibol?
3. ¿Te gusta más mirar el fútbol o el fútbol americano?
4. ¿Cuál es tu deporte favorito?
5. ¿Qué usas cuando practicas tu deporte favorito?

# En vivo

## DIÁLOGO

| Ignacio | Claudio | Roberto | Sr. Castillo |

## El campo de béisbol

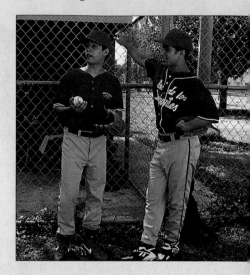

### PARA ESCUCHAR • STRATEGY: LISTENING

**Listen for "turn-taking" tactics**  In English conversation we often say *uh, yeah, well, say,* or *listen* to signal that we are getting ready to speak. Listen carefully to the Spanish. What words or expressions do you hear that signal, "It's my turn to talk"?

**1 ▶ Claudio:** Oye, ¿qué haces?
**Ignacio:** Espero a mi amigo.
**Claudio:** ¡Ah! ¿Sabe él a qué hora empieza la práctica?
**Ignacio:** Sí.

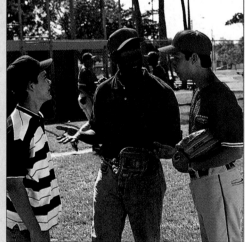

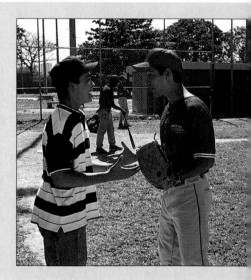

**5 ▶ Ignacio:** Sr. Castillo, le presento a Roberto. Viene de Minneapolis.
**Sr. Castillo:** Mucho gusto. ¿Qué deportes juegan en Minneapolis?
**Roberto:** ¡Son locos con el fútbol americano!

**6 ▶ Ignacio:** ¿Les gusta jugar al fútbol?
**Roberto:** Sí, pero no es tan popular como el fútbol americano. Mucha gente en los Estados Unidos piensa que el fútbol americano es más interesante que el fútbol.

**7 ▶ Roberto:** Me gusta jugar al baloncesto y al tenis. Pienso que el tenis es menos divertido que el baloncesto. También me gusta nadar.
**Ignacio:** Me gusta correr más que nadar.

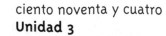

**2 ▶ Claudio:** ¿Quieres practicar un poco conmigo?

**Ignacio:** No, gracias. Prefiero esperar a Roberto aquí.

**3 ▶ Roberto:** ¡Ignacio! ¡Qué gusto!

**Ignacio:** ¡Roberto! ¡Cuánto tiempo!

**Roberto:** ¡Ahora tengo un amigo para hablar de deportes!

**4 ▶ Roberto:** ¿Prefieres este bate o éste?

**Ignacio:** Yo prefiero este bate. ¿Juegas al béisbol en Minneapolis?

**Roberto:** Sí.

**8 ▶ Sr. Castillo:** ¿Piensas jugar en el equipo de baloncesto?

**Roberto:** Sí. También quiero jugar en el equipo de béisbol. ¿Puedo practicar con ustedes?

**Sr. Castillo:** ¡Claro! ¡Vamos!

**9 ▶ Ignacio:** Necesito tu ayuda. Quiero participar en un concurso.

**Roberto:** ¿Y qué piensas hacer?

**Ignacio:** Tengo una idea. Me gustaría hablar contigo sobre el proyecto.

**10 ▶ Roberto:** Claro, está bien. ¿Por qué no vienes a casa mañana por la mañana?

**Ignacio:** Así también saludo a tu familia.

**Roberto:** ¿Por qué no invitas a Diana?

**Ignacio:** Está bien. Nos vemos como a las diez.

# En acción
## VOCABULARIO Y GRAMÁTICA

**OBJECTIVES**
- Talk about sports
- Express preferences
- Say what you know
- Make comparisons

### ¿Qué dicen?

**Escuchar** ¿Qué dice una de las personas de la foto? Escoge la oración correcta. *(Hint: Choose what they would be saying.)*

a. ¡Ignacio! ¡Qué gusto!
b. Espero a mi amigo.
c. Necesito tu ayuda.

a. No, gracias.
b. Necesito tu ayuda.
c. Sr. Castillo, le presento a Roberto.

a. ¡Cuánto tiempo!
b. ¡Vamos a jugar!
c. ¿Piensas jugar al baloncesto?

a. ¿Prefieres este bate o éste?
b. ¿Y qué piensas hacer?
c. ¿Qué deportes juegan en Minneapolis?

### ¿Qué pasa?

**Escuchar** Explica lo que hacen las personas del diálogo. Escoge la respuesta correcta. *(Hint: Explain what they do.)*

1. Ignacio espera _____.
   a. a Diana
   b. a su amigo Roberto
   c. al señor Castillo

2. Roberto viene de _____.
   a. Minneapolis
   b. Miami
   c. Puerto Rico

3. Roberto piensa que el _____ es muy popular en Minneapolis.
   a. béisbol
   b. fútbol americano
   c. baloncesto

4. A Ignacio le gusta _____ más que nadar.
   a. jugar al béisbol
   b. correr
   c. patinar

5. Ignacio necesita la ayuda de Roberto para el _____.
   a. béisbol
   b. tenis
   c. concurso

- Use the verb **jugar**
- Use stem-changing verbs: **e→ie**
- Use the verb **saber**
- Use phrases for comparisons

ACTIVIDAD
3

## ¡Los deportes son buenos!

**Escribir** Completa el póster para tu clase de educación física. Da el nombre del deporte correspondiente a cada foto. *(Hint: Give the name of each sport.)*

¡Los deportes son buenos!

1.
2.
3.
4.
5.
6.

▰▰▰▰▰▰▰▰▰▰▰▰▰▰▰▰▰▰▰▰▰▰▰▰

### TAMBIÉN SE DICE

There are different ways to say *ball*.

- **bola:** Puerto Rico
- **balón:** Spain
- **pelota:** Latin America, Spain

In Puerto Rico, **una pelota** is a baseball. **Balón** and **cesto** (*basket*) are combined as **baloncesto** to mean *basketball*. **Básquetbol** is also sometimes used as a name for this sport.

ACTIVIDAD
4

## ¡Organízalos!

**Hablar** Trabajas en una tienda de deportes. Explícale a otro(a) trabajador(a) dónde poner los artículos. ¡Ojo! Algunos artículos van en más de una sección. *(Hint: Tell your coworker the appropriate section for each article.)*

modelo

los bates

**Los bates** van en la sección de béisbol.

EL BALONCESTO   EL BÉISBOL   EL VOLEIBOL

EL FÚTBOL AMERICANO   EL FÚTBOL   EL TENIS

1. las raquetas

2. las pelotas

3. los cascos

4. los guantes

5. las bolas

# GRAMÁTICA

## Talking About Playing a Sport: The Verb jugar

When you talk about playing a sport, you use the verb **jugar**. The forms of **jugar** are unique. In some of them, the **u** changes to **ue**.

**jugar** *to play*

| | |
|---|---|
| **jueg**o | **jug**amos |
| **jueg**as | **jug**áis |
| **jueg**a | **jueg**an |

When you use **jugar** with the name of a sport, use

**jugar a** + *sport*

Ignacio asks Roberto:

—¿**Juegas al** béisbol en Minneapolis?
*Do **you play** baseball in Minneapolis?*

Coach Castillo asks:

—¿Qué deportes **juegan** en Minneapolis?
*What sports do **they play** in Minneapolis?*

---

**ACTIVIDAD 5** Gramática

## ¿A qué juegan?

**Leer** La nueva amiga de Diana quiere saber a qué deportes juegan ella y sus amigos. Completa sus oraciones con una forma de **jugar.** *(Hint: Use the correct form of jugar.)*

Mis amigos y yo __1__ a muchos deportes. Yo __2__ al voleibol. No ganamos siempre, pero me gusta mucho __3__. Yo también __4__ al baloncesto, y ¡sí! ganamos mucho. Antonio y Marco __5__ al fútbol americano y al béisbol. Andrea __6__ al tenis y al voleibol conmigo. Bueno, ¿a qué __7__ tú?

 **MÁS PRÁCTICA** *cuaderno* p. 69

**PARA HISPANOHABLANTES** *cuaderno* p. 67

---

**ACTIVIDAD 6**

## ¿Quién juega a qué?

**Hablar** ¿A qué deportes juegan tú, tus amigos y tus familiares? *(Hint: What sports do you and your friends and family play?)*

*modelo*

*mi hermana*

***Mi hermana** juega al voleibol.*

| | |
|---|---|
| **1.** yo | **5.** mis amigos(as) y yo |
| **2.** mi hermano(a) | **6.** mi primo(a) |
| **3.** mis amigos(as) | **7.** mis primos(as) |
| **4.** mi amigo(a) | **8.** ¿ ? |

## ACTIVIDAD 7

# La tienda de deportes

**Hablar** Acabas de recibir este anuncio de una tienda de deportes. Habla con tres estudiantes sobre los artículos que van a comprar. Luego, da un resumen de cuatro de los artículos. *(Hint: Discuss with several classmates what they want to buy.)*

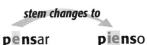
### modelo

**Tú:** *¿Juegas al fútbol?*

**Sara:** *Sí, juego al fútbol.*

**Tú:** *¿Vas a comprar una bola nueva?*

**Sara:** *No, no necesito una bola nueva.*

**Resumen:** *Sara y Pablo juegan al fútbol. Carlos no juega al fútbol. Pablo va a comprar una bola de fútbol nueva.*

**¡VENDEMOS DE TODO PARA TODOS LOS DEPORTES!**

$50 — Bolas de fútbol

$75 — Cascos de fútbol americano

$40 — Bolas de voleibol

$95 — Raquetas de tenis

$35 — Bolas de baloncesto

$70 — Guantes de béisbol

**Deportes Rodríguez**
Calle Santurce, 134 • San Juan • tel: 321-4226 • fax 321-4230

## GRAMÁTICA

### Stem-Changing Verbs: e → ie

You learned that the **u** in **jugar** sometimes changes to **ue**. When you use the verb **pensar** (*to think, to plan*), the **e** in its **stem** sometimes changes to **ie**. **Pensar** means *to plan* only when followed by an infinitive.

*stem changes to*

p**e**nsar   p**ie**nso

In stem-changing verbs, it is always the next-to-last syllable that changes.

**pensar** *to think, to plan*

| | |
|---|---|
| p**ie**nso | p**e**nsamos |
| p**ie**nsas | p**e**nsáis |
| p**ie**nsa | p**ie**nsan |

Roberto says:

—Yo **pref**i**e**ro este bate.
***I prefer*** this bat.

The coach asks:

—¿**Pie**nsas jugar en el equipo de baloncesto?
***Do you plan*** to play on the basketball team?

### Vocabulario

**Stem-Changing Verbs: e → ie**

**cerrar** *to close*

**empezar** *to begin*

**entender** *to understand*

**merendar** *to have a snack*

**perder** *to lose*

**preferir** *to prefer*

**querer** *to want*

¿Cuándo usas una de estas palabras?

Note that when one verb follows another, the first verb is **conjugated** and the second is in its **infinitive** form.

## ¡Todos piensan jugar!

**Hablar** Explícale a un(a) amigo(a) quién piensa jugar a la pelota. (*Hint: Explain who plans to play ball.*)

*modelo*

| ustedes | **Ustedes** piensan jugar. |
| --- | --- |

1. Diana
2. yo
3. ella
4. los chicos
5. nosotros
6. tú
7. Ignacio
8. usted

¿Qué hacen?

### PARA CONVERSAR

**STRATEGY: SPEAKING**

**Monitor yourself** Listen to yourself. How do you sound? Do you hear errors? If so, stop and correct yourself. It is OK to do so.

**Hablar/Escribir** Explica lo que pasa un día en la escuela. (*Hint: Say what's happening.*)

1. los estudiantes / cerrar / libro
2. nosotras / perder / partido
3. el equipo / querer hacer / gol
4. tú / querer jugar / tenis
5. yo / entender / matemáticas
6. el partido / empezar / a las cuatro
7. ellos / merendar / cafetería
8. yo / preferir nadar / piscina

■ **MÁS PRÁCTICA** *cuaderno* p. 70
■ **PARA HISPANOHABLANTES** *cuaderno* p. 68

## ¿Qué pasa aquí?

**Hablar/Escribir** Describe los dibujos con dos oraciones, usando las palabras. (*Hint: Use the words to describe what is happening.*)

entender/preferir

entender/querer

empezar/jugar

cerrar/querer

## Un día de clases

**Escribir** Describe tu día de clases. Usa las palabras como guía. (*Hint: Describe your day, using the words as a guide.*)

1. yo / querer
2. mi maestro(a) / preferir
3. yo / empezar
4. mi amigo(a) / pensar
5. la clase de… / empezar
6. mis amigos y yo / merendar
7. el equipo de… / perder
8. los estudiantes / entender

## Saying What You Know: The Verb saber

**¿RECUERDAS?** *pp. 153, 154* You learned that some verbs have irregular **yo** forms.

conocer ➡ cono**zco**
hacer ➡ ha**go**
oír ➡ o**igo**

**Saber** is another verb that has an irregular **yo** form. You use **saber** when you talk about factual information you know.

**saber** *to know*

| | |
|---|---|
| sé | sabemos |
| sabes | sabéis |
| sabe | saben |

Claudio asks Ignacio:

—¿**Sabe** él a qué hora empieza la práctica?
*Does **he know** what time practice starts?*

To say that someone knows how to do something, use: **saber** + *infinitive* .

Sé **patinar** muy bien.
*I know how to skate very well.*

---

 NOTA CULTURAL

**La Fortaleza** is the oldest continuously inhabited executive mansion in the Americas. Built in 1532 to protect the island against invasion by sea, it is the residence of Puerto Rico's governor. Can you guess what **fortaleza** means?

 ACTIVIDAD **12** Gramática

### ♻ ¡Saben hacer mucho!

**Leer** Estas personas saben hacer muchas cosas. Completa las oraciones con la forma correcta del verbo **saber.** *(Hint: Complete each sentence with the correct form of **saber**.)*

1. María _____ jugar al tenis.
2. Tú _____ nadar.
3. Nosotros _____ hablar español.
4. Yo _____ patinar.
5. Ustedes _____ bailar.
6. Él _____ cantar.
7. Los chicos _____ jugar al voleibol.
8. Ella _____ tocar el piano.

**MÁS PRÁCTICA** *cuaderno* p. 71
**PARA HISPANOHABLANTES** *cuaderno* p. 69

## ACTIVIDAD 13

### Los deportistas

**Escuchar** Muchos amigos de Diana saben jugar a varios deportes. Escucha las descripciones de Diana y explica a lo que saben jugar.
*(Hint: Explain what sports her friends know.)*

1. Gisela y César
2. Pablo
3. ella y su hermano
4. Roberto y su hermano
5. Diana

## ACTIVIDAD 14

### ¿Qué saben hacer?

**Hablar** ¿Qué saben hacer las personas que tú conoces?
*(Hint: Say what they know how to do.)*

**modelo**

*tu hermano(a)*

**Tú:** *¿Qué sabe hacer **tu hermana**?*

**Otro(a) estudiante:** *Mi hermana sabe cantar y bailar.*

1. tu amigo(a)
2. tus amigos(as)
3. tú
4. tú y tus amigos(as)
5. tu maestro(a) de español

■ **MÁS COMUNICACIÓN** p. R8

## GRAMÁTICA ◆ Phrases for Making Comparisons

▶ Several phrases are used to compare things. Roberto and Ignacio use these when they discuss sports.

- **más… que**
  *more… than*
  …el fútbol americano es **más** interesante **que** el fútbol.
  *…football is **more** interesting **than** soccer.*

- **menos… que**
  *less… than*   *agrees*
  …**el tenis** es **menos** divertid**o que** el baloncesto.
  *…tennis is **less** entertaining **than** basketball.*

> Adjectives must agree in gender and number with the **nouns** that precede them.

- **tan… como**
  *as… as*
  …el fútbol no es **tan** popular **como** el fútbol americano.
  *…soccer is not **as** popular **as** football.*

▶ These phrases are also used to compare things.

- **más que…**
  *more than…*
  Me gusta correr **más que** nadar.
  *I like to run **more than** (I like to) swim.*

- **menos que…**
  *less than…*
  Me gusta usar un guante nuevo **menos que** un bate nuevo.
  *I like to use a new glove **less than** a new bat.*

- **tanto como…**
  *as much as…*
  A él le gusta jugar al fútbol **tanto como** al béisbol.
  *He likes to play soccer **as much as** baseball.*

▶ When you talk about numbers, you must use **más de** or **menos de**.

**más de** dos o tres minutos     en **menos de** cinco minutos
***more than*** *two or three minutes*     *in **less than** five minutes*

▶ There are a few irregular comparative words.

| **mayor** | **menor** | **mejor** | **peor** |
|-----------|-----------|-----------|----------|
| *older* | *younger* | *better* | *worse* |

## ACTIVIDAD 15 Gramática

### ¿De o que?

**Escribir** Usa la palabra apropiada para describir a los deportistas de la escuela. *(Hint: Describe the athletes.)*

1. Hay más _____ siete personas en el equipo de béisbol.

2. Los chicos corren más _____ las chicas.

3. Las chicas saben jugar mejor _____ las maestras.

4. Hay menos _____ ocho personas en el equipo de baloncesto.

5. La chica rubia quiere jugar menos _____ la morena.

6. Ignacio tiene más _____ cinco bates.

7. Roberto juega peor _____ Diana.

8. Todas las semanas Ignacio practica más _____ cinco veces.

### NOTA CULTURAL

Puerto Ricans periodically vote on the relationship they want with the U.S. They rejected both statehood and independence in 1998. They are currently a commonwealth.

## ACTIVIDAD 16 Gramática

### ♻ Las comparaciones

**Hablar/Escribir** Haz comparaciones usando **más que, menos que, tan… como** o **tanto como.** *(Hint: Use the correct phrase for making comparisons.)*

1. El gato es _____ gordo _____ el perro.

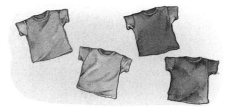

2. Las camisetas azules son _____ grandes _____ las camisetas rojas.

3. Le gusta estudiar _____ bailar.

4. Carmen es _____ seria _____ José.

5. Las muchachas son _____ altas _____ los chicos.

6. Le gusta comer un sándwich _____ un taco.

8. yo / mi amigo(a): ¿?

**MÁS PRÁCTICA** *cuaderno* p. 72

**PARA HISPANOHABLANTES** *cuaderno* p. 70

7. Paco es _____ trabajador _____ María Luisa.

## ¿Qué piensas tú?

**Hablar**  Trabaja con otro(a) estudiante para comparar los deportes.
Cambien de papel. *(Hint: Compare sports with a classmate.)*

**interesante**

**modelo**

**Estudiante A:** *Para ti, ¿qué deporte es más **interesante, el tenis** o **el béisbol**?*

**Estudiante B:** *Para mí, el tenis es más interesante que el béisbol.*

**Estudiante A:** *Para mí, el tenis es tan interesante como el béisbol.*

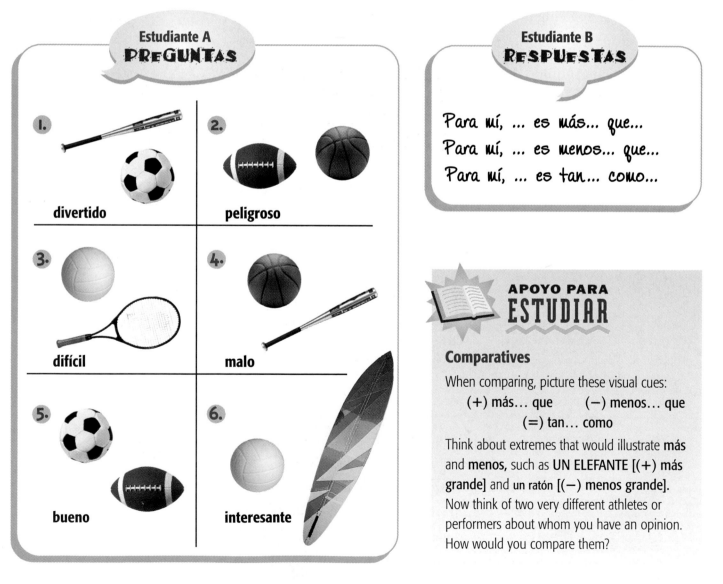

**Estudiante A**
**PREGUNTAS**

1. **divertido**

2. **peligroso**

3. **difícil**

4. **malo**

5. **bueno**

6. **interesante**

**Estudiante B**
**RESPUESTAS**

*Para mí, ... es más... que...*

*Para mí, ... es menos... que...*

*Para mí, ... es tan... como...*

**APOYO PARA**
**ESTUDIAR**

### Comparatives

When comparing, picture these visual cues:

(+) **más**... que    (−) **menos**... que
(=) **tan**... como

Think about extremes that would illustrate **más**
and **menos**, such as **UN ELEFANTE** [(+) **más**
grande] and un ratón [(−) menos grande].
Now think of two very different athletes or
performers about whom you have an opinion.
How would you compare them?

## ¡Lógicamente!

**Escuchar** Todos hablan de los deportes. Escucha lo que dicen. Luego, indica la respuesta más lógica. *(Hint: Listen and indicate the most logical response.)*

1. **a.** ¡Qué bien! Tenemos más de cinco minutos.
   **b.** ¡Ay! Tenemos menos de cinco minutos.

2. **a.** ¿Tienes tu raqueta?
   **b.** ¿Tienes tu tarea?

3. **a.** Sí, me gusta nadar.
   **b.** ¡Claro que sí! Me gusta patinar.

4. **a.** No necesita un guante.
   **b.** ¿Va a la tienda de deportes?

5. **a.** Prefiere nadar.
   **b.** Prefiere levantar pesas.

## ♻ ¿Cuál es tu deporte favorito?

**Hablar/Escribir** Habla con otros estudiantes sobre los deportes. Escribe sus respuestas. Prepara un resumen para la clase.
*(Hint: Ask classmates about sports. Record responses and report them.)*

| La encuesta | Estudiante 1 | Estudiante 2 |
|---|---|---|
| 1. ¿A qué deportes sabes jugar? | | |
| 2. ¿A qué deportes juegas mucho? | | |
| 3. ¿A qué deporte prefieres jugar? | | |
| 4. ¿Cómo es? | | |
| 5. ¿Qué deporte prefieres ver? | | |
| 6. Compara el deporte que prefieres ver con el deporte que prefieres jugar. | | |
| 7. ¿Cuál es tu equipo favorito? | | |
| 8. ¿Cómo es? | | |
| 9. ¿Pierde mucho? | | |

**MÁS COMUNICACIÓN** p. R8

## Pronunciación

### Trabalenguas

**Pronunciación de la ñ** The letter **ñ** does not exist in English, but the sound does. It is the sound made by the combination of the letters *ny* in the English word *canyon*. To practice the sound, pronounce the following tongue twister.

**ñ**

*La* **ñ** *es la* **n** *con bigote.*

¡La araña se baña mañana!

# En colores
## CULTURA Y COMPARACIONES

**PARA CONOCERNOS**

**STRATEGY: CONNECTING CULTURES**

**Reflect on sports traditions** Can you think of any sports in the U.S. that have players from other countries? What sports are they? Are some countries associated with certain sports more than others? Why do you think that might be true? Use this chart to organize your answers.

| Deporte | País 1 | País 2 | País 3 |
|---------|--------|--------|--------|
| el béisbol | Cuba | Japón | |
| el hockey | Canadá | Rusia | |
| | | | |
| | | | |

Do you associate other countries with areas such as science, music, or art? If so, which ones? Why?

# Béisbol

## *El pasatiempo nacional*

**E**n Puerto Rico el béisbol es muy popular. La temporada[1] de béisbol es de octubre a marzo. Los equipos que juegan forman la liga de invierno[2] y hay un partido casi todos los días.

Cada ciudad principal tiene un equipo. Unos jugadores[3] de las ligas mayores y menores[4] de Estados Unidos participan junto con los jugadores puertorriqueños.

---

[1] season     [2] winter league     [3] players     [4] major and minor leagues

En el resto del Caribe el béisbol es tan importante como en Puerto Rico. Muchos jugadores importantes vienen de esta región. Juan Marichal de la República Dominicana está en el Salón de la Fama. Andrés Galarraga de Venezuela, Edgar Rentería de Colombia, Liván Hernández de Cuba y Fernando Valenzuela de México son otras figuras latinoamericanas importantes de las ligas mayores de béisbol de Estados Unidos.

Roberto Clemente (1934–1972), jugador de los Piratas de Pittsburgh, es el puertorriqueño más famoso del béisbol. El primer latino elegido[5] para el Salón de la Fama[6] en 1973, Clemente empezó[7] su carrera con el equipo de Santurce, Puerto Rico. Hoy, en la ciudad de San Juan, el estadio principal de béisbol se llama Coliseo Roberto Clemente.

[5] elected          [6] Hall of Fame          [7] began

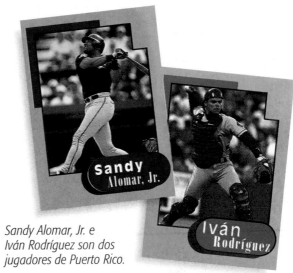

Sandy Alomar, Jr. e Iván Rodríguez son dos jugadores de Puerto Rico.

## ¿Comprendiste?

1. ¿En qué meses juegan los equipos de la liga de invierno?
2. ¿De dónde vienen los jugadores de la liga de invierno?
3. ¿Quién es el primer latino elegido para el Salón de la Fama?
4. ¿Qué países latinos tienen jugadores en las ligas mayores?

## ¿Qué piensas?

1. ¿Por qué juegan en Puerto Rico los jugadores de las ligas mayores y menores de Estados Unidos?
2. ¿Por qué vienen a Estados Unidos los jugadores de otros países?

# En uso

## REPASO Y MÁS COMUNICACIÓN

**Now you can...**

• talk about sports.

**To review**

• the verb **jugar**, see p. 198.

**Now you can...**

• express preferences.

**To review**

• stem-changing verbs: **e→ie**, see p. 199.

**OBJECTIVES**

• Talk about sports
• Express preferences
• Say what you know
• Make comparisons

### ACTIVIDAD 1 ¿Dónde juegas?

Todos hablan de su deporte favorito. ¿Dónde lo juegan?
(**Hint:** *Tell where people play their favorite sports.*)

**modelo**

*mi padre:* tenis (¿en la piscina o en la cancha?)
**Mi padre** juega al **tenis** en la cancha.

1. tú: baloncesto
   (¿en el campo o en la cancha?)

2. usted: voleibol
   (¿en la cancha o sobre hielo?)

3. yo: fútbol
   (¿en la cancha o en el campo?)

4. los vecinos: béisbol
   (¿al aire libre o en el gimnasio?)

5. Tomás y yo: fútbol americano
   (¿en el estadio o en la piscina?)

6. mi hermano: hockey
   (¿en la cancha o sobre hielo?)

### ACTIVIDAD 2 ¡Vamos a jugar!

Las amigas de Diana hablan de los deportes. Completa su conversación con los verbos apropiados en la forma correcta.
(**Hint:** *Complete the conversation with the appropriate verbs in the correct form.*)

cerrar   pensar   querer   entender   preferir   empezar

**Eva:** Rita, ¿ __1__ ir a un partido de béisbol conmigo mañana? El partido __2__ a las siete.

**Rita:** Gracias, pero no me gusta ver el béisbol. Yo __3__ los deportes individuales, como el surfing. Para mí, el béisbol es aburrido. No __4__ por qué te gusta.

**Eva:** Pues, yo __5__ que el béisbol es muy interesante. Y mañana mi equipo favorito, los Cardenales, va a jugar.

**Rita:** Mis hermanos también __6__ ver jugar a los Cardenales mañana, pero yo no. Mi mamá y yo __7__ pasar los sábados en las tiendas. Pero, a veces vamos al nuevo gimnasio. Abre a las siete de la mañana y __8__ a las nueve de la noche.

Now you can...
• say what you know.

To review
• the verb **saber**, see
  p. 201.

## ACTIVIDAD 3 Somos deportistas

¿A qué deportes saben jugar estas personas? ¿Qué usan para jugar? *(Hint: Describe the sports these people know.)*

### modelo

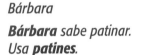

Bárbara

**Bárbara** sabe patinar.
Usa **patines**.

ustedes

**Ustedes** saben jugar al voleibol.
Usan **una bola**.

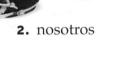

**1.** Guillermo

**2.** nosotros

**3.** yo

**4.** mis amigos

**5.** tú

**6.** yo

Now you can...
• make comparisons.

To review
• phrases for making
  comparisons, see
  p. 202.

## ACTIVIDAD 4 Comparaciones

Expresa tus opiniones acerca de los deportes. *(Hint: Express your opinions about sports.)*

### modelo

correr / nadar (menos / divertido)

*Correr es menos divertido que nadar.*

*o: Nadar es menos divertido que correr.*

*o: Correr es tan divertido como nadar.*

**1.** el baloncesto / el tenis
(menos / interesante)

**2.** el surfing / el béisbol
(más / aburrido)

**3.** nadar / levantar pesas
(más /bueno)

**4.** esquiar / patinar
(más / peligroso)

**5.** el fútbol americano /
el baloncesto (más / popular)

**6.** el voleibol / el fútbol
(menos / difícil)

**7.** el tenis / el béisbol
(más / malo)

**8.** patinar / levantar pesas
(menos / fácil)

## ¿Qué opinas tú?

### PARA CONVERSAR
**STRATEGY: SPEAKING**

**Give reasons for your preferences** Support your choices in different ways. Compare (1) how you feel about the sports, (2) what you know or don't know about them, or (3) basic similarities and differences among them. Think of different ways of explaining your choices.

Habla con otro(a) estudiante sobre los deportes. Explícale cuáles son tus preferencias y por qué. *(Hint: Talk about sports.)*

### modelo

**Tú:** *¿Prefieres levantar pesas o jugar al voleibol?*

**Otro(a) estudiante:** *Prefiero jugar al voleibol. El voleibol es más interesante que levantar pesas.*

**Tú:** *Para mí, levantar pesas es más divertido.*

## Un paseo por el club

Imagínate que trabajas en un nuevo club de deportes. Muéstrales el club a tus amigos, describiendo las actividades. *(Hint: Show your friends the new sports club where you work.)*

Hay equipos de...

Muchas personas juegan al...

Tenemos cancha de...

El club abre...

Para jugar al voleibol, hay...

Los sábados jugamos al...

Al aire libre jugamos...

Los viernes hay clases de...

Para las personas que les gusta nadar, hay...

## En tu propia voz

**ESCRITURA** Imagínate que tienes que preparar un folleto para promover el club nuevo de la Actividad 6. Incluye información sobre las actividades y el horario del club. *(Hint: Write a brochure promoting the new sports club.)*

## TÚ EN LA COMUNIDAD

**Sarah** is a Florida student who uses Spanish at her job as a restaurant hostess and sends e-mails in Spanish. She also used her Spanish when she went to Venezuela as a volunteer with a medical mission group. Sarah spoke Spanish to the patients and translated doctors' questions and instructions. Do you use Spanish to help others?

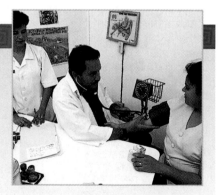

# En resumen
## REPASO DE VOCABULARIO

### TALKING ABOUT SPORTS

| | |
|---|---|
| el equipo | team |
| ganar | to win |
| el gol | goal |
| jugar (ue) | to play |
| el partido | game |
| la tienda de deportes | sporting goods store |

**Sports**

| | |
|---|---|
| andar en patineta | to skateboard |
| el baloncesto | basketball |
| el béisbol | baseball |
| esquiar | to ski |
| el fútbol | soccer |
| el fútbol americano | football |
| el hockey | hockey |
| levantar pesas | to lift weights |
| el surfing | surfing |
| el tenis | tennis |
| el voleibol | volleyball |

**Equipment**

| | |
|---|---|
| el bate | bat |
| la bola | ball |
| el casco | helmet |
| la gorra | baseball cap |
| el guante | glove |
| los patines | skates |
| la patineta | skateboard |
| la pelota | baseball |
| la raqueta | racket |

**Locations**

| | |
|---|---|
| al aire libre | outdoors |
| el campo | field |
| la cancha | court |
| el estadio | stadium |
| la piscina | swimming pool |
| sobre hielo | on ice |

### EXPRESSING PREFERENCES

| | |
|---|---|
| preferir (ie) | to prefer |
| querer (ie) | to want |

### SAYING WHAT YOU KNOW

| | |
|---|---|
| saber | to know |

### MAKING COMPARISONS

| | |
|---|---|
| más de | more than |
| más… que | more…than |
| mayor | older |
| mejor | better |
| menor | younger |
| menos de | less than |
| menos… que | less…than |
| peor | worse |
| tan… como | as…as |
| tanto como | as much as |

### OTHER WORDS AND PHRASES

| | |
|---|---|
| cerrar (ie) | to close |
| empezar (ie) | to begin |
| entender (ie) | to understand |
| favorito(a) | favorite |
| loco(a) | crazy |
| merendar (ie) | to have a snack |
| peligroso(a) | dangerous |
| pensar (ie) | to think, to plan |
| perder (ie) | to lose |

### Juego

A Ángela, a Marco y a Juanito les gusta practicar diferentes deportes. ¿Cuáles son? Busca sus nombres. Con las otras letras, identifica su deporte preferido.

1. ALSAEGSPENARALEVANT
2. GINAMURFSOCR
3. NIAUJOTTBLOFU

UNIDAD 3

ETAPA
3

# El tiempo en El Yunque

- Describe the weather

- Discuss clothing and accessories

- State an opinion

- Describe how you feel

- Say what is happening

## ¿Qué ves?

Mira la foto de El Yunque, el bosque tropical.

1. ¿Hay muchas plantas verdes?

2. ¿Ignacio está ocupado o no?

3. ¿Diana y Roberto están alegres o preocupados?

4. ¿Cómo se llama el lugar?

212

VEREDA
↑ EL YUNQUE
EL YUNQUE TRAIL
BOSQUE NACIONAL
DEL CARIBE

BAÑO GRANDE
CUERPOS CIVILES DE CONSERVACIÓN
CIVILIAN CONSERVATION CORPS

# En contexto

## VOCABULARIO

Roberto has experienced all kinds of weather in Minnesota and Puerto Rico. Take a look at the pictures in his scrapbook to understand the meaning of the words in blue. This will also help you answer the questions on the next page.

yo

**A** ¿Qué tiempo **hace** en Minnesota? En **el invierno** hace mal **tiempo**. ¡Hace **frío** y hay mucha **nieve**! Cuando va a **nevar**, necesitas **un gorro, una bufanda** y **un abrigo**.

yo en el invierno

el gorro

la bufanda

el abrigo · la nieve

**B** Cuando va a **llover**, necesitas **un paraguas**. A la madre de Roberto le gusta caminar bajo **la lluvia** con su paraguas **de cuadros**.

mamá con paraguas

el paraguas

de cuadros

**C** En Puerto Rico, en **el verano hace calor**. Cuando **hay sol**, es divertido ir a **la playa** y nadar en **el mar**.

mi primo en el verano

el mar

el traje de baño

la playa

las gafas de sol

**E** A Roberto le gusta llevar estas **gafas de sol**.

*mi amiga María*

**con rayas**

**F** En **el bosque** tropical El Yunque, hay **árboles, plantas y flores** muy interesantes.

**el bosque**

**la planta**

**la flor**

**EL YUNQUE**

**el árbol**

**D** La chica lleva una camisa **con rayas**. Es verano.

**EL TIEMPO**

el sol

**Temperaturas**

*9 de marzo*

| | ALTA | BAJA |
|---|---|---|
| San Juan | 87° | 73° |
| Minneapolis | 30° | 15° |

**Preguntas personales**

1. Cuando va a llover, ¿llevas un paraguas?
2. En el lugar donde vives, ¿hace calor o hace frío en el invierno?
3. ¿Prefieres ropa de cuadros o ropa con rayas?
4. ¿Qué ropa llevas en el invierno?
5. ¿Qué hay en un bosque tropical?

# *En vivo*

## DIÁLOGO

Diana   Roberto   Ignacio

### PARA ESCUCHAR • STRATEGY: LISTENING

**Sort and categorize details** Minneapolis and San Juan are a world apart, yet in at least one way they are similar. How? What does Roberto say? What differences are mentioned? Use a Venn diagram to sort these details.

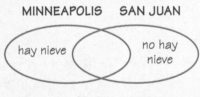

MINNEAPOLIS   SAN JUAN

hay nieve   no hay nieve

## ¡Qué tiempo!

ROPA DE INVIERNO

1 ▶ **Diana:** ¡Qué mona tu bufanda! Me gusta tu gorro. ¿Hace mucho frío en Minneapolis?

ROPA

5 ▶ **Diana:** ¡Ay! Pues, ya tienes ropa de verano.
**Roberto:** Claro que la tengo. ¡En Minneapolis no es invierno todo el año!

6 ▶ **Roberto:** ¡Qué día bonito! Hace muy buen tiempo. Tengo ganas de ir a El Yunque.
**Diana:** Perfecto, porque el proyecto de Ignacio para el concurso es sobre el bosque tropical. Y está preparando el proyecto este mes.

7 ▶ **Ignacio:** Sí, y necesito sacar fotos del bosque. Y las quiero sacar hoy mismo.
**Roberto:** Tengo suerte, ¿no lo creen?
**Diana:** Creo que tienes mucha suerte.
**Ignacio:** Tengo prisa. Es buena hora para sacar fotos porque hay sol.

**2 ▶ Roberto:** En el invierno, sí, ¡hace mucho frío! ¡Brrr! Tengo frío cuando pienso en los inviernos de Minneapolis.

**3 ▶ Diana:** ¿Nieva mucho?

**Roberto:** Bueno, en el invierno, nieva casi todas las semanas. Pero en verano, es como aquí. Hace mucho calor.

**4 ▶ Ignacio:** ¿Qué vas a hacer con toda esta ropa de invierno? Aquí nadie la necesita.

**Roberto:** Tienes razón. Voy a necesitar shorts, trajes de baño y gafas de sol.

**8 ▶ Ignacio:** ¡Qué bonito! Los árboles, las flores…

**Roberto:** Sí, muy bonita.

**Ignacio:** No es como Minneapolis, ¿verdad, Roberto?

**Roberto:** Tienes razón, Ignacio.

**9 ▶ Ignacio:** Mi proyecto va a estar bien chévere, ¿no creen?… ¿No creen?…

…Sí, Ignacio, creo que tu proyecto va a ser muy impresionante.

**10 ▶ Ignacio:** ¡Está lloviendo! ¡Y no tengo paraguas!

**Roberto:** Te estamos esperando, hombre.

doscientos diecisiete **217**
**Etapa 3**

# En acción
## VOCABULARIO Y GRAMÁTICA

**ACTIVIDAD 1**

### ¿Qué lugar?

**Escuchar** ¿Qué lugar describe cada oración, Puerto Rico o Minnesota? ¡Ojo! Algunas oraciones describen los dos lugares. *(Hint: Which place is described?)*

1. En el invierno, hace mucho frío.
2. La gente no necesita ropa de invierno.
3. Nieva casi todas las semanas en el invierno.
4. En el verano, hace calor.
5. Necesitas shorts, traje de baño y gafas de sol.
6. Hay un bosque tropical.

**ACTIVIDAD 2**

### Oraciones revueltas

**Escuchar** Completa las siguientes oraciones según el diálogo, combinando frases de las dos columnas. *(Hint: Complete the sentences by matching.)*

1. El proyecto de Ignacio para el concurso es sobre _____.
2. Tengo frío cuando pienso en _____.
3. ¿Qué vas a hacer con _____?
4. Es buena hora para _____.

    a. sacar fotos
    b. toda esta ropa de invierno
    c. el bosque tropical
    d. los inviernos de Minneapolis

**ACTIVIDAD 3**

### ♻ ¿Qué hay en la maleta?

**Hablar/Escribir** Describe lo que hay en la maleta de Roberto. *(Hint: Describe what's in Roberto's suitcase.)*

modelo

1. Hay un abrigo marrón.

**TAMBIÉN SE DICE**

There are different ways to say *cute*.
- **bonito:** Mexico and other countries
- **mono(a):** Puerto Rico, Spain
- **lindo(a):** many countries

• Use weather expressions
• Use **tener** expressions
• Use direct object pronouns
• Use present progressive

## Vocabulario

### Las estaciones

**el verano**

tomar el sol

el desierto

el bronceador

los shorts

**el otoño**

el viento

la montaña

el río

**el invierno**

el lago

cero grados

**la primavera**

la tormenta

el impermeable

¿Qué actividad te gusta hacer en cada estación?

## ¡Todos van de vacaciones!

**Hablar/Escribir** Todas las personas van de vacaciones. Explica adónde van, usando elementos de cada columna. ¿Qué van a llevar y qué van a hacer? *(Hint: Explain where people are vacationing, what they're taking with them, and what they'll be doing.)*

### modelo

*Yo voy a la playa en el verano.*

*Voy a llevar un traje de baño, gafas de sol y bronceador porque voy a tomar el sol.*

Ignacio y Diana
Roberto
tú
yo
mi amigo(a)
mis amigos
mi familia y yo

la playa
las montañas
el desierto
el lago
el bosque tropical
¿otro lugar?

primavera
verano
otoño
invierno

la bufanda
el traje de baño
el paraguas
las gafas de sol
el abrigo
el bronceador
los shorts
el gorro
el impermeable

tomar el sol
andar en bicicleta
nadar
jugar a (¿qué deporte?)
esquiar
patinar sobre hielo
descansar
ver las plantas y las flores
sacar fotos
¿?

## ¡Organízalos!

**Escribir** Trabajas en una tienda. Organiza los artículos según la estación. (*Hint: Group the articles according to the season.*)

*modelo*

*Las gorras van en la sección de verano.*

LA PRIMAVERA

EL OTOÑO

EL VERANO

EL INVIERNO

1.
2.
3.
4.
5.
6.
7.
8.
9.

## GRAMÁTICA

### ◆ Describing the Weather

▶ To talk about weather, you will often use the verb hacer.

**¿Qué tiempo hace?**
*What's it like out?*

Hace…
It's…

(mucho) calor.
(very) hot.

(mucho) fresco.
(very) cool.

(mucho) frío.
(very) cold.

(mucho) sol.
(very) sunny.

(mucho) viento.
(very) windy.

(muy) buen tiempo.
(very) nice outside.

(muy) mal tiempo.
(very) bad outside.

Diana asks Roberto:

—¿Hace mucho frío en Minneapolis?
**Is it very cold** in Minneapolis?

Roberto replies:

—En el invierno, sí, ¡hace mucho frío!
*In the winter, yes, **it's very cold**!*

▶ When you talk about wind or sun, you can also use hay.

Hay…
It's…

(mucho) sol.
(very) sunny.

(mucho) viento.
(very) windy.

▶ Use the verbs llover and nevar to say it is raining or snowing. They are verbs with stem changes, just like **ju**gar and **pe**nsar.

**Llueve** mucho en el bosque tropical.
*It rains a lot in the tropical rain forest.*

**Nieva** mucho en Minnesota.
*It snows a lot in Minnesota.*

▶ To say that it's cloudy, use the expression está nublado.

No vamos a la playa porque está nublado.
*We're not going to the beach because **it's cloudy**.*

## ACTIVIDAD 6 Gramática

# El tiempo

**Escuchar** Escucha las descripciones. ¿Qué estación es? Escoge el número de la oración que corresponde a cada estación. *(Hint: Match the number of the description with the season.)*

**a.** primavera

**b.** verano

**c.** otoño

**d.** invierno

## ACTIVIDAD 7 Gramática

# ¿Qué tiempo hace?

**Hablar/Escribir** Usa un mínimo de dos expresiones para describir el tiempo en cada dibujo. ¿Qué estación es? *(Hint: Describe the weather and season.)*

> **modelo**
>
> *Hace frío. Hay sol. Es invierno.*

**MÁS PRÁCTICA** *cuaderno* p. 77

**PARA HISPANOHABLANTES** *cuaderno* p. 75

## ACTIVIDAD 8

# ♻ ¿Qué prefieres hacer?

**Hablar** Trabaja con otro(a) estudiante para explicar tus preferencias. Cambien de papel. *(Hint: Take turns giving your preferences.)*

> **modelo**
>
> *preferir / hacer frío: ¿ir a la playa o patinar sobre hielo?*
>
> **Estudiante A:** *¿Qué **prefieres** hacer cuando **hace frío,** ir a la playa o patinar sobre hielo?*
>
> **Estudiante B:** *Prefiero **patinar sobre hielo.***

**1.** querer / hay sol: ¿jugar al tenis o ver la televisión?

**2.** preferir / hacer mucho calor: ¿nadar en el mar o cuidar a tu hermano?

**3.** preferir / llover: ¿ir a la montaña o tocar la guitarra?

**4.** querer / nevar: ¿esquiar en las montañas o correr en el parque?

**5.** querer / hacer buen tiempo: ¿ir al cine o sacar fotos en el parque?

**6.** preferir / hacer mal tiempo: ¿ir de compras o pasear por el parque?

**7.** ¿?

## ♻ ¿Qué vas a llevar?

**Hablar** La ropa que llevas depende mucho del tiempo. Trabaja con otro(a) estudiante para explicar qué vas a llevar según el tiempo. *(Hint: Explain what you'll be wearing.)*

*modelo*

*hace calor*

**Estudiante A:** *Hace calor. ¿Qué vas a llevar hoy?*

**Estudiante B:** *Voy a llevar una camiseta y shorts. Siempre llevo shorts cuando hace calor.*

1. hace mucho frío
2. hace fresco
3. hace mucho calor
4. hay sol
5. llueve
6. ¿?

## El tiempo hoy

**Hablar/Leer** Tienes un periódico de San Juan. Tus amigos quieren saber qué tiempo hace en varias ciudades. Trabaja en un grupo de tres para hacer y contestar las preguntas sobre el tiempo. *(Hint: Say what the weather is in various places.)*

¿Qué tiempo hace en…?

¿Cuál es la temperatura en…?

¿Hace buen/mal tiempo en…?

¿Dónde hace/hay…?

| EL TIEMPO<br>4 de enero | Tiempo | Temperatura | |
|---|---|---|---|
| | | mínima | máxima |
| San Juan | ☀ | 70° | 82° |
| Buenos Aires | ☀ | 75° | 90° |
| Los Ángeles | 🌧 | 50° | 64° |
| Madrid | ⛈ | 37° | 46° |
| México | ⛅ | 48° | 61° |
| Miami | ☀ | 59° | 70° |
| Nueva York | ❄ | 28° | 32° |
| Quito | ☀ | 50° | 59° |
| San Antonio | 💨 | 39° | 51° |

Clave: sol ☀   lluvia 🌧   nieve ❄   nublado ☁   viento 💨

---

**TAMBIÉN SE DICE** There are different ways to say the following:

*sunglasses*
- **gafas de sol:** Puerto Rico, Spain, Ecuador
- **lentes de sol:** many countries

*T-shirt*
- **camiseta:** Puerto Rico and many countries
- **playera:** Mexico
- **polera:** Chile
- **remera:** Argentina

*shorts*
- **shorts:** Puerto Rico
- **pantalones cortos:** many countries
- **pantalonetas:** Colombia, Ecuador

# GRAMÁTICA

## Special Expressions Using tener

♻️ **¿RECUERDAS?** *p. 148* You learned to say that someone is hungry or thirsty using the verb tener. You also learned how to tell age using tener.

tener **hambre**
tener **sed**
tener... **años**

▶ You can use the verb tener in many expressions.

| tener... | | tener ganas de + *infinitive* |
|---|---|---|
| **calor** *hot* | | *to feel like...* |
| **cuidado** *careful* | | **bailar** *dancing* |
| **frío** *cold* | | **cantar** *singing* |
| **miedo** *afraid* | | |
| **prisa** *in a hurry* | | |
| **razón** *right* | | |
| **sueño** *sleepy* | | |
| **suerte** *lucky* | | |

*to be...*

Roberto says:
—Tengo **suerte.**
*I'm lucky.*

Ignacio says:
—Tengo **prisa.**
*I'm in a hurry.*

---

## ACTIVIDAD 11 Gramática

♻️ **Tiene ganas de...**

**Hablar/Escribir** ¿Qué tienen ganas de hacer estas personas?
*(Hint: What do they feel like doing?)*

### modelo

Diana: *ir a la playa*

**Diana** tiene ganas de **ir a la playa.**

1. nosotras: caminar
2. usted: ver la televisión
3. ellos: practicar deportes
4. tú: patinar
5. yo: ¿?

■ **MÁS PRÁCTICA** *cuaderno p. 78*
■ **PARA HISPANOHABLANTES** *cuaderno p. 76*

---

## ACTIVIDAD 12

## ¿Qué pasa aquí?

**Hablar** ¿Cómo se sienten estas personas? Describe cada dibujo, usando una expresión con **tener.** *(Hint: Describe each picture with a tener expression.)*

1. la amiga de Roberto

2. su prima

3. su hermana

4. su vecino

5. su amigo

## ACTIVIDAD 13

### Yo tengo...

**Hablar** Dile a otro(a) estudiante cómo te sientes en cada situación. Usa estas palabras: **calor, frío, miedo, prisa, razón, suerte.** Cambien de papel. *(Hint: Say how you feel.)*

### modelo

*no comer por muchas horas*

**Tú:** *¿Cómo estás cuando **no comes por muchas horas**?*

**Otro(a) estudiante:** *¡Tengo hambre!*

1. correr a la escuela
2. jugar al tenis en el sol
3. ver una película de horror
4. caminar en la nieve
5. saber hacer un examen
6. ganar mucho

■ **MÁS COMUNICACIÓN** p. R9

**NOTA CULTURAL**

**El Yunque** is a rain forest. All rain forests have four zones. They are (from lowest to highest) the floor, the understory, the canopy, and the emergent layer. Some zones are more humid than others; some get more sunlight. Each is a habitat for different kinds of animals and plants.

## GRAMÁTICA: Direct Object Pronouns

The **direct object** in a sentence receives the action of the verb. Direct objects answer the question *whom?* or *what?* about the verb. Nouns used as **direct objects** can be replaced by **pronouns**.

| Singular | | Plural | |
|---|---|---|---|
| **me** me | | **nos** us | |
| **te** you (familiar) | | **os** you (familiar) | |
| **lo** *masculine* you (formal), him, it | | **los** *masculine* you, them | |
| **la** *feminine* you (formal), her, it | | **las** *feminine* you, them | |

▶ The **direct object** noun is placed after the **conjugated verb**.

Diana says:                    Roberto answers:

*replaced by*

—Pues, ya **tienes ropa de verano.**
*You already have **summer clothing.***

—Claro que **la tengo**.
*Of course I have **it**.*

▶ The direct object **pronoun** is placed directly **before** the **conjugated verb**.

▶ When an infinitive follows the conjugated verb, the direct object **pronoun** can be placed:

**before** the **conjugated verb** or **attached** to the **infinitive**

Ignacio says:                    *replaced by*

—Necesito sacar **fotos** del bosque. Y **las quiero sacar** hoy mismo.
*I need to take pictures of the rain forest. I want to take **them** today.*

He could also have said:              *replaced by*

—Necesito sacar **fotos** del bosque. Y **quiero sacarlas** hoy mismo.

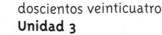

## ¿Qué compran?

**Hablar** Habla con otro(a) estudiante para explicar qué compran. (*Hint: Say what they buy.*)

**modelo**

*Roberto: el guante de béisbol*

**Tú:** ¿*Roberto* compra **el guante de béisbol**?

**Otro(a) estudiante:** *Sí, lo compra.*

1. Diana: los patines
2. Ignacio: la raqueta
3. Roberto: las pelotas
4. Diana: las pesas
5. Roberto: el casco
6. Roberto: los bates
7. Diana: la patineta
8. Diana: el traje de baño

## La fiesta

**Leer** Diana y su amiga se escriben por Internet. Completa su conversación con el pronombre apropiado. (*Hint: Complete their conversation.*)

**Diana:** Sara, ¿Juan ___1___ invita a ti a su fiesta?

**Sara:** Sí, ___2___ invita. ¿A ustedes ___3___ invita?

**Diana:** Sí, ___4___ invita.

**Sara:** ¿Invita a Tina y a Graciela?

**Diana:** No, no ___5___ conoce.

**Sara:** ¿Y a Roberto?

**Diana:** Sí, ___6___ invita.

**Sara:** ¿Invita a Julio y a Fernando?

**Diana:** Sí, ___7___ invita. Son sus mejores amigos.

**Sara:** ¿Y a Mónica?

**Diana:** No, no ___8___ invita. Ella es su hermana.

**MÁS PRÁCTICA** *cuaderno* p. 79

**PARA HISPANOHABLANTES** *cuaderno* p. 77

## Una visita

**Hablar** Tú y un(a) amigo(a) van a San Juan. Pregúntense qué van a llevar en el viaje. (*Hint: Tell your friend what you are taking on the trip.*)

**modelo**

*tu traje de baño*

**Tu amigo(a):** ¿Vas a llevar **tu traje de baño**?

**Tú:** *Sí, voy a llevarlo.* o
*Sí, lo voy a llevar.*

**Nota**

You learned that **llevar** means *to wear.* In this example, **llevar** means *to take along.*

1. tus gafas de sol
2. tu abrigo
3. tu bufanda
4. tus shorts
5. tu gorro
6. tu impermeable
7. tu raqueta de tenis
8. tus camisetas
9. tus libros de español
10. ¿?

## ¿Qué pasa?

**Escuchar** Escucha la conversación. Luego, decide si las oraciones son ciertas o falsas. Corrige las falsas. (*Hint: True or false?*)

1. Cuando llueve, Raúl ve la televisión.
2. Raúl lee revistas. Las lee cuando llueve.
3. María lleva paraguas. Lo lleva cuando llueve.
4. Raúl necesita gafas de sol para ir a la playa.
5. María tiene bronceador. Va a llevarlo a la playa.

## ACTIVIDAD 18

# Creo que...

**Hablar** Tienes que pensar en el tiempo. ¿Qué necesitas llevar? Cambien de papel. *(Hint: Say if you think so.)*

### modelo

*calor (chaqueta)*

**Tú:** *Hace calor.*

**Tu amigo(a):** *¿Necesito chaqueta?*

**Tú:** *Creo que no. No la necesitas.*

### Nota

**Creer** *(to think, to believe)* can be used to state an opinion.

**Creo que sí.    Creo que no.**

1. sol (gafas de sol)
2. llover (bronceador)
3. sol (¿?)
4. llover (¿?)

## Juego

¿Qué describe la oración?

**Hace buen tiempo.**

a.

b.

---

## GRAMÁTICA — Saying What Is Happening: Present Progressive

When you want to say that an action is happening now, use the present progressive.

| | |
|---|---|
| estoy **esperando** | estamos **esperando** |
| estás **esperando** | estáis **esperando** |
| está **esperando** | están **esperando** |

Ignacio says: —¡Está **lloviendo**!
**It's raining!**

Roberto replies: —Te estamos **esperando**…
**We're waiting for you…**

To form this tense, use:

the present tense of estar + **present participle**

To form the present participle of a verb, drop the **ending** of the infinitive and add **-ando** or **-iendo**.

| -ar verbs | espera~~r~~ ← ando | esperando |
|---|---|---|
| -er verbs | com~~er~~ ← iendo | com**iendo** |
| -ir verbs | escrib~~ir~~ ← iendo | escrib**iendo** |

When the **stem** of an **-er** or **-ir** verb ends in a vowel, change the **-iendo** to **-yendo**.

leer ⟶ le**yendo**

oír ⟶ o**yendo**

creer ⟶ cre**yendo**

---

 **¡Están ocupados!**

**Hablar** Todos están haciendo sus actividades favoritas. ¿Qué están haciendo? *(Hint: Say what everyone is doing.)*

1. Diana: comprar ropa
2. Roberto y su hermano: hablar
3. Luis: abrir un libro
4. Paco y yo: pasar un rato con los amigos
5. tú: bailar con tus amigos
6. nosotros: leer una novela
7. yo: ver la televisión
8. sus amigos: oír música
9. Carlos: escribir una carta
10. la familia: comer

**MÁS PRÁCTICA** *cuaderno* p. 80

**PARA HISPANOHABLANTES**
*cuaderno* p. 78

**¿Qué están haciendo?**

**Hablar** Es sábado por la tarde. ¿Qué están haciendo estas personas? *(Hint: Say what everyone's doing.)*

1. tus padres
2. tú y tus amigos
3. tu hermano(a)
4. tu amigo(a)
5. tú

**¡Qué buenas vacaciones!**

**Escribir** Elena y su familia están de vacaciones en la playa. Describe lo que está pasando. Usa las preguntas como guía.
*(Hint: Describe what is happening. Use the questions as a guide.)*

- ¿Qué tiempo hace?
- ¿Qué están haciendo las personas?
- ¿Cómo están? ¿Tienen frío? ¿Tienen hambre?

**MÁS COMUNICACIÓN** p. R9

**Pronunciación**

*Trabalenguas*

**Pronunciación de la *j* y la *g*** The letter **j** is pronounced somewhat like the *h* in the English word *hope*, but a bit stronger. Before the letters **e** and **i**, the Spanish **g** is pronounced just like the **j**. Listen to this tongue twister, then try it yourself to practice.

**«Ji, ji, jí» ríen Javier y Jorge cuando miran a Jazmín la jirafa ingerir jarabe.**

# En voces

**PARA LEER** • **STRATEGY: READING**

**Distinguish details** Find out what **coquíes** are. What features do they have? Use the word web to describe a **coquí** and name its identifying characteristics.

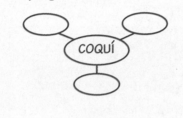

COQUÍ

VEREDA NATURAL

# BAÑO GRANDE

NATURE TRAIL

# El coquí

No muy lejos de[1] San Juan está el Bosque Nacional del Caribe. En este bosque tropical, El Yunque, hay animales y plantas que no ves en ninguna otra parte[2] del mundo. El coquí, el animal más conocido de todo Puerto Rico, vive protegido[3] en El Yunque.

---

[1] Not far from    [2] any other part    [3] protected

*El Yunque, el Bosque
Nacional del Caribe*

Si visitas Puerto Rico, vas a ver imágenes del coquí en muchos lugares —en nombres de tiendas, artículos de promoción y libros. La tradición puertorriqueña es que si ves un coquí vas a tener mucha suerte. Y si quieres tener un bonito recuerdo[9] de Puerto Rico es posible comprar un coquí verde de juguete[10], símbolo de la isla.

---

[9] souvenir          [10] toy

El coquí es una rana[4] de tamaño[5] pequeño que vive en los árboles. Los coquíes son de diferentes colores. Hay coquíes grises[6], marrones, amarillos y verdes. Reciben su nombre por su canto[7] característico. Hay 16 especies de coquíes en Puerto Rico, pero sólo dos producen el canto típico «coquí». Dos están en peligro[8] de extinción. Casi todos los coquíes empiezan a cantar cuando llega la noche.

---

[4] frog          [6] grey          [8] danger
[5] size          [7] song

## ¿Comprendiste?

1. ¿Dónde vive el coquí?
2. ¿Qué es el coquí? ¿Por qué se llama coquí?
3. ¿Cómo es el coquí?
4. ¿Cuándo canta el coquí?
5. ¿Por qué es bueno ver un coquí?

## ¿Qué piensas?

¿Por qué piensas que dos especies de coquí están en peligro de extinción?

## Hazlo tú

Estudia más sobre el coquí y dibuja o describe las plantas típicas donde vive.

# En colores
## CULTURA Y COMPARACIONES

**PARA CONOCERNOS**

**STRATEGY: CONNECTING CULTURES**

**Define travel and tourism** Look at a travel brochure.
(Get one from a travel agency or hotel.) What
does it contain? What does it *not* contain? Do you
think there is a difference between being a *traveler*
and being a *tourist*? List the interests of each.
Explain your ideas.

| Viajero | Turista |
|---------|---------|
|         |         |
|         |         |

# Una excursión por la isla

**R**oberto tiene ganas de
pasear por Puerto Rico
otra vez. Diana e Ignacio
lo llevan de excursión
por la isla. En la Oficina
de Turismo ven
este folleto[1].

---
[1] brochure

# Descubra la isla de Puerto Rico
## ¡La hija del mar y del sol!

El mar y Puerto Rico tienen una unión
fuerte. Las primeras personas de la
isla, los taínos, llegan en canoas.
Cristóbal Colón también llega a la isla
por el mar. Y por el mar Puerto Rico
sufre[2] ataques por muchos años.
Los españoles construyen[3] El Morro en
el siglo XVI[4] como protección contra
los ingleses, los holandeses y los
piratas. Hoy una excursión por San
Juan siempre incluye[5] una visita a
esta gran fortaleza.

---
[2] suffers
[3] build
[4] 16th century
[5] includes
[6] waves
[7] national anthem
[8] indigenous, native
[9] land

# Puerto Rico: Diversión para todos

El himno nacional[7] de Puerto Rico, «La Borinqueña», habla de Borinquen, una palabra que viene del nombre indígena[8] de la isla. Sus palabras explican la relación entre la tierra[9], el mar y el sol.

> «Ésta es la linda tierra,
> que busco yo.
> Es Borinquen la hija,
> la hija del mar y del sol.»

Tanto para el turista como para el puertorriqueño, el mar ofrece muchas actividades. En las playas es posible practicar muchos deportes: nadar, practicar el surfing o esquiar. El surfing es muy popular. En Puerto Rico hay playas que tienen olas[6] grandes, donde hay competiciones internacionales.

## ¿Comprendiste?

1. ¿Cuál es el grupo que llega primero a Puerto Rico?
2. ¿De quiénes vienen los ataques contra los españoles de Puerto Rico?
3. ¿Cuáles son unos deportes populares en las playas de Puerto Rico?
4. ¿De qué deporte hacen competiciones internacionales?
5. En el himno nacional de Puerto Rico, ¿qué es Borinquen?

## ¿Qué piensas?

1. Si algún día vas a Puerto Rico, ¿qué vas a hacer? ¿Te gustaría visitar lugares históricos o pasar toda tu visita en la playa? ¿Por qué?
2. ¿Cómo imaginas tu vacación perfecta? ¿Adónde vas? ¿Qué tiempo hace?

## Hazlo tú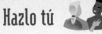

¿Cuáles son los deportes más populares en tu comunidad? Trabaja con otro(a) estudiante para preparar un folleto sobre las atracciones de tu estado.

# En uso
## REPASO Y MÁS COMUNICACIÓN

**OBJECTIVES**
- Describe the weather
- Discuss clothing and accessories
- State an opinion
- Describe how you feel
- Say what is happening

*Now you can...*
- describe the weather.

*To review*
- weather expressions, see p. 220.

*Now you can...*
- describe the weather.
- discuss clothing and accessories.

*To review*
- direct object pronouns, see p. 224.

*Now you can...*
- state an opinion.

*To review*
- weather expressions, see p. 220.

### ACTIVIDAD 1 ¿Qué tiempo hace?

Estás leyendo el periódico. Explica qué tiempo hace en cada lugar. *(Hint: Explain what the weather is like.)*

1. Miami 92°
2. Boston 31°
3. Portland 34°
4. San Juan 85°
5. Washington 67°
6. Los Ángeles 75°

### ACTIVIDAD 2 ¿Cuándo lo usas?

Otro(a) estudiante quiere saber cuándo usas las siguientes cosas. ¿Qué le dices? Cambien de papel. *(Hint: Tell when you use the following items.)*

**modelo**

¿el traje de baño?: verano

**Tú:** ¿Cuándo usas **el traje de baño**?

**Otro(a) estudiante:** Lo uso en el **verano** porque hace calor.

1. ¿los shorts?: verano
2. ¿el gorro?: invierno
3. ¿los suéteres?: otoño
4. ¿la bufanda?: invierno
5. ¿el paraguas?: primavera
6. ¿las gafas de sol?: verano

### ACTIVIDAD 3 Opiniones

¿Qué sabes de Puerto Rico? Expresa tu opinión. *(Hint: Express your opinion.)*

**modelo**

Hace mal tiempo todo el año.
Creo que no.

Hay playas bonitas.
Creo que sí.

1. En el invierno hay mucha nieve.
2. En El Yunque hay plantas y animales muy interesantes.
3. Cuando está nublado, los puertorriqueños toman el sol.
4. El surfing es popular en Puerto Rico.

**Now you can...**

• describe how you feel.

**To review**

• **tener** expressions, see p. 223.

### 4 Los problemas de Roberto

Roberto siempre tiene problemas. Descríbelos. *(Hint: Describe Roberto's problems.)*

**calor**   frío   **ganas**   **prisa**   sed

hambre   miedo   sueño   razón   suerte

1. Cuando Roberto tiene _____, nunca hay comida.
2. Roberto siempre tiene _____, pero siempre llega tarde.
3. Cuando hay una tormenta, Roberto tiene mucho _____.
4. En el invierno en Minnesota, Roberto no lleva un abrigo y siempre tiene _____.
5. Cuando Roberto tiene _____ de nadar, siempre llueve.
6. Roberto tiene mucha _____, pero no hay agua.
7. Cuando camina en el desierto, Roberto tiene mucho _____.
8. Cuando Roberto participa en un concurso, nunca tiene _____.
9. Roberto piensa que 2 + 2 = 5. No tiene _____.
10. A las once de la noche Roberto siempre tiene _____.

**Now you can...**

• say what is happening.

**To review**

• the present progressive, see p. 226.

### 5 ¡Está lloviendo!

La familia de Josefina, una amiga de Diana, está en casa. Según Josefina, ¿qué están haciendo ahora? *(Hint: What are they doing?)*

1. Emilio y yo
2. Dani y Pati
3. mi padre
4. yo
5. mi madre
6. Emilio

## ACTIVIDAD 6 — ¿Adónde voy?

### PARA CONVERSAR
**STRATEGY: SPEAKING**

**Get specific information** To find out someone's vacation plans ask questions about all the specifics. Ask about weather **(el tiempo)**, clothing **(la ropa)**, or activities **(actividades y deportes)** at their destination. The model shows you how.

Imagínate que vas a uno de estos lugares. Los otros estudiantes tienen que adivinar adónde vas. Contesta sus preguntas. *(Hint: Answer your classmates' questions as they try to guess where you are going.)*

el desierto
el bosque
    tropical
la playa en
    verano
las montañas
    en invierno
el lago en
    otoño

**modelo**

**Otro(a):** *¿Va a nevar?*

**Tú:** *No, no va a nevar.*

**Otro(a):** *¿Vas a llevar el traje de baño?*

**Tú:** *Sí, voy a llevarlo.*

**Otro(a):** *¿Vas a practicar el surfing?*

**Tú:** *Sí, voy a practicarlo.*

**Otro(a):** *¿Vas a la playa?*

**Tú:** *Sí, voy a la playa.*

## ACTIVIDAD 7 — Por teléfono

Estás de vacaciones. Hablas con tu amigo(a) por teléfono. Describe el tiempo que hace, cómo estás y lo que está haciendo tu familia en ese momento. *(Hint: Describe the weather, how you feel, and what your family is doing on your vacation.)*

## ACTIVIDAD 8 — En tu propia voz

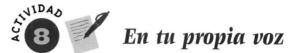

**ESCRITURA** Tu amigo(a) puertorriqueño(a) viene a vivir con tu familia por un año. Escríbele una carta describiendo qué tiempo hace durante cada estación del año, la ropa que necesita llevar y las actividades que él o ella puede hacer en cada estación. *(Hint: Write your Puerto Rican friend a letter describing the weather and items he or she should bring when visiting.)*

En la primavera hace...

Para el frío, necesitas llevar...

En el verano hace...

Llueve mucho en...

## CONEXIONES

**Las ciencias** The Fahrenheit temperature scale is used in Puerto Rico. However, most Spanish-speaking countries use the Celsius scale. On this scale, water freezes at 0° and boils at 100°. To convert, use these formulas.

$$100°C \times 9/5 + 32 = 212°F \qquad 212°F - 32 \times 5/9 = 100°C$$

Convert the temperatures in the chart and write what seasons they might represent. Explain the other weather conditions. Choose a location in the Spanish-speaking world. Find out its average temperature and weather conditions in each season.

| C | F | Estación | Tiempo |
|---|---|----------|--------|
| 0° | | | |
| 10° | | | |
| | 68° | | |
| 25° | | | |
| 30° | | | |
| | 95° | | |

# En resumen
## REPASO DE VOCABULARIO

### DESCRIBING THE WEATHER

| | |
|---|---|
| ¿Qué tiempo hace? | What is the weather like? |
| Está nublado. | It is cloudy. |
| Hace… | It is… |
| buen tiempo | nice outside |
| calor | hot |
| fresco | cool |
| frío | cold |
| mal tiempo | bad outside |
| sol | sunny |
| viento | windy |
| Hay… | It's… |
| sol | sunny |
| viento | windy |
| el grado | degree |
| llover (ue) | to rain |
| la lluvia | rain |
| nevar (ie) | to snow |
| la nieve | snow |
| el sol | sun |
| la temperatura | temperature |
| el tiempo | weather |
| la tormenta | storm |
| el viento | wind |

#### Seasons

| | |
|---|---|
| las estaciones | seasons |
| el invierno | winter |
| el otoño | fall |
| la primavera | spring |
| el verano | summer |

### DESCRIBING HOW YOU FEEL

| | |
|---|---|
| tener… | to be… |
| calor | hot |
| cuidado | careful |
| frío | cold |
| miedo | afraid |
| prisa | in a hurry |
| razón | right |
| sueño | sleepy |
| suerte | lucky |
| tener ganas de… | to feel like… |

### STATING AN OPINION

| | |
|---|---|
| creer | to think, to believe |
| Creo que sí/no. | I think so. / I don't think so. |

### CLOTHING AND ACCESSORIES

#### Clothing

| | |
|---|---|
| el abrigo | coat |
| la bufanda | scarf |
| el gorro | cap |
| el impermeable | raincoat |
| los shorts | shorts |
| el traje de baño | bathing suit |

#### Styles

| | |
|---|---|
| con rayas | striped |
| de cuadros | plaid, checked |

#### Accessories

| | |
|---|---|
| el bronceador | suntan lotion |
| las gafas de sol | sunglasses |
| el paraguas | umbrella |

### OTHER WORDS AND PHRASES

| | |
|---|---|
| sacar fotos | to take pictures |
| tomar el sol | to sunbathe |

#### Places

| | |
|---|---|
| el bosque | forest |
| el desierto | desert |
| el lago | lake |
| el mar | sea |
| la montaña | mountain |
| la playa | beach |
| el río | river |

#### Vegetation

| | |
|---|---|
| el árbol | tree |
| la flor | flower |
| la planta | plant |

## Juego

Es julio. Hace frío y nieva mucho. Mucha gente esquía en las montañas. ¿En qué país están?

a. **México**

b. **Estados Unidos**

c. **Chile**

# *En tu propia voz*

ESCRITURA

## Una fiesta puertorriqueña

The Spanish classes at your school are sponsoring an all-school celebration of Puerto Rican culture. It is your job to design the posters. Use the student model as your guide.

**Purpose:** Invite others to an all-school party
**Audience:** Students and faculty
**Subject:** Puerto Rico
**Structure:** Poster-sized invitation

EL MORRO

SAN JUAN

### PARA ESCRIBIR • STRATEGY: WRITING

**Appeal to the senses** A well-constructed poster will entice people to attend the party. One way to do so is to include details that appeal to the senses: sight **(la vista)**, hearing **(el oído)**, touch **(el tacto)**, taste **(el gusto)**, and smell **(el olfato)**.

## Modelo del estudiante

The writer keeps herself focused by generating categories (**fecha, hora,** etc.) under which specific information will be listed.

The writer appeals to **sight** when she shows that students will "tour" Puerto Rico via photos.

The writer addresses the students' sense of **hearing** by mentioning music.

The invitation appeals to **taste** and **smell** by mentioning various Puerto Rican foods.

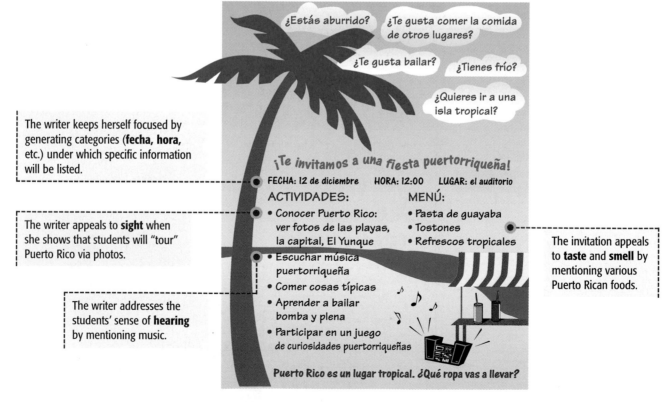

¿Estás aburrido?  ¿Te gusta comer la comida de otros lugares?

¿Te gusta bailar?  ¿Tienes frío?

¿Quieres ir a una isla tropical?

¡Te invitamos a una fiesta puertorriqueña!

FECHA: 12 de diciembre    HORA: 12:00    LUGAR: el auditorio

ACTIVIDADES:
• Conocer Puerto Rico:
  ver fotos de las playas,
  la capital, El Yunque
• Escuchar música
  puertorriqueña
• Comer cosas típicas
• Aprender a bailar
  bomba y plena
• Participar en un juego
  de curiosidades puertorriqueñas

MENÚ:
• Pasta de guayaba
• Tostones
• Refrescos tropicales

Puerto Rico es un lugar tropical. ¿Qué ropa vas a llevar?

# Estrategias para escribir

## Antes de escribir...

With another student, discuss what you have learned about Puerto Rico. Use an observation chart to help organize your thoughts. Short on ideas? Review this unit, or use the library or Internet to find more information. Then bring the details together to make an exciting poster (and party). Be sure to include: date, time, and place of the party; activities; food and drink; suggested dress; decorations.

### Una fiesta puertorriqueña

| la vista | el oído | el tacto | el gusto | el olfato |
|---|---|---|---|---|
| el sol | música bomba y plena | la playa | tostones | las flores |
| el Viejo San Juan | el mar | | | la comida |

## Revisiones

Once you have a draft, share it with a partner. Then ask:

- *Can you tell where/when the party takes place?*
- *Does the poster appeal to the senses?*
- *Does it make you want to go to the party?*
- *Does it communicate the island theme?*

## La versión final

Before you create the final draft of your invitation, look over your work with the following questions in mind:

- *Did I use **gustar** correctly?*

**Try this:** Underline each use of **gustar.** Check to make sure that it is used with an infinitive and the correct pronoun: **me, te, le, nos, os,** or **les.**

- *Are adjectives used correctly?*

**Try this:** Circle every noun/adjective combination. Check to make sure that each adjective matches the gender and number of the noun it modifies.

 Share your writing on
www.mcdougallittell.com

# UNIDAD

# 4

**ESTADOS UNIDOS**

# OAXACA
## MÉXICO

¡DE VISITA!

**OBJECTIVES**

ETAPA **1**

## ¡A visitar a mi prima!
- Identify places
- Give addresses
- Choose transportation
- Request directions
- Give instructions

ETAPA **2**

## En el mercado
- Talk about shopping
- Make purchases
- Talk about giving gifts
- Bargain

ETAPA **3**

## ¿Qué hacer en Oaxaca?
- Order food
- Request the check
- Talk about food
- Express extremes
- Say where you went

CHIHUAHUA •

OCÉANO
PACÍFICO

GOLFO DE CALIFORNIA

BAJA
CALIFORNIA

MÉXICO

GUADALAJARA •

**ANIMALITOS**
are popular forms
for Oaxacan wood
carvings. Notice
the colorful painting.
What other Oaxacan
carving is on this page?

238

# ALMANAQUE

**Población:** 212.943
**Altura:** 1.550 metros (5.084 pies)
**Clima:** 21° C (69,1° F)
**Comida típica:** mole negro, tasajo
**Gente famosa de Oaxaca:** Francisco Toledo (pintor), Benito Juárez (político), Rufino Tamayo (pintor)

**¿Vas a Oaxaca?** La gente de México usa la palabra *Oaxaca* para referirse al estado de Oaxaca, la ciudad de Oaxaca y el valle de Oaxaca. Cuando escuches «Oaxaca», pregunta a qué parte se refiere.

INTERNET For more information about Oaxaca, access www.mcdougallittell.com

**PESOS** are Mexican money. How are they different from dollars?

GOLFO DE MÉXICO

MONTE ALBÁN

**BENITO JUÁREZ** was one of Mexico's presidents. From the clothing in this picture, can you guess when he lived? Check your idea on p. 278.

BAHÍA DE CAMPECHE

PENÍNSULA DE YUCATÁN

★ MÉXICO, D.F.

**MONTE ALBÁN** This city was built by the Zapotecs around 600 B.C. high upon a hill. What do you think the word **monte** means?

ESTADO DE OAXACA

BELICE

HONDURAS

• OAXACA

GUATEMALA

EL SALVADOR

NICARAGUA

**MOLE NEGRO** Many ingredients, including chiles and chocolate, make up black **mole** sauce. What have you eaten that is made from chocolate?

**RUFINO TAMAYO** (1899–1991), Oaxacan artist, completed *Mujer tendiendo la mano a la luna* in 1946. Can you guess what that means?

ETAPA

# 1

# ¡A visitar a mi prima!

- Identify places

- Give addresses

- Choose transportation

- Request directions

- Give instructions

## ¿Qué ves?

Mira la foto del Zócalo de Oaxaca.

1. ¿La chica vive en Oaxaca o está visitando Oaxaca?

2. ¿Qué tiempo hace?

3. ¿Cuántos museos ves en el mapa?

### OAXACA

Museo Rufino Tamayo

Av. Morelos

Museo de Arte Contemporáneo

Av. Independencia

5 de Mayo

Av. Juárez

Catedral de Oaxaca

Tinoco y Palacios

Zócalo

Palacio de Gobierno

Las Casas

Mercado Juárez

a Monte Albán

# En contexto

## VOCABULARIO

Rosa is taking a walk through the city of Oaxaca. She looks at a map in order to find her way around.

la plaza

el café

**A** Hay mucho que ver en Oaxaca. ¡Mira **el mapa**! Es divertido pasear. Primero, voy a **una plaza.** Después, descanso en **un café** y tomo un refresco.

el correo

la iglesia

**B** Allí está **el correo,** de donde mando cartas. **La iglesia** es muy bonita.

la farmacia

**C** Si estoy enferma y necesito medicina, voy a **la farmacia.** Está en **la calle** Bustamante.

**el banco**

**el hotel**

**la estación de autobuses**

**D** Voy al **banco** por la tarde. Si quieres visitar la ciudad, hay **un hotel** muy bonito para pasar la noche.

**E** Llego a **la estación de autobuses** de Oaxaca. Acabo de venir de la capital.

**la esquina**

**F** Para ir del **centro** al **aeropuerto** voy por esta **avenida.** Hay un taxi en **la esquina.**

## Preguntas personales

**1.** ¿Te gusta ir al centro?
**2.** ¿Usas la estación de autobuses o el aeropuerto?
**3.** ¿Prefieres pasar un rato en un café o en una plaza?
**4.** ¿Dónde compras medicina?
**5.** ¿Adónde vas si estás en otra ciudad y tienes sueño?

# En vivo

## DIÁLOGO

Rosa    Carlos    Sofía

### Visita a Oaxaca

**PARA ESCUCHAR** • STRATEGY: LISTENING

**Listen and follow directions** How you remember directions gives clues about the ways you prefer to learn. Listen to Carlos's directions. Which is most natural for you, to (1) repeat key words, (2) write key words, (3) use gestures, (4) draw a map, or (5) do something else? Your choices indicate how you prefer to learn. Use them to help you follow directions as you listen.

**1▶ Rosa:** Perdone, ¿puede usted decirme dónde queda la calle Morelos?

**Hombre:** No, señorita. Perdone, pero no sé dónde queda esa calle.

**5▶ Carlos:** Ésta es la avenida Constitución. Camina por esta calle. Allí vas a ver un banco.

**Rosa:** ¿Dices que hay un banco?

**Carlos:** Sí, hay un banco al lado de una farmacia.

**6▶ Carlos:** Vas a llegar a un parque. Cruza el parque. Enfrente de la estatua está la calle Morelos.

**Rosa:** Muchas gracias, eh...

**Carlos:** Carlos, me llamo Carlos.

**Rosa:** Rosa, soy Rosa.

**7▶ Carlos:** Salgo del trabajo a las siete. Si quieres, salimos a comer con tu prima.

**Rosa:** Me gustaría. A ver qué dice mi prima. ¿Puedo llevar el mapa?

**Carlos:** Sí, claro que sí.

**2 ▶ Rosa:** Buenos días. Vengo a visitar a mi prima. No sé dónde queda su nueva casa. Busco esta dirección.

**3 ▶ Carlos:** ¡Ah, sí!, claro, la calle Morelos. Desde aquí es muy fácil llegar.
**Rosa:** ¡Ay, qué bueno! ¿Queda lejos de aquí?

**4 ▶ Carlos:** A pie llegas en diez minutos. Pero llegas más rápido en taxi.
**Rosa:** Prefiero caminar. ¿Puedes decirme cómo llego?

**8 ▶ Sofía:** ¡Rosa!
**Rosa:** ¡Sofía! ¿Cómo estás?
**Sofía:** ¡Qué sorpresa! ¿Qué haces por aquí?
**Rosa:** ¡Vengo a visitarte!
**Sofía:** Pasa, pasa, prima.

**9 ▶ Rosa:** ¡Qué bonita es la nueva casa de tu familia! ¿Dónde está mi tía?
**Sofía:** Está haciendo algunas compras.
**Rosa:** Yo también quiero ir de compras. Es el cumpleaños de mi mamá y quiero comprar algo bonito para ella.

**10 ▶ Sofía:** Yo digo que el mercado tiene las cosas más bonitas. ¿Por qué no vamos mañana por la mañana? ¿Qué dices?
**Rosa:** Me encantaría.
**Sofía:** Entonces, mañana, ¡al mercado! Y después, salimos a pasear por la plaza.

# En acción

## VOCABULARIO Y GRAMÁTICA

**OBJECTIVES**

- Identify places
- Give addresses
- Choose transportation
- Request directions
- Give instructions

### ¿Cierto o falso?

**Escuchar** ¿Es cierto o falso? Si es falso, di lo que es cierto. (*Hint: Say what is true.*)

1. Sofía no sabe que Rosa viene a visitarla.

2. El hombre de la calle no sabe dónde vive Sofía.

3. Es difícil llegar a la casa de Sofía.

4. Rosa quiere ir al mercado, pero Sofía no quiere ir.

5. Rosa quiere comprar algo para su padre.

### ¿En qué orden?

**Escuchar** Di en qué orden pasan los sucesos. (*Hint: Give the order of events.*)

a. Rosa habla con Carlos.

b. Rosa llega a Oaxaca.

c. Rosa camina a la casa de su prima.

d. Sofía habla con Rosa sobre el mercado.

e. Rosa habla con un hombre en la calle.

f. Rosa recibe el mapa de Carlos.

### La nueva comunidad

**Hablar** Una muchacha quiere saber qué hay en su nueva comunidad. ¿Qué pregunta? (*Hint: Ask about places.*)

**modelo**

¿Hay un correo por aquí?

**Nota**

The word **por,** which most often means *for,* has many uses and meanings.

| | |
|---|---|
| Camina **por** esta calle. | *Walk **along/down** this street.* |
| Pasa **por** la tienda. | *Come (Pass) **by** the store.* |
| ¿Qué haces **por** aquí? | *What are you doing **around** here?* |

- Use the verb **decir**
- Use prepositions of location
- Use regular affirmative **tú** commands

## ACTIVIDAD 4

### ¿Adónde van?

**Hablar** Rosa y Sofía van de compras. Di adónde van para comprar las siguientes cosas. *(Hint: Say where they go to buy things.)*

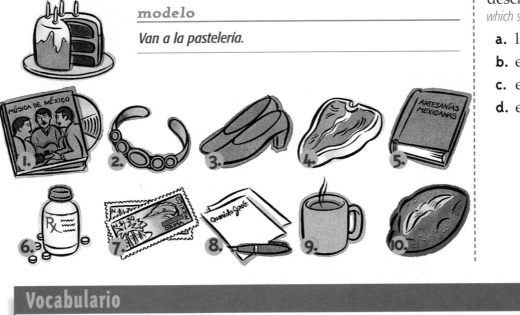

**modelo**

*Van a la pastelería.*

## ACTIVIDAD 5

### ♻ ¿En qué estación?

**Escuchar** Escucha las descripciones. ¿Qué estación describe cada una? *(Hint: Say which season.)*

- **a.** la primavera
- **b.** el verano
- **c.** el otoño
- **d.** el invierno

## Vocabulario

**Las tiendas**

el centro comercial · la carnicería · la joyería · la librería · la panadería

la papelería · la pastelería · la tienda de música y videos · la zapatería

¿A qué tiendas vas de compras?

doscientos cuarenta y siete
**Etapa 1**  **247**

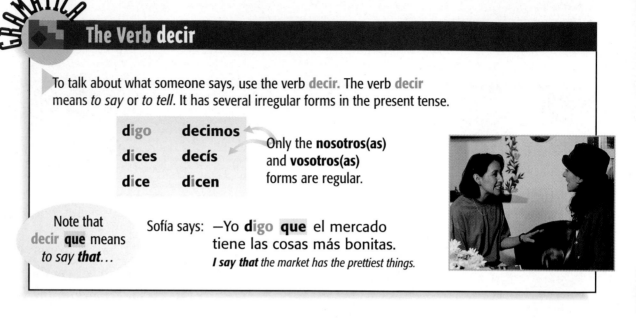

## GRAMÁTICA

### The Verb decir

▶ To talk about what someone says, use the verb **decir**. The verb **decir** means *to say* or *to tell*. It has several irregular forms in the present tense.

| | |
|---|---|
| **di**go | **deci**mos |
| **di**ces | **decí**s |
| **di**ce | **di**cen |

Only the **nosotros(as)** and **vosotros(as)** forms are regular.

Note that **decir que** means *to say that...*

Sofía says: —Yo **digo que** el mercado tiene las cosas más bonitas.
*I say that the market has the prettiest things.*

---

## ¿Quién lo dice?

**Hablar** Muchos dicen que Oaxaca tiene mucho de interés. ¿Quién lo dice? *(Hint: Who says what?)*

**modelo**

*yo / la ciudad / calles bonitas*

**Yo** digo que **la ciudad** tiene **calles bonitas.**

1. Carlos / las iglesias / arte regional
2. Rosa y Sofía / el Zócalo / gente interesante
3. tú / las joyerías / cosas bonitas
4. Roberto y yo / los cafés / comida regional
5. yo / los museos / artículos interesantes

### TAMBIÉN SE DICE

There are different ways to talk about a car.

- **el auto(móvil):** many countries
- **el coche:** Spain, parts of South America
- **el carro:** Mexico, Central America

---

## ¿De dónde salen?

**Escribir** Rosa y Sofía ven a muchas personas. ¿De dónde salen todos? Usa la forma correcta de **salir.** *(Hint: Say from where people are leaving.)*

**Nota**

**Salir** means *to leave* or *to go out.* It has an irregular **yo** form: **salgo.** Its other forms are regular.

1. Rosa y Sofía _____ del café.
2. Carlos _____ de la tienda de música y videos.
3. Yo _____ de la panadería.
4. Nosotros _____ de la farmacia.
5. Juan y Pedro _____ de la librería.
6. Beatriz _____ del cine.
7. Tú _____ del correo.
8. Ustedes _____ del banco.

■ **MÁS PRÁCTICA** *cuaderno* p. 85

■ **PARA HISPANOHABLANTES** *cuaderno* p. 83

---

## ACTIVIDAD 8

# De viaje

**Hablar/Escribir** Todos salen. ¿Para dónde salen y qué transporte van a usar? *(Hint: Say where they are headed and what transportation they use.)*

### modelo

*Sofía / el café*

**Sofía** sale para **el café**. Va en **taxi**.

**I.** Rosa y Sofía / el centro comercial

**2.** nosotros / la Ciudad de México

**3.** tú / San Juan

**4.** ellos / Miami

**5.** Félix / el banco

**6.** ustedes / el correo

**7.** Carlos / Monte Albán

**8.** yo / ¿?

---

## ACTIVIDAD 9

# ¿Qué dicen?

**Hablar** Pregúntale a un(a) amigo(a) cómo les gusta viajar a estas personas. Cambien de papel. *(Hint: Explain what they say about traveling.)*

### modelo

*tus padres*

**Tú:** *¿Cómo les gusta viajar a* **tus padres***?*

**Tu amigo(a):** *Mis padres siempre dicen que les gusta viajar en avión.*

---

**I.** tu hermano(a)

**2.** tus abuelos

**3.** tú

**4.** tus amigos

**5.** tú y tu familia

---

## Vocabulario

### De viaje

**manejar** *to drive*
**viajar** *to travel*
**el viaje** *trip*

**a pie**    **en autobús**    **en avión**    **en barco**

**en carro**    **en metro**    **en moto(cicleta)**    **en taxi**    **en tren**

¿Cómo prefieres viajar?

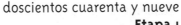

## Using Prepositional Phrases to Express Location

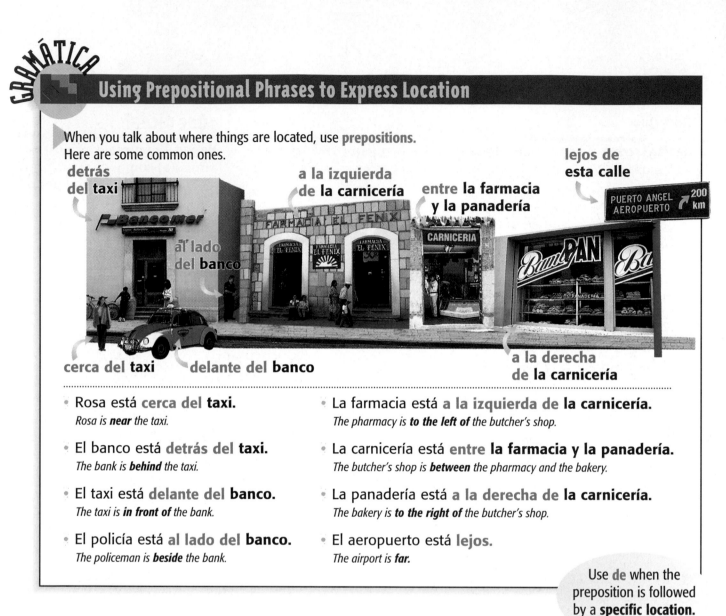

When you talk about where things are located, use **prepositions.** Here are some common ones.

**detrás del taxi**

**al lado del banco**

**cerca del taxi**    **delante del banco**

**a la izquierda de la carnicería**

**entre la farmacia y la panadería**

**lejos de esta calle**

**a la derecha de la carnicería**

PUERTO ANGEL AEROPUERTO 200 km

- **Rosa está cerca del taxi.**
  *Rosa is **near** the taxi.*

- **El banco está detrás del taxi.**
  *The bank is **behind** the taxi.*

- **El taxi está delante del banco.**
  *The taxi is **in front of** the bank.*

- **El policía está al lado del banco.**
  *The policeman is **beside** the bank.*

- **La farmacia está a la izquierda de la carnicería.**
  *The pharmacy is **to the left of** the butcher's shop.*

- **La carnicería está entre la farmacia y la panadería.**
  *The butcher's shop is **between** the pharmacy and the bakery.*

- **La panadería está a la derecha de la carnicería.**
  *The bakery is **to the right of** the butcher's shop.*

- **El aeropuerto está lejos.**
  *The airport is **far**.*

Use **de** when the preposition is followed by a **specific location.**

**ACTIVIDAD 10 Gramática**

## ¿Dónde está?

**Hablar/Escribir** Explica dónde están las tiendas de la foto. *(Hint: Explain where they are.)*

1. La carnicería está (a la izquierda / a la derecha) de la farmacia.

2. El taxi está (cerca / lejos) de Rosa.

3. El banco está (entre / detrás) del taxi.

4. La panadería está (cerca / lejos) del aeropuerto.

5. La carnicería está (a la izquierda / a la derecha) de la panadería.

6. La farmacia está (entre / al lado de) la carnicería y el banco.

**MÁS PRÁCTICA** *cuaderno* pp. 86–87

**PARA HISPANOHABLANTES** *cuaderno* pp. 84–85

## ACTIVIDAD 11

### En el centro comercial

**Hablar** Rosa y Sofía van al centro comercial. Sofía explica dónde están las tiendas. *(Hint: Say where the stores are.)*

*modelo*

la farmacia    **Rosa:** *¿Dónde está* **la farmacia***?*

**Sofía:** *La farmacia está enfrente del café. Está a la derecha de …*

**Nota**

When one building is facing another, use **enfrente de.**

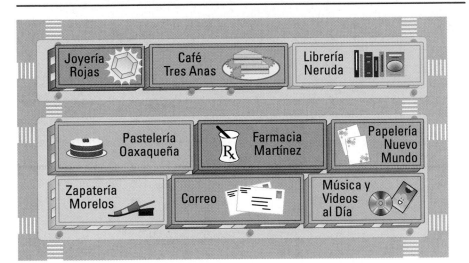

1. correo
2. librería
3. café
4. papelería
5. zapatería
6. joyería
7. pastelería
8. tienda de música y videos

**N O T A** CULTURAL

The Zapotecs, Mixtecs, and 16 other Native American groups live in Oaxaca, each with its own language and culture. In July they celebrate the **Guelaguetza,** wearing their native costumes, dancing, and exchanging gifts. **Guelaguetza** is a Zapotec word that means *gift.*

## ACTIVIDAD 12   Las tiendas

**PARA CONVERSAR**

**STRATEGY: SPEAKING**

**Recognize and use set phrases**
Think of the expressions you use as a whole instead of constructing them a word at a time. This helps you think in Spanish instead of translating from English.

**Hablar/Escribir** Explica dónde están las tiendas de tu comunidad. ¿Cómo vas? *(Hint: Explain where stores are and how you go there.)*

| | |
|---|---|
| a pie | en carro |
| en autobús | en moto |
| en metro | en bicicleta |
| en taxi | |

*modelo*

*la librería*

**La librería** *está lejos de mi casa. Está al lado de una farmacia grande. Voy a la librería en autobús.*

1. farmacia
2. librería
3. zapatería
4. joyería
5. pastelería
6. centro comercial
7. tienda de música y videos

**MÁS COMUNICACIÓN**   p. R10

## Regular Affirmative tú Commands

To tell a person to do something, use an affirmative command. **Tú commands** are used with friends or family. The regular affirmative **tú command** is the same as the **él/ella** form of the present tense.

| Infinitive | Present | Affirmative tú Command |
|---|---|---|
| caminar | (él, ella) **camina** | **¡Camina!** |
| comer | (él, ella) **come** | **¡Come!** |
| abrir | (él, ella) **abre** | **¡Abre!** |

Carlos says:

—**Camina** por esta calle… **Cruza** el parque…
***Walk*** *down this street…* ***Cross*** *the park…*

If you use a **command** with a **direct object pronoun**, attach the pronoun to the end of the command.

**Cruza** el parque. ⟶ **¡Crúza lo!**
***Cross*** *the park.* ⟶ ***Cross it!***

If needed, add an **accent** when you attach a pronoun to retain the original stress. See p. 155.

### Vocabulario

**Las direcciones**

**cruzar** *to cross*

**doblar** *to turn*

**quedar (en)** *to be (in a specific place), to agree on*

**la cuadra** *city block*

**derecho** *straight ahead*

**desde** *from*

**hasta** *until, as far as*

**¿Cómo vas a la escuela?**

---

### ACTIVIDAD 13 Gramática

 **¿Qué hacer en Oaxaca?**

**Escribir** Sofía le explica a Rosa qué hacer en Oaxaca. *(Hint: Explain what Sofía suggests Rosa should do.)*

modelo

*jugar al tenis*
*Juega al tenis.*

1. correr
2. sacar fotos
3. hablar con Carlos
4. escribir una carta
5. escuchar música
6. pasear por la plaza
7. leer revistas
8. visitar el museo

### ACTIVIDAD 14 Gramática

**¡Invita a todos!**

**Hablar** La amiga de Sofía organiza una fiesta y quiere saber a quién invitar. Sofía le dice su opinión. *(Hint: Tell whom Sofía says to invite.)*

modelo

Carlos  **Su amiga:** *¿Invito a* **Carlos***?*
 **Sofía:** *Sí, ¡invítalo!*

1. Sandra
2. las muchachas
3. Jorge, Pepe y Alicia
4. Julio
5. Juan y Diego
6. Amalia

■ **MÁS PRÁCTICA** *cuaderno* p. 88

■ **PARA HISPANOHABLANTES** *cuaderno* p. 86

## ♻ ¿Qué hago primero?

**Hablar** Carlos tiene que hacer muchas cosas hoy. Le pregunta a Rosa qué debe hacer primero. *(Hint: Say what Rosa tells Carlos to do.)*

**modelo**

*¿trabajar en la tienda o comer?*

**Carlos:** *¿Qué hago primero, **trabajo en la tienda o como**?*

**Rosa:** *Primero, come. Después, trabaja.*

1. ¿escribir una carta o estudiar para un examen?
2. ¿leer el periódico o abrir la tienda?
3. ¿correr en el parque o cenar?
4. ¿ver la televisión o terminar mi tarea?

## ♻ ¡Mañana es otro día!

**Hablar** Tu amigo(a) quiere hacer muchas cosas, pero no tiene tiempo. Tú le dices cuándo hacer todo. *(Hint: Say when your friend should do things.)*

**modelo**

*comprar unos jeans*

**Tu amigo(a):** *Quiero **comprar unos jeans**, pero no tengo tiempo.*

**Tú:** *¡Cómpralos el lunes!*

1. buscar las gafas de sol
2. visitar el museo del centro
3. leer un libro sobre un viaje
4. vender los libros
5. preparar el almuerzo para la familia
6. escribir una carta

## ¡A la fiesta!

**Hablar/Escribir** Sofía explica cómo llegar a su casa para una fiesta. Su amiga Amalia la llama para confirmar las direcciones. Completa su conversación, usando un pronombre si es posible. *(Hint: Give directions.)*

**modelo**

**Amalia:** *¿Primero, camino derecho tres cuadras por la calle González Ortega? ¿Cruzo la calle?*

**Sofía:** *Sí, camina derecho tres cuadras por la calle González Ortega. Crúzala.*

1. **Amalia:** ¿Entonces, doblo a la izquierda y camino seis cuadras más?
2. **Amalia:** Allí veo una plaza. ¿Cruzo la plaza y camino una cuadra más por la calle Guerrero?
3. **Amalia:** ¿Entonces, doblo a la derecha y camino una cuadra por la calle 20 de Noviembre?
4. **Amalia:** Entonces, llego a la avenida Hidalgo. ¿La cruzo?
5. **Amalia:** Entonces, veo el Parque Alameda. ¿Cruzo el parque?

## NOTA CULTURAL

*Oaxaca* means "place of the **guaje**" in Nahuatl, a language of Mexico. The **guaje** is a large tree with pods and flowers. The pods sometimes look like gourds. Some say *Oaxaca* means "place of the gourds."

## Una visita a Oaxaca

**Hablar**  Estás de visita en Oaxaca. Quieres saber cómo llegar a varios lugares. Hablas con dos jóvenes. ¿Qué dicen? Cambien de papel. *(Hint: Ask directions to various places.)*

### modelo

el parque → el teatro *(Estás en el parque. Vas al teatro.)*

**Tú:** *Perdona. ¿Cómo llego al teatro?*

**Joven 1:** *Lo siento, pero no sé. No vivo por aquí.*

**Tú:** *Perdona. ¿Puedes decirme dónde queda el teatro?*

**Joven 2:** *Cómo no. Camina derecho dos cuadras por la avenida Independencia hasta la calle 5 de Mayo. El teatro está en la esquina.*

1. el Zócalo → la tienda de artesanías
2. la tienda de artesanías → el correo
3. el correo → el mercado
4. el mercado → la catedral
5. la catedral → la iglesia
6. la iglesia → el parque

### Vocabulario

#### Direcciones, por favor

**Perdona(e), ¿cómo llego a…?** *Pardon, how do I get to…?*

**¿Puedes (Puede usted) decirme dónde queda…?** *Could you tell me where…is?*

**¿Queda lejos?** *Is it far?*

#### Las respuestas

**¡Cómo no!** *Of course!*

**Lo siento…** *I'm sorry…*

**acá/aquí** *here*

**allá/allí** *there*

**el camino** *road*

**la dirección** *address, direction*

¿Cómo explicas las direcciones?

## ACTIVIDAD 19

# ¿Puede usted decirme...?

**Escuchar** Rosa le pregunta a un policía cómo llegar a la librería. Escucha su conversación. Indica en qué cuadra del mapa están la librería, la papelería y el correo. *(Hint: Say where each place is.)*

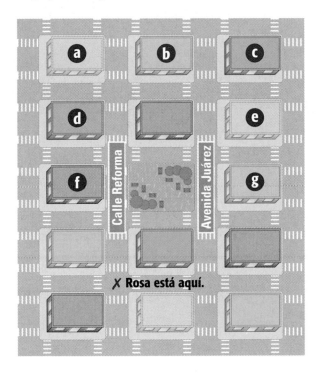

## ACTIVIDAD 20

# Tu comunidad

**Escribir** Vas a dar una fiesta. Escribe las direcciones para ir a tu casa desde la escuela. *(Hint: Give directions to your house from school.)*

### modelo

*Mi casa está a seis cuadras de la escuela. Camina dos cuadras por la calle Wilson. Vas a ver un banco. Dobla a la izquierda y camina dos cuadras por la calle Metropolitan. Hay una farmacia en la esquina. Dobla a la derecha y camina una cuadra. En la avenida Connecticut, dobla a la izquierda y camina una cuadra más. Yo vivo en la avenida Connecticut 284. Mi casa está enfrente de la pastelería.*

### Nota

Addresses with numbers that have more than two digits can be expressed by pairing digits.

**284 Connecticut Avenue**

—Vivo en la avenida Connecticut, dos ochenta y cuatro.

**1340 Main Street**

—Vivo en la calle Main, trece cuarenta.

■ **MÁS COMUNICACIÓN** p. R10

---

## Pronunciación

### Refrán

**Pronunciación de la r** When the letter **r** occurs in the middle of a word and between two vowels, it is pronounced by a single tap of your tongue just behind your teeth. It feels like the English *d* when you say the words *buddy* or *ladder*. To practice the tap **r**, pronounce these words. Then try the **refrán**. Can you guess what it means?

la joyería   la panadería   la papelería   la pastelería   la zapatería

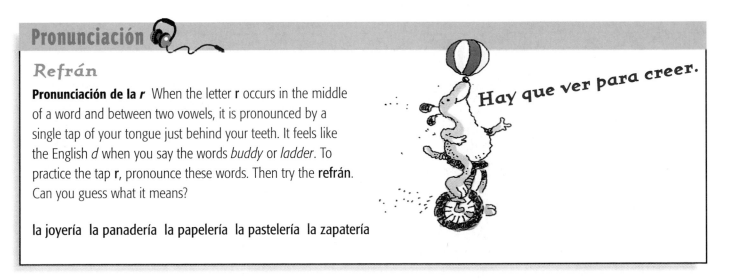

Hay que ver para creer.

# En voces

## ¡VISITA OAXACA!
### UN PASEO¹ A PIE

La ciudad de Oaxaca es un monumento histórico nacional. Hay arquitectura colonial, iglesias y museos muy importantes. Para verla mejor tienes que conocer Oaxaca a pie.

❶ Empieza en el Zócalo, el centro de Oaxaca. Es el lugar ideal para ver a los oaxaqueños. Hay muchos cafés y restaurantes aquí.

❷ Ahora cruza la calle Guerrero y entra en el Palacio de Gobierno². Mira el mural sobre la historia y la cultura de Oaxaca.

---
¹walk    ²Government Palace, State Capitol

**3** Al salir del Palacio, camina hasta llegar a la avenida Hidalgo. Cruza la avenida para ver la catedral. A veces hay conciertos aquí.

**4** Detrás de la catedral está la avenida Independencia. Sigue por la avenida y dobla a la izquierda en la calle Macedonio Alcalá. Allí hay unas tiendas excelentes y varias casas coloniales. Sigue derecho cuatro cuadras para ver la iglesia de Santo Domingo. Mira el interior.

**5** Al lado de la iglesia queda el Museo Regional de Oaxaca. En el museo hay objetos arqueológicos de Monte Albán. También hay ropa, artículos textiles y otros artículos de las primeras culturas de la región.

**6** Regresa al Zócalo. Si hace buen tiempo, hay conciertos aquí a las siete de la tarde. ¿Tienes hambre? Entonces, cena en uno de los restaurantes oaxaqueños. ¡Come algo típico y pasa un rato con tus amigos!

CALLE NICOLÁS BRAVO

CALLE IGNACIO ALLENDE

CALLE GARCÍA VIGIL

CALLE MACEDONIO ALCALÁ

## ¿Comprendiste?

1. ¿Por qué es importante visitar Oaxaca?
2. ¿Dónde empieza el paseo?
3. ¿Dónde ves un mural sobre la historia y la cultura de Oaxaca?
4. ¿Dónde está la catedral?
5. ¿Qué hay en la calle Macedonio Alcalá?
6. ¿Dónde está el Museo Regional de Oaxaca?

## ¿Qué piensas?

Eres un(a) turista en Oaxaca, pero tienes sólo cuatro horas para visitarla. ¿Qué es lo más interesante para ti? ¿Por qué? ¿Qué vas a hacer primero? ¿Adónde vas después? Describe tu visita.

ETAPA 1

# En uso
## REPASO Y MÁS COMUNICACIÓN

**OBJECTIVES**

- Identify places
- Give addresses
- Choose transportation
- Request directions
- Give instructions

---

**Now you can...**

- identify places.
- give addresses.

**To review**

- prepositions of location, see p. 250.

---

### ACTIVIDAD 1 ¡Al centro!

Hay un nuevo estudiante en la comunidad. Usando el mapa, explícale adónde vas cuando quieres hacer las siguientes cosas. *(Hint: Say where to go.)*

**modelo**

*comprar zapatos (detrás de)*

*Cuando quiero **comprar zapatos**, voy a la zapatería. Está **detrás de** la tienda de música y videos. La dirección es avenida Flores setenta y nueve.*

| Avenida Flores | | | |
| Farmacia 77 | Zapatería 79 | Café 81 | Correo 83 |
| Tienda de ropa 34 | Tienda de música y videos 36 | Papelería 38 | Librería 40 |
| Calle Colón | | | |

1. comprar papel (a la derecha de)
2. comprar jeans (a la izquierda de)
3. tomar un refresco (entre)
4. comprar medicina (detrás de)
5. mandar una carta (al lado de)
6. comprar un libro (a la derecha de)
7. alquilar un video (entre)
8. comprar zapatos (a la izquierda de)

---

**Now you can...**

- give instructions.

**To review**

- regular affirmative **tú** commands, see p. 252.

---

### ACTIVIDAD 2 Para sacar buenas notas...

Tu amigo(a) quiere sacar buenas notas. Contesta sus preguntas con mandatos afirmativos. *(Hint: Say what to do.)*

**modelo**

*¿Uso el diccionario?*     *Sí, úsalo.*

1. ¿Preparo la tarea?
2. ¿Leo el libro?
3. ¿Miro los videos?
4. ¿Aprendo el vocabulario?
5. ¿Estudio las lecciones?
6. ¿Escribo un poema?
7. ¿Compro una calculadora?
8. ¿Tomo los exámenes?

**Now you can...**

• request directions.

**To review**

• prepositions of location, see p. 250.

## ¿Dónde queda?

Estás visitando un pueblo y necesitas direcciones para llegar a un banco. Hablas con un policía. Completa la conversación con las expresiones correctas. *(Hint: Ask for directions.)*

**Tú:** (**Oye / Perdone**). Señor, ¿(**puede / puedo**) usted decirme dónde está el banco?

**Policía:** ¡Cómo (**no / sí**)! El banco no queda (**cerca / lejos**). Está a sólo tres (**lados / cuadras**) de aquí. Primero, hay que caminar (**derecho / detrás**) por la avenida Olmos hasta llegar a la plaza. Allí, (**dobla / llega**) a la derecha en la calle San Juan y (**queda / camina**) una cuadra. Entonces, (**cruza / camina**) la calle Sonora. El banco queda en la esquina.

**Tú:** Muchas gracias, señor. ¿Y (**hay / puede**) un café cerca del banco?

**Policía:** Sí. El Café Romano está (**al lado / entre**) del banco. Es excelente. Y si necesitas mandar cartas, el correo queda (**derecho / a la izquierda**) del café.

**Now you can...**

• choose transportation.

**To review**

• the verb **salir,** see p. 248.

• the verb **decir,** see p. 248.

## ¡Salgo hoy!

Todos salen para diferentes lugares. Explica adónde van, qué dicen del lugar adónde van y cómo van a viajar. *(Hint: Tell where they go, what they say, and how they go.)*

### modelo

mi vecino: México (es muy interesante)

**Mi vecino** sale para **México**. Dice que **es muy interesante.** Va en carro.

1. mi primo: España (es muy especial)

2. nosotros: Los Ángeles (es fantástico)

3. ustedes: la Ciudad de México (es muy divertida)

4. yo: Puerto Rico (es muy bonito)

5. Marta y Ramón: la playa (es divertida)

6. usted: el centro (no es aburrido)

## ACTIVIDAD 5 ¿Cómo llego?

### PARA CONVERSAR • STRATEGY: SPEAKING

**Use variety to give directions** When you give directions, don't just speak. Make your directions clear by using gestures, pointing to a map, and repeating key information. This helps others make sense of your words.

Trabajas en una tienda. Explícale a un(a) turista cómo llegar a tres lugares. Antes de explicar, haz un mapa como ayuda. (Mira el ejemplo de abajo.) Cambien de papel. *(Hint: Say how to get to three places.)*

### modelo

**Turista:** *Perdone, señor(ita), ¿cómo llego a la iglesia?*

**Tú:** *Camina tres cuadras por la avenida Juárez. La iglesia está a la izquierda en la esquina.*

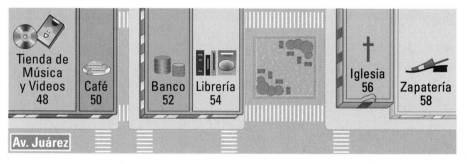

## ACTIVIDAD 6 En tu propia voz

**ESCRITURA** Hay una nueva estudiante que no conoce tu comunidad. Usa las siguientes expresiones para darle siete recomendaciones. *(Hint: Write recommendations for a new student.)*

| | |
|---|---|
| comer | caminar |
| visitar | practicar deportes |
| nadar | jugar |
| correr | ver películas |
| patinar | alquilar videos |
| comprar | mandar cartas |
| pasear | buscar libros |

### modelo

*Compra ropa en el centro comercial Park Plaza.*

---

## CONEXIONES

**La educación física** Different regions in Mexico have their own special folk music, dances, and costumes. For example, in one Oaxacan folk dance, women balance filled glasses on their heads! Research other Mexican folk dances in the library and/or on the Internet. Then teach a dance to your class. Answer these questions about the dance.

- ¿De qué región es la danza?
- ¿Qué representa la danza?
- ¿En qué ocasión la bailan?
- ¿Cómo es la música?
- ¿Qué ropa llevan los danzantes?

# En resumen
## REPASO DE VOCABULARIO

### IDENTIFYING PLACES

| | |
|---|---|
| el aeropuerto | airport |
| el banco | bank |
| el café | café |
| la carnicería | butcher's shop |
| el centro | center, downtown |
| el centro comercial | shopping center |
| el correo | post office |
| la estación de autobuses | bus station |
| la farmacia | pharmacy, drugstore |
| el hotel | hotel |
| la iglesia | church |
| la joyería | jewelry store |
| la librería | bookstore |
| la panadería | bread bakery |
| la papelería | stationery store |
| la pastelería | pastry shop |
| la plaza | town square |
| la tienda de música y videos | music and video store |
| la zapatería | shoe store |

### GIVING ADDRESSES

| | |
|---|---|
| la avenida | avenue |
| la calle | street |
| el camino | road |
| la dirección | address, direction |

### CHOOSING TRANSPORTATION

| | |
|---|---|
| a pie | on foot |
| el autobús | bus |
| el avión | airplane |
| el barco | ship |
| el carro | car |
| el metro | subway |
| la moto(cicleta) | motorcycle |
| el taxi | taxi, cab |
| el tren | train |

### REQUESTING DIRECTIONS

**Requesting**

| | |
|---|---|
| Perdona(e), ¿cómo llego a…? | Pardon, how do I get to…? |
| ¿Puedes (Puede usted) decirme dónde queda…? | Could you tell me where … is? |
| ¿Queda lejos? | Is it far? |
| acá/aquí | here |
| allá/allí | there |

**Replying**

| | |
|---|---|
| ¡Cómo no! | Of course! |
| Lo siento… | I'm sorry… |
| cerca (de) | near (to) |
| cruzar | to cross |
| la cuadra | city block |
| delante (de) | in front (of) |
| a la derecha (de) | to the right (of) |
| derecho | straight ahead |
| desde | from |
| detrás (de) | behind |
| doblar | to turn |
| enfrente (de) | facing |
| entre | between |
| la esquina | corner |
| hasta | until, as far as |
| a la izquierda (de) | to the left (of) |
| al lado (de) | beside, next to |
| lejos (de) | far (from) |
| quedar (en) | to be (in a specific place), to agree on |

### OTHER WORDS AND PHRASES

| | |
|---|---|
| la cosa | thing |
| decir | to say, to tell |
| manejar | to drive |
| el mapa | map |
| por | for, by, around |
| salir | to go out, to leave |
| viajar | to travel |
| el viaje | trip |

¿Adónde van los jóvenes?

Viajo en avión. ¿Adónde voy?

Adriana

No estoy bien y necesito medicina. ¿Adónde voy?

Andrés

Necesito pesos. No tengo suficiente en casa. ¿Adónde voy?

Arturo

ETAPA

**2**

# En el mercado

- Talk about shopping

- Make purchases

- Talk about giving gifts

- Bargain

## ¿Qué ves?

Mira la foto del centro de Oaxaca.

1. ¿Hace buen tiempo?

2. ¿Quiénes llevan camisetas azules?

3. ¿Quiénes llevan vestidos?

4. ¿Qué hace la mujer?

# En contexto

## VOCABULARIO

ARTESANÍAS

Sofía is going shopping at the market in Oaxaca. She sees all kinds of things. Find out what items interest her the most.

el mercado

**A**

**¡Hola!** Voy al **Mercado** Benito Juárez. Allí compro **el regalo** perfecto.

el regalo

los artículos de cuero

las botas

la bolsa

el cinturón

la cartera

las joyas

las pulseras

plata

los anillos

los aretes

oro

el collar

**B** Hay **artículos de cuero**, como **botas**, una **bolsa**, un **cinturón** y una **cartera**. ¿Qué voy a comprar?

**C** Me gusta usar **las joyas** de **oro** y de **plata**. Voy a **poder** comprar **aretes**, **anillos**, **pulseras** y **collares** aquí.

# CERÁMICA

la cerámica

el plato

la jarra

la olla

$60.

el precio

**D** Hay muchas **artesanías** aquí. Hay **cerámica**, como **jarras, ollas** y **platos. El precio** de la jarra es 60 pesos.

**E** En el mercado es divertido **regatear.**

**Sofía:** ¿**Me deja ver** la jarra? ¿**Cuánto cuesta?**
**Vendedor:** Cincuenta pesos.
**Sofía:** ¡**Es muy cara!** No tengo suficiente **dinero.**
**Le puedo ofrecer** treinta y cinco pesos.
**Vendedor: Le dejo** la jarra **en** cuarenta pesos.
**Sofía:** Bueno.
**Vendedor:** ¿Cómo va a **pagar**?

pagar

el dinero

JARRAS $75

## Preguntas personales

1. ¿Te gustan las artesanías?
2. ¿Prefieres las joyas o las artesanías?
3. Cuando vas a un mercado, ¿regateas o pagas el precio?
4. ¿Qué joya quieres comprar?
5. ¿Tienes un artículo de cuero? ¿Cuál?

# *En vivo*

**DIÁLOGO**

Rosa    Sofía    Carlos    Vendedor

## PARA ESCUCHAR • STRATEGY: LISTENING

**Observe as you listen** Look carefully as you listen to understand meaning from visual cues. Look for items that belong in specific categories. Write the items in the appropriate column in a chart.

| cerámica | cuero | música | joyas |
|----------|-------|--------|-------|
|          |       |        |       |
|          |       |        |       |

**1▶ Sofía:** ¿Qué le vas a comprar a tu mamá?

**Rosa:** Quiere una olla de barro negro. Los mercados son muy interesantes y puedes regatear.

**5▶ Carlos:** ¿Almorzamos juntos mañana? Podemos ir a mi restaurante favorito. Almuerzo allí cada ocho días. Voy a participar en un concurso y quiero sus opiniones.

**Rosa:** Me parece ideal.

**6▶ Carlos:** Entonces hasta mañana, a la una, en el restaurante La Madre Tierra. ¿Recuerdas cómo llegar al restaurante?

**Sofía:** Sí, Carlos, recuerdo dónde está.

**Carlos:** ¡Adiós!

**Rosa:** ¡Hasta mañana!

**7▶ Vendedor:** ¡Ollas, platos, jarras! Aquí encuentra el regalo perfecto…

**Rosa:** ¿Me deja ver esta olla grande? ¿Cuánto cuesta?

**Vendedor:** Las ollas grandes cuestan 70 pesos cada una.

**2 ▶ Rosa:** Mira, es el nuevo disco compacto de mi grupo favorito.

**Sofía:** Tienes que comprarle un regalo a tu mamá.

**3 ▶ Rosa:** Vuelvo si me queda dinero.

**Sofía:** ¡Carlos! ¡Qué sorpresa! Te presento a mi prima. Es de la Ciudad de México.

**4 ▶ Carlos:** Sí, ya lo sé. Hola, Rosa. ¿Qué onda?

**Sofía:** ¿Tú conoces a Rosa? ¿Cómo?

**Carlos:** Es nuestro secreto, ¿verdad?

**8 ▶ Rosa:** ¡Es muy cara! Le puedo ofrecer 50 pesos.

**Vendedor:** Ay, señorita, tengo que ganarme la vida, ¿no? Le dejo la olla en 65.

**9 ▶ Rosa:** ¿Por qué no me da la olla por 60?

**Vendedor:** Muy bien. Quedamos en 60.

**Rosa:** Muchísimas gracias, muy amable.

**Vendedor:** De nada.

**Sofía:** Muy bien, Rosa. Ahora tienes el regalo para tu mamá.

**10 ▶ Sofía:** ¿Tienes dinero suficiente para el disco compacto?

**Rosa:** Sí, creo que sí. ¿Sabes?, quiero comprarle un regalo a Carlos. Le doy el disco compacto mañana. ¿Por qué no volvemos a esa tienda de música?

# En acción
## VOCABULARIO Y GRAMÁTICA

**OBJECTIVES**
- Talk about shopping
- Make purchases
- Talk about giving gifts
- Bargain

## ACTIVIDAD 1

### ¿Cierto o falso?

**Escuchar** ¿Es cierto o falso? Si es falso, di lo que es cierto. *(Hint: Say what is true.)*

1. Rosa quiere comprar un regalo para Sofía.
2. La mamá de Rosa quiere un disco compacto.
3. Rosa cree que los mercados son interesantes.
4. Rosa, Sofía y Carlos van a comer juntos mañana.
5. Rosa paga cincuenta pesos por la olla.

## ACTIVIDAD 2

### ¿Quién habla?

**Escuchar** ¿Quién habla: Rosa, Sofía, Carlos o el vendedor? *(Hint: Say who speaks.)*

1. «¿Qué le vas a comprar a tu mamá?»
2. «Te presento a mi prima.»
3. «Podemos ir a mi restaurante favorito.»
4. «¡Ollas, platos, jarras!»
5. «Quiero comprarle un regalo a Carlos.»

---

**TAMBIÉN SE DICE** There are many ways to ask people what's happening or what's going on. In many countries you may hear
- **¿Qué hay?**
- **¿Qué pasa?**
- **¿Qué tal?**

In Mexico you may hear
- **¿Qué hubo?**
- **¿Qué onda?**

## ACTIVIDAD 3

### Los planes

**Leer/Escribir** Completa la carta de Rosa con una de las expresiones. *(Hint: Complete Rosa's letter.)*

| artículos de cuero | mercado | para |
|---|---|---|
| cartera | olla | precio |
| cinturón | pagar | regalo |

### Nota

Use **para** *(for, in order to)* to indicate…

- the recipient of items — …el regalo **para** tu mamá.
- purpose — Vamos al restaurante **para** comer.
- implied purpose — Tengo dinero **para** [comprar] algo.

---

Querida Emiliana:

Hoy voy al ___1___ con mi prima Sofía. Tengo que comprar un ___2___ de cumpleaños ___3___ mi mamá. Ella quiere una ___4___ negra. No sé qué ___5___ tiene una olla, pero Sofía dice que no voy a ___6___ más de setenta pesos. Si Sofía tiene razón, voy a tener suficiente dinero ___7___ comprar algo para mi papá también. Él prefiere los ___8___. Entonces, voy a comprar una ___9___ o un ___10___ para él. ¡Ay! Son las ocho. Me tengo que ir. Sofía me está esperando.

Hasta pronto,

Rosa

- *Use stem-changing verbs:* **o→ue**
- *Use indirect object pronouns*

## La tienda

**Hablar** Trabajas en una tienda grande. Acaban de llegar algunos artículos nuevos. Dile a otro(a) vendedor(a) adónde llevar los artículos. Cambien de papel. *(Hint: Tell where the items go.)*

### modelo

*botas*

**Tú:** *¿Adónde llevo **las botas**?*

**Otro(a):** *Al departamento de **artículos de cuero**, por favor.*

ROPA

ARTÍCULOS DE CUERO

JOYAS

COSAS PARA LA CASA

| | |
|---|---|
| **1.** carteras | **7.** pantalones |
| **2.** pulseras de oro | **8.** collares de oro |
| **3.** jarras | **9.** bolsas |
| **4.** ollas | **10.** platos |
| **5.** aretes de plata | **11.** anillos de plata |
| **6.** cinturones | |

## ¿Cuánto cuestan?

**Hablar** Rosa quiere saber los precios de unas joyas. ¿Qué dice el vendedor? Cambien de papel. *(Hint: Ask prices.)*

### modelo

**Rosa:** *¿Cuánto cuesta **el anillo**?*

**Vendedor:** *Cuesta **cuarenta y ocho** pesos.*

### Nota

When asking or giving the price of a single item, use **cuesta**. When asking or giving the price of more than one item, use **cuestan**.

**¿Cuánto cuesta** el anillo? **¿Cuánto cuestan** los aretes?

1.

2.

3.

4.

5.

6.

## Stem-Changing Verbs: o → ue

♻ **¿RECUERDAS?** *p. 199* Remember verbs like **pensar**, where the stem alternates between **e** and **ie**?

**pensar** *to think, to plan*

| | |
|---|---|
| **pienso** | **pensamos** |
| **piensas** | **penséis** |
| **piensa** | **piensan** |

Something similar happens with verbs like **almorzar** *(to eat lunch)*. The stem alternates between **o** and **ue**.

The stem doesn't change for the **nosotros** *(we)* or **vosotros** *(you)* form.

**almorzar** *to eat lunch*

| | |
|---|---|
| **almuerzo** | **almorzamos** |
| **almuerzas** | **almorzáis** |
| **almuerza** | **almuerzan** |

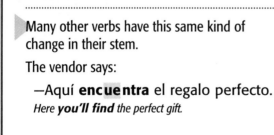

Carlos says:

—**Almuerzo** allí cada ocho días.
*I eat lunch there every week.*

Many other verbs have this same kind of change in their stem.

The vendor says:

—Aquí **encuentra** el regalo perfecto.
*Here you'll find the perfect gift.*

—Las ollas grandes **cuestan** 70 pesos…
*The big pots cost 70 pesos…*

---

## ¿Qué pueden hacer?

**Escribir** Escribe lo que estas personas pueden hacer. Completa las frases con la forma correcta de **poder**.
*(Hint: Write what they can do.)*

*modelo*

*los chicos: jugar al béisbol*
***Los chicos** pueden **jugar al béisbol**.*

1. tú: tocar el piano
2. Rosa y Sofía: patinar
3. Carlos: manejar
4. yo: hablar español
5. Andrea y yo: nadar
6. ellos: escribir poesía
7. nosotros: correr
8. Rodrigo: bailar

### Vocabulario

**Stem-Changing Verbs: o → ue**

**almorzar** *to eat lunch*
**contar** *to count, to tell or retell*
**costar** *to cost*
**devolver** *to return (an item)*
**dormir** *to sleep*
**encontrar** *to find, to meet*
**poder** *to be able, can*
**recordar** *to remember*
**volver** *to return, to come back*

¿Qué haces cada día? ¿Cada semana?

## ¡Al mercado!

**Leer/Escribir** Sofía y Rosa hablan con la madre de Sofía antes de ir al mercado. Completa su conversación con la forma correcta de cada verbo. *(Hint: Complete what they say.)*

| almorzar | encontrar | recordar |
|----------|-----------|----------|
| devolver | poder | volver |

**Rosa:** Vamos al mercado para ver si yo ___**1**___ un regalo para mamá.

**Mamá:** ¿ ___**2**___ ustedes para almorzar?

**Sofía:** No. Nosotras ___**3**___ en un café.

**Mamá:** Entonces yo voy a la zapatería para ___**4**___ mis zapatos nuevos.

**Sofía:** ¿Por qué los ___**5**___?

**Mamá:** Porque son pequeños.

**Rosa:** Tía, si yo ___**6**___ bien, la zapatería está cerca del correo, ¿no?

**Mamá:** Sí, tú ___**7**___ muy bien.

**Rosa:** ¿ ___**8**___ mandar una carta?

**Mamá:** ¡Sí! ¡Cómo no!

**MÁS PRÁCTICA** *cuaderno* p. 93
**PARA HISPANOHABLANTES** *cuaderno* p. 91

## ¿A qué hora almuerzas tú?

**Hablar** Pregúntales a cuatro estudiantes a qué hora almuerzan. *(Hint: Ask when they eat lunch.)*

| Nombre | Hora |
|--------|------|
| 1. María | 12:00 |

## ¿Podemos ir?

**Hablar** Tus primas están de visita. Ustedes quieren ir a varios lugares. Tú le preguntas a tu mamá si pueden ir. Sigue el modelo. *(Hint: Ask for permission.)*

### modelo

*mis primas y yo → cine (9:30)*

**Tú:** *Mamá, ¿podemos ir al cine?*

**Mamá:** *¿A qué hora vuelven?*

**Tú:** *Volvemos a las nueve y media.*

1. yo → centro comercial (4:00)
2. Elena → joyería (2:30)
3. Ana y yo → librería (4:30)
4. nosotros(as) → café (8:30)
5. Ana y Elena → tienda de ropa (1:30)

## ¿Qué usa?

**Escuchar** Rosa le explica a Sofía cómo va a varios lugares en la capital. ¿Qué transporte usa para ir a cada lugar? *(Hint: Say what transportation she uses.)*

1. carro     a. la escuela
2. metro     b. la clase de piano
3. taxi     c. el parque
4. a pie     d. el museo
5. autobús     e. la casa de los abuelos

**ACTIVIDAD 11** **Le puedo ofrecer...**

**PARA CONVERSAR**

**STRATEGY: SPEAKING**

**Express emotion** Bargaining is the art of compromise with a little emotion.

**React:** ¡Qué bonito! ¡Qué chévere! ¡Qué bien!

**Get someone's attention:** Perdone...

**Agree:** Creo que sí. Claro que sí. Está bien.

**Disagree:** Creo que no. Gracias, pero no puedo.

**Hablar** Estás en un mercado. Necesitas comprar unas cosas. Con otro(a) estudiante, regatea. Cambien de papel. ¡La conversación puede variar mucho! *(Hint: Bargain.)*

*modelo*

**Tú:** *¿Me deja ver los aretes? ¿Cuánto cuestan?*

**Vendedor(a):** *Ochenta pesos.*

**Tú:** *¡Es demasiado! Le puedo ofrecer setenta pesos.*

**Vendedor(a):** *¡Son muy baratos! Son de buena calidad. Le dejo los aretes en setenta y cinco pesos.*

**Tú:** *Bueno, los llevo.*

**Vendedor(a):** *¿Cómo paga usted?*

**Tú:** *En efectivo.*

**Vendedor(a):** *¡Perfecto!*

■ **MÁS COMUNICACIÓN** p. R11

## Vocabulario

### Expresiones para regatear

Use these along with the expressions you learned in **En contexto** to complete **Actividad 11.**

**barato(a)** *cheap, inexpensive*

**la calidad** *quality*

**cambiar** *to change, to exchange*

**el cambio** *change, money exchange*

**caro(a)** *expensive*

**demasiado(a)** *too much*

**el dólar** *dollar*

**el efectivo** *cash*

**perfecto(a)** *perfect*

**la tarjeta de crédito** *credit card*

¿Qué palabras usas cuando regateas?

## Indirect Object Pronouns

♻ **¿RECUERDAS?** *p. 224* You learned that **direct object pronouns** can be used to avoid repetition of the noun and answer the question *whom?* or *what?* about the verb.

*replaces*

—Pues, ya tienes **ropa de verano.**
*You already have summer **clothing.***

—Claro que **la** tengo.
*Of course I have **it.***

▶ **Indirect objects** are **nouns** that tell *to whom/what* or *for whom/what.*
**Indirect object pronouns** replace or accompany **indirect objects.**

| Singular | Plural |
|---|---|
| me | nos |
| *me* | *us* |
| te | os |
| *you (familiar)* | *you (familiar)* |
| le | les |
| *you (formal), him, her* | *you, them* |

Notice that **indirect object pronouns** use the same words as **direct object pronouns** except for **le** and **les.**

*accompanies*        *replaces*

Rosa **le** compra una olla **a su madre.**
*Rosa buys a pot **for her mother.***

Rosa **le** compra una olla.
*Rosa buys a pot **for her.***

▶ The pronouns **le** and **les** can refer to different **indirect objects.** To clarify what they mean, they are often accompanied by:

**a** + **name, noun,** or **pronoun**

Rosa **le** compra una olla.
*Rosa buys a pot **for her.***

Rosa **le** compra una olla **a su madre.**
*Rosa buys a pot **for her mother.***

To add emphasis use

**a** + **pronoun**

**A mí** me compro unos aretes.
*I'm buying **myself** some earrings.*

## ACTIVIDAD 12 · Gramática

# El mercado

**Leer** Los padres de Sofía van al mercado. Completa las oraciones de Sofía con **me, te, le, les** o **nos.** *(Hint: Say for whom they buy things.)*

1. Mis padres _____ compran unas botas de cuero a mi hermano.
2. Ellos _____ compran unos aretes a mí.
3. Ellos _____ compran unos discos compactos a mi hermano y a mí.
4. Mi mamá _____ compra una cartera a mi papá.
5. Mi papá _____ compra una pulsera a mi mamá.
6. Mis padres _____ compran un plato a mis abuelos.
7. Ellos _____ compran una jarra a sus amigos.
8. Rosa, ¡ellos _____ compran algo a ti también!

## Juego

¿Lidia le da la lila a Lola, o quiere darle Lola la lila a Lidia?

## ACTIVIDAD 13 · Gramática

# ¡Cuántos regalos!

**Escribir** Es el cumpleaños de la mamá de Rosa. Muchas personas le dan regalos. ¿Qué le dan? *(Hint: What do they give her?)*

### modelo

*Rosa: una olla*

**Rosa** le da **una olla.**

### Nota

**Dar** means *to give*. It has an irregular **yo** form: **doy**. Its other forms are regular, except the **vosotros** form, which has no accent.

1. su esposo: un collar de oro
2. nosotros: una bolsa
3. sus hijos: una pulsera
4. su hermano: una jarra de barro negro
5. yo: un disco compacto
6. tú: un video
7. Sofía: unos aretes

**MÁS PRÁCTICA** *cuaderno* pp. 94–95

**PARA HISPANOHABLANTES** *cuaderno* pp. 92–93

### NOTA CULTURAL

**El Museo Regional de Oaxaca** contains gold jewelry from tomb 7 at Monte Albán. Mexican archaeologists Alfonso Caso and Ignacio Bernal discovered the tomb in 1932. You can buy reproductions of the jewelry at the museum or at shops in Oaxaca.

*Figura mixteca de la tumba 7*

## ACTIVIDAD 14

# Regalos para todos

**Escuchar** Rosa va a la tienda de música y videos. ¡Compra muchos regalos! Escucha a Rosa y escribe lo que les compra a las personas. *(Hint: Say for whom Rosa buys what.)*

<u>modelo</u>

*Rosa le compra **un casete** a la profesora Díaz.*

a.

b.

c.

d.

e.

## ACTIVIDAD 15

# ¿Qué te dan a ti?

**Hablar** ¿Qué te dan estas personas para tu cumpleaños? *(Hint: Who gives what?)*

<u>modelo</u>

*tus padres*

**Tú:** *¿Qué te dan **tus padres** para tu cumpleaños?*

**Otro(a):** *Mis padres me dan un radiocasete.*

1. tu hermano(a)
2. tus primos
3. tus abuelos
4. tus tíos
5. tus amigos
6. tu mejor amigo(a)

## Vocabulario

### En la tienda de música y videos

**el casete**

**el disco compacto**

**el radio**

**el radiocasete**

**el vídeo**

**la videograbadora**

**el videojuego**

¿Qué te gusta usar?

## Placement of Indirect Object Pronouns

How do you know where indirect object pronouns go in a sentence? They work just like **direct object pronouns**.

- When the pronoun accompanies a **conjugated verb**, the pronoun comes before the verb.

*before*

Rosa le **compra** una olla a su madre.
*Rosa buys her mother a pot.*

- But when the pronoun accompanies a sentence with an **infinitive**, it can either go before the **conjugated verb** or be attached to the end of the **infinitive**:

*attached*

Rosa **quiere comprar**le una olla a su madre.
*Rosa wants to buy her mother a pot.*

---

ACTIVIDAD **16** Gramática

## ¿Qué quieres darles?

**Escribir** Ya sabes qué les gusta hacer a varias personas. ¿Qué quieres darles? *(Hint: Say what you want to give.)*

modelo

*mamá / llevar joyas*

*A mi **mamá** le gusta **llevar joyas**. Quiero darle un collar.*
*o: Le quiero dar un collar.*

---

1. papá / llevar artículos de cuero
2. hermano / jugar al béisbol
3. hermana / usar la cerámica
4. abuela / escuchar música
5. mejor amigo / ver videos
6. prima / jugar al tenis

**MÁS PRÁCTICA** *cuaderno* p. 96
**PARA HISPANOHABLANTES** *cuaderno* p. 94

ACTIVIDAD **17**

## En la tienda

**Hablar/Escribir** Carlos está muy ocupado hoy. Acaba de vender muchas cosas en la tienda de su papá. ¿A quiénes les vendió cosas? *(Hint: To whom has Carlos sold things?)*

modelo

*Carlos acaba de venderle una revista a Rosa.*
*o: Carlos le acaba de vender una revista a Rosa.*

| un refresco | a Rosa |
| un mapa | a Rosa y a Sofía |
| un periódico | a mí |
| una revista | a su vecino |
| ¿? | ¿? |

## ACTIVIDAD 18

## Almacén SuperGanga

**Hablar** Tú y un(a) amigo(a) van de compras. ¿Cuál es un buen regalo para cada persona de la familia? ¿Cuánto cuesta? ¿Es caro o barato? Hablen de las posibilidades.
*(Hint: Choose gifts.)*

### modelo

*hermanito*

**Tú:** *Quiero comprarle un regalo a mi* **hermanito.**

**Tu amigo(a):** *¿Por qué no le compras el videojuego «El dragón gigante»?*

**Tú:** *Busco algo más barato.*

**Tu amigo(a):** …

1. hermano(a)
2. amigo(a)
3. primo(a)

**MÁS COMUNICACIÓN** p. R11

ALMACÉN SUPERGANGA *mayo*

Especiales

Vídeo
El futuro del planeta
**94 pesos**

Disco compacto
Las tortugas locas
**40 pesos**

Reloj
Galaxia
**85 pesos**

Radio Juvenil
Arco iris
**94 pesos**

Casete
Super Estrella
**35 pesos**

Videojuego
El dragón gigante
**67 pesos**

## Pronunciación

### Trabalenguas

**Pronunciación de la *rr*** The sound of **rr** in Spanish is produced by rapidly tapping the roof of the mouth with the tip of the tongue. Practice **rr** by repeating this tongue twister aloud. Use the pictures to help you figure out what it means.

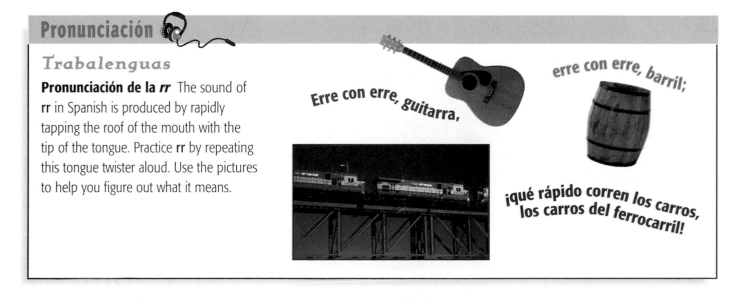

Erre con erre, guitarra,

erre con erre, barril;

¡qué rápido corren los carros, los carros del ferrocarril!

# En colores
## CULTURA Y COMPARACIONES

**PARA CONOCERNOS**

**STRATEGY: CONNECTING CULTURES**

**Compare bargaining customs** Where does bargaining take place? How do people act when they bargain? Use a Venn diagram to compare bargaining in the United States to the kind of bargaining that Rosa did in the Mercado Benito Juárez in Oaxaca.

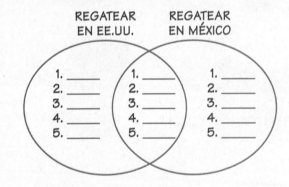

REGATEAR EN EE.UU.  REGATEAR EN MÉXICO

1. _____    1. _____    1. _____
2. _____    2. _____    2. _____
3. _____    3. _____    3. _____
4. _____    4. _____    4. _____
5. _____    5. _____    5. _____

What do they have in common?

# El Mercado Benito Juárez

Benito Juárez (1806–1872) is the most famous Oaxacan in the history of Mexico. Of Zapotec origin, he was elected governor of Oaxaca and later president of Mexico. The market is named in his honor.

JUAREZ

El mercado tiene una gran variedad de cerámica y otras artesanías regionales. También hay plantas medicinales, productos textiles, frutas, verduras[1] y carnes[2]. El mercado es un festival de colores, texturas y aromas. Como[3] todos los mercados, el Benito Juárez es un lugar ideal para regatear.

---

[1] vegetables    [2] meats    [3] As, Like

# Las cinco reglas[4] fundamentales para regatear

Regatear es un arte que necesitas practicar.
Estas reglas te van a ayudar.

**1** Habla sólo español.

**2** Actúa[5] como un(a) estudiante con poco dinero, no como un(a) turista rico(a)[6].

**3** Escucha el primer precio. Después contesta: «¡Es demasiado!»

**4** Pasa por otras tiendas para comparar los precios.

**5** Siempre sonríe[7] al regatear. No cuesta dinero y a veces recibes mejores precios.

[4] rules     [5] Act     [6] rich     [7] smile

## ¿Comprendiste?

**1.** ¿Qué hay para comprar en el Mercado Benito Juárez?

**2.** ¿Cómo es el mercado?

**3.** ¿Cómo compras en este mercado?

## ¿Qué piensas?

**1.** En tu opinión, ¿cuál es la regla más importante para recibir un buen precio? ¿Por qué?

**2.** ¿Cuáles de estas reglas son efectivas? ¿Piensas que algunas reglas no son efectivas? Explica tu opinión.

**3.** Ya sabes unas reglas para regatear. Mira tu diagrama de Venn. ¿Quieres escribir algo más? ¿Quieres cambiar algo?

## Hazlo tú

Con otro(a) estudiante prepara un diálogo. Van a regatear. Una persona puede ser el (la) vendedor(a). La otra puede ser el (la) cliente(a).

# En uso
## REPASO Y MÁS COMUNICACIÓN

**OBJECTIVES**

• Talk about shopping
• Make purchases
• Talk about giving gifts
• Bargain

*Now you can...*

• talk about shopping.

*To review*

• indirect object pronouns, see p. 273 and p. 276.

### ACTIVIDAD 1  ¿Qué nos va a comprar?

La abuela de Carlos conoce bien a su familia. ¿Qué les va a comprar a todos? *(Hint: Say what she'll buy.)*

**modelo**

*Héctor y Eloísa: ver películas*

A **Héctor y a Eloísa** les gusta **ver películas**. Entonces, ella va a comprarles un video. Cuesta **cincuenta y tres pesos**.

1. yo: usar artículos de cuero
2. mamá: llevar joyas
3. nosotros: escuchar música
4. tú: leer
5. papá: jugar al béisbol
6. los vecinos: tener cosas de cerámica

*Now you can...*

• make purchases.

*To review*

• stem-changing verbs: **o → ue**, see p. 270.

### ACTIVIDAD 2  ¡De compras!

Rosa y Sofía están de compras. Completa su conversación con el vendedor. *(Hint: Complete the conversation.)*

**Rosa:** ¿Cuánto __1__ (costar) los aretes?

**Vendedor:** __2__ (recordar, yo) el precio. Los aretes __3__ (costar) sólo 75 pesos.

**Sofía:** Rosa, ¿por qué no __4__ (volver, nosotras) más tarde? __5__ (poder, nosotras) almorzar en el Café Sol.

**Rosa:** ¿El Café Sol otra vez? Tú y yo siempre __6__ (almorzar) allí.

**Vendedor:** Yo les __7__ (poder) recomendar el nuevo Café Florida.

**Rosa:** Gracias, señor. Compro los aretes.

**Sofía:** ¡Qué suerte! Tú siempre __8__ (encontrar) regalos baratos.

**Now you can...**

• talk about giving gifts.

**To review**

• the verb **dar**, see p. 274.

• indirect object pronouns, see p. 273 and p. 276.

## ¡Feliz cumpleaños!

Hoy la señora Juárez celebra su cumpleaños. ¿Qué le dan todos? *(Hint: Say what people give.)*

**modelo**

*Gustavo*

**Gustavo** *le da* **una bolsa.**

**1.** yo

**2.** su esposo

**3.** tú

**4.** Sara y yo

**5.** sus hijos

**6.** nosotros

## ¡A regatear!

Tú quieres comprar un cinturón en el mercado y tienes que regatear. Completa la conversación. *(Hint: Bargain.)*

**Tú:** Perdone, señora. ¿(Te / Me) deja ver el cinturón de cuero, por favor?

**Vendedora:** ¡Cómo no! Usted (podemos / puede) ver que es de muy buena (calidad / oro).

**Tú:** Es muy bonito. Busco un (precio / regalo) para mi papá, a quien (les / le) gusta usar artículos de cuero. ¿Cuánto (cuesta / cuestan) el cinturón?

**Vendedora:** Para usted, joven, sólo cien pesos.

**Tú:** ¡Uy! ¡Es muy (barato / caro)! (Le / Nos) puedo ofrecer setenta pesos.

**Vendedora:** Bueno, (me / le) dejo el cinturón en ochenta y cinco.

**Tú:** No (puedes / puedo) pagar tanto. ¿Por qué no (me / les) da el cinturón por ochenta?

**Vendedora:** Está bien. Quedamos en ochenta.

**Now you can...**

• bargain.

**To review**

• vocabulary for bargaining, see p. 265 and p. 272.

• stem-changing verbs: **o → ue**, see p. 270.

• indirect object pronouns, see p. 273 and p. 276.

## ACTIVIDAD 5 — El mercado

### PARA CONVERSAR
**STRATEGY: SPEAKING**

**Disagree politely** Find ways to disagree with the seller about the quality of the article or how it compares with another one. You can contradict politely or express a negative opinion in these ways: **no me gusta/gustaría…, no puedo…**

Estás en un mercado al aire libre. Compra tres cosas. Regatea para pagar el mejor precio. Después, cambien de papel. *(Hint: Bargain for three items.)*

¿Cuánto cuesta(n)?

¿Me deja ver...?

Le dejo... en...

¡Es muy caro!
Le puedo ofrecer...

## ACTIVIDAD 6 — ¡A comprar regalos!

Completa la tabla con los regalos que vas a comprarles a estas personas. No puedes pagar más de cien dólares. Luego, en grupos de tres, hablen de sus compras. *(Hint: Say what you'll buy.)*

### modelo

*Voy a comprarle un videojuego a mi amigo Daniel. Lo puedo encontrar en la tienda Super Max. Cuesta veinte dólares.*

| ¿Para quién? | ¿Qué? | ¿Dónde? | ¿Cuánto? |
|---|---|---|---|
| mi amigo(a) | un videojuego | Super Max | $20 |
| todos mis amigos | | | |
| el (la) profesor(a) | | | |
| mi familia y yo | | | |
| yo | | | |

## ACTIVIDAD 7 —  En tu propia voz

**ESCRITURA** Una joven de Oaxaca está de visita en tu comunidad. En un párrafo, explícale dónde y cómo comprar regalos para cinco miembros de su familia. *(Hint: Explain where and how to shop.)*

### modelo

*¿A tu mamá le gusta usar joyas? Puedes encontrar joyas bonitas en la joyería Sparkles. Queda en la calle Main. Venden collares muy baratos. Cuestan veinte dólares. No puedes regatear, pero puedes pagar con tarjeta de crédito…*

## CONEXIONES

**Las matemáticas** Create your own **mercado** in your Spanish classroom with objects donated by your classmates. You will **regatear**. Make a chart of the objects for sale and the prices they sell for. Calculate the total amount of money raised. Donate all proceeds to a community organization on behalf of the Spanish classes in your school.

| Objeto | Precio |
|---|---|
| disco compacto | $5 |

# En resumen
## REPASO DE VOCABULARIO

### MAKING PURCHASES

**Jewelry**

| | |
|---|---|
| el anillo | ring |
| el arete | earring |
| el collar | necklace |
| las joyas | jewelry |
| el oro | gold |
| la plata | silver |
| la pulsera | bracelet |

**Music and Videos**

| | |
|---|---|
| el casete | cassette |
| el disco compacto | compact disc |
| el radio | radio |
| el radiocasete | radio-tape player |
| el video | video |
| la videograbadora | VCR |
| el videojuego | video game |

**Handicrafts**

| | |
|---|---|
| la artesanía | handicraft |
| los artículos de cuero | leather goods |
| la bolsa | handbag |
| las botas | boots |
| la cartera | wallet |
| la cerámica | ceramics |
| el cinturón | belt |
| la jarra | pitcher |
| la olla | pot |
| el plato | plate |

### BARGAINING

| | |
|---|---|
| ¿Cuánto cuesta(n)…? | How much is (are) …? |
| ¡Es muy caro(a)! | It's very expensive! |
| Le dejo… en… | I'll give … to you for … |
| Le puedo ofrecer… | I can offer you … |
| ¿Me deja ver…? | May I see …? |
| regatear | to bargain |

### TALKING ABOUT GIVING GIFTS

| | |
|---|---|
| dar | to give |
| el regalo | gift |

### TALKING ABOUT SHOPPING

| | |
|---|---|
| barato(a) | cheap, inexpensive |
| la calidad | quality |
| cambiar | to change, to exchange |
| caro(a) | expensive |
| demasiado(a) | too much |
| el mercado | market |
| perfecto(a) | perfect |

**Money and Payment**

| | |
|---|---|
| el cambio | change, money exchange |
| el dinero | money |
| el dólar | dollar |
| el efectivo | cash |
| pagar | to pay |
| el precio | price |
| la tarjeta de crédito | credit card |

### OTHER WORDS AND PHRASES

| | |
|---|---|
| juntos | together |
| para | for, in order to |

**Stem-Changing Verbs: o → ue**

| | |
|---|---|
| almorzar | to eat lunch |
| contar | to count, to tell or retell |
| costar | to cost |
| devolver | to return (an item) |
| dormir | to sleep |
| encontrar | to find, to meet |
| poder | to be able, can |
| recordar | to remember |
| volver | to return, to come back |

## Juego

¿Qué cosa compras por pocos pesos, una olla de plata o un plato barato?

ETAPA

# 3

# ¿Qué hacer en Oaxaca?

- Order food

- Request the check

- Talk about food

- Express extremes

- Say where you went

## ¿Qué ves?

Mira la foto de Monte Albán.

1. ¿Alguien lleva una gorra?

2. ¿Quién es la persona principal?

3. ¿Qué hace?

4. ¿Cuánto cuesta un refresco en el restaurante?

Restaurante La Madre Tierra

Nuestra especialidad

Mole negro y tasajo
$32

Ensaladas
$15

Sopas
$12

Enchiladas
$20

Pollo
$25

Bistec (con arroz y frijoles)
$30

Refrescos
$10

Postres
$25

# En contexto

## VOCABULARIO

Carlos is at a restaurant in Oaxaca. Take a look at what he likes to eat.

**A**

Carlos tiene mucha hambre y va a **un restaurante**. Lee **el menú** y decide comer **una enchilada**. Es **deliciosa**. ¡Pero **la salsa** es **picante**! **El mesero** va a **servir**le **una limonada**.

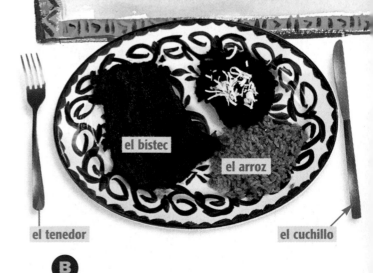

**CASA LINDA**

### ENSALADAS Y SOPAS

| | |
|---|---|
| Ensalada mixta | $25 |
| Sopa de pollo | $20 |

### COMIDAS

Servidas con arroz y frijoles

| | |
|---|---|
| Arroz con pollo | $45 |
| Bistec asado | $60 |
| Enchiladas | $40 |
| Pollo | $50 |
| Tacos | $35 |
| Tamales | $40 |
| Tortas | $35 |

el bistec

el arroz

el tenedor

el cuchillo

el restaurante

el mesero

la enchilada

la limonada

**B**

Otras personas comen en el restaurante también. Una persona come **arroz** y **bistec**. Usa **un tenedor** y **un cuchillo** para comer.

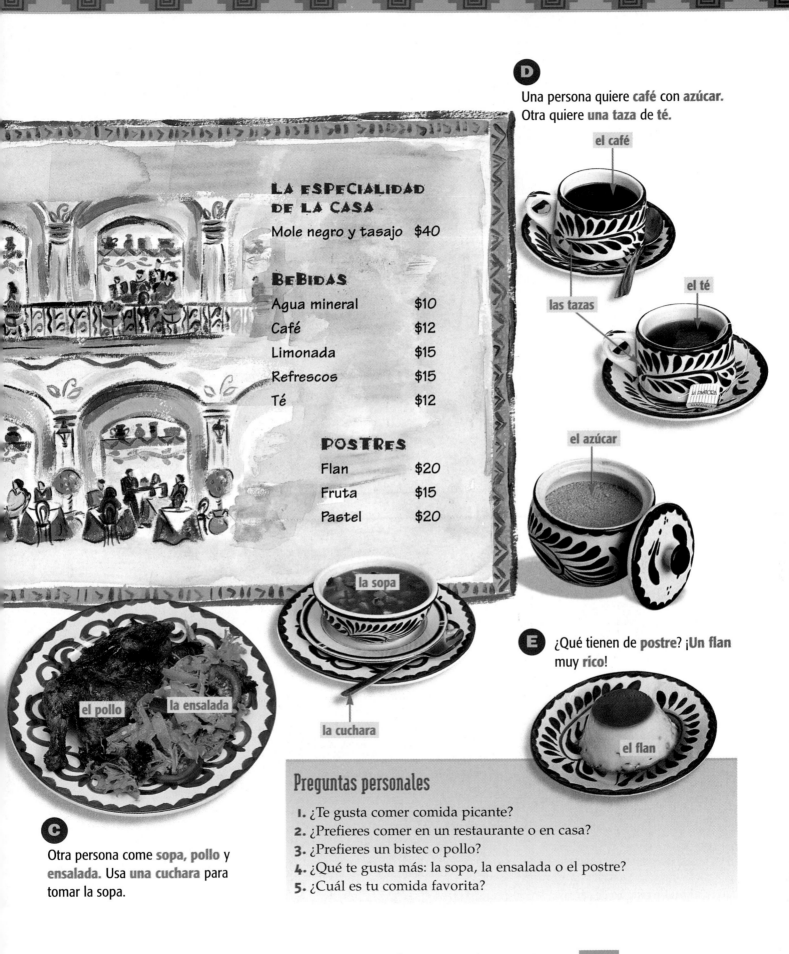

## LA ESPECIALIDAD DE LA CASA

Mole negro y tasajo  $40

## BEBIDAS

Agua mineral        $10
Café                $12
Limonada            $15
Refrescos           $15
Té                  $12

## POSTRES

Flan        $20
Fruta       $15
Pastel      $20

**D** Una persona quiere **café** con **azúcar**. Otra quiere **una taza** de **té**.

el café

las tazas

el té

el azúcar

la sopa

la cuchara

el pollo   la ensalada

**E** ¿Qué tienen de **postre**? ¡Un **flan** muy **rico**!

el flan

**C** Otra persona come **sopa, pollo** y **ensalada**. Usa **una cuchara** para tomar la sopa.

## Preguntas personales

1. ¿Te gusta comer comida picante?
2. ¿Prefieres comer en un restaurante o en casa?
3. ¿Prefieres un bistec o pollo?
4. ¿Qué te gusta más: la sopa, la ensalada o el postre?
5. ¿Cuál es tu comida favorita?

# *En vivo*

**DIÁLOGO**

Sofía · Rosa · Carlos · Mesero

## ¡Al restaurante!

### PARA ESCUCHAR · STRATEGY: LISTENING

**Integrate your skills** Combine what you know.

1. Identify the main idea. Is it (1) explaining relationships, (2) ordering in a restaurant, or (3) learning about Oaxaca?
2. Listen for specifics. What word(s) describe(s) Monte Albán?
3. Listen for feelings. Who expresses curiosity? Pleasure? Other emotions?

**1▶ Sofía:** Tienes que decirme. ¿Cómo conoces a Carlos?
**Rosa:** ¡Es un secreto!
**Sofía:** ¡Por favor, Rosa!

**5▶ Carlos:** Un bistec asado.
**Mesero:** ¿Algo de tomar?
**Sofía:** Una limonada para mí.
**Rosa:** Agua mineral, por favor.
**Carlos:** Un refresco de naranja.

**6▶ Mesero:** Muy bien. ¿Y de postre? Los postres ricos son otra especialidad de la casa. Son buenísimos.
**Sofía:** Por ahora, nada más. El postre lo pedimos después, gracias.
**Mesero:** Para servirles.

**7▶ Sofía:** Oye, Carlos, ¿cómo va tu proyecto para el concurso?
**Carlos:** Muy bien. Es sobre las ruinas de Monte Albán.
**Rosa:** ¿Ya fuiste a Monte Albán?
**Carlos:** Sí, fui para sacar fotos.

**2▶ Rosa:** Está bien. Conozco a Carlos porque fui a la tienda de su papá para pedir direcciones para llegar a tu casa.

**3▶ Carlos:** ¿Nos puede traer pan, por favor?

**Mesero:** Enseguida se lo traigo.

**Rosa:** Yo quiero un plato tradicional.

**Carlos:** La especialidad de la casa tiene mole negro y tasajo. Es riquísima.

**4▶ Carlos:** Me gustan las enchiladas, pero voy a pedir bistec. Viene con arroz y frijoles.

**Mesero:** ¿Listos para pedir?

**Sofía:** Para mí, una ensalada mixta y pollo.

**Rosa:** Para mí, la especialidad.

**8▶ Carlos:** Hay unas vistas fabulosas. Y el Juego de Pelota es antiguo e interesante.

**Rosa:** Me gusta mucho tu idea para el concurso.

**9▶ Mesero:** ¿Algo más, jóvenes?

**Sofía:** ¿Pido un postre y lo compartimos?

**Mesero:** ¿Un flan, señoritas? Lo sirvo en dos platos con dos cucharas.

**Sofía:** Perfecto, señor. Muchas gracias.

**Mesero:** ¿Y para usted?

**10▶ Carlos:** No quiero ningún postre, pero ¿me puede traer la cuenta, por favor?

**Mesero:** Sí, cómo no.

**Sofía:** El mesero sirve muy bien.

**Carlos:** Me gusta este restaurante. ¡Quisiera comer aquí todos los días!

# En acción

## VOCABULARIO Y GRAMÁTICA

**OBJECTIVES**
- Order food
- Request the check
- Talk about food
- Express extremes
- Say where you went

### ¿Quién habla?

**Escuchar** ¿Quién habla: Sofía, Carlos, Rosa o el mesero?
*(Hint: Say who speaks.)*

1. «¿Cómo conoces a Carlos?»
2. «Yo quiero un plato tradicional.»
3. «Me gustan las enchiladas, pero voy a pedir bistec.»
4. «¿Un flan, señoritas? Lo sirvo en dos platos…»
5. «No quiero ningún postre, pero ¿me puede traer la cuenta, por favor?»

### ¿Quién lo come?

**Escuchar** ¿Quién come o bebe estas cosas: Rosa, Sofía o Carlos? ¡Ojo! Dos personas comparten una cosa. *(Hint: Who orders what?)*

1. el mole negro y tasajo
2. una ensalada mixta y pollo
3. un agua mineral
4. un bistec
5. un refresco de naranja
6. una limonada
7. un flan

### En la cafetería

> **PARA CONVERSAR** • **STRATEGY: SPEAKING**
> **Vary ways to express preferences** Use **querer** or **preferir** to vary your sentences about their choices.

**Hablar** Carlos y sus amigos van a comer. ¿Qué va a comer cada persona? Piensa en las palabras que sabes, las de esta etapa y las del siguiente vocabulario. *(Hint: Say what each one eats.)*

*modelo*

*Ana:* postre
**Ana** *prefiere comer flan, pan dulce o pastel.*

1. Carlos: comida mexicana
2. Diego: carne
3. Elena: comida picante
4. Marta: comida vegetariana
5. Daniel: algo típico de Estados Unidos

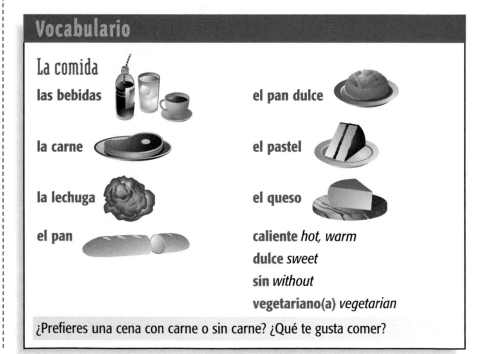

**Vocabulario**

**La comida**

| | |
|---|---|
| **las bebidas** | **el pan dulce** |
| **la carne** | **el pastel** |
| **la lechuga** | **el queso** |
| **el pan** | **caliente** *hot, warm* |
| | **dulce** *sweet* |
| | **sin** *without* |
| | **vegetariano(a)** *vegetarian* |

¿Prefieres una cena con carne o sin carne? ¿Qué te gusta comer?

• Use the verb **gustar** with nouns
• Use affirmative and negative words
• Use stem-changing verbs: **e→i**

## ¿Qué pasa?

**Escuchar** Escucha las descripciones. ¿Qué foto se relaciona con cada descripción? *(Hint: Which description matches each photo?)*

a.

b.

c.

d.

## 🔄 A poner la mesa

**Hablar** Trabajas en un restaurante. El (La) nuevo(a) mesero(a) no sabe cómo poner la mesa. Ayúdalo(a). *(Hint: Help the waiter/waitress set the table.)*

**modelo**

*el tenedor*

**Mesero(a):** *¿Dónde pongo **el tenedor**?*

**Tú:** *Al lado del plato, a la izquierda.*

**Nota**

**Poner** means *to put*. It has an irregular **yo** form: **pongo**. The expression **poner la mesa** means *to set the table*.

1. el cuchillo
2. la cuchara
3. el vaso
4. la taza
5. el plato

### TAMBIÉN SE DICE

Spanish speakers use different words for *waiter/waitress*.

• **mesero(a):** Mexico, Puerto Rico
• **camarero(a):** Spain
• **mozo(a):** Argentina, Puerto Rico
• **caballero/señorita:** many countries

To describe Mexico's spicy cuisine, **picante** is used by all Spanish speakers. In Mexico, **picoso(a)** describes especially spicy food!

*salsa picante*

## ACTIVIDAD 6

 **¿Fuiste?**

**Hablar** Sofía y Rosa hablan de muchas tiendas. Trabaja con otro(a) estudiante. Cambien de papel. *(Hint: Talk about where they went.)*

**modelo**

*tienda de música*

**Sofía:** *¿Fuiste a la tienda de música?*

**Rosa:** *Sí, fui para comprar un disco compacto.*

**Nota**

**Fui** and **fuiste** are past tense forms of the verb **ir. Fui** means *I went;* **fuiste** means *you* (**tú**) *went.*

1. zapatería
2. joyería
3. librería
4. pastelería
5. carnicería
6. panadería

## NOTA CULTURAL

## GRAMÁTICA
# Using gustar to Talk About Things You Like

**¿RECUERDAS?** *p. 181* Remember how to express what **activities** people like to do? You use these phrases with an infinitive.

| | |
|---|---|
| me gusta… | nos gusta… |
| te gusta… | os gusta… |
| le gusta… | les gusta… |

When you want to talk about **things** that people like, change the form of **gustar** to match the singular or plural nouns for those things.

**Singular**

| | |
|---|---|
| me gusta **la idea** | nos gusta **la idea** |
| te gusta **la idea** | os gusta **la idea** |
| le gusta **la idea** | les gusta **la idea** |

**Plural**

| | |
|---|---|
| me gustan **las personas** | nos gustan **las personas** |
| te gustan **las personas** | os gustan **las personas** |
| le gustan **las personas** | les gustan **las personas** |

Rosa says: *matches singular noun*

—¡Me gusta mucho tu **idea** para el concurso!
*I like your idea for the contest a lot!*

Notice that the form of **gustar** matches the **noun,** not the speaker.

Carlos says: *matches plural noun*

—Me gustan **las enchiladas.**
*I like enchiladas.*

## ¿Qué les gusta(n)?

**Hablar** Rosa habla de la comida que a ella y a sus amigos les gusta. ¿Qué dice? *(Hint: Say what food people like.)*

### modelos

*a mí:* las enchiladas

*Me gustan **las enchiladas**.*

*A Pedro y a Juan:* el flan

*Les gusta **el flan**.*

1. a Diego: el arroz
2. a Arturo: las papas fritas
3. a mí: el flan
4. a ustedes: los postres
5. a nosotros: la comida picante
6. a Paco y a Enrique: el pollo
7. a nosotras: el pan dulce
8. a ti: las ensaladas
9. a Carlos: el mole negro
10. a los chicos: los tacos

**MÁS PRÁCTICA** *cuaderno* p. 101

**PARA HISPANOHABLANTES** *cuaderno* p. 99

**APOYO PARA**
## ESTUDIAR

### ¿Me gusta o me gustan?

How do you say *I like it* or *I like them* when talking about nouns? When you use **gustar** with nouns, think of the phrase *to please* in English. *I like something* means *Something is pleasing to me.* So, how do you say *I like it* or *I like them*? Look at the title of this study hint!

## ¿Te gusta(n)...?

**Hablar** Pregúntales a cinco estudiantes si les gustan estas comidas. Da un resumen de los resultados. *(Hint: Say who likes what.)*

### modelo

*las enchiladas*

**Tú:** *¿Te gustan **las enchiladas**?*

**Otro(a) estudiante:** *Sí, me gustan mucho.*

**Resumen:** *A cuatro personas les gustan las enchiladas. A una persona no le gustan.*

1. las hamburguesas
2. los postres
3. el arroz con pollo
4. las papas fritas
5. el flan
6. la carne
7. la salsa
8. los tacos

ACTIVIDAD
**9**

 **¡Nos gusta la ropa!**

**Hablar/Escribir** Estás en una tienda de ropa. Explica a quién le gusta cada prenda. *(Hint: Say what they like.)*

zapatos  camisa  blusa  camiseta
pantalones  falda  calcetines  suéter

### modelo

*a mí  Me gustan los zapatos negros.*

1. a mí
2. a mi hermano(a)
3. a mi amigo(a)
4. a mis padres
5. a mis amigos

**MÁS COMUNICACIÓN** p. R12

## Affirmative and Negative Words

When you want to talk about an indefinite or negative situation, you use an **affirmative** or a **negative** word.

| Affirmative Words | Negative Words |
|---|---|
| **algo** *something* | **nada** *nothing* |
| **alguien** *someone* | **nadie** *no one* |
| **algún/alguno(a)** *some* | **ningún/ninguno(a)** *none, not any* |
| **siempre** *always* | **nunca** *never* |
| **también** *also* | **tampoco** *neither, either* |

The waiter asks:
—¿**Algo** de tomar?
***Something*** *to drink?*

Sofía says:
—Por ahora, **nada** más.
*For now,* ***nothing*** *more.*

Notice that **alguno(a)** and **ninguno(a)** must match the gender of the noun they replace or modify. **Alguno** and **ninguno** have different forms when used before masculine singular nouns.

**alguno** ➡ **algún**      **ninguno** ➡ **ningún**

Las chicas quieren **algún** postre, pero Carlos no quiere **ningún** postre.
*The girls want* ***some*** *dessert, but Carlos* ***doesn't*** *want* ***any*** *dessert.*

When a verb is preceded by **no**, words that follow it must also be negative. A **double negative** is required in Spanish when **no** comes before the verb.

**No** quiero **nada**.          Carlos **no** quiere **ninguno**
*I* ***don't*** *want* ***anything***.          (de los postres).
                          *Carlos does* ***not*** *want* ***any*** *(of the desserts).*

However, if a negative word, such as **nunca** or **nadie**, comes before the verb, a second negative is not needed.

**Nadie** quiere postre.      Las chicas **nunca** comen en casa.
***No one*** *wants dessert.*      *The girls* ***never*** *eat at home.*

## De mal humor

**Leer** Estás de mal humor. Tu amigo(a) te hace muchas invitaciones pero no quieres hacer nada. Completa el diálogo con la forma correcta de **alguno(a)** o **ninguno(a)**.
*(Hint: Complete the conversation.)*

### Nota

**Ningunos(as)** is almost never used. It is used only with items that are usually plural, such as **pantalones**.

No tengo **ningunos** pantalones.

---

**1.** ¿Quieres ir a _____ restaurante?

**2.** No quiero ir a _____ restaurante.

**3.** ¿Quieres comer _____ fruta?

**4.** No quiero comer _____ fruta.

**5.** ¿Quieres ir a _____ tienda?

**6.** No quiero ir a _____ tienda.

**7.** ¿Quieres alquilar _____ videos?

**8.** No, no quiero alquilar _____ video.

**9.** ¿Quieres leer _____ revistas?

**10.** No quiero leer _____ revista.

**11.** ¿Quieres escuchar _____ discos compactos?

**12.** No quiero escuchar _____ disco compacto.

## ACTIVIDAD 11 Gramática

### El sábado por la noche

**Hablar** Pregúntale a otro(a) estudiante si va a hacer varias cosas el sábado por la noche. Te dice que no las va a hacer. *(Hint: Say what someone won't do.)*

#### modelos

*invitar a alguien al cine*

**Tú:** *¿Vas a **invitar a alguien al cine**?*
**Otro(a) estudiante:** *No, no voy a invitar a nadie.*

*leer algo*

**Tú:** *¿Vas a **leer algo**?*
**Otro(a) estudiante:** *No, no voy a leer nada.*

1. visitar a alguien
2. hablar con alguien
3. escribir algo
4. ver a alguien
5. estudiar algo
6. llamar a alguien

■ **MÁS PRÁCTICA** *cuaderno pp. 102–103*
■ **PARA HISPANOHABLANTES** *cuaderno pp. 100–101*

## ACTIVIDAD 12

### ¿Sí o no?

**Hablar/Escribir** Usa una palabra de cada columna para decir si van a hacer algo o no. *(Hint: Say if someone will do something or not.)*

#### modelo

*Yo voy a beber algo.*

| | |
|---|---|
| yo | algo |
| mi hermano(a) | alguien |
| mi amigo(a) | nada |
| mis padres | nadie |
| mis amigos | |

## ACTIVIDAD 13

### ¡No lo hago!

**Escribir** Lee la lista de Rosa. Luego, escribe cinco cosas que tú no haces, usando estas palabras. *(Hint: Write what you don't do.)*

1. nada
2. nadie
3. ninguno(a)
4. nunca
5. tampoco

**Las cosas que no hago**

No como nada picante.

No conozco a nadie aburrido.

No tengo ningún libro interesante.

Nunca hablo en clase.

Tampoco escribo en mis libros.

## ACTIVIDAD 14

### ¡Es buenísimo!

**Hablar/Escribir** Todos describen algo hoy. ¿Qué dicen? Sigue el modelo. *(Hint: Describe each item.)*

#### modelo

*el postre (bueno)*     ***El postre* es *buenísimo.***

#### Nota

To express extremes with most adjectives, drop the final vowel and add the ending **-ísimo(a)**. The adjective must agree in gender and number with the noun it modifies.

La idea de Rosa es **interesantísima**.

*Rosa's idea is **very (extremely) interesting**.*

When the last consonant is **c**, **g**, or **z**, spelling changes are required.

| | | |
|---|---|---|
| **c → qu** | rico(a) → ri**qu**ísimo(a) |
| **g → gu** | largo(a) → lar**gu**ísimo(a) |
| **z → c** | feliz → feli**c**ísimo(a) |

1. la maestra (simpático)
2. las enchiladas (rico)
3. el perro (malo)
4. la película (bueno)
5. las joyas (caro)
6. el libro (aburrido)

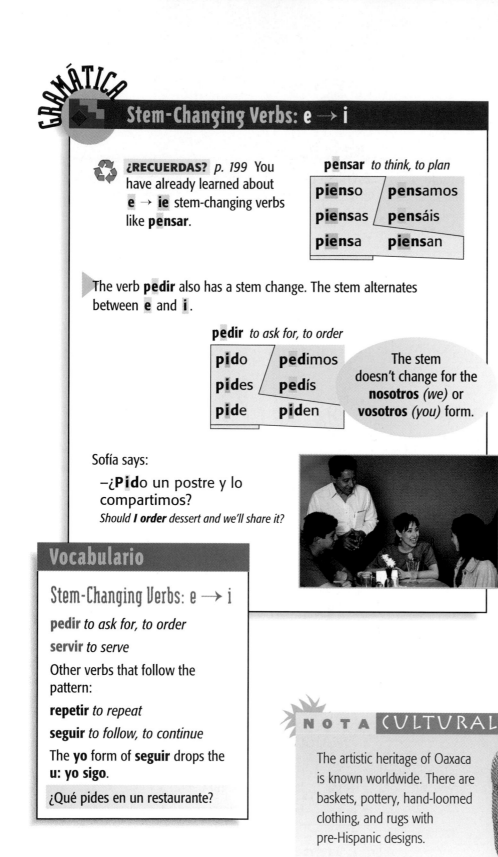

# GRAMÁTICA

## Stem-Changing Verbs: e → i

♻ **¿RECUERDAS?** *p. 199* You have already learned about **e → ie** stem-changing verbs like **pensar**.

**pensar** *to think, to plan*

| | |
|---|---|
| **pien**so | **pens**amos |
| **pien**sas | **pens**áis |
| **pien**sa | **pien**san |

▶ The verb **pedir** also has a stem change. The stem alternates between **e** and **i**.

**pedir** *to ask for, to order*

| | |
|---|---|
| **pi**do | **ped**imos |
| **pi**des | **ped**ís |
| **pi**de | **pi**den |

The stem doesn't change for the **nosotros** *(we)* or **vosotros** *(you)* form.

Sofía says:

–¿**Pid**o un postre y lo compartimos?
*Should **I order** dessert and we'll share it?*

### Vocabulario

#### Stem-Changing Verbs: e → i

**pedir** *to ask for, to order*
**servir** *to serve*

Other verbs that follow the pattern:

**repetir** *to repeat*
**seguir** *to follow, to continue*

The **yo** form of **seguir** drops the **u: yo sigo.**

¿Qué pides en un restaurante?

## En el restaurante

**Leer** Rosa, Carlos y Sofía van a un restaurante. Completa su conversación con la forma correcta de **pedir**. *(Hint: Complete the conversation.)*

**Carlos:** Las enchiladas son riquísimas aquí. ¿Las __1__ ustedes?

**Chicas:** ¡Claro que sí!

**Mesero:** ¿Listos para __2__?

**Carlos:** Sí, queremos las enchiladas de carne para los tres.

**Mesero:** ¿Y de postre?

**Rosa:** Sofía, ¿ __3__ tú y yo un pastel y lo compartimos?

**Sofía:** Buenísima idea. Y tú, Carlos, ¿qué __4__?

**Carlos:** Yo __5__ un flan, ¡y no lo comparto con nadie!

### NOTA CULTURAL

The artistic heritage of Oaxaca is known worldwide. There are baskets, pottery, hand-loomed clothing, and rugs with pre-Hispanic designs.

## ACTIVIDAD 16 Gramática

### Sirven...

**Hablar/Escribir** Carlos almuerza mucho en las casas de sus amigos. ¿Qué sirven? *(Hint: Say what they serve.)*

#### modelo

*Antonio: hamburguesas*

**Antonio** sirve **hamburguesas.**

1. Patricia y Carla: ensalada
2. yo: enchiladas
3. nosotros: fruta
4. usted: tortas
5. tú: mole negro
6. mi hermana y yo: tacos
7. ustedes: pollo
8. la señora Ruiz: bistec

■ **MÁS PRÁCTICA** *cuaderno* p. 104

■ **PARA HISPANOHABLANTES**
   *cuaderno* p. 102

## ACTIVIDAD 17

### Pido...

**Hablar** Pregúntale a otro(a) estudiante qué bebida pide normalmente. Cambien de papel. *(Hint: Say what drink you ask for.)*

#### modelo

*desayunas*

**Estudiante A:** *¿Qué bebida pides cuando* **desayunas***?*

**Estudiante B:** *Pido una taza de té.*

#### Nota

**Desayunar** means *to have breakfast.* **El desayuno** is *breakfast.*

**ESTUDIANTE A**

¿Qué bebida pides cuando...?

1. desayunas
2. tienes mucha sed
3. estás enfermo(a)
4. no puedes dormir
5. cenas con tu familia en un restaurante
6. tienes frío
7. tienes calor

**ESTUDIANTE B**

Pido...

## ¿A quién?

**Escuchar** Lee las oraciones. Carlos y su amiga Elena están en un restaurante. Escucha y decide si cada oración es cierta o falsa. Corrige las falsas. *(Hint: Say if each sentence is true or false.)*

1. Carlos tiene hambre.

2. Elena va a pedir enchiladas de pollo.

3. Carlos va a pedir un bistec.

4. Los dos van a pedir algún refresco.

5. Carlos no va a pedir ningún postre.

### Vocabulario

#### En el restaurante

**Para pedir comida**

**¿Me ayuda a pedir?** *Could you help me order?*

**¿Me trae…?** *Could you bring me…?*

**Quisiera…** *I would like…*

**Para pedir la cuenta**

**¿Cuánto es?** *How much is it?*

**La cuenta, por favor.** *The check, please.*

**Es aparte.** *Separate checks.*

**¿Está incluido(a)…?** *Is … included?*

**¿Cuánto le doy de propina?** *How much do I tip?*

¿Cómo pides en un restaurante?

## ♻ La fiesta

**Hablar** Estás organizando una fiesta. Tu amigo(a) te pregunta quién trae ciertas cosas. *(Hint: Who brings what?)*

### modelo

*Antonio: platos*

**Tu amigo(a):** *Antonio trae los platos, ¿verdad?*

**Tú:** *Sí, él los trae.*

### Nota

**Traer** means *to bring*. It has an irregular **yo** form: **traigo**. Its other forms are regular.

1. tú: tenedores
2. Marta: postre
3. la señorita Díaz: refrescos
4. Margarita y yo: ensalada
5. Enrique y Pablo: pollo
6. yo: enchiladas

## ¿Listos para pedir?

**Hablar** Eres mesero(a) en un restaurante mexicano. Tres personas llegan y quieren comer. ¿Qué dicen? Trabaja con tres estudiantes para representar la escena. Cambien de papel. *(Hint: Order food.)*

### modelo

**Mesero(a):** *¿Listos para pedir?*

**Persona A:** *Sí, quisiera un bistec asado con papas fritas.*

**Mesero(a):** *¿Algo para tomar?*

**Persona A:** *Una limonada, por favor.*

**Mesero(a):** *¿Y usted?*

**Persona B:** *¿Me trae una enchilada de pollo y un refresco?*

**Mesero(a):** *¿Y usted, señorita?*

**Persona C:** *Me gustaría…*

## ¡La cuenta, por favor!

**Hablar** Acaban de comer y quieren la cuenta. ¿Qué dicen? La conversación puede variar. *(Hint: Request the check.)*

### modelo

**Persona A:** *Perdone. La cuenta, por favor.*

**Mesero(a):** *¿Para los dos?*

**Persona B:** *No, mi cuenta es aparte.*

**Persona A:** *¿Está incluida la propina?*

**Mesero(a):** *No, señor. Bueno, ahora traigo las dos cuentas.*

1. Las cuentas son aparte.
2. Las cuentas no son aparte.
3. La propina está incluida.
4. La propina no está incluida.

## ¡A comer!

**Hablar/Escribir** Vas a un restaurante con unos amigos. Trabaja en un grupo de cuatro para escribir un diálogo en tres partes, usando las expresiones de la lista. Luego, preséntenle los diálogos a la clase. *(Hint: Write a restaurant dialog.)*

**Parte 1:** Llegan al restaurante. El (La) mesero(a) les trae el menú. Piden la comida.

**Parte 2:** El (La) mesero(a) les trae la comida. Hablan de la calidad de la comida y del servicio.

**Parte 3:** Acaban de comer. Piden la cuenta. Pagan la cuenta y dan una propina.

### modelo

**Persona A:** *¿Nos puede traer el menú, por favor?*

**Mesero(a):** *Sí, ahora mismo lo traigo.*

**Persona B:** *Bueno, ¿qué vamos a pedir?*

**Persona C:** *¿Sirven buenas enchiladas de pollo aquí?*

**Persona A:** *Creo que sí.*

**Persona C:** *Entonces, voy a pedirlas.*

**Persona B:** *A mí no me gustan las enchiladas. Yo voy a pedir arroz con pollo.*

**Persona A:** *Y yo bistec.*

**Persona B:** *¿Listos para pedir?…*

**MÁS COMUNICACIÓN** p. R12

## Pronunciación

### Trabalenguas

**Pronunciación de la *g*** The letter **g** in Spanish has a soft sound before the vowels **i** and **e**. It sounds somewhat like the *h* in the English word *he*, but a little harder. Practice by pronouncing the following words:

**gi**mnasio    biolo**gí**a    **ge**neral    **Ge**raldo

When it precedes other vowels, the **g** has a different sound, like in the word *go*. To produce this sound with **i** or **e**, a **u** must be inserted. Practice the following words:

**ga**to    **gu**sto    **go**rdo    abri**go**    **gui**tarra    hambur**gue**sa

Now try the tongue twister.

Cuando digo «digo» digo «Diego». Cuando digo «Diego» digo «digo».

Diego

# En voces

**LECTURA**

## Andrés, joven aprendiz de alfarero[1]

¡**H**ola! Me llamo Andrés Real. Vivo en San Bartolo Coyotepec, un pueblo cerca de la ciudad de Oaxaca. *Coyotepec* significa[2] «montaña de los coyotes». La verdad es que ya no hay muchos de estos animales. Mi pueblo no es muy grande, pero es muy famoso. La cerámica negra que ves en tiendas y mercados por todo México es de aquí. Si algún día ves una olla de barro[3] negro que parece[4] metal, probablemente es de San Bartolo Coyotepec.

La *Alfarería Doña Rosa* es donde yo trabajo después de salir de la escuela. En la alfarería hacemos la cerámica de barro. Esta alfarería se llama *Doña Rosa* en honor a mi abuela doña Rosa Valente Nieto de Real. Ella inventó[5] este tipo de cerámica. Mi abuela murió[6] en 1979, pero mi familia todavía[7] usa su método para hacer la cerámica.

**PARA LEER**

**STRATEGY: READING**

**Gather and sort information as you read**

Do you and your friends have jobs after school or on weekends? Fill out this chart about jobs by interviewing two people. Then use this chart to gather information about Andrés as you read.

| Preguntas | Persona 1 | 2 | Andrés |
|---|---|---|---|
| ¿Dónde trabajas? | | | |
| ¿Cuándo? | | | |
| ¿Qué haces? | | | |
| ¿Trabajas en algo que te puede servir en el futuro? | | | |

---

[1] potter    [4] that looks like    [6] died
[2] means    [5] invented    [7] still
[3] clay

Yo soy aprendiz, o estudiante, de alfarero. Mi papá, mi mamá y mis tíos me enseñan este arte. No hago ollas grandes pero hago animalitos, como coyotes. Mis animalitos no siempre salen bien porque estoy aprendiendo. Como mi abuela, algún día voy a vender los artículos de barro negro de Coyotepec por todo el mundo.

## ¿Comprendiste?
1. ¿Dónde vive Andrés?
2. ¿Por qué es famoso su pueblo?
3. ¿Quién es su abuela? ¿Por qué es famosa?
4. ¿Qué hace Andrés en la alfarería?
5. ¿Qué quiere hacer Andrés algún día?

## ¿Qué piensas?
Usa tu imaginación. En otra hoja de papel, escribe lo que hace Andrés en un día típico. También escribe lo que tú haces antes o después de clases.

| ¿Qué hace Andrés? | ¿Qué haces tú? |
|---|---|
|  |  |

# En colores
## CULTURA Y COMPARACIONES

### PARA CONOCERNOS
**STRATEGY: CONNECTING CULTURES**

**Analyze and recommend** Some areas depend on tourism for income, but sometimes local people are against it. Why is that so? Think of reasons for and against tourism.

| Turismo: no | Turismo: sí |
|---|---|
| 1. | 1. |
| 2. | 2. |
| 3. | 3. |

Based on your analysis, write three or more rules for being a good tourist.

### NOTA CULTURAL

Today many Zapotec Indians support themselves through farming and traditional handicrafts such as weaving.

# Monte Albán:

*Para el concurso de Onda Internacional, Carlos visita Monte Albán. Saca fotos y escribe este artículo sobre una de las primeras culturas de Oaxaca.*

El estado de Oaxaca es una importante región arqueológica. El lugar más famoso es Monte Albán, una de las primeras ciudades de Mesoamérica [1] y la vieja capital de los zapotecas [2]. Sabemos que la civilización de Monte Albán empieza por el año 500 a.C. [3] Pero los orígenes y el fin de esta civilización son un misterio fascinante.

---

[1] Middle America (Mexico and Central America)
[2] Zapotec Indians
[3] B.C.

# ruinas misteriosas

Muchos turistas visitan Monte Albán todos los años para conocer sus pirámides, terrazas, tumbas y esculturas. La parte donde hay más exploración es la Plaza Central, centro de la vida social y religiosa de los zapotecas. Allí hay grandes plataformas, como el Juego de Pelota y la Galería de los Danzantes. Los arqueólogos no saben mucho sobre el Juego de Pelota. Tampoco saben qué representan los Danzantes. ¿Son figuras de hombres que danzan o son prisioneros[4]?

El Juego de Pelota

Aproximadamente entre los años 700 y 800 d.C.[5], los zapotecas abandonan Monte Albán. Luego, los mixtecas[6] usan el lugar. Hoy, descendientes de los dos grupos viven en las montañas y el valle de Oaxaca. Su cultura sigue presente en la lengua y las costumbres[7].

---

[4] prisoners
[5] A.D.
[6] Mixtec Indians
[7] customs

## ¿Comprendiste?

1. ¿Qué importancia tiene Monte Albán?
2. ¿Qué sabemos del fin de la civilización de Monte Albán?
3. ¿Qué pueden ver los turistas aquí?
4. ¿Qué saben los arqueólogos del Juego de Pelota o de los Danzantes?
5. ¿Hay zapotecas hoy en Oaxaca?

## ¿Qué piensas?

Eres un(a) turista en Monte Albán. En una hoja de papel, describe tu visita y tus reacciones. Mira las fotos para inspirarte.

# En uso
## REPASO Y MÁS COMUNICACIÓN

**OBJECTIVES**

- Order food
- Request the check
- Talk about food
- Express extremes
- Say where you went

### ACTIVIDAD 1 En el restaurante

Lucía y Emilio están en un restaurante. Completa su diálogo con el mesero con la forma correcta de las siguientes palabras: **alguno, ninguno, algo, nada, alguien, nadie.** *(Hint: Complete the conversation.)*

**Lucía:** Emilio, conozco a ___1___ que trabaja en este restaurante.

**Emilio:** ¿De verdad? Yo no conozco a ___2___ aquí. ¿Quién es?

**Lucía:** Un vecino. Prepara los postres.

**Mesero:** La especialidad es el bistec. No hay ___3___ bistec tan delicioso como el nuestro. Les doy ___4___ minutos para mirar el menú.

**Mesero:** ¿Están listos para pedir?

**Emilio:** Sí, para mí, la especialidad.

**Lucía:** Y yo quisiera las enchiladas y una ensalada.

**Mesero:** ¿Quieren ___5___ de tomar?

**Emilio:** Por ahora, ___6___ más. Después, vamos a compartir ___7___ postre.

**Emilio:** La cuenta, por favor.

**Mesero:** Sí, señor. Un momento.

**Lucía:** ¿Le dejamos ___8___ propina?

**Emilio:** No. Está incluida.

### ACTIVIDAD 2 El nuevo mesero

El nuevo mesero está aprendiendo. ¿Qué sirve?
*(Hint: Say what he serves.)*

**modelo**

*Isabel: arroz (lechuga)*

***Isabel** pide **arroz**, pero el mesero le sirve **lechuga**.*

1. Andrés y yo: enchiladas (pollo)
2. tú: una ensalada (pastel)
3. los señores Gálvez: un flan (pan)
4. yo: carne (un postre)
5. ella: una sopa (un sándwich)
6. nosotros: té (café)

**Now you can...**
- order food.
- request the check.

**To review**
- affirmative and negative words, see p. 294.

**Now you can...**
- talk about food.

**To review**
- stem-changing verbs: **e → i**, see p. 296.

**Now you can...**
- talk about food.
- express extremes.

**To review**
- the verb **gustar** + nouns, see p. 292.
- extremes, see p. 295.

### ACTIVIDAD 3 ¡La comida es buenísima!

A todos les gusta comer. ¿Qué opinan de la comida?
*(Hint: Describe their reactions.)*

**modelo**

*yo: enchiladas (bueno)*

**A mí me** *gustan* **las enchiladas. Son** *buenísimas.*

1. mis hermanos: flan (rico)
2. Jaime: papas fritas (bueno)
3. tú: salsa (rico)
4. yo: limonada (bueno)
5. la señorita Anaya: arroz (bueno)
6. nosotros: tacos (rico)

**Now you can...**
- talk about food.

**To review**
- the verb **traer**, see p. 298.

### ACTIVIDAD 4 ¡Una fiesta mexicana!

Hay una fiesta mexicana hoy. ¿Qué traen todos?
*(Hint: Say what people bring.)*

**modelo**

*Dolores: salsa*

**Dolores** *trae* **la salsa.**

1. yo: tenedores
2. Salvador: platos
3. nosotros: enchiladas
4. el profesor: arroz
5. Alex y Tito: ensalada
6. la directora: flan
7. tú: pastel
8. René y yo: limonada

**Now you can...**
- say where you went.

**To review**
- **fui/fuiste**, see p. 292.

### ACTIVIDAD 5 ¿Adónde fuiste?

Tu amigo(a) acaba de ir de compras. Escribe tus preguntas y sus respuestas según el modelo. Tiene las siguientes cosas: **un disco compacto, pan, un collar, carne, un pastel, unos artículos de cuero** y **una novela.** *(Hint: Say where you went.)*

**modelo**

*pastelería*

**Tú:** *¿Fuiste a la* **pastelería***?*

**Tu amigo(a):** *Sí, fui para comprar un pastel.*

1. joyería
2. librería
3. panadería
4. carnicería
5. tienda de música
6. mercado

## ACTIVIDAD 6  ¡Tengo hambre!

### PARA CONVERSAR

**STRATEGY: SPEAKING**

**Borrow useful expressions** Here are some useful expressions for agreeing and accepting (**está bien, perfecto**) and for refusing (**no quiero…, por ahora nada más**). Use them in your conversation in the restaurant.

Estás en un restaurante. Pide un mínimo de tres cosas. Después, habla de la comida y pide la cuenta. Otro(a) estudiante va a ser el (la) mesero(a). Cambien de papel. *(Hint: Order food.)*

Quisiera…

¿Me trae…?

Me gustaría…

¿Está incluido(a)…?

## ACTIVIDAD 7  ¡Una fiesta!

Trabajando en grupos, hablen de dos cosas que cada persona va a traer a una fiesta. *(Hint: Plan a party.)*

### modelo

**Sara:** *Me gusta la limonada. Traigo limonada y algunos vasos.*

**José:** *Me gustan las enchiladas y la música. Traigo enchiladas y una guitarra.*

## ACTIVIDAD 8 *En tu propia voz*

**ESCRITURA** Trabajas en un restaurante mexicano. Escribe un párrafo para una guía turística. *(Hint: Describe a Mexican restaurant.)*

### modelo

**Restaurante Azteca** *¿Le gusta la salsa picante? En el Restaurante Azteca servimos una salsa deliciosa y muy picante. La especialidad de la casa es…*

## TÚ EN LA COMUNIDAD

**Grendale** is a high school student in Nevada. He sometimes speaks Spanish with coworkers when he volunteers at a nursing home. At his part-time job, he uses Spanish with Mexican, South American, and Spanish tourists who come to the store. He has a friend from Uruguay who is an exchange student, and they often speak in Spanish. Do you speak Spanish with any of your friends?

# En resumen
## REPASO DE VOCABULARIO

| | |
|---|---|
| ¿Me ayuda a pedir? | Could you help me order? |
| ¿Me trae…? | Could you bring me…? |
| el menú | menu |
| pedir (i) | to ask for, to order |
| Quisiera… | I would like… |

**At the Restaurant**

| | |
|---|---|
| el (la) mesero(a) | waiter (waitress) |
| el restaurante | restaurant |
| servir (i) | to serve |
| traer | to bring |

**Place Setting**

| | |
|---|---|
| la cuchara | spoon |
| el cuchillo | knife |
| la taza | cup |
| el tenedor | fork |

### EXPRESSING EXTREMES

| | |
|---|---|
| riquísimo(a) | very tasty |

### REQUESTING THE CHECK

| | |
|---|---|
| ¿Cuánto es? | How much is it? |
| ¿Cuánto le doy de propina? | How much do I tip? |
| la cuenta | bill, check |
| La cuenta, por favor. | The check, please. |
| Es aparte. | Separate checks. |
| ¿Está incluido(a)…? | Is… included? |
| la propina | tip |

### SAYING WHERE YOU WENT

| | |
|---|---|
| Fui…/Fuiste… | I went…/You went… |

### TALKING ABOUT FOOD

| | |
|---|---|
| caliente | hot, warm |
| delicioso(a) | delicious |
| dulce | sweet |
| picante | spicy |
| rico(a) | tasty |
| vegetariano(a) | vegetarian |

**Food**

| | |
|---|---|
| el arroz | rice |
| el azúcar | sugar |
| el bistec | steak |
| la carne | meat |
| la enchilada | enchilada |
| la ensalada | salad |
| la lechuga | lettuce |
| el pan | bread |
| el pollo | chicken |
| el queso | cheese |
| la salsa | salsa |
| la sopa | soup |

**Beverages**

| | |
|---|---|
| la bebida | beverage, drink |
| el café | coffee |
| la limonada | lemonade |
| el té | tea |

**Desserts**

| | |
|---|---|
| el flan | caramel custard dessert |
| el pan dulce | sweet roll |
| el pastel | cake |
| el postre | dessert |

### OTHER WORDS AND PHRASES

| | |
|---|---|
| algo | something |
| alguien | someone |
| alguno(a) | some |
| desayunar | to have breakfast |
| el desayuno | breakfast |
| la lengua | language |
| listo(a) | ready |
| nada | nothing |
| nadie | no one |
| ninguno(a) | none, not any |
| poner | to put |
| poner la mesa | to set the table |
| el pueblo | town, village |
| sin | without |
| tampoco | neither, either |
| todavía | still, yet |

## Juego

Cada miembro de la familia Martínez quiere algo diferente. ¡Pobre Pablo, el mesero! Pablo es inteligente y trae lo que quieren. ¿Qué les sirve a 1) Marco, 2) Martina y 3) Marisol?

**Marco Martínez:** Quiero algo líquido y caliente con proteínas.

**Martina Martínez:** Quiero algo verde y vegetariano.

**Marisol Martínez:** Quiero algo dulce para mi café.

Marco    Martina    Marisol

# En tu propia voz

### ESCRITURA

## ¡A viajar!

You and your family are planning a vacation. Write a letter to a Spanish-speaking friend, detailing your plans for the trip.

**Purpose:** Explain plans for a trip
**Audience:** A friend
**Subject:** Your destination
**Structure:** Personal letter

> ### PARA ESCRIBIR • STRATEGY: WRITING
>
> **Tell who, what, where, when, why, and how** A well-written, friendly letter uses many details to communicate information. Cover all the details by answering these interrogatives: **¿Quién? ¿Qué? ¿Dónde? ¿Cuándo? ¿Por qué? ¿Cómo?**

## Modelo del estudiante

**Who** is indicated by the salutation. Friendly letters usually start with **Querido(a)** *(dear)*, followed by a colon.

Querida Ana:

In the first paragraph, the writer tells **where, when,** and **why** she is going.

¿Cómo estás? Yo estoy muy emocionada. ¡Mi familia y yo vamos de vacaciones a México en agosto! Vamos a estar en Oaxaca por tres días. Estamos estudiando México en mi clase de español y ayer fui a la biblioteca para aprender más. Nuestros planes para el viaje son muy interesantes. ¡Vamos a hacer muchas cosas!

In the remaining paragraphs, the writer tells **what** she will do on each day of her trip. She also says **how** she will be traveling.

Día 1: Salimos en avión por la mañana y llegamos al Hostal de La Noria al mediodía. Por la tarde hacemos una excursión por la ciudad. Cenamos en el restaurante La Casa de la Abuela, en el centro de Oaxaca.

The author keeps herself organized and on task by constructing each paragraph around what she will do on a specific day.

Día 2: Por la mañana vamos en autobús a Monte Albán. ¡Voy a sacar muchas fotos! Por la tarde vamos de compras al Mercado Benito Juárez. ¿Prefieres un collar o unos aretes?

Día 3: Quiero conocer los museos y caminar por la ciudad. No tenemos planes especiales.

¿Qué haces tú durante las vacaciones? ¡Escríbeme!

She adds a closing, followed by a comma, and signs her name.

Hasta luego,

Susana

## Estrategias para escribir

### Antes de escribir...
Think about a trip you will take, or one that you'd like to take. Remember that you will need to tell who, what, where, when, why, and how. To help you organize your details, fill in a chart like this one.

### Revisiones
Read your letter aloud to a partner. Then ask:

- *How did I make my letter clear?*
- *When, where, and how are we going on vacation?*
- *What, if anything, is confusing?*
- *What other details may be helpful?*

### La versión final
Before you create the final draft of your letter, look over your work with the following questions in mind:

- *Are verbs correct? Have I included necessary stem changes?*

Circle the verbs in your letter. Remember the special spellings of stem-changing verbs.

- *Is punctuation accurate?*

Underline all punctuation. Check that the salutation has a colon, the closing has a comma, sentences end with periods, and question marks and exclamation points are in place.

To insert or delete words, letters, or punctuation, use the editorial marks shown.

 Share your writing on www.mcdougallittell.com

---

¿A quién le escribes? **a mi amigo Carlos**

¿Adónde vas de viaje? **a Oaxaca**

¿Cómo vas a viajar? _____

¿Qué vas a hacer allí? _____

¿Día 1? _____

_____

¿Día 2? _____

_____

¿Día 3? _____

_____

---

Querido Carlos,

¿Qué tal? Estoy muy feliz. Mañana voy a viajar a México y vuelvo en dos semanas. ¡No puedo creerlo! Viajo con mi hermano mayor. Primero, vamos a la Ciudad de México. Después quiero hacer una excursión en autobús a Oaxaca.

Día 1

Primero, pensamos ir al Mercado Benito Juárez...

---

### EDITORIAL MARKS

∧ = **insert**     :̇ = **insert colon**

‿ = **delete**

# BARCELONA
## ESPAÑA

### PREPARACIONES ESPECIALES

## OBJECTIVES

### ETAPA 1
**¿Cómo es tu rutina?**
- Describe daily routine
- Talk about grooming
- Tell others to do something
- Discuss daily chores

### ETAPA 2
**¿Qué debo hacer?**
- Say what people are doing
- Persuade others
- Describe a house
- Negotiate responsibilities

### ETAPA 3
**¡Qué buena celebración!**
- Plan a party
- Describe past activities
- Express extremes
- Purchase food

**MIGUEL DE CERVANTES SAAVEDRA (1547–1616)** is the most well-known Spanish author. His classic *Don Quijote de la Mancha* is considered to be the first modern novel. What plays or movies are based on this book?

**Océano Atlántico**

ISLAS CANARIAS

**PORTUGAL**

**JOAN MIRÓ (1893–1983)** is one of Barcelona's most famous artists. You can see his surrealist works at the **Fundación Miró.** How would you describe this piece by Miró?

*Tapestry of the Foundation, Miró Foundation on Montjuic*

# ALMANAQUE

**Población:** 1.630.867

**Altura:** 12 metros (39 pies)

**Clima:** 10°C (54°F), invierno; 25°C (75°F), verano

**Comida típica:** mariscos, tapas, paella

**Gente famosa de Barcelona:** José Carreras (cantante), Antonio Gaudí (arquitecto), Joan Miró (pintor), Pablo Picasso (pintor), Arantxa Sánchez Vicario (tenista)

**¿Vas a Barcelona?** Barcelona es la capital de Cataluña, una región de España. Tiene una identidad catalana muy fuerte. La gente habla catalán y español.

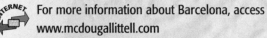 For more information about Barcelona, access www.mcdougallittell.com

**EL MONUMENTO DE CRISTÓBAL COLÓN** commemorates Columbus's meeting with the king and queen of Spain after his first voyage to the Americas. They met in Barcelona in 1493. Who were the king and queen of Spain then?

FRANCIA

ANDORRA

BARCELONA •

ESPAÑA

★ MADRID

**ACEITUNAS** are one of Spain's most important products. Their oil is used to cook Spanish specialties such as **paella** and **tortilla española.** They are also often eaten as **tapas.** What dishes made with olives or olive oil have you eaten?

**LA SAGRADA FAMILIA** is a church begun by architect Antonio Gaudí (1852–1926). It is not yet finished. What do you think about the style of architecture you see in the photo?

VALENCIA •

ISLAS BALEARES

• SEVILLA

**LAS RAMBLAS** is a well-known street in the heart of Barcelona that has it all! Artisans, performers, and vendors sell everything from parakeets to newspapers here. Where might you find something similar in the U.S.?

• GIBRALTAR (R.U.)

**CEUTA**

Mar Mediterráneo

ARGELIA

**MELILLA**

MARRUECOS

# UNIDAD 5

## ETAPA 1

# ¿Cómo es tu rutina?

- Describe daily routine

- Talk about grooming

- Tell others to do something

- Discuss daily chores

## ¿Qué ves?

Mira la foto del Parque Güell en Barcelona.

1. ¿Es interesante o no el parque?

2. ¿Qué hace la chica?

3. ¿Qué lleva la chica?

4. ¿De qué color es el animal?

5. ¿Cómo se llama el parque de atracciones de Barcelona?

**Barcelona**

Parque Güell

Sagrada Familia

Avenida Diagonal

Parque de Joan Miró

Estación del Norte

Estación Barcelona Sants

BARRIO GÓTICO

Las Ramblas

Gran Vía de las Cortes Catalanas

Avenida del Paralelo

PLAYA

Parque de atracciones de Montjuic

Puerto

Paseo de Colón

# En contexto

## VOCABULARIO

Luis is following his morning routine. Watch him get ready for the day.

**A** Luis oye **el despertador.** Pero está en **la cama.** ¡Quiere dormir más!

el despertador

la manta

la cama

la cabeza

la mano

la nariz

la oreja

la boca

la cara

el brazo

**B** Luis acaba de **levantarse.**

el estómago

el cuerpo

las piernas

los pies

**C** Luis va a **lavarse**. Se lava **la cara** con **jabón** y va a **secarse** con **una toalla**.

el jabón

la toalla

**D** Esta mañana Luis tiene tiempo para **ducharse** y lavarse la **cabeza** con **champú**.

el espejo

el secador de pelo

el champú

LICOR-POLO-3

la pasta de dientes

**E** Luis se lava **los dientes** con **el cepillo de dientes**. Después, va a **peinarse** con **un peine**. ¡Ya está listo!

los dientes

el cepillo de dientes

el peine

## Preguntas personales

1. ¿Usas un despertador?
2. ¿Te lavas la cara por la mañana o por la noche?
3. ¿Usas un secador de pelo o una toalla para secarte el pelo?
4. ¿A qué hora te levantas?
5. ¿Cuándo te lavas los dientes?

# *En vivo*

## DIÁLOGO

## Muchos quehaceres

| Luis | Carmen | Mercedes | Juan Carlos | Lourdes |

**PARA ESCUCHAR** • STRATEGY: LISTENING

**Listen for a mood or a feeling** Nothing is going right for Luis. What does he say to show frustration? Jot down some of his expressions for protesting. When would you use them?

**1 ▶ Juan Carlos:** ¡Luis! ¡Mercedes llega en diez minutos!

**Luis:** ¡Sí, ya lo sé! ¡Ahora me ducho y salgo! ¡Necesito lavarme los dientes!

**5 ▶ Luis:** Necesito secarme el pelo.

**Carmen:** ¡Ponte otra camisa! Mírate en el espejo, ¡esta camisa está muy fea! ¡Y no uses mi secador de pelo! ¡Por favor, no lo uses!

**6 ▶ Juan Carlos:** Hijo. Por favor, haz todo lo que está en esta lista.

**Luis:** Pero, ¿tengo que hacerlo todo hoy?

**Juan Carlos:** Sí, hijo. Primero haz los quehaceres.

**Luis:** ¡Pero, papá!

**7 ▶ Lourdes:** Necesitamos varias cosas. Ve a la tienda. Aquí tienes mi lista.

**Luis:** Mamá, me espera Álvaro.

**Lourdes:** Pero esto es importante.

**Luis:** ¡No es justo! ¡Es mi cumpleaños!

**2 ▶ Carmen:** ¡Luis! ¡Luis! ¡Mercedes está aquí!

**Luis:** ¡Sí, sí, sí! ¡Pero primero me pongo la ropa! ¡Ya voy!

**3 ▶ Luis:** ¡Hola, Mercedes! ¿Cómo estás?

**Mercedes:** Bien, Luis. ¡Y feliz cumpleaños! ¿Qué tal tu mañana?

**Luis:** Muy tranquila, gracias.

**4 ▶ Luis:** ¿Qué haces? ¿Por qué me estás sacando fotos? ¡No hagas eso!

**Mercedes:** Son para un concurso.

**Luis:** ¿Para qué concurso son?

**Mercedes:** Te digo luego. Álvaro nos espera en una hora. ¿Estás listo?

**8 ▶ Juan Carlos:** Sí, pero también puedes celebrarlo después. También cuida a tu hermana.

**Luis:** ¡No puede ser!

**Carmen:** ¡Ja, ja! ¡Me tienes que cuidar!

**9 ▶ Luis:** Voy a llamar a Álvaro. Nunca vamos a llegar a tiempo.

**Mercedes:** ¡Pobre Luis! ¡No seas tan dura con él! Es su cumpleaños.

**Carmen:** ¡Le quiero ver la cara al llegar a su fiesta!

**10 ▶ Luis:** Está ocupado. Lo llamo más tarde. Bueno, vamos. Tenemos muchas cosas que hacer. ¡Carmen, Mercedes!, ¿me ayudáis con los quehaceres?

# En acción
## VOCABULARIO Y GRAMÁTICA

**OBJECTIVES**
- Describe daily routine
- Talk about grooming
- Tell others to do something
- Discuss daily chores

**ACTIVIDAD 1**

### Frases revueltas

**Escuchar** Explica lo que pasa en el diálogo. Completa las oraciones, combinando frases de las dos columnas. *(Hint: Explain what happens.)*

1. Cuando Mercedes llega, Luis…
2. Mercedes…
3. Álvaro…
4. A Luis no le gusta…
5. Cuando Luis llama a Álvaro…

a. cuidar a su hermana.
b. no está en casa de Luis.
c. está ocupado.
d. está sacando fotos.
e. no está listo para salir.

**ACTIVIDAD 2**

### ¿Qué pasa?

**Escuchar** Completa las oraciones para describir lo que pasa en el diálogo. *(Hint: Describe what happens.)*

1. Cuando Mercedes llega, Luis está…
2. Mercedes saca fotos para…
3. Cuando Mercedes llega, Luis acaba de…
4. Luis tiene planes para salir con…
5. Luis no está contento porque…

**ACTIVIDAD 3**

### ♻ Antonio va a…

**Hablar/Escribir** Hoy va a ser un día típico para Antonio, un amigo de Carmen. Explica a qué hora va a hacer cada actividad, según los dibujos. *(Hint: Explain when he is going to do each activity.)*

**modelo**

Antonio va a **levantarse** a las **siete y cuarto**.

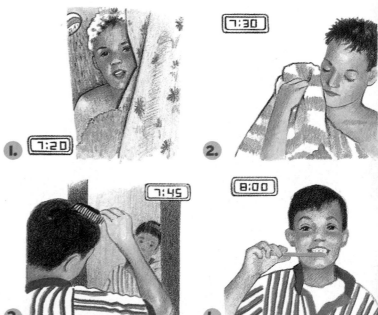

---

**TAMBIÉN SE DICE** In this unit you will see and hear language that is typical of Spain.

Did you notice that Luis uses the word **ayudáis**? Remember that in Spain the **vosotros(as)** form of verbs is usually used with people one knows well.

In Spain people use certain expressions for daily routine.

*to wash one's hair*
- **lavarse la cabeza:** Spain
- **lavarse el pelo/el cabello:** many countries

*to brush one's teeth*
- **lavarse los dientes:** Spain
- **cepillarse los dientes:** many countries

- Use reflexive verbs
- Use irregular affirmative **tú** commands
- Use negative **tú** commands
- Use correct pronoun placement with commands

## En la droguería

**Hablar**  Los padres de Luis están de compras y ven este anuncio. Hablan de lo que necesitan Luis y Carmen. ¿Qué dicen? *(Hint: Say what they need.)*

modelo

*Luis (¿?): lavarse*

**Papá:** *¿Necesita **Luis** jabón?*

**Mamá:** *Sí, lo necesita para **lavarse.***

¡DROGUERÍA LAS RAMBLAS ABRE EL LUNES
21 de abril!

750 ptas
200 ptas
2.000 ptas
300 ptas
350 ptas
300 ptas
600 ptas
1.000 ptas

¡Vende de todo!  Artículos de alta calidad a precios bajos!

1. Luis (¿?): lavarse los dientes
2. Luis y Carmen (¿?): peinarse
3. Carmen (¿?): lavarse la cabeza
4. Luis y Carmen (¿?): secarse
5. Carmen (¿?): secarse el pelo

## Para correr...

**Hablar**  Imagínate que un extraterrestre llega a tu casa. Pregúntale cómo hace las siguientes actividades.
*(Hint: Ask how the extraterrestrial does these activities.)*

modelo

*correr*

**Tú:** *¿Cómo **corres**?*

**Extraterrestre:** *Para **correr**, uso seis piernas y seis pies.*

1. comer
2. bailar
3. oír
4. escribir
5. pensar
6. nadar
7. caminar
8. tocar el piano
9. ver la televisión
10. jugar al béisbol

# Describing Actions That Involve Oneself: Reflexive Verbs

▶ To describe people doing things for themselves, use reflexive verbs. Examples of reflexive actions are *brushing one's teeth* or *combing one's hair*. **Reflexive pronouns** are used with reflexive verbs to indicate that the subject of the sentence receives the action of the verb.

**lavarse**  *to wash oneself*

| | |
|---|---|
| **me** lavo | **nos** lavamos |
| **te** lavas | **os** laváis |
| **se** lava | **se** lavan |

▶ Many verbs can be used with or without **reflexive pronouns**. When there is no reflexive pronoun, the person doing the action does not receive the action.

*reflexive*

Pepa **se** lava.
*Pepa washes herself.*

*not reflexive*

Pepa lava el carro.
*Pepa washes the car.*

Luis says:

—¡Primero **me** pongo la ropa!
*First I put on my clothes!*

Notice he says **la ropa,** not **mi ropa,** because reflexive pronouns include the concept of possession.

▶ When you use the infinitive form of a reflexive verb after a **conjugated verb,** be sure to use the correct **reflexive pronoun**.

**Quiero** levantar**me** temprano.
*I want to get up early.*

**Me quiero** levantar temprano.

You can also put the **reflexive pronoun** in front of the **conjugated verb.**

▶ Some verbs have different meanings when used reflexively.

| | |
|---|---|
| **dormir (ue)** *to sleep* | dormir**se** *to fall asleep* |
| **ir** *to go* | ir**se** *to leave, to go away* |
| **poner** *to put* | poner**se** *to put on (clothes)* |

## Vocabulario

### Reflexive Verbs

**acostarse:** o→ue

**lavarse la cabeza**

**afeitarse**

**lavarse los dientes**

**bañarse**

**maquillarse**
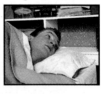

**despertarse:** e→ie

**ponerse la ropa**

Notice that **acostarse** and **despertarse** are stem-changing verbs.

¿Cuándo haces estas actividades, por la mañana o por la noche?

## Se lavan...

**Escuchar/Escribir** Luis explica que todos tienen que lavarse después de trabajar mucho. ¿Qué se lavan? *(Hint: What is being washed?)*

1. Carmen / lavarse / ¿?
2. los padres de Luis / lavarse / ¿?
3. Mercedes y Luis / lavarse / ¿?
4. Luis / lavarse / ¿?
5. Álvaro / lavarse / ¿?

## No están listos

**Hablar** Luis habla de sus amigos. Van a una fiesta. Nadie está listo. ¿Qué tiene que hacer cada uno? *(Hint: Say what they have to do.)*

**modelo**

*Marta: lavarse la cabeza*

**Marta** tiene que **lavarse la cabeza.**
o: **Marta se** tiene que **lavar la cabeza.**
*Siempre* **se lava la cabeza** *antes de ir a una fiesta.*

1. tú: afeitarse
2. vosotros(as): secarse el pelo
3. tú y Álvaro: lavarse los dientes
4. tú: ducharse
5. Emiliana: maquillarse
6. sus primos: ponerse la ropa nueva
7. Mercedes y Elena: peinarse
8. tu hermana: lavarse la cara

■ **MÁS PRÁCTICA** *cuaderno* p. 109
■ **PARA HISPANOHABLANTES** *cuaderno* p. 107

## Primero...

**Hablar** Pregúntale a otro(a) estudiante qué hace primero. *(Hint: Which activity do you do first?)*

**modelo**

*¿ducharse o lavarse los dientes?*

**Estudiante A:** *¿Qué haces primero,* **te duchas** *o* **te lavas los dientes?**

**Estudiante B:** *Primero* **me ducho** *y luego* **me lavo los dientes.**

1. ¿lavarse la cabeza o lavarse la cara?
2. ¿bañarse o lavarse los dientes?
3. ¿afeitarse/maquillarse o peinarse?
4. ¿lavarse la cara o ponerse la ropa?
5. ¿ponerse la ropa o peinarse?

## 9 Tu día típico

**PARA CONVERSAR**

**STRATEGY: SPEAKING**

**Sequence events** When telling about several events, make the order in which they occurred clear. Remember these expressions: **primero, entonces, luego, después, antes de..., después de..., por la mañana/tarde.**

**Hablar/Escribir** Describe tu día típico. Usa los verbos de esta lección. *(Hint: Describe a typical day.)*

**modelo**

*Primero, me despierto y me levanto a las siete...*

## Gramática

## Irregular Affirmative tú Commands

♻ **¿RECUERDAS?** *p. 252* You've already learned how to give instructions to someone by using the **affirmative tú commands** of regular verbs.

| caminar | ¡Camina! |
| comer | ¡Come! |
| abrir | ¡Abre! |

▶ Some verbs have **irregular affirmative tú commands**. Here are the irregular affirmative **tú commands** of some verbs you know.

| Infinitive | Affirmative tú Command |
|---|---|
| decir | di |
| hacer | haz |
| ir | ve |
| poner | pon |
| salir | sal |
| ser | sé |
| tener | ten |
| venir | ven |

Luis's father says:

—Primero **haz** los quehaceres.
*First **do** the chores.*

▶ Remember that when you use a **pronoun** with an **affirmative command**, the **pronoun attaches** to the **command**.

Carmen says:

—¡**Pon te** otra camisa!
***Put on** (yourself) another shirt!*

ACTIVIDAD **10** Gramática

## ¡Pobre Carmen!

**Hablar/Escribir** Luis siempre le dice a su hermana qué hacer. ¿Qué le dice? *(Hint: Give Luis's commands.)*

*modelo*

*poner la mesa*

*Pon la mesa.*

1. ser buena
2. decir la verdad
3. hacer la tarea
4. venir a casa a las seis
5. salir para comprar pan
6. tener paciencia
7. ir a la tienda
8. poner el libro en la mochila

 **MÁS PRÁCTICA** *cuaderno* p. 110

**PARA HISPANOHABLANTES** *cuaderno* p. 108

### Juego

Beto se despierta, se levanta, se ducha, desayuna y sale para la escuela. ¿Qué más necesita hacer esta mañana?

## ¿Qué hago primero?

**Hablar** Tienes mucho que hacer hoy. Le preguntas a tu mamá qué debes hacer primero. ¿Qué te dice? *(Hint: Talk about chores.)*

modelo

*¿poner la mesa o hacer las camas?*

**Tú:** *¿Qué hago primero?* ***¿Pongo la mesa o hago las camas?***

**Mamá:** *Primero* ***haz las camas.*** *Después* ***pon la mesa.***

1. ¿hacer la cama o preparar el desayuno?
2. ¿limpiar el cuarto o comprar comida?
3. ¿ir a la tienda o hacer los otros quehaceres?
4. ¿quitar la mesa o lavar los platos?
5. ¿hacer ejercicio o lavar la ropa sucia?

## Los amigos ayudan

**Hablar/Escribir** Mercedes les pide mucho a sus amigos. ¿Qué les pide? *(Hint: What does Mercedes ask?)*

modelo

*Ángela: poner ¿?*

***Ángela, pon** los libros en mi mochila, por favor.*

1. Luis: ser ¿?
2. Andrés: salir para ¿?
3. Marta: venir a ¿?
4. Álvaro: poner ¿?
5. Lucía: hacer ¿?
6. Paco: decir ¿?
7. Linda: ir ¿?
8. Carmen: tener ¿?

**MÁS COMUNICACIÓN** p. R13

---

## Vocabulario

### Para hablar de los quehaceres

**hacer la cama**

**lavar los platos**

**limpiar el cuarto**

**quitar la mesa**

**estar limpio(a)**

**estar sucio(a)**

En tu familia, ¿quién hace estos quehaceres?

## GRAMÁTICA

### Negative tú Commands

When you tell someone what **not** to do, use a **negative command**. **Negative tú commands** are formed by taking the **yo** form of the present tense, dropping the **-o**, and adding the appropriate ending.

**habl̶o̶** ⟵ **-es** for **-ar** verbs

**vuelv̶o̶** ⟵ **-as** for **-er** and **-ir** verbs

| Infinitive | Yo Form | Negative tú Command |
|---|---|---|
| hablar | hablo | ¡No hables! |
| volver | vuelvo | ¡No vuelvas! |
| venir | vengo | ¡No vengas! |

Carmen says:

—¡Y **no uses** mi secador de pelo!
*And **don't use** my hair dryer!*

A few verbs have **irregular negative tú commands**. Notice that none of the **yo** forms of these verbs end in **-o**.

| Infinitive (yo form) | Negative tú Command |
|---|---|
| dar (doy) | **No** le **des** mi dirección a nadie. *Don't give my address to anyone.* |
| estar (estoy) | **No** **estés** triste. *Don't be sad.* |
| ir (voy) | **No** **vayas** a la tienda. *Don't go to the store.* |
| ser (soy) | **No** **seas** mala. *Don't be bad.* |

### ACTIVIDAD 13 · Gramática

## ¡No, no, no!

**Hablar/Escribir** Cuando Luis cuida a su hermana menor, ella hace cosas que no debe hacer. Luis siempre le dice que no.
*(Hint: What does Luis say?)*

*modelo*

*patinar en la calle*

*Carmen, no **patines en la calle.***

1. correr en la casa
2. ver la televisión antes de hacer la tarea
3. hablar mucho por teléfono
4. abrir el libro de papá
5. mirar mis videos
6. comer muchos dulces
7. usar mis discos compactos
8. beber tantos refrescos
9. ir al parque muy tarde
10. venir tarde a comer

**MÁS PRÁCTICA** *cuaderno* p. 111

**PARA HISPANOHABLANTES** *cuaderno* p. 109

### NOTA CULTURAL

Many people in Barcelona speak **catalán**. Can you guess what these **catalán** words mean?

**Bon dia**

**Benvinguts**

**museu**

## Las instrucciones

**Hablar/Escribir** Estás cuidando a un niño de seis años. ¿Qué instrucciones le das? *(Hint: What do you say to a six-year-old?)*

modelo

*correr en la casa*

**No corras en la casa.** *Corre en el parque.*

1. poner los libros en el gimnasio
2. ser malo
3. salir de la casa solo
4. comer dulces antes de cenar
5. estar triste
6. decir malas palabras
7. llevar mi chaqueta
8. dormir en el sofá

## Cuando salgo, mis padres me dicen...

**Hablar/Escribir** ¿Cuáles son las instrucciones que te dan tus padres cuando sales? Habla con los otros estudiantes de la clase. Cada estudiante dice un mínimo de dos instrucciones. ¿Cuáles son las cinco instrucciones más comunes?

*(Hint: What instructions do your parents give you?)*

modelo

**Tú:** *Ana, ¿qué te dicen tus padres cuando sales?*

**Ana:** *Haz la tarea antes de salir. No salgas sola. Sé buena. No vayas lejos. Regresa a las ocho.*

| Persona | Instrucciones afirmativas | Instrucciones negativas |
|---------|---------------------------|-------------------------|
| Ana | Haz la tarea. | No salgas sola. |
| | Sé buena. | No vayas lejos. |
| | Regresa a las ocho. | |

## GRAMÁTICA

### Using Correct Pronoun Placement with Commands

♻ **¿RECUERDAS?** *p. 252* Remember that when you use an **object pronoun** with an **affirmative command**, you **attach** the pronoun to the end of the command.

**Cruza** el parque. ⟶ **¡Crúza lo!**

*Cross the park.* ⟶ *Cross it!*

▶ **Object pronouns** precede the verbs in negative commands, just as with other conjugated verbs.

Carmen says:

—¡No **lo** uses!

*Don't use it (the hair dryer)!*

> Remember, you may need to add an **accent** when you attach a pronoun.

## ACTIVIDAD 16 Gramática

### ♻ En el restaurante

**Hablar/Escribir** Tu amigo(a) no puede decidir qué hacer en el restaurante. Contesta sus preguntas. *(Hint: Answer your friend's questions.)*

#### modelo

| ¿Bebo limonada? (sí) | ¿Pido enchiladas? (no) |
|---|---|
| Sí, bébela. | No. No las pidas. |

1. ¿Leo el menú? (sí)
2. ¿Como el arroz? (sí)
3. ¿Comparto los frijoles? (no)
4. ¿Pido un postre? (no)
5. ¿Pago la cuenta? (sí)
6. ¿Dejo la propina? (no)

## ACTIVIDAD 17 Gramática

### ¡No lo hagas ahora!

**Hablar** Tu amigo(a) quiere salir pero tú tienes muchos quehaceres hoy. ¿Qué te dice? *(Hint: Give commands.)*

#### modelo

hacer la cama

**Tú:** *Tengo que **hacer la cama**.*

**Tu amigo(a):** *No **la hagas** ahora. **Hazla** más tarde.*

| 1. limpiar el cuarto | 5. comprar pan |
|---|---|
| 2. poner la mesa | 6. hacer la tarea |
| 3. lavar los platos | 7. cuidar las plantas |
| 4. preparar la cena | 8. escribir una carta |

**MÁS PRÁCTICA** *cuaderno p. 112*

**PARA HISPANOHABLANTES** *cuaderno p. 110*

## ACTIVIDAD 18

### ¡Las decisiones!

**Hablar** Quieres hacer algo, pero tienes que hacer otra cosa. Escoge una situación y pregúntales a cinco estudiantes qué hacer. *(Hint: Ask five students what to do.)*

#### modelo

*Quieres ver la televisión pero tienes tarea.*

**Tú:** *¿Veo la televisión o hago la tarea?*

**Estudiante 1:** *No veas la televisión. Haz la tarea.*

**Estudiante 2:** *Primero, haz la tarea y luego, ve la televisión.*

1. Quieres alquilar un video pero tienes que visitar a tus abuelos.
2. Quieres descansar pero tus amigos quieren andar en bicicleta.
3. Quieres cenar en un restaurante pero tienes que preparar la cena en casa.
4. Quieres acostarte pero tienes que estudiar para un examen.
5. Quieres ir a una tienda pero puedes regatear en el mercado.

### NOTA CULTURAL

**Rock con raíces,** or Root-Rock, has become popular with urban youth in Spain. It blends traditional elements of **flamenco,** such as castanets and hand claps, with electric guitars and synthesizers. Rosario's music has many flamenco influences.

## La rutina de Álvaro

**Escuchar** Lee las oraciones. Luego, escucha el diálogo y di si las oraciones son ciertas o falsas. Corrige las falsas. *(Hint: Say what is true.)*

1. Álvaro se despierta a las nueve los sábados.
2. Álvaro se queda en la cama un rato después de despertarse.
3. Álvaro se lava la cara y los dientes después de levantarse.
4. Álvaro no se baña los sábados.
5. Álvaro se afeita y se lava la cabeza por la noche.

## La Farmacia Véndetodo

**Escribir** Trabajas en una farmacia. Escribe un anuncio sobre algunos productos. Usa los verbos reflexivos para describir los productos. Usa los mandatos (afirmativos y negativos) para decirles a los clientes qué comprar. *(Hint: Write an ad for a pharmacy.)*

**MÁS COMUNICACIÓN** p. R13

## Pronunciación

### Trabalenguas

**Pronunciación de la *s*, la *z* y la *c*** In the Spanish spoken in Latin America and southern Spain, the **s** and **z** always sound like the *s* in the English word *miss*. When **c** is followed by the vowel **i** or **e**, it has the same sound. In central and northern Spain, the **z** and **c** are not pronounced like an *s*, but like the *th* sound in the English word *thin*, when they are followed by **i** or **e**. So if you go to Barcelona, you may want to try the *th* sound! Practice the sounds by repeating the following words. Then try the tongue twister! From the picture, can you guess what it means?

cabeza    pasta de dientes
cepillo    secador
lápiz

**¡El sapo del centro sirve zumo sabroso!**

# *En voces*

## Una exhibición especial de Picasso

### PARA LEER • STRATEGY: READING

**Scan for crucial details** Before you decide to visit the exhibit «**Picasso y los retratos**» there is some practical information you need to know. Look quickly to pick up certain details. Can you find the answers in the article? If you can, jot them down.

1. **¿En qué museo está la exhibición?**
2. **¿Cuándo termina?**

## NOTA CULTURAL

Pablo Ruiz Picasso (1881–1973) was born in Málaga. In 1895 he moved with his family to Barcelona. He studied classical art there and later painted on his own. After several trips to France, Picasso moved there in 1904. This is one of his self-portraits.

En catalán la palabra **museo** se dice **museu**.

**S**i te levantas el sábado y tienes ganas de ir a un museo, hay una exhibición especial en el Museo Picasso de Barcelona. Es una colección de retratos [1] de Pablo Picasso. La exhibición se llama «Picasso y los retratos». Es posible verla hasta el 31 de julio.

Las pinturas de la exhibición «Picasso y los retratos» son de varios estilos. En algunos retratos, por ejemplo *Retrato de Jaime Sabatés*, usa un estilo tradicional. En otros retratos vemos el desarrollo [2] de la pintura moderna en la composición de las partes del cuerpo: la cara, las orejas, los brazos y las piernas. Un ejemplo es *Maya con una muñeca*.

---

[1] portraits      [2] development

Retrato de Jaime Sabatés, *1899–1900  Un retrato de Jaime Sabatés, gran amigo de Picasso. Sabatés le dio[5] su importante colección de obras[6] de Picasso al museo.*

*Maya con una muñeca, 1938*

Los retratos de Picasso también nos dan una idea de su vida privada. Hay retratos de sus amigos, sus hijos y las mujeres importantes en su vida.

Si vas a la exhibición, aprovecha[3] tu visita para ver otras obras de este pintor español en nuestro Museo Picasso. ¡Hay más de tres mil[4]!

---

[3] take advantage of  [5] gave
[4] thousand  [6] works

## ¿Comprendiste?

1. ¿Cómo se llama la exhibición especial del Museo Picasso de Barcelona?
2. ¿Cuáles son dos estilos de retratos de la exhibición?
3. ¿De quiénes son los retratos de la exhibición?
4. ¿Cómo se llama el amigo que Picasso pintó?
5. ¿Cuántas obras de Picasso hay normalmente en el Museo Picasso de Barcelona?

## ¿Qué piensas?

Mira los dos retratos que están al lado del artículo. ¿Qué diferencias hay entre los dos?

ETAPA 1

# En uso

## REPASO Y MÁS COMUNICACIÓN

**OBJECTIVES**

- Describe daily routine
- Talk about grooming
- Tell others to do something
- Discuss daily chores

*Now you can...*

- describe daily routine.

*To review*

- reflexive verbs, see p. 320.

### ACTIVIDAD 1 Nuestra rutina diaria

Un amigo de Luis describe la rutina diaria de su familia. ¿Qué dice? *(Hint: Describe his family's daily routine.)*

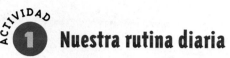

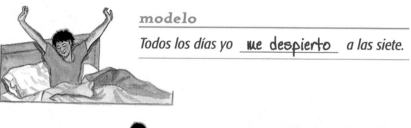

modelo

Todos los días yo __me despierto__ a las siete.

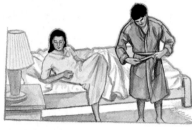

1. Mis padres _____ a las seis y media.

2. Yo _____ después de levantarme.

3. Papá _____ a las siete menos cuarto.

4. Mamá _____ antes de prepararnos el desayuno.

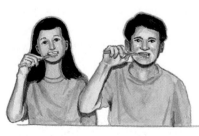

5. Nosotros _____ los dientes después del desayuno.

6. Mi hermana _____ por la noche.

Now you can...

• talk about grooming.

To review

• reflexive verbs, see p. 320.

## 2 ¡De viaje!

Luis y su familia van a hacer un viaje. ¿Qué necesitan llevar todos? *(Hint: Say what they need.)*

1. maquillarse (mamá)
2. lavarse los dientes (tú)
3. despertarse (nosotros)
4. secarse (tú)
5. lavarse la cabeza (yo)
6. secarse el pelo (Carmen y yo)
7. peinarse (papá)
8. lavarse las manos (ustedes)

**modelo**

*lavarse la cara (yo)*
**Yo** *necesito jabón para* **lavarme la cara.**

Now you can...

• tell others to do something.

To review

• irregular affirmative **tú** commands, see p. 322.

• negative **tú** commands, see p. 324.

## 3 En casa de los abuelos

Vas a pasar el fin de semana con tus abuelos. ¿Qué te dice tu mamá? *(Hint: What does your mother say?)*

**modelo**

| | |
|---|---|
| *ser simpático(a)* | *levantarte muy tarde* |
| *Sé simpático(a).* | *No te levantes muy tarde.* |

1. hacer los quehaceres
2. ser perezoso(a)
3. salir con tus abuelos y no con tus amigos
4. ir a fiestas con tus amigos
5. decir cosas interesantes
6. ser bueno(a)
7. ponerte otra camisa
8. llevar ropa sucia
9. ir al supermercado con tu abuela
10. tener paciencia con tus abuelos

Now you can...

• tell others to do something.

• discuss daily chores.

To review

• pronoun placement with commands, see p. 325.

## 4 ¡A trabajar!

Un(a) amigo(a) quiere ayudarte con los quehaceres. Contesta sus preguntas. *(Hint: Answer a friend's questions.)*

**modelo**

| | |
|---|---|
| *¿Compro los refrescos? (sí)* | *¿Preparo la cena? (no)* |
| *Sí, cómpralos.* | *No, no la prepares.* |

1. ¿Hago las camas? (sí)
2. ¿Lavo los platos sucios? (sí)
3. ¿Cuido a tu hermano? (no)
4. ¿Quito la mesa? (no)
5. ¿Mando las cartas? (sí)
6. ¿Contesto el teléfono? (no)

## ACTIVIDAD 5 — Todos los días...

### PARA CONVERSAR

**STRATEGY: SPEAKING**

**Use gestures** Physical actions, gestures, and body language convey meaning too. Watch your partner's actions. Do they convey meaning? Observe others, especially native speakers, and mimic body language to enhance meaning when you speak.

Describe tu rutina diaria. Explica a qué hora haces las actividades. Mientras hablas, otro(a) estudiante tiene que hacer las acciones. Cambien de papel. (*Hint: Describe your routine as your partner acts it out.*)

### modelo

*Me levanto a las seis de la mañana. Después de levantarme, siempre me ducho. A las seis y media…*

despertarse    **bañarse**    afeitarse

levantarse    lavarse la cabeza    **maquillarse**

ducharse    peinarse    ponerse la ropa

## ACTIVIDAD 6 — ¡Necesito consejos!

Imagínate que tienes uno de los problemas de la lista. ¿Qué consejo van a darte tus compañeros? (*Hint: What advice do they give?*)

### modelo

**Tú:** *Siempre tengo sueño en mis clases. Estoy cansado todo el día.*

**Estudiante 1:** *Acuéstate más temprano.*

**Estudiante 2:** *No te levantes hasta las siete.*

- Tu casa es un desastre y tus padres tienen una fiesta esta noche.
- Estás enfermo(a).
- Siempre tienes sueño en tus clases.
- Sacas malas notas en la clase de español.
- Comes mucho y no haces ejercicio.
- Estás muy sucio(a) después de trabajar mucho.
- ¿?

## ACTIVIDAD 7 — *En tu propia voz*

**ESCRITURA** Describe un sábado típico en tu casa. Incluye las rutinas y los quehaceres de los miembros de tu familia. (*Hint: Describe a Saturday.*)

## CONEXIONES

**El arte** Which kind of art do you prefer? Modern? Traditional? Still life? Portraits? Who is your favorite painter? Paint (or draw) a portrait (**un retrato**) or a still life (**una naturaleza muerta**) in the style you prefer. Then explain to a partner what is in your painting. Compare your painting (in terms of style, subject, and colors) with your partner's. Complete a Venn diagram.

Mi cuadro    El cuadro de Teresa

# *En resumen*
## REPASO DE VOCABULARIO

### DESCRIBING DAILY ROUTINE

| | |
|---|---|
| acostarse (ue) | *to go to bed* |
| afeitarse | *to shave oneself* |
| bañarse | *to take a bath* |
| despertarse (ie) | *to wake up* |
| dormirse (ue) | *to fall asleep* |
| ducharse | *to take a shower* |
| lavarse | *to wash oneself* |
| lavarse la cabeza | *to wash one's hair* |
| lavarse los dientes | *to brush one's teeth* |
| levantarse | *to get up* |
| maquillarse | *to put on makeup* |
| peinarse | *to comb one's hair* |
| ponerse la ropa | *to get dressed* |
| secarse | *to dry oneself* |

### TALKING ABOUT GROOMING

**Items**

| | |
|---|---|
| el cepillo (de dientes) | *brush (toothbrush)* |
| el champú | *shampoo* |
| el espejo | *mirror* |
| el jabón | *soap* |
| la pasta de dientes | *toothpaste* |
| el peine | *comb* |
| el secador de pelo | *hair dryer* |
| la toalla | *towel* |

**Parts of the Body**

| | |
|---|---|
| la boca | *mouth* |
| el brazo | *arm* |
| la cabeza | *head* |
| la cara | *face* |
| el cuerpo | *body* |
| el diente | *tooth* |
| el estómago | *stomach* |
| la mano | *hand* |
| la nariz | *nose* |
| la oreja | *ear* |
| el pie | *foot* |
| la pierna | *leg* |

### DISCUSSING DAILY CHORES

| | |
|---|---|
| hacer la cama | *to make the bed* |
| lavar los platos | *to wash the dishes* |
| limpiar el cuarto | *to clean the room* |
| limpio(a) | *clean* |
| los quehaceres | *chores* |
| quitar la mesa | *to clear the table* |
| sucio(a) | *dirty* |

### OTHER WORDS AND PHRASES

| | |
|---|---|
| la cama | *bed* |
| el despertador | *alarm clock* |
| duro(a) | *hard, tough* |
| irse | *to leave, to go away* |
| la manta | *blanket* |
| ponerse | *to put on (clothes)* |

## Juego

Ya son las siete. ¿Qué necesitan estos chicos para prepararse y llegar a tiempo a la escuela?

# ¿Qué debo hacer?

- Say what people are doing

- Persuade others

- Describe a house

- Negotiate responsibilities

Ofertas del día

Arroz
95 ptas

Pan
50 ptas

Leche - 100 ptas

## ¿Qué ves?

Mira la foto de la tienda.

1. ¿La tienda vende muchas o pocas frutas?

2. ¿Quién compra muchas frutas: Carmen, Mercedes o Luis?

3. ¿Cuánto cuesta el pan?

# En contexto

## VOCABULARIO

Luis and Carmen have a lot of chores to do!
See what they do to clean up their house.

**A** Luis **barre el suelo** de **la cocina**.

la cocina

la ventana

la pared

el suelo

el baño

**B**

En **la habitación** de
Luis hay **una lámpara**
y **un armario.** Aquí
todo ya está limpio.

la habitación

la lámpara

el armario

el jardín

el comedor

la mesa

la silla

quitar el polvo

**D** Luis **quita el polvo** de **la mesa** del **comedor.** También tiene que quitar el polvo de **las sillas.**

la puerta

la llave

la aspiradora

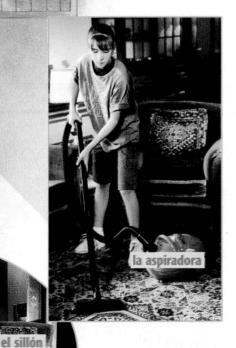

**E** Cuando terminan, Luis cierra **la puerta** de la casa con **la llave** y sale con Carmen.

la sala

los muebles

el sillón

el sofá

**C**

En **la sala** Carmen **pasa la aspiradora.** Aquí hay **unos muebles,** como **el sofá** y **el sillón.** También hay un televisor.

## Preguntas personales

1. ¿Tienes jardín?
2. ¿Prefieres barrer el suelo o pasar la aspiradora?
3. ¿Quitas el polvo en la sala o en tu habitación?
4. ¿Dónde hay una mesa en tu casa?
5. ¿Qué muebles hay en tu habitación?

# *En vivo*

## DIÁLOGO

| Luis | Carmen | Mercedes |

**¡A limpiar la casa!**

### PARA ESCUCHAR • STRATEGY: LISTENING

**Note and compare** Jot down what you do to help around the house. Then listen and note what Luis, Carmen, and Mercedes are doing. How are your lists similar? How are they different? Who does more? What do you think of Carmen's approach to her chores?

| Yo | Luis, Carmen y Mercedes |
|----|-------------------------|
|    |                         |

**1 ►** **Luis:** Carmen, Mercedes, ¿me ayudáis con los quehaceres?
**Carmen:** ¿Por qué te debo ayudar?
**Luis:** A ver. ¿Porque eres una hermana muy maja?

**5 ►** **Luis:** En vez de sacar fotos, debes ayudarme. Si no me ayudas, vamos a llegar tarde a casa de Álvaro.
**Mercedes:** Está bien, Luis. Ahora te estoy ayudando.

**6 ►** **Luis:** Carmen, ¿qué estás haciendo? ¿Por qué no estás pasando la aspiradora?
**Carmen:** Sí, sí, mira, estoy pasándola.

**7 ►** **Luis:** Pero, Carmen, debes pasarla cuidadosamente. Mira, hazlo como lo estoy haciendo yo, lentamente.
**Carmen:** ¡Ay, pero Luis! Quiero terminar rápidamente.

**2 ▶ Luis:** Porque si limpias la sala, te llevo al cine mañana.

**Carmen:** ¿Eso es todo?

**Luis:** Te doy un regalo.

**3 ▶ Carmen:** ¿Qué me vas a dar? ¡Dámelo ahora!

**Luis:** No, no, después. Primero quita el polvo de la mesa.

**Carmen:** Ya, ya, estoy quitándolo.

**4 ▶ Luis:** ¿Todavía estás sacando fotos?

**Mercedes:** Sí, estoy sacándolas para algo muy importante.

**Luis:** Estoy barriendo el suelo.

**Mercedes:** Claro, veo que estás barriéndolo. Pero necesito las fotos.

**8 ▶ Luis:** Todavía hay que lavar los platos y sacar la basura.

**Mercedes:** Tú debes sacar la basura. Yo ayudo a Carmen a lavar los platos. ¿Está bien, Carmen?

**9 ▶ Carmen:** ¡Sí, perfecto!

**Luis:** Bueno. Y después vamos a la tienda.

**10 ▶ Luis:** Pero, ¿qué hacéis? ¿Y los platos?

**Mercedes:** Estamos lavándolos, ¿no ves?

# En acción
## VOCABULARIO Y GRAMÁTICA

**OBJECTIVES**

- Say what people are doing
- Persuade others
- Describe a house
- Negotiate responsibilities

**ACTIVIDAD 1**

### ¿Quién hace qué?

**Escuchar** ¿Quién(es) hace(n) cada quehacer según el diálogo: Carmen, Mercedes o Luis? *(Hint: Say who does each chore.)*

1. quita el polvo
2. barre el suelo
3. pasa la aspiradora
4. saca la basura
5. lava los platos

**ACTIVIDAD 2**

### ¿Cierto o falso?

**Escuchar** ¿Es cierto o falso? Corrige las falsas. *(Hint: True or false? Correct the false ones.)*

1. Luis tiene muchos quehaceres.
2. Carmen no ayuda a Luis con los quehaceres.
3. Mercedes está sacando fotos.
4. Mercedes y Luis no van a salir esta tarde.
5. Mercedes ayuda a Carmen a lavar los platos.

**TAMBIÉN SE DICE**

There are different ways to describe a really wonderful person. Luis uses **una hermana muy maja.**

**Es muy maja:** Spain
**Es muy buena onda:** Mexico
**Es muy buena gente:** many countries

**ACTIVIDAD 3**

### ♻ ¿Dónde pongo...?

**Hablar** La señora Díaz acaba de entrar en su nueva casa. Su hijo le pregunta dónde poner los muebles y otras cosas. ¿Qué dicen? *(Hint: Say in which room these things belong.)*

**modelo**

**Su hijo:** *¿Dónde pongo la mesa?*
**Señora Díaz:** *Ponla en la cocina.*

1.

2.

3.

4.

5.

6.

7.

8.

9.

10.

- Use pronouns with the present progressive
- Use the verb **deber**
- Use adverbs that end in -**mente**

## La casa

**Leer/Escribir** Todos hablan de la casa. ¿Qué dicen? Escoge la respuesta más apropiada para cada oración. (*Hint: Choose the appropriate answer.*)

1. Siempre dormimos en
   _____.
   **a.** el baño
   **b.** el comedor
   **c.** las habitaciones

2. Normalmente, veo la televisión en _____.
   **a.** la sala
   **b.** el baño
   **c.** el jardín

3. Mi abuela prepara un almuerzo rico en la _____.
   **a.** pared
   **b.** cocina
   **c.** puerta

4. Abro la puerta con _____.
   **a.** el suelo
   **b.** la llave
   **c.** la ventana

5. Comemos en el _____.
   **a.** baño
   **b.** suelo
   **c.** comedor

6. Hay flores y plantas bonitas en _____.
   **a.** el jardín
   **b.** la pared
   **c.** la puerta

## El plano de la casa

**Hablar/Escribir** Imagínate que eres arquitecto(a). Indícale a tu cliente cada cuarto o lugar en el plano de la casa. (*Hint: What is in the house?*)

**modelo**

*Aquí está la sala. La sala tiene una puerta y tres ventanas.*

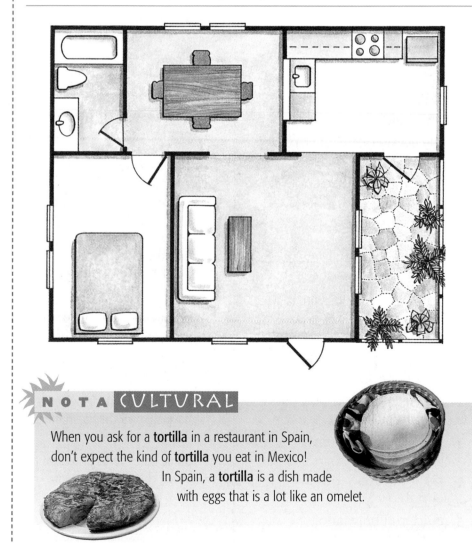

N O T A **CULTURAL**

When you ask for a **tortilla** in a restaurant in Spain, don't expect the kind of **tortilla** you eat in Mexico! In Spain, a **tortilla** is a dish made with eggs that is a lot like an omelet.

## ACTIVIDAD 6

# Si tú pones la mesa...

**PARA CONVERSAR**

**STRATEGY: SPEAKING**

**Negotiate** Choose the chore you'd rather do. Then talk with your partner, who will express a preference. Decide who will do each.

**Hablar** Habla con un(a) amigo(a) sobre los quehaceres y escoge entre dos. *(Hint: Choose a chore.)*

### modelo

poner la mesa / preparar la cena

**Tú:** *Si tú pones la mesa, yo preparo la cena.*

**Amigo(a):** *Prefiero preparar la cena.*

**Tú:** *Está bien. Yo pongo la mesa y tú preparas la cena.*

### Nota

Use **si** (with no accent!) to say *if*.

**Si** tú pones la mesa, yo preparo la cena. *If you set the table, I'll make dinner.*

1. quitar la mesa / lavar los platos
2. hacer las camas / preparar el almuerzo
3. pasar la aspiradora / barrer el suelo
4. lavar la ropa / quitar el polvo
5. cuidar al hermano / ir al supermercado

## GRAMÁTICA

### Using Pronouns with the Present Progressive

♻ **¿RECUERDAS?** *p. 226* Remember how you use the **present progressive** to describe actions in progress?

| | |
|---|---|
| estoy **esperando** | estamos **esperando** |
| estás **esperando** | estáis **esperando** |
| está **esperando** | están **esperando** |

▶ When you use **pronouns** with the **present progressive,** you can put them in one of two places.

- Put pronouns **before** the conjugated form of estar...
- or **attach** them to the end of the **present participle** .

Mercedes says: ← **attached**

—**Estoy sacándolas** para algo muy importante.
***I'm taking them** (the pictures) for something very important.*

She could have said:

**before** ↘

—**Las** estoy **sacando** para algo muy importante.

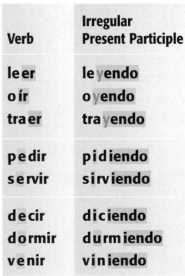

You need to add an **accent** when you attach a pronoun.
**barriéndolo**

▶ Some verbs you know have **irregular present participle forms.**

- When the **stem** of an **-er** or **-ir** verb ends in a vowel, change the **-iendo** to **-yendo** to form the present participle.

- **e → i** stem-changing verbs have a vowel change in the stem.

- Some other verbs also have a vowel change in the stem.

| Verb | Irregular Present Participle |
|---|---|
| le**er** | le**y**endo |
| o**ír** | o**y**endo |
| tra**er** | tra**y**endo |
| p**e**dir | p**i**diendo |
| s**e**rvir | s**i**rviendo |
| d**e**cir | d**i**ciendo |
| d**o**rmir | d**u**rmiendo |
| v**e**nir | v**i**niendo |

## ACTIVIDAD 7 Gramática

### De compras

**Hablar** Mercedes y sus amigos están en un supermercado. Están comprando comida para una fiesta. Una prima la encuentra y quiere saber quién está comprando la comida con ella. *(Hint: Say who's buying the food.)*

*modelo*

las aceitunas (María)

**Su prima:** ¿Quién está comprando **las aceitunas**?

**Mercedes:** **María** las está comprando.
**o:** **María** está comprándolas.

1. el jamón (Enrique y Pedro)
2. la tortilla española (Marta)
3. los calamares (Isabel y Rocío)
4. el chorizo (Ana y yo)
5. el pan (Álvaro)

---

### Vocabulario

#### Las tapas

las aceitunas *olives*

los calamares *squid*

el chorizo *sausage*

el jamón *ham*

la tortilla española
*potato omelet*

Las tapas son porciones pequeñas de comida. ¿Cuáles te gustan?

---

## ACTIVIDAD 8 Gramática

### ♻ ¡Todos están ocupados!

**Hablar** Tu mamá te deja una lista de quehaceres. Pides ayuda, pero todos están ocupados. *(Hint: Ask for help.)*

*modelo*

preparar la comida (lavarse la cabeza)

**Estudiante A:** ¿Me puedes ayudar a **preparar la comida**?

**Estudiante B:** No puedo. Estoy **lavándome la cabeza**.
**o:** No puedo. **Me** estoy **lavando** la cabeza.

**Nota**

When using the present progressive, place reflexive pronouns as you would place direct and indirect object pronouns.

1. hacer la cama (lavarse la cabeza)
2. poner la mesa (afeitarse)
3. pasar la aspiradora (secarse el pelo)
4. barrer el suelo (ponerse la ropa)
5. lavar la ropa (peinarse)
6. limpiar la cocina (ponerse la ropa)
7. hacer el almuerzo (lavarse las manos)
8. lavar los platos (maquillarse)

**MÁS PRÁCTICA** *cuaderno* pp. 117–118

**PARA HISPANOHABLANTES** *cuaderno* pp. 115–116

## ACTIVIDAD 9

### ¡Qué inteligente!

**Escuchar** Álvaro llama a una amiga para invitarla a salir. Escucha su conversación. Luego, explica lo que están haciendo las personas. *(Hint: Say what they are doing.)*

1. la madre de Ana
2. sus hermanos
3. sus hermanas
4. Ana

## ACTIVIDAD 10

# ¡Lo está haciendo ahora!

**Hablar** Álvaro y unos amigos están limpiando su casa. Su madre le pregunta si van a hacer algunos quehaceres. *(Hint: Say who's doing what.)*

modelo

*1. vosotros*

**Su madre:** *¿Vosotros vais a limpiar el cuarto?*

**Álvaro:** *Lo estamos limpiando ahora.*
      *o: Estamos limpiándolo ahora.*

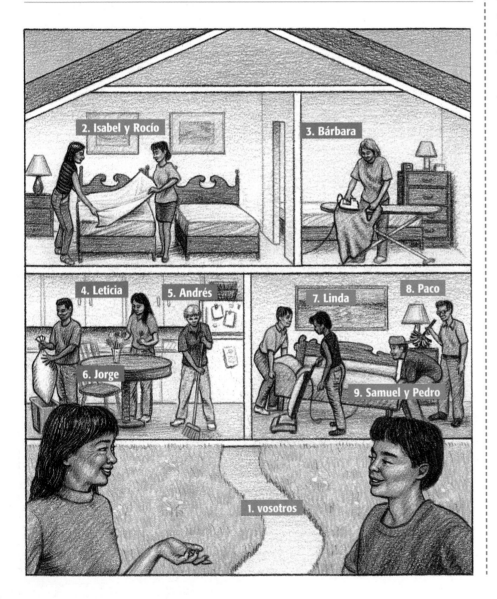

## ACTIVIDAD 11

# El sábado

**Escribir** Imagínate que es sábado a las nueve de la mañana. ¿Qué está haciendo cada miembro de tu familia? ¿Dónde están? *(Hint: Say what people are doing and where.)*

modelo

*Mi mamá está preparando el desayuno. Lo está preparando en la cocina. Mi hermana mayor está leyendo una novela. La está leyendo en su habitación. Mi papá está trabajando en el jardín…*

■ **MÁS COMUNICACIÓN** p. R14

## Vocabulario

### Más quehaceres

**mover (o → ue) los muebles** *to move the furniture*

**ordenar (las flores, los libros)** *to arrange (the flowers, books)*

**planchar (la ropa)** *to iron (the clothes)*

**sacar la basura** *to take out the trash*

**¿Quién hace estos quehaceres en tu casa?**

# GRAMÁTICA

## Using the Verb deber

▶ The verb **deber** means *should* or *ought to.* To say what people should do, use a conjugated form of deber with the **infinitive** of another verb.

| **deber** *should, ought to* | |
| --- | --- |
| debo | debemos |
| debes | debéis |
| debe | deben |

**Debo barrer** el suelo.
*I should sweep the floor.*

**Debes limpiar** la cocina.
*You should clean the kitchen.*

**Debe sacar** la basura.
*He should take out the trash.*

Carmen asks Luis: ← **before**

—¿Por qué **te debo ayudar**?
*Why should I help you?*

Luis tells Mercedes: **attached** ↘

—En vez de sacar fotos, **debes ayudarme**.
*Instead of taking pictures, you should help me.*

> Remember you can put a **pronoun** in front of a conjugated verb or attach it to an infinitive.

---

## ACTIVIDAD 12 ▪ Gramática

## ¿Qué deben hacer todos para la fiesta?

**Hablar/Escribir** Mercedes explica lo que deben hacer sus amigos para una fiesta. *(Hint: Explain what they should do.)*

*modelo*

| *Luis / comprar platos* | ***Luis* debe *comprar platos.*** |
| --- | --- |

1. Álvaro y sus amigos / limpiar la casa
2. Isabel / ordenar las flores
3. yo / hacer una tarta
4. mis amigos / comprar la comida
5. Yolanda y yo / escribir las invitaciones
6. tú / mandar las invitaciones

## Vocabulario

### La fiesta

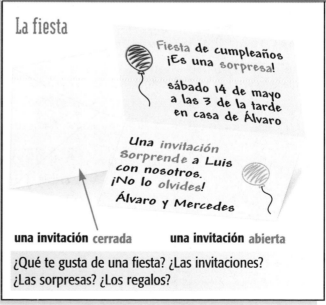

Fiesta de cumpleaños
¡Es una sorpresa!

sábado 14 de mayo
a las 3 de la tarde
en casa de Álvaro

Una invitación
Sorprende a Luis
con nosotros.
¡No lo olvides!
Álvaro y Mercedes

**una invitación** cerrada     **una invitación** abierta

¿Qué te gusta de una fiesta? ¿Las invitaciones? ¿Las sorpresas? ¿Los regalos?

## ACTIVIDAD 13 Gramática

### ♻ ¿Me puedes ayudar?

**Hablar** Estás organizando una cena y necesitas la ayuda de unos amigos. Los llamas por teléfono. ¿Qué dicen? *(Hint: What do you say?)*

**modelo**

*Carmen: salir para comprar el postre*

**Carmen:** *¿Debo **salir para comprar el postre**?*

**Tú:** *Sí, sal para comprar el postre, por favor.*

1. Ana: ir a la tienda para comprar pan
2. Raúl: decirle a Pepe cómo llegar a la casa
3. Elena: hacer las tapas
4. Diego: venir a la casa a las cinco
5. Luisa: poner la mesa
6. Ramón: salir para comprar tenedores

■ **MÁS PRÁCTICA** *cuaderno* p. 119

■ **PARA HISPANOHABLANTES** *cuaderno* p. 117

## ACTIVIDAD 14

### ¿Qué debes hacer?

**Hablar** Un(a) amigo(a) te pregunta si debe hacer algo o no. Contéstale. *(Hint: Say if a friend should do these things.)*

**modelo**

*hacer la cama por la mañana*

**Estudiante A:** *¿Debo **hacer la cama por la mañana**?*

**Estudiante B:** *Sí, debes hacer la cama por la mañana.*

1. nadar después de comer
2. estudiar mucho para sacar buenas notas
3. lavarse las manos antes de comer
4. lavarse los dientes después de comer
5. llevar un casco en bicicleta
6. acostarse tarde

## ACTIVIDAD 15

### ¿En qué orden?

**Escuchar** Liliana y su familia preparan una fiesta para su abuelo. Escucha lo que dice. Luego, indica el orden en que deben hacer las actividades. *(Hint: In what order should they do things?)*

a. preparar la comida
b. mandar las invitaciones
c. hacer la tarta
d. comprar el regalo

## ACTIVIDAD 16

### Para hacer una buena fiesta...

**Escribir** Un(a) amigo(a) te pregunta qué debe hacer para preparar una buena fiesta. Explícale todo. *(Hint: Explain what a friend should do.)*

> Para hacer una buena fiesta...
> 1. Debes invitar a muchos amigos.
> 2. Debes servir comida rica.

# GRAMÁTICA

## Using Adverbs That End in -mente

To describe how something is done, use **adverbs**. Many adverbs in Spanish are made by changing an existing **adjective**.

- When an adjective ends in **e, l,** or **z,** simply add **-mente** to the end.

| Adjective | Adverb |
|---|---|
| **reciente**<br>recent | **reciente**mente<br>recently, lately |
| **frecuente**<br>frequent | **frecuente**mente<br>frequently, often |
| **fácil**<br>easy | **fácil**mente<br>easily |
| **normal**<br>normal | **normal**mente<br>normally |
| **especial**<br>special | **especial**mente<br>specially, especially |
| **feliz**<br>happy | **feliz**mente<br>happily |

- For adjectives with **-o** or **-a** endings, add **-mente** to the **feminine** form.

| Adjective | Adverb |
|---|---|
| **cuidadoso(a)**<br>careful | **cuidadosa**mente<br>carefully |
| **rápido(a)**<br>fast, quick | **rápida**mente<br>quickly |
| **lento(a)**<br>slow | **lenta**mente<br>slowly |
| **tranquilo(a)**<br>calm | **tranquila**mente<br>calmly |

Luis says:

—Pero, Carmen, debes pasarla **cuidadosa**mente.

*But Carmen, you should vacuum **carefully**.*

........................................................................

▶ Notice that you must keep an **accent** when an adjective is changed to an adverb.

**rápido** ⟹ **rápida**mente
**fácil** ⟹ **fácil**mente

▶ When you use two adverbs, **drop** the -mente from the **first** one.

**lenta** y **tranquila**mente

## En un restaurante

**Leer** Luis describe un restaurante. Completa sus oraciones con adverbios. Forma los adverbios de los adjetivos entre paréntesis.

*(Hint: Complete the sentences with adverbs.)*

Fui ___1___ (reciente) con mi familia al restaurante Casa Paco. Es un restaurante buenísimo cerca de mi casa. Comemos allí ___2___ (frecuente), ¡pues allí sirven cosas riquísimas! A mí me gustan ___3___ (especial) los calamares y el chorizo. Ahora voy a Casa Paco con mis amigos. Vamos ___4___ (rápido) porque tenemos mucha hambre. Allí todos comemos ___5___ (tranquilo).

■ **MÁS PRÁCTICA** *cuaderno* p. 120

■ **PARA HISPANOHABLANTES**
*cuaderno* p. 118

## ACTIVIDAD 18

## ¿Cómo lo hacen?

**Hablar/Escribir** Todos hacen algo hoy. ¿Cómo lo hacen?
*(Hint: Say how everyone does each activity.)*

serio   tranquilo   paciente
frecuente   cuidadoso
fácil
rápido   lento   feliz

### modelo

Carmen / barrer el suelo

**Carmen barre el suelo** rápidamente.

1. Luis / hablar
2. Mercedes / trabajar
3. Álvaro / esperar
4. Jorge / terminar la tarea
5. Beto y Marta / cantar
6. Enrique / pasar la aspiradora
7. Rocío y Ana / quitar el polvo
8. Catalina / ir de compras
9. Pedro / desayunar
10. todos / bailar

## ACTIVIDAD 19

## ♻ ¡La buena limpieza!

**Leer/Escribir** Imagínate que recibes este anuncio de la compañía Buena Limpieza. Lee el anuncio y después contesta las preguntas.
*(Hint: Answer the questions.)*

## Buena Limpieza

### ¡Con diez años de experiencia, limpiamos fácilmente todo tipo de hogar!

Llegamos rápidamente a su hogar para ofrecerle un servicio completo de limpieza.

➤ Quitar completamente el polvo
➤ Pasar lentamente la aspiradora
➤ Limpiar cuidadosamente todos los cuartos, especialmente los baños y la cocina

### ¡Llámenos hoy al 86-25-54 para tener una casa bien limpia mañana!

1. ¿Cómo limpia el servicio?
2. ¿Cómo llegan a la casa?
3. ¿Qué servicios ofrecen?
4. ¿Cómo pasan la aspiradora?
5. ¿Qué cuartos limpian especialmente bien?

### TAMBIÉN SE DICE

Many words are used to mean *bedroom*. Almost all are used in all countries. A few are used a bit more often in specific countries.

- **la alcoba:** many countries
- **el cuarto:** many countries
- **el dormitorio:** many countries
- **la habitación:** Spain
- **la pieza:** Argentina, Chile
- **la recámara:** Mexico

## Mi casa ideal

**Hablar/Escribir** Haz un plano de tu casa ideal. Después, muéstrale el plano a otro(a) estudiante y descríbele la casa.
*(Hint: Design and describe your dream house.)*

### modelo

*Mi casa ideal es grande y bonita. Tiene un jardín con muchas flores y plantas. También tiene una piscina y una cancha de tenis. Hay una sala donde vemos la televisión. Hay una cocina muy grande donde comemos todos los días. La casa también tiene…*

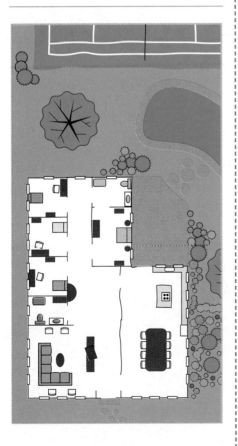

## ¡Una buena fiesta!

**Hablar/Escribir** Trabaja en un grupo de tres para planear una fiesta. Luego, dale una invitación a cada estudiante de la clase. Para saber cuál es la mejor fiesta, haz una encuesta. ¿Cuántos estudiantes aceptan tu invitación? ¿Cuántos aceptan las invitaciones de los otros grupos? *(Hint: Plan a party.)*

• ¿Qué tipo de fiesta van a hacer?  • ¿Qué comida van a servir?

• ¿Qué van a celebrar?  • ¿Qué van a hacer en la fiesta?

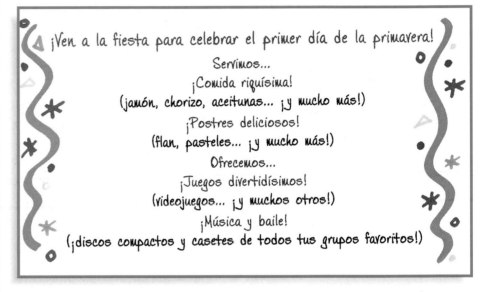

¡Ven a la fiesta para celebrar el primer día de la primavera!

Servimos…
¡Comida riquísima!
(jamón, chorizo, aceitunas… ¡y mucho más!)
¡Postres deliciosos!
(flan, pasteles… ¡y mucho más!)
Ofrecemos…
¡Juegos divertidísimos!
(videojuegos… ¡y muchos otros!)
¡Música y baile!
(¡discos compactos y casetes de todos tus grupos favoritos!)

■ **MÁS COMUNICACIÓN** p. R14

## Pronunciación

### Trabalenguas

**Pronunciación de la c, la p y la t** When a c is followed by an a, o, or u, it sounds like the c in the English word *cat*. The letter combination **qu**, when followed by e or i, also makes this sound. This **c** sound and the letters **p** and **t** are pronounced similarly in Spanish and English. However, when you say them in English, a puff of air comes out of your mouth. In Spanish there is no puff of air. Try saying the following tongue twisters to practice these sounds.

**Quince quiteños comen papas picantes.**

**No son tantas las tontas ni tantos los tontos muchachos.**

# En colores
## CULTURA Y COMPARACIONES

**PARA CONOCERNOS**

**STRATEGY: CONNECTING CULTURES**

**Predict reactions about restaurants** Fast food chains are a U.S. invention being exported to other countries. Think about a favorite one and write down your answers to the questions in the chart.

| | comida rápida | tapas |
|---|---|---|
| ¿Qué comida sirven? | | |
| ¿Por qué vamos? | | |
| ¿Con quién vamos? | | |

As you read, answer the same questions about a place that serves **tapas.** Compare the two eating experiences. How do you think Luis or Mercedes would feel on their first trip to your favorite fast food restaurant?

# Las tapas

¿**T**e gustarían unas tapas? Son muy típicas de España. ¿Sabes qué son? Una tapa es una porción pequeña de comida que la gente normalmente come con una bebida antes de la cena. ¡Vamos a probar[1] unas!

En el café ponen todas las tapas en el mostrador[2]. Hay tantas tapas diferentes. Mucha gente está buscando mesa, pero no hay. No es un problema porque es muy común comer las tapas de pie. Pagas un precio más barato si comes así[3].

---

[1] to try      [2] counter      [3] in this way

EL

TAPAS

| | |
|---|---|
| ALMEJAS | 575 |
| ANCHOAS | 400 |
| ATUN ESCABECHE | 375 |
| BERBERECHOS | 450 |
| BOMBAS | 275 |
| BOQUERONES NATURAL | 275 |
| CALAMARES | 575 |
| CROQUETAS (UNIDAD) | 65 |
| EMPANADILLAS (UNIDAD) | 75 |
| ENSALADILLA RUSA | 300 |
| OLIVAS RELLENAS | 250 |
| CHORIZO CASERO | 275 |
| PATATAS BRAVAS | 300 |
| PINCHO MORUNO | 300 |
| PULPO GALLEGO | 1100 |
| SEPIA PLANCHA | 625 |
| TORTILLAS | 300 |
| OREJA A LA GALLEGA | 400 |

# una experiencia muy española

Unos chicos están comiendo aceitunas, jamón y queso. Otros comen chorizo con pan. Las aceitunas, el jamón, el queso y el chorizo son tapas naturales[4]. También hay tapas cocidas[5], como la tortilla española y los calamares. La tortilla española es muy popular y es uno de los platos más famosos. Pero la especialidad de la casa es un plato típico de Barcelona y de toda Cataluña, el cocido catalán[6]. ¡Está riquísimo!

Comer tapas es una buena actividad para la familia o los amigos. A muchas personas les gusta conversar mientras comen las deliciosas tapas.

---

[4] served unheated      [5] cooked      [6] Catalonian stew

## ¿Comprendiste?

1. ¿Qué sirven en este café?
2. ¿Por qué no hay problema si todas las mesas están ocupadas?
3. ¿Qué son las tapas naturales?
4. ¿Qué tapa cocida piden muchas personas? ¿Qué otras tapas cocidas hay?
5. ¿Cómo se llama la especialidad de la casa?

## ¿Qué piensas?

En España comer tapas es una actividad social. ¿Hay una actividad similar en Estados Unidos? Descríbela.

## Hazlo tú

Eres camarero(a) en un café español. Dos personas llegan y piden tapas. ¿Qué dicen? ¿Qué les sirves?

# En uso
## REPASO Y MÁS COMUNICACIÓN

**OBJECTIVES**

- Say what people are doing
- Persuade others
- Describe a house
- Negotiate responsibilities

**ACTIVIDAD 1** ¡A limpiar!

Luis habla con su madre por teléfono. ¿Qué le dice sobre los quehaceres? *(Hint: Tell who is doing what.)*

### modelo

*¿quitar el polvo de la mesa? (yo)*

**Mamá:** *¿Quién está* **quitando el polvo de la mesa***?*

**Luis:** *Yo estoy quitándolo. o:* ***Yo** lo estoy quitando.*

**Now you can...**

- say what people are doing.

**To review**

- pronouns with the present progressive, see p. 342.

1. ¿barrer el suelo? (yo)
2. ¿pasar la aspiradora? (Carmen)
3. ¿lavar los platos? (Mercedes y Carmen)
4. ¿sacar la basura? (yo)

5. ¿poner la mesa? (Carmen)
6. ¿limpiar los baños? (Mercedes y yo)
7. ¿hacer las camas? (yo)
8. ¿preparar las tapas? (nosotros)

**ACTIVIDAD 2** ¡Una fiesta!

Tú y tus amigos van a hacer una fiesta en tu casa en una hora. ¿Qué deben o no deben hacer todos? *(Hint: Tell what everyone should or should not do.)*

**Now you can...**

- persuade others.

**To review**

- the verb **deber,** see p. 345.

- adverbs that end in **-mente,** see p. 347.

### modelo

*yo: poner la mesa (lento)*

*No debo poner la mesa lentamente.*

1. ustedes: ordenar la casa (cuidadoso)
2. tú: hablar por teléfono (frecuente)
3. mis amigos y yo: preparar las tapas (rápido)

4. yo: ducharme (lento)
5. nosotros: hacer los quehaceres (tranquilo)
6. mis amigos: ayudarme (rápido)

**Now you can...**

• describe a house.

**To review**

• house and furniture vocabulary, see pp. 336–337.

**3 ¡Una nueva casa!**

Imagínate que tú y tu familia acaban de llegar a esta nueva casa. Describe lo que hay en estos cuartos. *(Hint: Tell what is in these rooms.)*

modelo

*En el baño hay una ventana y un armario.*

**Now you can...**

• negotiate responsibilities.

**To review**

• **si** clauses with the present tense, see p. 342.

**4 Si tú limpias...**

Luis está hablando con Carmen sobre los quehaceres. ¿Qué le dice? *(Hint: Tell what Luis says.)*

modelo

*quitar la mesa / lavar los platos*
**Si tú quitas la mesa, yo lavo los platos.**

1. lavar la ropa / planchar la ropa
2. barrer el suelo / sacar la basura
3. quitar el polvo / pasar la aspiradora
4. limpiar la sala / limpiar la cocina
5. poner la mesa / hacer las camas
6. limpiar las ventanas / ordenar los muebles

## ACTIVIDAD 5 — Mi casa es así

### PARA CONVERSAR
**STRATEGY: SPEAKING**

**Detect misunderstandings** Ask your partner questions about what he or she said to make sure you understand. To find out if you understood each other, you can restate what was said, do what was said, or draw what was said. Draw what is described, then compare your drawings. Together, identify where any misunderstandings occurred.

Dibuja un cuarto. Descríbeselo a otro(a) estudiante. Él o ella tiene que dibujar el cuarto que tú describes y decir qué cuarto es. *(Hint: Draw and describe a room.)*

**modelo**

**Tú:** *Hay una ventana grande a la derecha de la puerta. Cerca de la ventana hay un sofá y dos sillones. Hay una mesa entre los sillones…*

**Otro(a) estudiante:** *Es la sala.*

## ACTIVIDAD 6 — ¡Límpialo tú!

Tú y tus amigos tienen que preparar la casa para una fiesta esta noche. Hagan una lista de los quehaceres y después decidan quiénes van a hacerlos. *(Hint: List chores and decide who does what.)*

**modelo**

**Tú:** *Si ustedes limpian el baño, yo paso la aspiradora.*

**Persona A:** *¡No! Tú debes limpiar el baño. Yo prefiero pasar la aspiradora.*

**Persona B:** *Yo puedo limpiar el baño rápidamente si tú me ayudas.*

**Tú:** *Bueno. Yo te ayudo a limpiar el baño.*

## ACTIVIDAD 7 — *En tu propia voz*

**ESCRITURA** Imagínate que estás en una fiesta del Club de Español. Escribe una descripción de lo que están haciendo todos. *(Hint: Describe what people are doing.)*

**modelo**

*La fiesta es muy alegre. Gregorio está tocando la guitarra y todos estamos cantando. La profesora está en la cocina. Está preparando las tapas cuidadosamente…*

## TÚ EN LA COMUNIDAD

**Noemi** is a high school student in New Jersey. A native Spanish speaker, she helps out Spanish-speaking customers in the clothing store where she works. She also speaks Spanish with family and friends. With whom do you speak Spanish?

# En resumen

## REPASO DE VOCABULARIO

### PERSUADING OTHERS

| | |
|---|---|
| **cuidadosamente** | *carefully* |
| **cuidadoso(a)** | *careful* |
| **deber** | *should, ought to* |
| **especial** | *special* |
| **especialmente** | *specially, especially* |
| **fácilmente** | *easily* |
| **felizmente** | *happily* |
| **frecuente** | *frequent* |
| **frecuentemente** | *often, frequently* |
| **lentamente** | *slowly* |
| **lento(a)** | *slow* |
| **normal** | *normal* |
| **normalmente** | *normally* |
| **rápidamente** | *quickly* |
| **rápido(a)** | *fast, quick* |
| **reciente** | *recent* |
| **recientemente** | *lately, recently* |
| **tranquilamente** | *calmly* |

### DESCRIBING A HOUSE

**The House**

| | |
|---|---|
| **el baño** | *bathroom* |
| **la cocina** | *kitchen* |
| **el comedor** | *dining room* |
| **la habitación** | *bedroom* |
| **el jardín** | *garden* |
| **la pared** | *wall* |
| **la puerta** | *door* |
| **la sala** | *living room* |
| **el suelo** | *floor* |
| **la ventana** | *window* |

**Furniture**

| | |
|---|---|
| **el armario** | *closet* |
| **la lámpara** | *lamp* |
| **la mesa** | *table* |
| **los muebles** | *furniture* |
| **la silla** | *chair* |
| **el sillón** | *armchair* |
| **el sofá** | *sofa, couch* |
| **el televisor** | *television set* |

### WHAT PEOPLE ARE DOING

| | |
|---|---|
| **barrer el suelo** | *to sweep the floor* |
| **mover (ue) los muebles** | *to move the furniture* |
| **ordenar (las flores, los libros)** | *to arrange (the flowers, books)* |
| **pasar la aspiradora** | *to vacuum* |
| **planchar (la ropa)** | *to iron (the clothes)* |
| **quitar el polvo** | *to dust* |
| **sacar la basura** | *to take out the trash* |

### OTHER WORDS AND PHRASES

| | |
|---|---|
| **abierto(a)** | *open* |
| **cerrado(a)** | *closed* |
| **la llave** | *key* |
| **olvidar** | *to forget* |
| **si** | *if* |

**Food**

| | |
|---|---|
| **las aceitunas** | *olives* |
| **los calamares** | *squid* |
| **el chorizo** | *sausage* |
| **el jamón** | *ham* |
| **las tapas** | *appetizers* |
| **la tortilla española** | *potato omelet* |

**Invitations**

| | |
|---|---|
| **la fiesta** | *party* |
| **la invitación** | *invitation* |
| **sorprender** | *to surprise* |
| **la sorpresa** | *surprise* |

## Juego

¿En qué cuarto están?

**1.** Sofía come.

**2.** Felipe ve la televisión.

**3.** Cristina lava los platos.

# ETAPA 3

# ¡Qué buena celebración!

- Plan a party

- Describe past activities

- Express extremes

- Purchase food

## ¿Qué ves?

Mira la foto de la fiesta para Luis.

1. ¿Está contento Luis?

2. ¿Qué hay en la mesa?

3. ¿Cuántas personas están en la fiesta?

4. ¿En qué cuarto de la casa están?

# En contexto

## VOCABULARIO

Luis's friends are finishing their preparations for his surprise birthday party. Look at all of the food!

**A** Hay mucha comida para la fiesta. En **el frigorífico** hay **una lata de zumo** y **crema**. ¿Y en **el congelador**? ¡Helado!

el congelador

el helado

la crema

el frigorífico

el horno

la lata de zumo

**B** Para hacer la tarta, Marta usa **harina, huevos, mantequilla** y **leche**. Acaba de hacer **galletas**.

los huevos

la leche

las galletas

la mantequilla

la harina

las verduras

las salchichas

los tomates

las zanahorias

**C** Hay **verduras, tomates** y **zanahorias**. También hay **salchichas**.

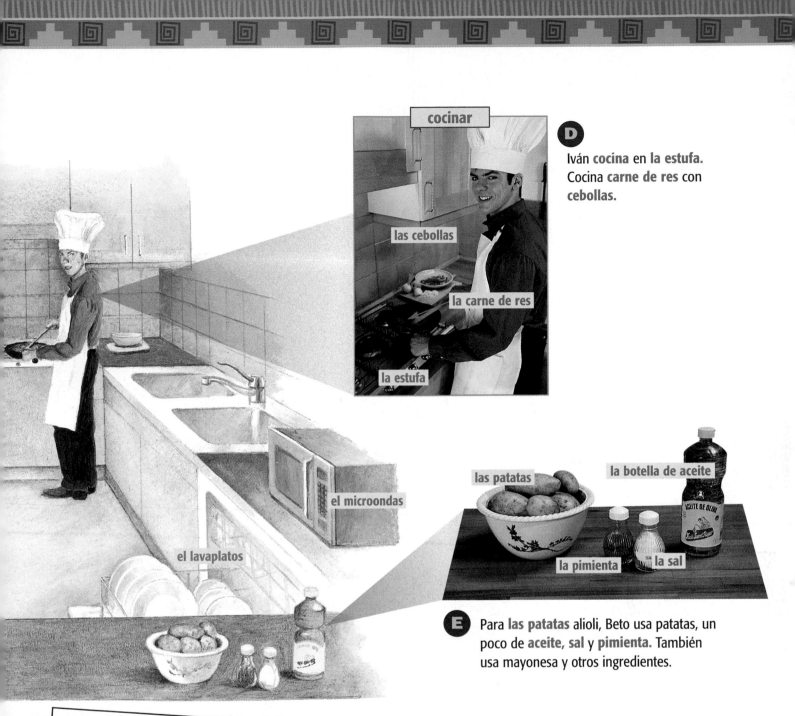

**cocinar**

**D** Iván **cocina** en la **estufa**.
Cocina **carne de res** con
**cebollas.**

**las cebollas**

**la carne de res**

**la estufa**

**el microondas**

**el lavaplatos**

**las patatas**

**la botella de aceite**

**la pimienta**  **la sal**

**E** Para **las patatas** alioli, Beto usa patatas, un
poco de **aceite, sal** y **pimienta**. También
usa mayonesa y otros ingredientes.

**apagar la luz**

**¡Cállate!**

**F** Cuando Luis llega, Marta **apaga la luz.**
Beto le dice a Marta «**¡Cállate!**».
¡Quieren silencio para darle la sorpresa a Luis!

## Preguntas personales

1. ¿Te gusta cocinar?
2. ¿Qué postre prefieres, helado o galletas?
3. ¿Cuál usas más, la estufa o el microondas?
4. ¿Qué preparas?
5. ¿Qué hay en tu frigorífico?

# En vivo

 **DIÁLOGO**

Álvaro | Marta | Iván | Beto

## ¡De compras!

**PARA ESCUCHAR** • STRATEGY: LISTENING

**Listen and take notes** There are many different ways to celebrate a birthday. Luis's friends have prepared a meal for him. Listen and write down the menu. Were all categories mentioned?

| Bebidas | Carne | Verduras | Postre |
|---------|-------|----------|--------|
|         |       |          |        |

**1▶ Luis:** No lo puedo creer. Limpié la cocina, saqué la basura y tú, Carmen, pasaste la aspiradora.
**Mercedes:** ¿Y qué, Luis? ¿Qué es lo que no puedes creer?
**Luis:** Que es mi cumpleaños.

**5▶ Luis:** Trabajé en casa toda la mañana. Y ¡también tengo que cuidar a Carmen!
**Álvaro:** Ven a casa con Mercedes. Y trae a Carmen también.
**Luis:** Gracias. Nos vemos pronto.

**6▶ Marta:** ¡La tarta está lista, Álvaro! ¡Mírala!
**Álvaro:** ¡Quedó deliciosa! ¡Es la más deliciosa de Barcelona!
**Marta:** ¡Álvaro!
**Álvaro:** ¡Iván! ¿Está lista la carne de res?
**Iván:** Sí, claro.

**7▶ Álvaro:** ¡Beto! ¿Qué haces?
**Beto:** Estoy preparando un plato de verduras. ¡No te comas las zanahorias! ¿No ves que hay pocas?

**2▶ Luis:** ¡El día empezó con demasiados quehaceres!

**Carmen:** ¡Yo te ayudé, Luis!

**Luis:** Sí, Carmen, tú me ayudaste y Mercedes también me ayudó.

**3▶ Luis:** Lo más increíble es que son las dos y ¡todavía no terminamos!

**Mercedes:** No te preocupes, Luis. ¿Por qué no llamas a Álvaro?

**Luis:** Buena idea. Os veo en la tienda.

**4▶ Luis:** Hola, Álvaro, soy Luis.

**Álvaro:** ¡Hola, Luis! ¿Dónde estás?

**Luis:** Voy a la tienda con Mercedes y Carmen. Tengo que hacer unas compras.

**Álvaro:** ¿Ahora? Hombre, te estoy esperando.

**8▶ Luis:** Necesito comprar leche, zumo, huevos y mantequilla.

**Carmen:** ¡No olvides el helado! ¡Es lo más rico del mundo!

**Luis:** Tenemos que llevar estas cosas a casa. Vamos, pronto.

**9▶ Todos:** ¡Feliz cumpleaños, Luis!

**Luis:** ¿Cómo puede ser? ¡Mercedes! ¡Álvaro!

**Álvaro:** Sí, amigo. Lo planeamos todo.

**Luis:** Pues, por fin, dime, Mercedes, ¿para qué son esas fotos?

**10▶ Mercedes:** Son para un concurso. ¡Y tú eres la estrella de mi proyecto! Y el título de mi proyecto es «Un día especial en la vida de un joven español».

**Luis:** ¡Te voy a decir definitivamente que este día es muy especial!

# *En acción*

## VOCABULARIO Y GRAMÁTICA

**OBJECTIVES**

- Plan a party
- Describe past activities
- Express extremes
- Purchase food

**ACTIVIDAD 1**

### Frases revueltas

**Escuchar** Completa las oraciones para describir lo que pasa en el diálogo. *(Hint: Complete the sentences.)*

1. Luis tiene que cuidar a
2. Luis va a hacer
3. Carmen quiere comprar
4. Marta está feliz con
5. Los amigos de Luis están preparando

   a. helado
   b. su tarta
   c. la comida
   d. compras para su mamá
   e. su hermana Carmen

**ACTIVIDAD 2**

### ¿En qué orden?

**Escuchar** ¿En qué orden pasan estas cosas? *(Hint: In what order do they happen?)*

a. Luis entra en la tienda.
b. Luis, Mercedes y Carmen llegan a la casa de Álvaro.
c. Mercedes le dice a Luis que las fotos son para un concurso.
d. Los amigos de Luis le dicen «¡Feliz cumpleaños!».
e. Luis llama a Álvaro por teléfono.

---

**TAMBIÉN SE DICE**

Sometimes **el frigorífico** is used in Spain to talk about the refrigerator. Other words are also used for this appliance.

- **la nevera:** Ecuador, Puerto Rico, parts of Spain
- **la heladera:** Argentina
- **el refrigerador:** Mexico

Spaniards say **zumo** for *juice.*
Latin Americans use **jugo.**

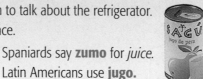

**ACTIVIDAD 3**

### Marta necesita...

**Hablar** Marta está haciendo una tarta para la fiesta de Luis. ¿Qué necesita? *(Hint: Say what Marta needs.)*

1.
2.
3.
4.
5.

## ACTIVIDAD 4

### ¿Qué cosa no debe estar?

**Hablar**  Trabajas en un restaurante y tienes que poner todo en su lugar. Indica la cosa que no debe estar con las otras cosas. *(Hint: Say which item doesn't belong.)*

1. zumo    leche    agua    harina
2. galleta    cebolla    helado    flan
3. chorizo    salchicha    aceite    carne de res
4. crema    lechuga    tomate    zanahoria
5. azúcar    sal    huevos    pimienta
6. pescado    carne    puerco    zanahoria
7. cereal    pasta    leche    arroz
8. leche    puerco    yogur    crema

## ACTIVIDAD 5

### ¡Lógicamente!

**Leer**  Todos están muy ocupados con las preparaciones para la fiesta de Luis. Explica lo que hacen. *(Hint: Explain what they do.)*

1. Álvaro pone el helado en (el congelador, la mantequilla, la pimienta).
2. Marta saca la leche (de la estufa, del frigorífico, del lavaplatos).
3. Iván empieza a cocinar (el helado, el zumo, la carne de res) a la una.
4. Marta hace (unos huevos, unas patatas, unas galletas) porque a Luis le gustan las cosas dulces.
5. La carne está muy (caliente, picante, dulce) porque Iván acaba de cocinarla.
6. Álvaro pone los platos sucios en (el lavaplatos, el microondas, la estufa).

## Vocabulario

### La comida

el cereal

la pasta

el pescado

el puerco

el yogur

¿Qué te gusta comer?

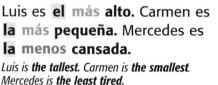

## Talking About Extremes: Superlatives

♻ **¿RECUERDAS?** *p. 202* Remember how you make comparisons? These phrases say that one item has **more** or **less** of a certain quality than another item has.

**más... que**

**menos... que**

▶ When you want to say that something has the **most** or the **least** of a certain quality, use a **superlative**.

| | |
|---|---|
| **el** más... | **el** menos... |
| **los** más... | **los** menos... |
| **la** más... | **la** menos... |
| **las** más... | **las** menos... |

Luis es **el** más **alto**. Carmen es **la** más **pequeña**. Mercedes es **la** menos **cansada**.

*Luis is **the tallest**. Carmen is **the smallest**. Mercedes is **the least tired**.*

▶ To use a **noun** with the superlative form, put it **after** the article.

*matches*

Luis es **el chico** más **alto**. Mercedes es **la chica** menos **cansada**.

*Luis is **the tallest boy**. Mercedes is **the least tired girl**.*

*matches*

Be sure the adjective matches the noun in both gender and number.

Iván prepara **las comidas** más **sabrosas**.

*Iván makes **the tastiest meals**.*

▶ When you refer to an idea or concept, which has no gender, use the neuter article **lo**.

Luis says: —**Lo** más **increíble** es que son las dos...

*The most incredible (thing) is that it's two o'clock...*

▶ Remember to use these **irregular** forms you learned with comparatives when referring to the *best, worst, oldest,* and *youngest.*

**el mejor**   **el peor**   **el mayor**   **el menor**

Luis es **el mayor**. Carmen es **la menor**.

*Luis is **the oldest**. Carmen is **the youngest**.*

Use **mayor** and **menor** to describe the ages of people, not objects.

## Las comparaciones

**Leer/Escribir** ¿Qué dice Luis después de comparar todo? Lee la pregunta y contéstala. *(Hint: Explain what Luis decides.)*

*modelo*

*La galleta no es sabrosa, la fruta es sabrosa y la tarta es muy sabrosa. (¿Cuál es la más sabrosa?)*

*La tarta es la más sabrosa.*

1. Mercedes tiene 16 años, Carmen tiene 12 años y Marta tiene 17 años. (¿Quién es la menor?)

2. La casa de Luis tiene diez cuartos, la casa de Marta tiene ocho cuartos y la casa de Beto tiene seis cuartos. (¿Quién tiene la casa más pequeña?)

3. Antonio no es muy alto, Andrés es alto y Álvaro es muy alto. (¿Quién es el más alto?)

4. El azúcar cuesta 60 pesetas, el helado cuesta 229 pesetas y el té cuesta 103 pesetas. (¿Cuál es el menos caro?)

5. Iván saca una A en arte, Enrique saca una B y Pepe saca una C. (¿Quién es el mejor estudiante?)

■ **MÁS PRÁCTICA** *cuaderno* p. 125

■ **PARA HISPANOHABLANTES** *cuaderno* p. 123

##  ♻ Cosas para la casa

**Hablar/Escribir** Los padres de Luis van a un mercado al aire libre para comprar cosas para la casa. Comparan lo que ven. ¿Qué dicen? *(Hint: Compare the items.)*

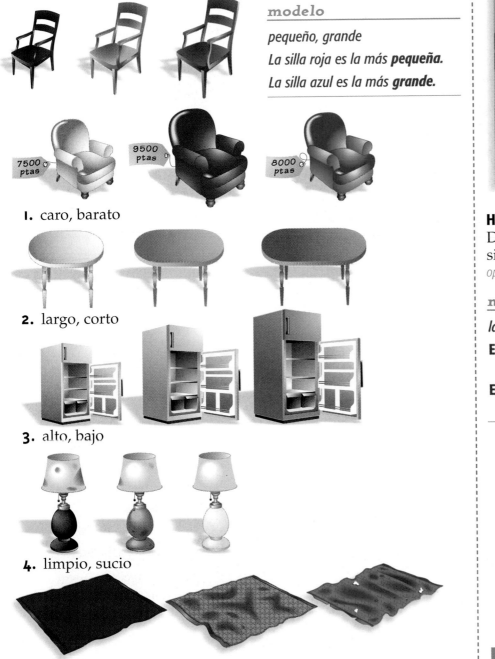

**modelo**

*pequeño, grande*

*La silla roja es la más **pequeña**.*

*La silla azul es la más **grande**.*

**1.** caro, barato

**2.** largo, corto

**3.** alto, bajo

**4.** limpio, sucio

**5.** viejo, nuevo

## En mi opinión...

**PARA CONVERSAR**

**STRATEGY: SPEAKING**

**Say what is the best and worst** Decide **el mejor** or **el peor** of any of these: **equipo de baloncesto o béisbol, cantante, actor o actriz, grupo musical, película del año,** or any other categories you want to make.

**Hablar** Todos tienen opiniones. Da tu opinión sobre las siguientes cosas. *(Hint: Give your opinion.)*

**modelo**

*la comida más rica*

**Estudiante A:** *¿Cuál es **la comida más rica** para ti?*

**Estudiante B:** *El bistec es **la comida más rica**.*

**1.** la música más popular
**2.** el deporte menos divertido
**3.** la clase menos difícil
**4.** el peor quehacer
**5.** el lugar más bonito
**6.** la película menos interesante
**7.** el actor más guapo
**8.** la actriz más bonita

**■ MÁS COMUNICACIÓN** p. R15

## GRAMÁTICA

### Talking About the Past: The Preterite of Regular -ar Verbs

When you want to talk about actions completed in the past, use the **preterite tense.** To form the preterite of a regular **-ar** verb, add the appropriate preterite **ending** to the verb's **stem.**

**limpiar** *to clean*

Notice that the first and third person singular forms have an **accent** over the final vowel.

| | |
|---|---|
| **limpié** | **limpiamos** |
| **limpiaste** | **limpiasteis** |
| **limpió** | **limpiaron** |

The **nosotros(as)** form is the same in the **preterite** as in the **present** tense.

Luis says:

—**Limpié** la cocina…
—Sí, Carmen, tú me **ayudaste** y Mercedes también me **ayudó.**

*I cleaned the kitchen…*
*Yes, Carmen, you helped me and Mercedes helped me also.*

---

**ACTIVIDAD 9** Gramática

## Las compras

**Leer** Álvaro le explica a Beto qué compraron para la fiesta. Completa sus oraciones con la forma correcta de **comprar.**
*(Hint: Complete what Álvaro explains.)*

Nosotros __1__ cosas riquísimas para la fiesta de Luis, ¿verdad? Marta __2__ los huevos, la harina, la mantequilla y la leche para hacer la tarta. Iván __3__ la carne de res y las cebollas para hacer su plato riquísimo. Tú __4__ las patatas y el aceite para hacer las patatas alioli. Bárbara y Luisa __5__ los refrescos. ¿Y yo? Pues, yo __6__ lo más rico de todo, ¡el helado!

## ¿Qué terminaron ayer?

**Hablar/Escribir** Luis habla de los quehaceres que él y sus amigos hicieron ayer. ¿Qué dice? *(Hint: Explain what they did yesterday.)*

**1.** Ana y Marta

**2.** tú

**3.** yo

**4.** Sara y yo

**5.** ellos

**6.** Juana

 **MÁS PRÁCTICA** *cuaderno* pp. 126–127

**PARA HISPANOHABLANTES** *cuaderno* pp. 124–125

---

### APOYO PARA ESTUDIAR

**Preterite Tense**

Since the **nosotros** form of a regular **-ar** verb is the same in both the preterite and the present tenses, how can you determine the tense? Use context clues to help you. Look for time indicators, like those in the vocabulary box, and the tense of other verbs.

---

## ¿Por qué no me invitaste?

**Escuchar** Juana y su amigo Miguel hablan de una fiesta. Escucha su conversación. Luego, contesta las preguntas. *(Hint: Answer the questions.)*

**1.** ¿Qué celebraron las chicas?

**2.** ¿Cuándo celebraron?

**3.** ¿Por qué Juana no invitó a Miguel?

**4.** ¿A cuántas chicas invitó?

**5.** ¿Cómo pasaron la noche?

## ¿Cuándo...?

**Hablar/Escribir** Pregúntales a cinco estudiantes cuándo hicieron estas actividades. Haz una lista. *(Hint: Ask when others did these activities.)*

### modelo

*terminar la tarea*

**Tú:** *¿Cuándo terminaste la tarea?*

**Pablo:** *Terminé la tarea anteayer.*

| Actividad | Pablo |
|---|---|
| 1. terminar la tarea | anteayer |
| 2. preparar una comida | |
| 3. lavar los platos | |
| 4. patinar sobre hielo | |
| 5. usar la computadora | |
| 6. escuchar un disco compacto | |
| 7. limpiar tu habitación | |

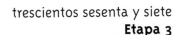

# GRAMÁTICA

## Preterite of Verbs Ending in -car, -gar, and -zar

Regular verbs that end in **-car**, **-gar**, or **-zar** have a spelling change in the **yo form** of the preterite to maintain the original sound of the verb stem.

*becomes*

| | | | |
|---|---|---|---|
| sa**car** | c | qu | (yo) sa**qu**é |
| pa**gar** | g | gu | (yo) pa**gu**é |
| empe**zar** | z | c | (yo) empe**c**é |

Luis says:

—…sa**qu**é la basura…

…*I took out the trash*…

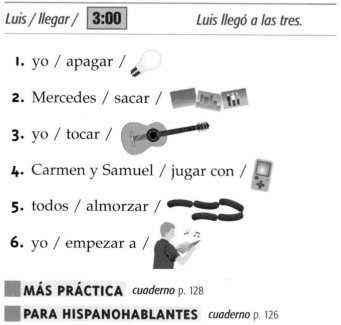

---

## ¡Una semana llena!

**Leer** Mercedes habla de sus actividades de la semana pasada. ¿Qué dice? Completa sus oraciones con el pretérito de cada verbo.
*(Hint: Complete what Mercedes says.)*

El lunes yo ___1___ (empezar) a leer un libro de historia muy largo. El martes ___2___ (jugar) al voleibol con mis amigas. El miércoles fui al centro comercial con mi mamá y ___3___ (buscar) unos jeans nuevos para la fiesta del sábado. El jueves ___4___ (practicar) el tenis con Elena. El viernes ___5___ (llegar) tarde a la escuela. ¡Por fin llegó el sábado! Fui a una fiesta donde ___6___ (tocar) la guitarra y ___7___ (sacar) muchas fotos. El domingo ___8___ (almorzar) en casa de mis abuelos.

## ¿Qué pasó en la fiesta?

**Hablar/Escribir** Álvaro explica lo que pasó en la fiesta. ¿Qué dice? *(Hint: What does Álvaro explain?)*

**modelo**

| Luis / llegar / **3:00** | Luis llegó a las tres. |
|---|---|

1. yo / apagar /
2. Mercedes / sacar /
3. yo / tocar /
4. Carmen y Samuel / jugar con /
5. todos / almorzar /
6. yo / empezar a /

**MÁS PRÁCTICA** *cuaderno* p. 128

**PARA HISPANOHABLANTES** *cuaderno* p. 126

BANCO DE ESPAÑA

MIL PESETAS 1000

# ¿Tienes buena memoria?

**Hablar/Escribir** Pregúntales a cinco estudiantes sobre sus actividades. Escribe sus respuestas. *(Hint: Ask about activities.)*

### modelo

**Tú:** *¿A qué hora llegaste a la escuela ayer?*

**Otro(a) estudiante:** *Llegué a la escuela a las siete y veinte.*

**o:** *No sé a qué hora llegué.*

| | Estudiante | |
|---|:---:|:---:|
| | 1 | 2 |
| **1.** ¿Qué deporte practicaste el año pasado? | | |
| **2.** ¿Qué buscaste en el centro comercial este año? | | |
| **3.** ¿Qué almorzaste anteayer? | | |
| **4.** ¿Cuándo empezaste a estudiar español? | | |
| **5.** ¿Qué fotos sacaste en tus últimas vacaciones? | | |

## Vocabulario

### Los números de 200 a 1.000.000

**doscientos(as)** 200
**trescientos(as)** 300
**cuatrocientos(as)** 400
**quinientos(as)** 500
**seiscientos(as)** 600
**setecientos(as)** 700
**ochocientos(as)** 800
**novecientos(as)** 900
**mil** 1.000
**un millón** 1.000.000

Periods are used instead of commas for thousands and millions. The word **y** is used as you previously learned. It is *not* used after hundreds, thousands, or millions.

148 = ciento cuarenta **y** ocho      1.968 = mil novecientos sesenta **y** ocho

250 = doscientos cincuenta      1.000.562 = un millón quinientos sesenta **y** dos

The word **ciento** is used instead of **cien** in numbers greater than 100.

La bicicleta costó **cien** dólares.      El radio costó **ciento cincuenta** dólares.

Numbers ending in 200–900 agree in gender and number with nouns.

Costó doscient**os dólares.**      Pagué doscient**as pesetas.**

**Un millón** is followed by **de** before nouns.      **un millón de** dólares

¿Qué cuesta más de cien dólares?

## ACTIVIDAD 16

## ¿Cuánto pagaron?

**Escuchar** Alicia, una amiga de Luis, habla de las cosas que ella y sus amigas compraron. Escucha lo que dice. ¿Cuánto pagaron por cada cosa?
*(Hint: Say what it cost.)*

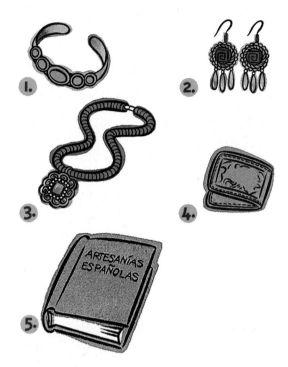

1.
2.
3.
4.
5.

### Vocabulario

#### Las cantidades

| | |
|---|---|
| la docena *dozen* | el paquete *package* |
| el gramo *gram* | el pedazo *piece* |
| el kilo *kilogram* | cuarto(a) *quarter* |
| el litro *liter* | medio(a) *half* |

Use the definite article when talking about the price of a specific quantity of food.

Los huevos cuestan 200 pesetas **la** docena.

El pescado cuesta 1.500 pesetas **el** kilo.

¿Cuándo usas estas cantidades?

## ACTIVIDAD 17

## Compras para la fiesta

**Hablar/Leer** Imagínate que estás en España. Tú y un(a) amigo(a) van a hacer una fiesta. Tienen 7.500 pesetas para comprar comida y refrescos. Lee el anuncio. ¿Qué van a comprar?
*(Hint: Say what you'll buy.)*

### modelo

**Estudiante A:** ¿Compramos salchicha?

**Estudiante B:** ¿A cuánto está?

**Estudiante A:** Está a setecientas cincuenta pesetas el kilo.

**Estudiante B:** Bueno, vamos a comprar dos kilos.

### Nota

**¿A cuánto está(n)…?** is an expression used to ask how much something costs. It is often used with food items that may increase or decrease in price given a good or bad harvest. It may also indicate changing prices during a sale.

## ACTIVIDAD 18

## Los regalos

**Hablar/Escribir** Todos le compraron a Luis un regalo de cumpleaños. ¿Cuánto pagaron? *(Hint: How much did they pay?)*

Álvaro — 800 ptas

**modelo**

*Álvaro pagó ochocientas pesetas por el disco compacto.*

1. Mercedes — 1.200 ptas

2. Iván y Beto — 2.500 ptas

3. los padres de Luis — 15.000 ptas

4. yo — 750 ptas

## ACTIVIDAD 19

## ¿Qué van a comprar?

**Hablar/Escribir** Imagínate que vives en España. ¿Qué van a comprar tú y estas personas con el dinero que tienen? *(Hint: Say what they'll buy.)*

**modelo**

*yo / 500 ptas*

*Tengo quinientas pesetas. Voy a comprar un libro.*

1. yo / 500 ptas

2. mi hermano(a) / 200 ptas

3. mi madre / 800 ptas

4. mis tíos / 80.000 ptas

5. mis padres / 25.000 ptas

6. mi amigo(a) / 750 ptas

7. mi vecino / 1.500 ptas

## ACTIVIDAD 20

## Una fiesta

**Escribir** Describe una fiesta real o imaginaria. Incluye la siguiente información. *(Hint: Describe a party.)*

- ¿Cuándo y dónde celebrasteis la fiesta?
- ¿Cómo preparasteis la fiesta?
- ¿Quiénes ayudaron para hacer la fiesta?
- ¿Cómo pasasteis la noche?

**modelo**

*El año pasado celebramos el cumpleaños de mi abuela con una fiesta en mi casa. Muchos ayudaron. Mis hermanos limpiaron la casa. Mi mamá preparó la comida: salchichas, verduras y carne de res. Yo preparé un pastel riquísimo. Apagué la luz y cuando mi abuela llegó por fin a la casa, todos le cantamos «Cumpleaños feliz». Saqué muchas fotos. Bailamos toda la noche y…*

**MÁS COMUNICACIÓN** p. R15

### Pronunciación

#### Refranes

**Linking words** Native speakers may seem to speak quickly when they link their words together in breath groups. Instead of pronouncing each word separately, they run some words together. This is common in all languages. Practice linking words in the following sentences.

**Él que algo quiere, algo le cuesta.**

**Aceite de oliva, todo el mal quita.**

**La larga experiencia, más que los libros enseña.**

# *En voces*

**PARA LEER** • **STRATEGY: READING**

**Reorganize information to check understanding** A family friend gave you a copy of this recipe from her favorite cookbook. She has asked you to write it down as a recipe for her card file. Read «**Los favoritos de la cocina española**» and fill out the recipe card for her.

| LA PAELLA VALENCIANA | | | |
|---|---|---|---|
| Paso | Ingredientes | Cantidad | Instrucciones |
| 1. | Aceite | ¼ taza | Pon en la sartén |
| 2. | | | |
| 3. | | | |
| 4. | | | |

# LOS FAVORITOS de la cocina española

De la cocina de Maruja Serrat, cocinera[6] del restaurante Tibidabo de Barcelona

## Paella valenciana
**para cuatro personas**

**Ingredientes**

¼ taza de aceite de oliva
½ kilo de pollo
¼ kilo de salchicha
1 cebolla
2 dientes de ajo[7]
1 tomate
½ taza de guisantes[8]
1 pimentón[9]
¼ kilo de calamares
200 gramos de gambas[10]
sal y pimienta
1 ½ taza de arroz
½ cucharadita de azafrán
3 tazas de agua

Ésta es la receta[1] de un plato muy especial, la paella valenciana. Es importante usar los ingredientes más frescos[2] posibles. Y busca el mejor azafrán[3]. El azafrán da sabor[4] y color a la paella. Si no hay azafrán, no hay paella. A todo el mundo le gusta tanto la paella que generalmente no queda[5] nada. Pero si queda algo, ponlo en el frigorífico para mañana.

| | | | |
|---|---|---|---|
| [1] recipe | [3] saffron | [5] remains | [7] cloves of garlic | [9] sweet red pepper |
| [2] freshest | [4] flavor | [6] chef | [8] green peas | [10] shrimp |

## Instrucciones

Primero pon el aceite de oliva en la sartén[11]. Corta[12] el pollo y la salchicha en pedazos. Fríelos[13] por diez minutos. Luego corta la cebolla, el ajo, el tomate y el pimentón. Ponlos en la sartén junto con los guisantes. Ahora añade[14] los calamares y las gambas, la sal y la pimienta. En otra sartén o en una paellera[15], cocina el arroz en el agua. Luego añade el pollo, la salchicha, los calamares, las gambas, las verduras y el azafrán. Cocínalo otros veinte minutos. Sirve la paella en la paellera.

---

[11] frying pan   [12] cut   [13] fry them   [14] add   [15] paella pan

### NOTA CULTURAL

**Paella** is a typical dish of Valencia, a region next to Cataluña. It is found throughout Spain.

### ¿Comprendiste?

1. ¿Por qué es importante el azafrán?
2. Si hay demasiada paella, ¿qué debes hacer?
3. ¿Qué haces con el pollo y la salchicha?
4. ¿Qué pones en la segunda sartén?
5. Después de poner el azafrán, ¿cuánto tiempo cocinas la paella?

### ¿Qué piensas?

1. ¿Es fácil o difícil hacer esta receta? ¿Por qué?
2. ¿Te gustaría comer paella? ¿Por qué?

### Hazlo tú

¿Tienes una receta especial de tu familia? Explica cómo preparas este plato en tu casa.

*Casa Amatller*

# En colores
## CULTURA Y COMPARACIONES

### PARA CONOCERNOS
**STRATEGY: CONNECTING CULTURES**

**Make a historical time line** Place Barcelona's rich architectural history on a time line from ancient times to the present. First label each period with a word or two to identify it. Next add a word or pictorial symbol of an important detail from that time. Finally, use your time line to summarize for a classmate the main points of «**Barcelona: Joya de arquitectura**».

# Barcelona
## Joya de arquitectura

*Escena típica del Barrio Gótico*

**NOTA CULTURAL**

Barcelona's Gothic Quarter was built when the Spanish Empire was at its height. The profits from Spain's colonies funded the construction of palaces, churches, and public buildings.

**B**arcelona es una ciudad de muchos barrios[1] y de una gran variedad de estilos de arquitectura. Los romanos fueron los primeros en construir una ciudad aquí en el año 15 a.C.[2] Hoy no hay casi nada de la ciudad romana. Hay sólo unas ruinas y murallas[3] en el Barrio Gótico[4].

El Barrio Gótico de Barcelona es la ciudad vieja, un barrio de calles estrechas[5] y plazas pequeñas. Tiene muchos edificios[6] y monumentos impresionantes de los siglos XIII, XIV y XV, época[7] de la arquitectura gótica. Si caminas por la calle Montcada puedes ver las casas y los palacios de las

---

| | | | |
|---|---|---|---|
| [1] districts | [3] walls | [5] narrow | [7] period |
| [2] B.C. | [4] Gothic Quarter | [6] buildings | |

Casa Batlló

Casa Viçens

La Pedrera–apartamentos

Parque Güell

familias principales de Barcelona de la época medieval. Hoy estas casas están convertidas en museos y galerías de arte.

La ciudad moderna tiene grandes avenidas, como Las Ramblas. El arquitecto catalán Antonio Gaudí (1852–1926) construyó [8] edificios originales de estilo modernista. Trabajó con formas y estructuras experimentales. Gaudí trabajó primero en el Parque de la Ciudadela, donde actualmente [9] está el Museo de Arte Moderno. Años más tarde diseñó el Parque Güell, ciudad y parque dentro de Barcelona. Gaudí también diseñó casas privadas, cada una con un diseño único. Su obra maestra [10], nunca terminada, es una iglesia, La Sagrada Familia [11].

---

[8] built    [9] nowadays    [10] masterpiece    [11] The Holy Family

## ¿Comprendiste?

1. ¿Queda algo de la ciudad romana en Barcelona? Explica.
2. ¿Cómo se llama la ciudad vieja de Barcelona? ¿Por qué?
3. ¿Qué lugares de interés puedes ver en el Barrio Gótico?
4. ¿Cómo es la ciudad moderna?
5. ¿Qué importancia tiene Gaudí?

## ¿Qué piensas?

¿Es cierto que la historia de Barcelona empieza en la época medieval? Explica tus razones.

## Hazlo tú

Eres guía y tienes que hablar de Barcelona. ¿Qué dices?

# *En uso*
## REPASO Y MÁS COMUNICACIÓN

**OBJECTIVES**

- Plan a party
- Describe past activities
- Express extremes
- Purchase food

*Now you can...*

- plan a party.

*To review*

- regular preterite **-ar** verbs, see p. 366.

### ACTIVIDAD 1 ¡A preparar!

Explica quiénes ayudaron y quiénes no ayudaron a preparar la fiesta en la casa de Álvaro.
*(Hint: Tell who helped and who didn't help prepare for the party.)*

**modelo**

*Luis: cuidar a Carmen*

**Luis** no ayudó. **Cuidó a Carmen.**

*tú: lavar los platos*

**Tú** ayudaste. **Lavaste los platos.**

1. Álvaro: limpiar la casa
2. yo: nadar en la piscina
3. Iván: cocinar la carne de res
4. Elena y Arturo: escuchar música
5. tú: patinar en el parque
6. Beto: preparar las patatas y verduras
7. nosotros: hablar por teléfono
8. Marta: preparar la tarta

*Now you can...*

- describe past activities.

*To review*

- preterite of **-car, -gar, -zar** verbs, see p. 368.

### ACTIVIDAD 2 ¡Una fiesta terrible!

Carmen habla con Luis sobre una fiesta muy mala que celebraron en su casa el mes pasado. ¿Qué dice? *(Hint: Tell what Carmen says about a terrible party.)*

**modelo**

*yo (buscar) los vasos y no los (encontrar)*

*Yo busqué los vasos y no los encontré.*

1. nadie (sacar) la basura antes de la fiesta
2. yo (pagar) todas las compras con mi dinero
3. pocas personas (llegar)
4. yo (tocar) el piano muy mal
5. yo no (almorzar) nada el día de la fiesta
6. nosotros (jugar) con unos videojuegos aburridos
7. yo (sacar) unas fotos terribles
8. tú (apagar) la luz durante la fiesta

**Now you can...**

• express extremes.

**To review**

• superlatives, see p. 364.

## 3 Opiniones

Luis observa las siguientes cosas. ¿Qué dice?
*(Hint: Give Luis's observations.)*

**modelo**

*Carmen: más / joven (de mi familia)*

**Carmen** *es la* **menor.**

1. Mercedes: más / bonito (de mis amigas)
2. helado: más / bueno (de los postres)
3. papá: más / viejo (de mi familia)
4. zanahorias: menos / delicioso (de las verduras)
5. tarta: más / sabroso (de los postres)
6. tenis: más / malo (de los deportes)
7. limonada: más / dulce (de las bebidas)
8. calamares: menos / rico (de las tapas)

**Now you can...**

• purchase food.

**To review**

• numbers, see p. 369.

## 4 ¡Buenos precios!

Imagínate que estás comprando comida en España.
¿Cuáles son los precios de hoy? *(Hint: Tell prices of foods.)*

**modelo**

*Las zanahorias están a doscientas veinticinco pesetas el kilo.*

## ACTIVIDAD 5 — El fin de semana pasado

### PARA CONVERSAR

**STRATEGY: SPEAKING**

**Maintain conversational flow** To keep continuity in a conversation, acknowledge what was said, then add your own ideas. The model shows how this is done. You can build interest by withholding information: **Compré algo bonito. ¿Sabes qué es?**

Usando las actividades de la lista, habla con otro(a) estudiante sobre sus actividades del fin de semana pasado. *(Hint: Talk about what you did last weekend.)*

> almorzar en un restaurante
> limpiar la casa
> comprar algo interesante
> alquilar un video
> tocar algún instrumento
> practicar algún deporte
> trabajar

**modelo**

**Tú:** *Compré algo interesante.*

**Otro(a) estudiante:** *¿Qué compraste?*

**Tú:** *Compré…*

## ACTIVIDAD 6 — En el supermercado

Imagínate que tú y un(a) amigo(a) están comprando comida en España. Hay tres papeles: un(a) comprador(a) optimista, un(a) comprador(a) pesimista y una persona que trabaja en el supermercado. Cambien de papel. *(Hint: Shop in the supermarket. One person is an optimist, another is a pessimist, and the third works at the supermarket.)*

**modelo**

**Optimista:** *¿A cuánto están los tomates?*

**Trabajador(a):** *Nuestros tomates son los más sabrosos de la comunidad. Hoy están a…*

**Optimista:** *¡Qué bien! Los compro.*

**Pesimista:** *¡No los compres! Los tomates de aquí son…*

## ACTIVIDAD 7 — En tu propia voz

**ESCRITURA** Imagínate que tú y tus amigos celebraron una fiesta el sábado pasado. ¿Cómo participaron todos? *(Hint: Describe how everyone participated in a class party.)*

**modelo**

*Antes de la fiesta, todos limpiamos la casa. Sara pasó la aspiradora y yo lavé los platos. Durante la fiesta, Marcos tocó la guitarra y…*

---

## CONEXIONES

**La salud** What kind of food do you like the most? Which ethnic foods do you prefer? Is there a special dish from your region? Survey ten people at your school to find out their favorite food. Then create a menu featuring the foods chosen. Add prices and indicate the dishes that are good for your health.

| Persona | La comida favorita |
| --- | --- |
|  |  |
|  |  |

# En resumen

## REPASO DE VOCABULARIO

| | |
|---|---|
| apagar la luz | to turn off the light |
| ¡Cállate! | Be quiet! |

### PURCHASING FOOD

| | |
|---|---|
| ¿A cuánto está(n)…? | How much is (are)…? |

**Food**

| | |
|---|---|
| el aceite | oil |
| la carne de res | beef |
| la cebolla | onion |
| el cereal | cereal |
| la crema | cream |
| la galleta | cookie, cracker |
| la harina | flour |
| el helado | ice cream |
| el huevo | egg |
| la leche | milk |
| la mantequilla | butter |
| la pasta | pasta |
| la patata | potato |
| el pescado | fish |
| la pimienta | pepper |
| el puerco | pork |
| la sal | salt |
| la salchicha | sausage |
| el tomate | tomato |
| la verdura | vegetable |
| el yogur | yogurt |
| la zanahoria | carrot |
| el zumo | juice |

**Packaging**

| | |
|---|---|
| la botella | bottle |
| la lata | can |
| el paquete | package |

### REQUESTING QUANTITIES

| | |
|---|---|
| cuarto(a) | quarter |
| la docena | dozen |
| el gramo | gram |
| el kilo | kilogram |
| el litro | liter |
| medio(a) | half |
| el pedazo | piece |
| doscientos(as) | two hundred |
| trescientos(as) | three hundred |
| cuatrocientos(as) | four hundred |
| quinientos(as) | five hundred |
| seiscientos(as) | six hundred |
| setecientos(as) | seven hundred |
| ochocientos(as) | eight hundred |
| novecientos(as) | nine hundred |
| mil | one thousand |
| un millón | one million |

### DESCRIBING PAST ACTIVITIES

| | |
|---|---|
| anoche | last night |
| anteayer | the day before yesterday |
| el año pasado | last year |
| ayer | yesterday |
| el mes pasado | last month |
| la semana pasada | last week |

### OTHER WORDS AND PHRASES

| | |
|---|---|
| la estrella | star |
| sabroso(a) | tasty |

**In the Kitchen**

| | |
|---|---|
| cocinar | to cook |
| el congelador | freezer |
| la estufa | stove |
| el frigorífico | refrigerator |
| el horno | oven |
| el lavaplatos | dishwasher |
| el microondas | microwave |

## Juego

¿Qué son estas cosas? ¿Dónde las pones?

1. laheod
2. suplacitosos
3. elhce
4. neredecasr

# En tu propia voz
### ESCRITURA

## Una buena rutina diaria

For a contest, design an educational pamphlet in Spanish for teens and young adults. Depict healthful habits, such as eating nutritious food and exercising. The winning pamphlets will be used in recreational facilities across the country.

**Purpose:** Inform teens about healthful habits
**Audience:** Spanish-speaking young adults
**Subject:** Healthful routines and nutrition
**Structure:** Educational pamphlet

### PARA ESCRIBIR • STRATEGY: WRITING

**Engage the reader by addressing him or her personally** Address your reader directly. Use commands that personally address the reader. Your educational pamphlet will tell the reader what to do and what not to do for a healthy lifestyle.

## Modelo del estudiante

The writer addresses the reader personally with **questions** directed to him or her.

Here the writer uses **tú commands** to tell the reader exactly what to do.

**Negative tú commands** work well, too, to tell the reader what not to do.

Friendly words add a personal touch to your pamphlet.

*¿Te despiertas cansadísimo? ¿Preocupado? ¿Deprimido? Tal vez no duermes bien. Para levantarte de buen humor, sigue esta lista:*

➤ Prepara toda tu tarea antes de acostarte.
➤ Haz los quehaceres por la noche; no esperes hasta la mañana.
➤ Lee un poco, acuéstate y duerme 8 horas.

*Vas a levantarte contentísimo.*

*Oye, amigo, ¿cómo estás después de comer? Por favor, ¡come mejor!*

➤ Limpia bien los platos.
➤ Come comida buena, como pollo o pescado, fruta fresca, verduras y pan.
➤ Come tranquilamente.
➤ Toma mucha agua durante el día. Toma leche, agua o jugo con tus comidas.

*¡Vas a estar fabuloso!*

*¿No tienes tiempo para hacer ejercicio?*

➤ Organiza tus quehaceres.
➤ Reserva una hora cada día para practicar un deporte o hacer ejercicio.
➤ Llama a un amigo para hacer ejercicio contigo. Es mucho más divertido así.
➤ ¡No seas perezoso! Usa la hora que reservaste.

*Vas a tener muchísima energía.*

# Estrategias para escribir

## Antes de escribir...

With another student, brainstorm the details of your pamphlet:

- *Possible health issues to address*
- *Personal questions*
- *What your reader should do*
- *What your reader should avoid doing*

Discuss issues of nutrition, energy, stress management, etc., that people your age might like to know more about. Then choose one or more issues to focus on in your pamphlet. Use a chart like this one to organize your ideas.

### Una buena rutina diaria

| Recomendación | Preguntas personales | Qué hacer | Qué no hacer |
|---|---|---|---|
| comer mejor | ¿Comes muchos postres? | Compra fruta fresca. | No vayas a la pastelería. |
| organizar tu tiempo | ¿Estás nervioso porque nunca terminas tu tarea? | | |

## Revisiones

Share your draft with a partner. Then ask:

- *How are health issues addressed?*
- *How does the pamphlet "speak" directly to the reader?*
- *What phrases clearly tell the reader what to do?*

## La versión final

Before you create the final draft, look over your work with the following questions in mind:

- *Are affirmative **tú** commands used correctly?*

**Try this:** Underline all affirmative commands. Check that each verb is regular. If not, use the appropriate irregular form. Do reflexive verbs include their pronouns?

- *Are negative commands constructed properly?*

**Try this:** Circle all negative commands. Do they include appropriate stems?

Note the marks you can use to insert a period or a comma.

 Share your writing on www.mcdougallittell.com

¡Oye, amigo! ¿Tienes muy poca energía? ¿Pasas mucho tiempo viendo la televisión? ¿Estás perezoso y aburrido? ¡Mira, tengo algunas ideas fabulosas para ti!

- Apaga la televisión y no la pone más esta semana. pongas
- te Levanta y llama a tu mejor Dile amigo. Dícete que van a jugar a su deporte favorito⊙
- ¡Saca las cosas necesarias y hazlo!

### EDITORIAL MARKS

⊙ = **period**     ⌃ = **comma**

# QUITO
# ECUADOR

## LA CIUDAD Y EL CAMPO

**OBJECTIVES**

**ETAPA 1**

### La vida de la ciudad

- Tell what happened
- Make suggestions to a group
- Describe city buildings
- Talk about professions

**ETAPA 2**

### A conocer el campo

- Point out specific people and things
- Tell where things are located
- Talk about the past

**ETAPA 3**

### ¡A ganar el concurso!

- Talk about the present and future
- Give instructions to someone
- Discuss the past

**LA CASA DE SUCRE** was once the home of independence leader Mariscal Antonio José de Sucre. It houses items from Quito's colonial and independence periods. What historic museums have you visited?

ISLAS GALÁPAGOS

**OCÉANO PACÍFICO**

**PAPAS,** a staple of the Ecuadorian diet, have been cultivated in the Andes since before the time of the Incas. This New World food was introduced by Spain to the European diet. What dishes made with potatoes do you eat?

382

# ALMANAQUE

**Población:** 1.500.000
**Altura:** 2.700 metros (8.775 pies)
**Clima:** 21° C (70° F) de día, 12° C (54° F) de noche
**Comida típica:** llapingachos, fritada
**Gente famosa de Quito:** Oswaldo Guayasamín (pintor), Jorge Icaza (escritor), Carlota Jaramillo (cantante)

**¿Vas a Quito?** Quito es la capital de Ecuador. Su nombre viene de los indígenas quituas, un grupo muy antiguo.

INTERNET For more information about Quito, access www.mcdougallittell.com

**VENEZUELA**

**LA MITAD DEL MUNDO** is a monument built where the equator was measured. Ecuador's name comes from the fact that the equator **(el ecuador)** runs through it. What other countries of the world lie along the equator?

**TAPICES** are woven wall hangings and rugs made from the wool of sheep or alpaca. You will find these multicolored wall hangings in stores and outdoor markets. Where have you seen weavings?

*Ecuador*

- OTAVALO
- ★ QUITO
- SAQUISILÍ
- COCA
- **ECUADOR**
- GUAYAQUIL
- CUENCA
- MACHALA

**COLOMBIA**

**PERÚ**

**ATAHUALPA (1500–1533),** son of the Incan king Huanya-Capac and grandson of Duchicela, king of Quito, is considered the first great Ecuadorian. He was heir to the kingdom of Quito and became leader of the Incan empire. Can you think of other Native American leaders?

**UN RONDADOR** is a wind instrument that has been used for more than 2000 years. It is made of cane or bamboo pieces of different widths and lengths. Each produces a distinct musical note. What other wind instruments do you know?

**BRASIL**

# UNIDAD 6

## ETAPA 1

# La vida de la ciudad

- Tell what happened

- Make suggestions to a group

- Describe city buildings

- Talk about professions

### ¿Qué ves?

Mira la foto de un parque de Quito.

1. ¿Las montañas están cerca o lejos del parque?

2. ¿Qué hacen los dos jóvenes?

3. ¿Qué joyas lleva la señora?

4. ¿Cuántos parques hay en el mapa?

384

# En contexto
## VOCABULARIO

Patricia is interviewing different people in Quito about their jobs. As she walks through old and new Quito, she describes different professions.

**A** **¡Hola!** Me llamo Patricia y voy a explicarles cómo son las profesiones de varias personas. Ahora estoy hablando con **un bombero.** Quiero saber algo de su trabajo. Con mi **grabadora** le hago **una entrevista.**

el edificio moderno

el edificio antiguo y tradicional

la cámara

la fotógrafa

la grabadora

el bombero

el cartero

el taxista

**B** Ella es **fotógrafa.** Saca fotos con **una cámara.** Está sacando una foto de **un edificio** muy **antiguo** y **tradicional.**

**C** **El cartero** lleva cartas a todos los edificios. A veces trabaja en el correo.

**D** Él es **taxista.** En su taxi lleva a la gente por toda la ciudad.

**Mujer de negocios:**
Me gusta vender y comprar productos. Ser una mujer de negocios es el trabajo perfecto para mí.

**Hombre de negocios:**
Siempre leo todas las revistas de economía. Para ser un hombre de negocios hay que saber mucho.

el hombre de negocios

la mujer de negocios

 Él trabaja para un periódico. Le gusta escribir y hacer entrevistas. Por eso es **periodista.**

el periodista

el arquitecto

**G** Él es **arquitecto.** Hace planos de construcción. El edificio que planea aquí es el más grande de Quito. ¡Su oficina está en un edificio **enorme** y muy **moderno**!

## Preguntas personales

1. ¿Te gusta hacer entrevistas?
2. ¿Prefieres edificios tradicionales o modernos?
3. ¿Tienes una cámara o una grabadora?
4. ¿Quién te lleva cartas?
5. ¿Cuál de estos trabajos te gustaría hacer?

# *En vivo*

## DIÁLOGO

| Patricia | Miguel | Sra. Martínez | Sr. González |

### PARA ESCUCHAR • STRATEGY: LISTENING

**Distinguish between what is said and not said** Being a good listener means being careful and accurate. Which of these are mentioned in Patricia's interviews about city life? Which are not?

| los trabajos | sí | mucha gente | |
|---|---|---|---|
| la calidad del aire | | muchos vehículos | |
| el crimen | | la vida aburrida | |

**1▶ Patricia:** Decidí participar en el concurso porque leí que los ganadores van a viajar. Quiero hacer entrevistas con personas en la ciudad y personas en el campo. Tú tienes familia en el campo, ¿no?

**5▶ Sra. Martínez:** Sí, pero también tiene sus problemas. La contaminación del aire, el tráfico…
**Patricia:** ¿Cómo se preparó para ser una mujer de negocios?

**6▶ Sra. Martínez:** Hice todo lo necesario. Fui a la universidad. Después me ofrecieron trabajo en el banco. Y llegué a ser gerente.
**Patricia:** ¿Y siempre vivió en Quito?
**Sra. Martínez:** Sí. Mis padres abrieron una panadería aquí.

**7▶ Patricia:** Buenas tardes, arquitecto González. Voy a escribir sobre el contraste entre la vida en la ciudad y en el campo.
**Sr. González:** ¿Qué quiere saber?
**Patricia:** ¿Le gusta vivir en la ciudad?

**2►** **Miguel:** Sí. ¿Los llamo?

**Patricia:** ¡Sí, muchas gracias, Miguel! Oye, vamos a pedir algo, ¿no? En un rato tengo que entrevistar a unas personas y no quiero llegar tarde.

**3►** **Patricia:** Buenos días. ¿Puede darme algunos minutos de su tiempo? Estoy preparando un artículo para un concurso.

**Sra. Martínez:** Claro que sí.

**Patricia:** Muy bien. ¿Cómo se llama y cuál es su profesión?

**4►** **Sra. Martínez:** Me llamo Ana Martínez. Soy una mujer de negocios. Trabajo en un banco aquí, en Quito.

**Patricia:** ¿Le gusta vivir en la ciudad?

**8►** **Sr. González:** La ciudad es interesante. Pero la vida en el campo es mucho más tranquila.

**Patricia:** ¿Vivió en el campo?

**Sr. González:** De niño viví en el campo, en casa de mis abuelos.

**9►** **Patricia:** ¿Y cuándo decidió venir a la ciudad?

**Sr. González:** Cuando entré a la universidad. Cuando recibí mi título de arquitecto, vi que en la ciudad hay más oportunidades que en el campo.

**10►** **Patricia:** ¿Miguel? Soy Patricia.

**Miguel:** ¿Cómo fueron las entrevistas?

**Patricia:** Excelente. Ya hice dos. ¿Llamaste a tu familia?

**Miguel:** Sí. Todo está listo para el sábado.

# En acción
## VOCABULARIO Y GRAMÁTICA

**OBJECTIVES**

• Tell what happened
• Make suggestions to a group
• Describe city buildings
• Talk about professions

### ¿En qué orden?

**Escuchar** Según el diálogo, ¿en qué orden hace Patricia estas cosas? *(Hint: Put events in order.)*

a. Patricia llama por teléfono a Miguel.

b. Patricia le dice a Miguel por qué quiere participar en el concurso.

c. Patricia va a la oficina del arquitecto.

d. Patricia le hace una entrevista a la mujer de negocios.

e. Patricia habla con Miguel sobre su familia del campo.

### ¿Por qué?

**Escuchar** Explica por qué cada persona hace lo siguiente. *(Hint: Explain why.)*

1. ¿Por qué quiere Patricia participar en el concurso?

2. ¿Por qué habla Patricia con la mujer de negocios?

3. ¿Por qué vive el arquitecto en la ciudad?

4. ¿Por qué le gusta el campo al arquitecto?

### ¿Cuál es su profesión?

**Hablar** Todas estas personas trabajan en la ciudad. Tu amigo(a) quiere saber cuáles son sus profesiones. Cambien de papel. *(Hint: Say each profession.)*

**modelo**

**Tú:** *¿Cuál es la profesión del hombre?*

**Tu amigo(a):** *Es arquitecto.*

- Use preterite of regular **-er** and **-ir** verbs
- Use preterite of verbs with a **y** spelling change
- Use preterite of **hacer, ir, ser**

## ¿Cómo son?

**Escuchar** Imagínate que haces una excursión de Quito. El guía describe los edificios. Indica el orden en que describe los edificios. *(Hint: Give the order.)*

a.

b.

c.

d.

### Vocabulario

#### La ciudad

**ancho(a)** *wide*

**estrecho(a)** *narrow*

**formal** *formal*

**informal** *informal*

**lujoso(a)** *luxurious*

**ordinario(a)** *ordinary*

**sencillo(a)** *simple, plain*

¿Cómo son los edificios y las calles donde tú vives?

## Un edificio interesante

**Hablar** Haz un dibujo de un edificio interesante de tu comunidad. Descríbelo.
*(Hint: Draw a building and describe it.)*

### modelo

*La iglesia de mi comunidad es interesante. Es enorme y antigua. Cuando entras a la iglesia, ves que también es lujosa. Tiene muchos artículos de oro y ventanas de muchos colores.*

## Una ciudad grande

**Escribir** Imagínate que vas a visitar una ciudad grande. ¿Qué ciudad quieres visitar? ¿Qué sabes de la ciudad? Escribe un mínimo de seis oraciones para describirla.
*(Hint: Describe a city.)*

### modelo

*Me gustaría visitar la ciudad de Nueva York. Sé que es una ciudad muy grande y divertida. En Nueva York hay muchos edificios enormes. Algunos son viejos y otros son muy modernos. Hay cosas interesantes en Nueva York. Hay…*

## ACTIVIDAD 7 · ¿Cuál es tu opinión?

**PARA CONVERSAR** • STRATEGY: SPEAKING

**Exaggerate and react to exaggerations** As you discuss your opinions, you can be truthful or you can exaggerate. If you question the truth of what you hear, you can use these ways of expressing disbelief: **¿de veras?, ¿verdad?, ¡increíble!, ¡no me digas!, ¡no lo creo!** Use them when necessary.

♻ **Hablar** Da tu opinión sobre las siguientes cosas. Luego, pregúntale a otro(a) estudiante cuál es su opinión. *(Hint: Give your opinion.)*

### modelo

*los edificios más interesantes*

**Tú:** *Los edificios más interesantes son modernos. ¿Estás de acuerdo?*

**Otro(a) estudiante:** *No estoy de acuerdo. Para mí los edificios más interesantes son antiguos.*

**Nota**

**Estar de acuerdo** means *to agree*. To say *I agree*, say **estoy de acuerdo.**

1. el edificio más bonito
2. la profesión más peligrosa
3. el actor más popular
4. el deporte menos aburrido
5. el mejor lugar para vivir
6. la profesión más interesante
7. el edificio más feo
8. la comida más rica
9. la peor estación del año

## GRAMÁTICA

### Talking About the Past: The Preterite of -er and -ir Verbs

♻ **¿RECUERDAS?** *p. 366* You've already learned to talk about completed past actions using regular **-ar** verbs.

▶ Regular **-er** and **-ir** verbs follow a similar pattern. Notice that in the preterite, **-er** and **-ir** verb endings match each other.

The **yo** forms and the **usted, él, ella** forms take **accents.**

Patricia asks: —¿**Viv**ió en el campo?
***Did you live** in the country?*

**limpi**ar *to clean*

| | |
|---|---|
| **limpi**é | **limpi**amos |
| **limpi**aste | **limpi**asteis |
| **limpi**ó | **limpi**aron |

**ofrec**er *to offer*

| | |
|---|---|
| **ofrec**í | **ofrec**imos |
| **ofrec**iste | **ofrec**isteis |
| **ofrec**ió | **ofrec**ieron |

**decid**ir *to decide*

| | |
|---|---|
| **decid**í | **decid**imos |
| **decid**iste | **decid**isteis |
| **decid**ió | **decid**ieron |

### Vocabulario

These verbs you know are regular in the preterite tense:

**-er** verbs

| | |
|---|---|
| **aprender** | **devolver** |
| **barrer** | **entender** |
| **beber** | **mover** |
| **comer** | **perder** |
| **comprender** | **vender** |
| **correr** | **volver** |

**-ir** verbs

| | |
|---|---|
| **abrir** | **recibir** |
| **compartir** | **salir** |
| **escribir** | **vivir** |

## ¿Dónde vivieron?

**Escribir** Los amigos de Patricia comentan sobre las ciudades donde estudiaron durante un semestre. ¿Dónde vivieron? *(Hint: Where did they live?)*

### modelo

*Sam y Carlota: Barcelona*

**Sam y Carlota** *vivieron en* **Barcelona.**

1. Enrique: Nueva York
2. nosotros: San Juan
3. tú: la Ciudad de México
4. Anita y yo: Miami
5. yo: San Antonio
6. ustedes: Los Ángeles

**MÁS PRÁCTICA** *cuaderno* pp. 133–134

**PARA HISPANOHABLANTES** *cuaderno* pp. 131–132

### APOYO PARA ESTUDIAR

**Preterite Tense**

The **nosotros** forms of regular **-ir** verbs are the same in both the preterite and the present tenses, as are the **nosotros** forms of regular **-ar** verbs. Remember to use context clues to determine which tense is meant.

## ¿Qué comiste?

**Hablar** Pregúntales a cinco estudiantes qué comieron y bebieron ayer. Preséntale a la clase un resumen de las respuestas. *(Hint: Ask what they ate and drank.)*

### modelo

**Tú:** *¿Qué comiste y bebiste para el desayuno?*

**Estudiante 1:** *Comí cereal y bebí jugo.*

**Resumen:** *Para el desayuno, tres personas comieron cereal y dos comieron yogur. Cuatro personas bebieron jugo y una bebió leche.*

| La comida | Estudiante 1 | Estudiante 2 |
|---|---|---|
| el desayuno | cereal, jugo | |
| el almuerzo | | |
| la merienda | | |
| la cena | | |

###  El otro día

**Hablar/Escribir** Explica qué hicieron tus amigos, tu familia y tú, usando las palabras indicadas como guía. *(Hint: Say what they did.)*

**Nota**

The verb **ver** is regular in the preterite but does not have accents in any of its forms.

### modelo

*Yo          salí          con mis amigos          anoche.*

1. yo
2. mi hermano(a)
3. mis padres
4. mi amigo(a)
5. mis amigos y yo
6. ¿?

aprender
compartir
escribir
recibir
salir
ver

¿?

anoche
ayer
anteayer
la semana pasada
el año pasado
¿?

## Talking About the Past: Verbs with a y Spelling Change

▶ To write the third person **preterite** forms of **-er** and **-ir** verbs with **stems** that **end in a vowel,** change the **i** to **y**. Notice that all of these preterite forms require an accent, except the **ustedes, ellos(as)** forms.

**o ír** *to hear*

| oí | oímos |
|---|---|
| oíste | oísteis |
| oyó | oyeron |

**le er** *to read*

| leí | leímos |
|---|---|
| leíste | leísteis |
| leyó | leyeron |

**cre er** *to believe*

| creí | creímos |
|---|---|
| creíste | creísteis |
| creyó | creyeron |

Patricia **leyó** algo del concurso.

*Patricia read something about the contest.*

---

**ACTIVIDAD 11 Gramática**

## Una conversación

**Leer** Dos amigos de Patricia están hablando de ella. Para saber lo que dicen, completa su conversación con la forma correcta del verbo **leer, oír** o **creer.** *(Hint: Complete their conversation.)*

Linda: ¿Por qué quiere participar Patricia en el concurso?

Raúl: __1__ en la revista que las personas que ganan van a viajar a diferentes países.

Linda: ¿Y __2__ ella la información que __3__?

Raúl: ¡Claro que sí! Mi hermana y yo también __4__ algo en la radio sobre el concurso.

Linda: ¿Qué __5__ ustedes?

Raúl: __6__ que las personas que ganan también van a trabajar como periodistas para la revista. ¿Y tú no __7__ nada en la radio sobre el concurso?

Linda: No, no __8__ nada en la radio. Tampoco __9__ nada en la revista.

 **MÁS PRÁCTICA** *cuaderno p. 135*

**PARA HISPANOHABLANTES** *cuaderno p. 133*

---

**ACTIVIDAD 12**

## ¡A leer!

**Hablar/Escribir** ¿Qué leyeron estas personas? *(Hint: What did they read?)*

la revista   el poema

el menú   el periódico

la novela

la tarea   el libro

**modelo**

*mi madre*

*Mi madre leyó una revista.*

1. yo
2. mi amigo(a)
3. mis padres
4. mi padre
5. mi amigo(a) y yo
6. mis amigos
7. mi hermano(a)
8. mi maestro(a)

---

**394** trescientos noventa y cuatro
**Unidad 6**

ACTIVIDAD
**13**

## ¿Qué oyeron?

**Hablar** Todos fueron a un banquete y oyeron muchas cosas. Pregúntale a otro(a) estudiante lo que oyeron estas personas. *(Hint: Say what they heard.)*

modelo

*tu amigo*

**Tú:** *¿Qué oyó **tu amigo**?*

**Otro(a) estudiante:** *Oyó que Pedro no va a la fiesta.*

1. tu hermano(a)
2. tus amigos
3. tú
4. tu amigo(a)
5. tú y tu familia
6. tu padre
7. tus padres
8. tu maestro(a)

■ **MÁS COMUNICACIÓN** p. R16

**NOTA CULTURAL**

Quito is the second highest capital city in the world after La Paz, Bolivia. It is surrounded by mountains and volcanoes. The old city has colonial buildings with whitewashed walls and red-tiled roofs. The new city has many modern buildings.

---

**GRAMÁTICA**

## Using Irregular Verbs in the Preterite: hacer, ir, ser

♻ **¿RECUERDAS?** *p. 292* Remember how to say *I went* and *you went* in Spanish?

| fui | fuiste |

The verb **ir** is irregular in the **preterite**. Its preterite forms are exactly the **same** as the preterite forms of **ser. Hacer** also has irregular **preterite** forms. These verbs don't have any accents in the preterite.

**ir/ser** *to go/to be*

| fui | fuimos |
|-----|--------|
| fuiste | fuisteis |
| fue | fueron |

**hacer** *to make, to do*

| hice | hicimos |
|------|---------|
| hiciste | hicisteis |
| hizo | hicieron |

Notice that the **c** becomes **z** before **o.**

The businesswoman says:

—**Hice** todo lo necesario. **Fui** a la universidad…
*I **did** everything necessary. I **went** to the university…*

## ACTIVIDAD 14 Gramática

### Hoy no, pero ayer sí

**Leer** Patricia explica lo que hacen hoy y lo que hicieron antes todas estas personas. Para saber qué hicieron, usa el pretérito del verbo **hacer.** *(Hint: Use the preterite of hacer.)*

**modelo**

Hoy no hago mi cama, pero ayer la __hice__ .

1. Tú normalmente haces la tarea después de la cena, pero anoche la _____ antes.
2. Yo no voy a hacer la entrevista hoy porque la _____ ayer.
3. Anita y yo siempre hacemos ejercicio en el gimnasio, pero ayer no _____ nada.
4. Mamá y papá siempre me hacen un sándwich para el almuerzo, pero ayer no lo _____.
5. Normalmente no hago pasteles muy buenos, pero la semana pasada _____ uno riquísimo.
6. Mi mamá normalmente me hace vestidos muy bonitos, pero el año pasado no me _____ ninguno.

## ACTIVIDAD 15 Gramática

### ¿Qué fueron?

**Leer/Escribir** Todos hablan hoy de sus antiguas profesiones. Lee las oraciones e indica qué profesión tuvo cada persona. *(Hint: Say what each person was.)*

**modelo**

Escribí una novela de romance.

Fui escritor(a).

1. Alfredo llevó muchísimas cartas.
2. La señora Rivera contestó el teléfono en la oficina y habló con los clientes que llegaron.
3. El señor Cano sacó muchas fotos de personas importantes.
4. Hiciste planos de casas buenísimos.
5. Llevaron a muchas personas al aeropuerto.
6. La señora Flores leyó los manuscritos de muchos escritores.
7. Ustedes trabajaron todo el día con números.
8. Escribí más de mil cartas para mi jefe.
9. Contestamos los teléfonos de toda la compañía.
10. Ellos hicieron muchas entrevistas.

**MÁS PRÁCTICA** *cuaderno* p. 136

**PARA HISPANOHABLANTES** *cuaderno* p. 134

---

## Vocabulario

### Las profesiones

| | | |
|---|---|---|
| **la arquitectura** *architecture* | **el (la) escritor(a)** *writer* | **el (la) operador(a)** *operator* |
| **la compañía** *company* | **el (la) gerente** *manager* | **el (la) recepcionista** *receptionist* |
| **el (la) contador(a)** *accountant* | **el (la) jefe(a)** *boss* | **el (la) secretario(a)** *secretary* |
| **el (la) editor(a)** *editor* | | |

¿Cuándo visitas a estas personas?

## ACTIVIDAD 16

# ¿Adónde fueron?

**Hablar/Escribir** Todos salieron ayer. Explica adónde fue cada persona y cómo fue el día. *(Hint: Explain where they went.)*

> **modelo**
>
> *Patricia: interesante*
>
> **Patricia** *fue a la oficina del arquitecto. Fue* **interesante.**

**1.** Miguel: divertido

**2.** ustedes: ¿?

**3.** tú: aburrido

**4.** yo: ¿?

**5.** Miguel y yo: ¿?

**6.** mi familia: ¿?

## ACTIVIDAD 17

# ¿Adónde fuiste?

**Hablar** Pregúntale a otro(a) estudiante adónde fueron y qué hicieron estas personas el fin de semana pasado. *(Hint: Ask where these people went and what they did.)*

> **modelo**
>
> *tus amigos*
>
> **Tú:** *¿Adónde fueron y qué hicieron* **tus amigos** *el fin de semana pasado?*
>
> **Otro(a):** *El sábado mis amigos fueron a la cancha. Vieron un partido de baloncesto. El domingo no salieron.*

**1.** tu hermano(a)

**2.** tus padres

**3.** tú

**4.** tus amigos

**5.** tú y tu mejor amigo(a)

**6.** tus hermanos

**7.** tu mejor amigo(a)

**8.** ¿?

### NOTA CULTURAL

The currency of Ecuador is the **sucre.** Where does its name come from? Check p. 382.

## ACTIVIDAD 18

# Un sábado especial

**Escuchar** Lee lo que hicieron Patricia, Marta y Andrea. Luego, escucha la conversación y explica quién hizo cada actividad. *(Hint: Indicate who did what.)*

1. Vio una película de acción.
2. Corrió en el parque.
3. Escribió una carta.
4. Comió en el restaurante Casa Linda.
5. Fue a un partido de fútbol.
6. Fue de compras.

### TAMBIÉN SE DICE

Ecuador has its own regionalisms for many of the items you already know in Spanish.

- **chompa:** chaqueta
- **departamento:** apartamento
- **esfero:** pluma, bolígrafo
- **saco:** suéter

## ACTIVIDAD 19

# Vamos a...

**Hablar/Escribir** Ana siempre quiere hacer algo con sus amigos. ¿Cómo los invita? *(Hint: What does she say?)*

### modelo

*¡Vamos a comer!*

### Nota

When you want to say *Let's…!* use **Vamos a** + an infinitive.

1.

2.

3.

4.

## Tu calendario

**Hablar/Escribir** Haz un calendario imaginario o real de la semana pasada. Habla con otro(a) estudiante sobre lo que hicieron. *(Hint: Say what you did.)*

*modelo*

**Estudiante A:** *¿Qué hiciste el lunes?*

**Estudiante B:** *Aprendí un poema.*

lunes – aprendí un poema
martes –
miércoles –
jueves –
viernes –
sábado –
domingo –

## Una entrevista

**Hablar/Escribir** Imagínate que eres periodista y otro(a) estudiante es profesional. Haz una entrevista, según las instrucciones. Escribe un resumen. *(Hint: Interview someone and write a summary.)*

**Estudiante A:** Imagínate que eres una persona profesional y que acabas de empezar un nuevo trabajo. Escoge una profesión. Contesta las preguntas del periodista.

**Estudiante B:** Imagínate que eres periodista y que estás escribiendo un artículo sobre los profesionales de la ciudad. Haz las preguntas necesarias.

| | |
|---|---|
| ¿Cuál es su profesión? | ¿Cómo se preparó para ser…? |
| ¿Dónde trabaja usted? | ¿Qué le gusta más del trabajo? |
| ¿Qué hizo…? | ¿Qué es lo que menos le gusta del trabajo? |
| ¿Adónde fue para…? | |

**■ MÁS COMUNICACIÓN** p. R16

---

## APOYO PARA ESTUDIAR

### Preterite of *ir* and *ser*

Since these verbs are the same in the preterite, how can you tell which is meant? Look at the context. If you see words that say **where**, **ir** is intended; if you see a **description**, **ser** is intended.

—¿Adónde **fuiste** anoche?

—**Fui** al cine. Vi una película de Antonio Banderas.

—¿**Fue** interesante?

—Sí, y también **fue** muy divertida.

## Pronunciación

### Trabalenguas

**Pronunciación de la *d*** When **d** begins a word or follows the letters **n** or **l**, it is pronounced with a hard sound, as it is in English. When **d** is between two vowels or at the end of a word, it is pronounced like the *th* in the English word *they*. To practice the **d**, try the following tongue twister.

Alcalde Machado          Alcalde Amador

Dos alcaldes, David Machado y Daniela Amador, danzan el fandango el sábado.

# *En voces*

## LECTURA

**PARA LEER**

**STRATEGY: READING**

**Recognize place names** It is easy to be confused by unfamiliar place names, but often there are simple words nearby to explain them. As you read each of the following place names, identify the word nearby that explains what it is.

| NOMBRE | LUGAR |
|---|---|
| Amazonas | |
| La Carolina | |
| La Compañía | |
| El Ejido | |
| Pichincha | volcán |

## Saludos desde Quito

Un grupo de estudiantes está de visita en Quito, Ecuador. Aquí hay unas tarjetas que ellos les escribieron a sus amigos.

Quito

¡Hola! Hoy llegamos a Quito. ¡Estamos a sólo 24 kilómetros de la línea ecuatorial[1]! Fuimos en taxi al Cerro[2] Panecillo. Allí fue posible ver toda la ciudad. La ciudad es bonita y el paisaje[3] es maravilloso. Quito queda al lado del volcán Pichincha Hoy, la cima se cubrió[4] de nieve, ¡pero en la ciudad la temperatura fue de 80 grados!

Alfonso

John Vivas
4231 Avenue M
Galveston, TX  77550
E.E.U.U.

**NOTA** **CULTURAL**

**Colonial** comes from the word **colonia**, just as the word *colonial* in English comes from the word *colony*. In the U.S. *colonial times* refers to the period when the colonies were ruled by England. Ecuador was a colony of what country? What group designed its colonial areas?

[1] equator    [3] landscape
[2] hill    [4] the peak was covered

¡Saludos desde Quito! Ayer paseamos por el Quito Colonial. Fue bonito caminar por las calles estrechas y ver las casas antiguas. Fuimos a la Plaza de la Independencia para ver la Catedral y el Palacio de Gobierno. ¡Allí sacamos muchas fotos! Después fuimos a la iglesia jesuita de la Compañía. Es famosa por su arte y su decoración de oro. Luego, en el Museo Arqueológico aprendí mucho sobre el arte precolombino[5]. Mañana vamos al sector moderno. ¡Hasta pronto!

Lucila

Elena M
59 Col
Coron
E.E.U

**La Compañía**

¿Qué tal? Hoy paseamos por el norte de Quito. ¡Qué diferencia! Las avenidas son anchas y hay parques grandes, como El Ejido y La Carolina. En el sector de la avenida Amazonas está la mayor parte de los hoteles, bancos, restaurantes caros y tiendas finas. Mañana vamos a visitar la Mitad del Mundo, un complejo turístico en la línea ecuatorial. Allí hay un museo, tiendas y restaurantes. Los domingos hay música típica de los Andes. Me encanta escuchar la música andina.

¡Hasta luego!
Marisa

Jennifer Herrera
131 Edgewater Drive
Orlando, FL 32804
E.E.U.U.

**Parque Carolina**

## ¿Comprendiste?

1. ¿Dónde queda Quito?
2. ¿Cómo es el Quito Colonial?
3. ¿Qué lugares puedes visitar en el Quito Colonial?
4. ¿Dónde está la parte moderna de Quito?
5. ¿Adónde vas para caminar por la línea ecuatorial?

## ¿Qué piensas?

1. ¿Qué diferencias hay entre el Quito Colonial y la ciudad moderna?
2. ¿Qué influencias crees que hay en la arquitectura del Quito Colonial?

## Hazlo tú

Lee sobre el Quito Colonial y la ciudad moderna de Quito en la biblioteca o en Internet. Describe una excursión por el Quito Colonial. Indica los monumentos y edificios más importantes.

[5] pre-Columbian

# En uso
## REPASO Y MÁS COMUNICACIÓN

**OBJECTIVES**

• Tell what happened
• Make suggestions to a group
• Describe city buildings
• Talk about professions

*Now you can...*

• tell what happened.

*To review*

• preterite of regular **-er** and **-ir** verbs, see p. 392.

### ACTIVIDAD 1 ¡Muy ocupados!

Todos participaron en un festival internacional el domingo pasado. ¿Qué hicieron? *(Hint: Tell what people did at the international festival.)*

**modelo**

*usted: barrer el suelo después del festival*
*Usted barrió el suelo después del festival.*

1. tú: recibir un regalo
2. mis amigos y yo: aprender algunos bailes ecuatorianos
3. mi madre: vender unas tapas
4. los periodistas: escribir muchos artículos sobre el festival
5. yo: compartir un postre enorme con mis hermanos
6. nosotros: beber mucha limonada
7. los niños: correr por todas partes
8. el fotógrafo: decidir sacar fotos de todas las actividades
9. tú: comer muchos llapingachos
10. yo: ver artesanías muy interesantes

*Now you can...*

• tell what happened.

*To review*

• preterite of verbs with a **y** spelling change, see p. 394.

### ACTIVIDAD 2 ¿Lo creíste tú?

Imagínate que Patricia ganó el concurso, pero nadie lo creyó. ¿Dónde oyeron o leyeron el anuncio? *(Hint: Tell where people heard or read about the contest winner.)*

**modelo**

*Miguel: por teléfono*
**Miguel lo oyó por teléfono,** pero no lo creyó.

*el arquitecto: en el periódico*
**El arquitecto lo leyó en el periódico,** pero no lo creyó.

1. Patricia: en una carta
2. tú: en la televisión
3. la mujer de negocios: en la radio
4. los tíos de Miguel: por teléfono
5. yo: en la revista
6. nosotros: en el periódico

## Now you can...

- describe city buildings.

- tell what happened.

- talk about professions.

## To review

- preterite of **hacer, ir, ser,** see p. 395.

## Now you can...

- make suggestions to a group.

## To review

- **vamos a +** infinitive, see p. 398.

ACTIVIDAD
### 3 ¿Qué fuiste tú?

Todos hablan de sus antiguas profesiones. ¿Qué dicen?
*(Hint: Talk about people's former jobs.)*

**modelo**

*ella / gerente de un restaurante lujoso: ¿trabajar en una oficina formal o informal?*
*Ella fue gerente de un restaurante lujoso. Trabajó en una oficina formal.*

1. ellos / hombres de negocios: ¿hacer contratos o ejercicio?
2. nosotros / bomberos: ¿ir a muchos conciertos o edificios?
3. tú / recepcionista de una compañía grande: ¿trabajar en un edificio pequeño o enorme?
4. tú y yo / periodistas: ¿hacer muchas tareas o entrevistas?
5. él / taxista: ¿ir a muchos o pocos lugares diferentes?
6. yo / escritor(a): ¿escribir cartas o novelas?
7. tú / cartero(a): ¿ir a muchos parques o muchas casas?
8. usted / arquitecto(a): ¿hacer planos o preguntas?

ACTIVIDAD
### 4 ¡Vamos a divertirnos!

Tu amigo(a) te invita a participar en varias actividades hoy.
¿Qué dicen? *(Hint: Suggest activities.)*

**modelo**

*nadar*
**Tu amigo(a):** *¡Vamos a **nadar**!*
**Tú:** *No, gracias. Voy al cine.*

1. levantar pesas
2. ir al cine
3. escuchar música
4. comer en un restaurante lujoso
5. jugar al tenis
6. ver la televisión
7. escribirle una carta al editor del periódico
8. pasear en el parque

## ACTIVIDAD 5 — ¿Qué hiciste ayer?

Quieres saber lo que hizo otro(a) estudiante ayer. Usando los verbos de la lista, hazle preguntas. *(Hint: Talk about yesterday's activities.)*

comer    ir    leer    oír
ver    escribir    hacer    salir

#### modelo

**Tú:** *¿Hiciste ejercicio ayer?*

**Otro(a) estudiante:** *Sí, hice ejercicio en el parque. Caminé con mi perro. ¿Y tú?*

**Tú:** *Yo jugué al tenis.*

**Otro(a) estudiante:** *¿Qué comiste anoche?*

**Tú:** *Comí…*

## ACTIVIDAD 6 — Profesiones interesantes

Eres una persona profesional que ya no trabaja. Ahora estás visitando la clase de español. Los estudiantes te hacen preguntas para identificar tu profesión. La persona que identifica la profesión correcta es el (la) nuevo(a) profesional. *(Hint: Classmates ask questions to determine professions.)*

#### modelo

**Estudiante 1:** *¿Sacó usted fotos en su trabajo?*

**Profesional:** *No, no saqué fotos.*

**Estudiante 2:** *¿Trabajó usted en una oficina?*

**Profesional:** *Sí. Trabajé en una oficina muy lujosa.*

**Estudiante 2:** *¿Fue usted jefe(a)?*

**Profesional:** *Sí. Fui jefe(a) de una compañía enorme.*

## ACTIVIDAD 7 — *En tu propia voz*

**ESCRITURA** ¿Cómo es la ciudad ideal para ti? Dibújala y descríbela con un mínimo de seis oraciones. *(Hint: Draw and describe the ideal city.)*

#### modelo

*En la ciudad ideal…*

## TÚ EN LA COMUNIDAD

**Maynor,** a native speaker of Spanish, is a high school student in California. He sometimes interprets for Spanish-speaking people who don't speak English when he's at his part-time job with a construction company. He also uses Spanish at his volunteer job at a Boy Scout camp. This helps boys who are more comfortable speaking in their native language. Additionally, he helps his friends who are learning Spanish to practice speaking the language. When do you use Spanish?

# En resumen
## REPASO DE VOCABULARIO

### DESCRIBING CITY BUILDINGS

| | |
|---|---|
| ancho(a) | wide |
| antiguo(a) | old, ancient |
| el edificio | building |
| enorme | huge, enormous |
| estrecho(a) | narrow |
| formal | formal |
| informal | informal |
| lujoso(a) | luxurious |
| moderno(a) | modern |
| ordinario(a) | ordinary |
| sencillo(a) | simple, plain |
| tradicional | traditional |

### TALKING ABOUT PROFESSIONS

| | |
|---|---|
| el (la) arquitecto(a) | architect |
| la arquitectura | architecture |
| el bombero | firefighter |
| la cámara | camera |
| el (la) cartero(a) | mail carrier |
| la compañía | company |
| el (la) contador(a) | accountant |
| el (la) editor(a) | editor |
| la entrevista | interview |
| el (la) escritor(a) | writer |
| el (la) fotógrafo(a) | photographer |
| el (la) gerente | manager |
| la grabadora | tape recorder |
| el hombre de negocios | businessman |
| el (la) jefe(a) | boss |
| la mujer de negocios | businesswoman |
| el (la) operador(a) | operator |
| el (la) periodista | journalist |
| la profesión | profession |
| el (la) recepcionista | receptionist |
| el (la) secretario(a) | secretary |
| el (la) taxista | taxi driver |

### MAKING SUGGESTIONS TO A GROUP

| | |
|---|---|
| Vamos a… | Let's… |

### OTHER WORDS AND PHRASES

| | |
|---|---|
| la contaminación del aire | air pollution |
| decidir | to decide |
| estar de acuerdo | to agree |
| el (la) ganador(a) | winner |
| ofrecer | to offer |
| el tráfico | traffic |

## Juego

### ¿Qué hacen sus padres?

El padre de Susana usa una cámara. El Sr. Rodríguez tiene un trabajo peligroso. Al papá de Adriana le gusta trabajar con los números.

**1.** ¿Quién es contador?

**2.** ¿Quién es fotógrafo?

**3.** ¿Quién es bombero?

# ETAPA 2

# A conocer el campo

- Point out specific people and things

- Tell where things are located

- Talk about the past

## ¿Qué ves?

Mira la foto de un taller en el campo de Ecuador.

1. ¿Las personas de la foto están contentas o tristes?

2. ¿Hay muchos o pocos sacos?

3. ¿De qué colores son los sacos?

4. ¿Cuál es el teléfono del taller?

CENTRO ARTESANAL

Juan León Mera 804    Fax 502-301
Telf. 548-235

# En contexto

Patricia has left the city and is visiting the country. Look at the sights she sees and the people she meets.

**A** Aquí, en **el taller, la artesana** hace mucha ropa. Usa **lana** de muchos colores. La lana azul está **encima de** la mesa. La lana roja está **debajo de** la mesa.

el taller

la artesana

la lana

arriba

abajo

**B** La mujer quiere el saco de **arriba.** Patricia quiere un gorro de **abajo.**

el ganadero

el toro

la cerca

la vaca

**C** En **la granja** hay varios animales. **El ganadero** cuida **estas vacas** que están aquí muy cerca. **Ese** animal, que está al otro lado de **la cerca,** es **un toro.**

las llamas

el pastor

**E** **Aquellos** animales, que están lejos, son **llamas. El pastor** cuida las llamas.

la granja

los cerdos

el corral

las gallinas

el gallo

**D** Aquí hay **unas gallinas** y **un gallo.** Las gallinas están **dentro del corral.** El gallo está **fuera.**

**F** Aquí hay unos **cerdos.** El ganadero también tiene **un caballo.**

el caballo

## Preguntas personales

1. ¿Te gustan los caballos?
2. ¿Vives en el campo o en la ciudad?
3. ¿Te gustaría trabajar en una granja o en un taller?
4. ¿Qué hay encima de tu escritorio? ¿Debajo de tu escritorio?
5. ¿Qué ropa de lana tienes?

# En vivo

## DIÁLOGO

Patricia    Miguel    Bárbara    Julio

**PARA ESCUCHAR • STRATEGY: LISTENING**

**Listen for implied statements** Some things are said directly; others are suggested, but not stated. They are implied. Listen and decide which of the following are implied:

1. A slow, quiet life is boring.
2. Farm life requires hard work.
3. Life in both the city and the country is interesting.

What did you hear that influenced your decision?

## En el campo

**1▶ Miguel:** ¡Buenos días, tía Bárbara!
**Bárbara:** ¡Miguel! ¡Bienvenidos! ¿Y tú eres Patricia?
**Patricia:** Sí. Es un placer.
**Bárbara:** ¿Te gusta mi taller?
**Patricia:** Sí, mucho.

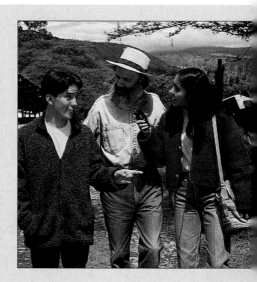

**5▶ Bárbara:** Sí, ya lo sé. Miguel, ¿me bajas aquel saco? Está allí arriba.
**Patricia:** ¡Ay! No es necesario.
**Bárbara:** Miguel, busca un saco para ti también.
**Miguel:** Gracias, tía Bárbara.

**6▶ Julio:** Soy de una familia de ganaderos. Esta granja fue de mi abuelo. Todos los días mi hijo les da de comer a las gallinas y a las vacas. Mi hija menor cuida los cerdos y los caballos. Y hablando de caballos…

**7▶ Julio:** Miguel, ¿recuerdas la primera vez que viniste a visitarnos?
**Miguel:** Patricia no quiere oír esas viejas historias.
**Julio:** Pues, fue al corral, abrió la cerca y el caballo se escapó.

**2** ▶ **Patricia:** ¿Cuándo vino usted a vivir aquí?

**Bárbara:** Vine en el año 1990.

**Patricia:** ¿Y le gusta vivir en el campo, en este pueblo pequeño?

**Bárbara:** Sí, es muy tranquilo.

**3** ▶ **Bárbara:** A ver… ¿dónde están las tijeras? Ah, sí, allí están. Miguel, ¿me das las tijeras que están sobre la mesa?

**Patricia:** ¿Cómo fueron sus primeros años aquí?

**Bárbara:** Tuvimos que trabajar muchísimo.

**4** ▶ **Patricia:** ¿Y venden los sacos y los gorros?

**Bárbara:** Sí, el mejor mercado es el mercado de Otavalo. Estuvimos ahí el domingo pasado.

**Miguel:** ¡A mí me gusta mucho ese mercado! ¡Vamos hoy!

**8** ▶ **Julio:** Luego les dio de comer a las gallinas. ¡Les dio una bolsa de comida!

**Miguel:** ¡Tío Julio, por favor!

**Julio:** ¿Sabes, Patricia? ¡Miguel debe vivir en la ciudad!

**9** ▶ **Patricia:** ¿Qué piensa usted de la ciudad?

**Julio:** Vamos a Quito todos los meses para visitar a mi hija mayor y su familia. Es muy interesante y hay mucho trabajo, pero vivimos aquí y estamos felices.

**Patricia:** Gracias, Julio.

**10** ▶ **Julio:** Dice Miguel que ustedes van a Otavalo esta tarde.

**Patricia:** Sí.

**Julio:** ¿Te contó Miguel de la segunda vez que él nos acompañó a Otavalo?

**Miguel:** ¡Tío Julio!

# *En acción*
## VOCABULARIO Y GRAMÁTICA

**OBJECTIVES**
- Point out specific people and things
- Tell where things are located
- Talk about the past

**ACTIVIDAD 1**

## ¿En qué orden?

**Escuchar** ¿En qué orden pasaron estas cosas según el diálogo? *(Hint: Indicate the correct order.)*

a. Bárbara les da a Patricia y a Miguel unos sacos.

b. Patricia le hace una entrevista al tío Julio.

c. Patricia y Miguel van al mercado.

d. Patricia le hace una entrevista a Bárbara.

e. Patricia y Miguel llegan al campo.

**ACTIVIDAD 2**

## ¿Qué pasa?

**Escuchar** Contesta las preguntas según el diálogo. *(Hint: Answer the questions.)*

1. ¿Por qué le gusta a Bárbara vivir en el campo?

2. ¿Dónde vende Bárbara la ropa que hace en su taller?

3. ¿Cómo fueron los primeros años de Bárbara en el campo?

4. ¿De quién fue la granja del tío Julio?

5. ¿Quiénes ayudan al tío Julio con su trabajo?

6. ¿Adónde van Patricia y Miguel después de visitar al tío Julio?

**ACTIVIDAD 3**

## Los animales de la granja

**Hablar** Patricia y Miguel vieron varios animales en el campo. ¿Qué vieron? *(Hint: Name the animals.)*

*modelo*

*Vieron un caballo.*

1.

2.

3.

4.

- Use location words
- Use demonstratives
- Use ordinal numbers
- Use irregular verbs in the preterite

## ACTIVIDAD 4

# Animales felices

**Leer** Patricia y Miguel ven este anuncio de alimento (comida) para animales en el camino al campo. Lee el anuncio y contesta las preguntas según la información. *(Hint: Answer questions.)*

**Tienda Villagómez**

Vendemos alimento para todos los animales.

¡Alimento bueno, animales felices!

Avenida Chimborazo 138
Otavalo, Ecuador
Días: lunes a sábado
Horas: 7:00 a 6:00
tel: 23-83-69

**1.** ¿Quién compra artículos de esta tienda?
**2.** ¿Qué vende la tienda?
**3.** ¿Qué animales ves en el anuncio?
**4.** ¿Qué días y horas está abierta la tienda?
**5.** ¿Dónde queda la tienda?

## ACTIVIDAD 5

# ♻ ¿Qué son?

**Escuchar** Todos hablan de su profesión. Escucha lo que dice cada persona e indica qué es, escogiendo la foto apropiada. *(Hint: Choose the correct picture.)*

a.

b.

c.

d.

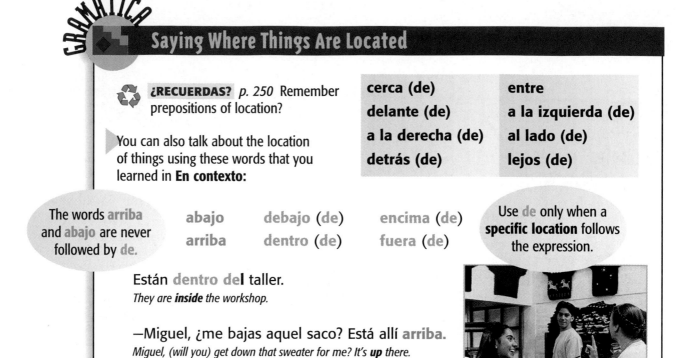

## Saying Where Things Are Located

**¿RECUERDAS?** *p. 250* Remember prepositions of location?

You can also talk about the location of things using these words that you learned in **En contexto:**

| cerca (de) | entre |
| delante (de) | a la izquierda (de) |
| a la derecha (de) | al lado (de) |
| detrás (de) | lejos (de) |

The words **arriba** and **abajo** are never followed by **de.**

| abajo | debajo (de) | encima (de) |
| arriba | dentro (de) | fuera (de) |

Use **de** only when a **specific location** follows the expression.

Están **dentro del** taller.
*They are **inside** the workshop.*

—Miguel, ¿me bajas aquel saco? Está allí **arriba.**
*Miguel, (will you) get down that sweater for me? It's **up** there.*

---

**ACTIVIDAD 6** Gramática

## ¿Dónde están?

**Escribir** Explica dónde están las personas y los animales. Completa cada oración con la palabra apropiada, según el dibujo. *(Hint: Explain where they are.)*

**1.** El cerdo está _____ del corral.

**2.** El gato está _____ de la cerca.

**3.** El artesano está _____ de su taller.

**4.** El pastor está _____.

**5.** El perro está _____ de la mesa.

 **MÁS PRÁCTICA** *cuaderno p. 141*    **PARA HISPANOHABLANTES** *cuaderno p. 139*

## Para el viaje

## Mi habitación

**PARA CONVERSAR** • **STRATEGY: SPEAKING**

**Recall what you know** When describing where items are located, remember to use phrases that you learned earlier, such as **al lado de** and **a la derecha de**, as well as those you just learned.

**Hablar** Mira las cosas que Patricia va a llevar en su viaje al campo. Trabaja con otro(a) estudiante para preguntar dónde está cada cosa según el dibujo. Cambien de papel. *(Hint: Ask where things are.)*

**Escribir** Piensa en tu habitación. ¿Qué hay allí? ¿Dónde está todo? Haz un dibujo y escribe un párrafo para describirla. *(Hint: Draw and describe your bedroom.)*

### modelo

*Hay muchísimas cosas en mi habitación. Hay muchos zapatos debajo de la cama y muchos libros encima del escritorio. Abajo, en el armario, hay ropa sucia y arriba hay…*

**TAMBIÉN SE DICE**

There are several words for *farm*.

- **la chacra:** many countries
- **la finca:** Colombia, Puerto Rico
- **la granja:** Argentina, Ecuador, Spain
- **la hacienda:** many countries
- **el rancho:** Mexico

### modelo

*1. el dinero*

**Estudiante A:** *¿Dónde está **el dinero**?*

**Estudiante B:** *Está encima de la cama.*

### Pointing Out Specific Things Using Demonstratives

When you point out specific things, you use **demonstrative** adjectives and pronouns. In **En contexto** you saw how demonstrative adjectives are used. A **demonstrative** adjective describes the location of a **noun** in relation to a person.

| Masculine | | Feminine | |
|---|---|---|---|
| **Singular** | **Plural** | **Singular** | **Plural** |
| este **cerdo** | estos **cerdos** | esta **mesa** | estas **mesas** |
| *this pig* | *these pigs* | *this table* | *these tables* |
| ese **cerdo** | esos **cerdos** | esa **mesa** | esas **mesas** |
| *that pig* | *those pigs* | *that table* | *those tables* |
| aquel **cerdo** | aquellos **cerdos** | aquella **mesa** | aquellas **mesas** |
| *that pig (over there)* | *those pigs (over there)* | *that table (over there)* | *those tables (over there)* |

*Adjective relates location of the* **noun** *to a person*

Bárbara says:

—Miguel, ¿me bajas aquel **saco**?
*Miguel, (will you) get down **that sweater** for me?*

**Demonstrative** pronouns are used in place of the **adjective** and the **noun.** They are the same as the demonstrative adjectives except that they have an accent.

| Masculine | | Feminine | |
|---|---|---|---|
| **Singular** | **Plural** | **Singular** | **Plural** |
| éste *this one* | éstos *these* | ésta *this one* | éstas *these* |
| ése *that one* | ésos *those* | ésa *that one* | ésas *those* |
| aquél *that one (over there)* | aquéllos *those (over there)* | aquélla *that one (over there)* | aquéllas *those (over there)* |

Bárbara might have said:    —Miguel, ¿me bajas aquél que está arriba?
*Miguel, would you get down **that one** up there for me?*

There are also **demonstrative** pronouns that refer to ideas or unidentified things that do not have a specific gender.

| Esto es importante. | ¿Qué es eso? | ¿Qué es aquello? |
|---|---|---|
| ***This** is important.* | *What's **that**?* | *What's **that over there**?* |

## ACTIVIDAD 9 Gramática

## En el mercado

**Leer** Patricia y Miguel están en una tienda. Completa sus oraciones con un adjetivo demostrativo. *(Hint: Complete what they say.)*

**Patricia:** ¿Te gusta __1__ bufanda amarilla?

**Miguel:** Prefiero __2__ bufanda blanca.

**Patricia:** ¿Y __3__ saco marrón?

**Miguel:** No es mi color favorito. Prefiero __4__ saco verde.

**Patricia:** Bueno, si te gusta el color verde, ¿por qué no compras __5__ mochila verde?

**Miguel:** La verdad es que prefiero __6__ mochila marrón.

**Patricia:** Ay, Miguel, ¡no te entiendo!

**█ MÁS PRÁCTICA** *cuaderno* p. 142

**█ PARA HISPANOHABLANTES** *cuaderno* p. 140

## ACTIVIDAD 10

### ♻ De compras

**Hablar** Imagínate que tú y un(a) amigo(a) van de compras. Habla de las cosas que ven según el modelo. Tú decides si están cerca o lejos. Cambien de papel. *(Hint: Talk about what you see.)*

**modelo**

*las raquetas*

**Estudiante A:** *¿Te gustan estas **raquetas**?*

**Estudiante B:** *Sí, pero prefiero ésas.*

| | |
|---|---|
| **1.** la pelota | **5.** la falda |
| **2.** los pantalones | **6.** el abrigo |
| **3.** las gorras | **7.** las gafas |
| **4.** el guante de béisbol | **8.** los zapatos |

## ACTIVIDAD 11

### ♻ En la clase

**Hablar/Escribir** En grupos de tres, compara las cosas que tiene cada persona. Escribe las oraciones de tu grupo. *(Hint: Compare your possessions.)*

**modelo**

*libro(s)*

**Estudiante A:** *Estos **libros** son más grandes que ésos.*

| | |
|---|---|
| **1.** libro(s) | **5.** mochila(s) |
| **2.** pluma(s) | **6.** escritorio(s) |
| **3.** silla(s) | **7.** borrador(es) |
| **4.** cuaderno(s) | **8.** ¿? |

**█ MÁS COMUNICACIÓN** p. R17

# GRAMÁTICA

## Ordinal Numbers

▶ When you talk about the order of items, use ordinal numbers. These are the first ten ordinal numbers.

- When used with nouns, they must agree in number and gender.
- Ordinals are placed before nouns.
- Prímer~~o~~ and tercer~~o~~ drop the o before a masculine singular noun.

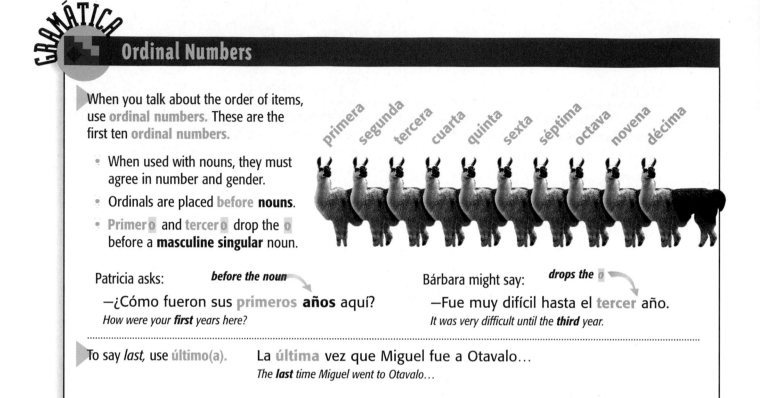

primera · segunda · tercera · cuarta · quinta · sexta · séptima · octava · novena · décima

Patricia asks:

*before the noun*

—¿Cómo fueron sus **primeros años** aquí?
*How were your **first** years here?*

Bárbara might say:

*drops the o*

—Fue muy difícil hasta el **tercer** año.
*It was very difficult until the **third** year.*

▶ To say *last*, use **último(a)**.   La **última** vez que Miguel fue a Otavalo…
*The **last** time Miguel went to Otavalo…*

---

## ACTIVIDAD 12 Gramática

### El orden

**Hablar** Patricia está con un grupo de amigos. Hacen cola para ver una película. Tú le preguntas a tu amigo(a) quiénes son. *(Hint: Ask who they are.)*

#### modelo

*Patricia*

**Tú:** ¿Quién es **Patricia**?

**Tu amigo(a):** *Ella es la segunda.*

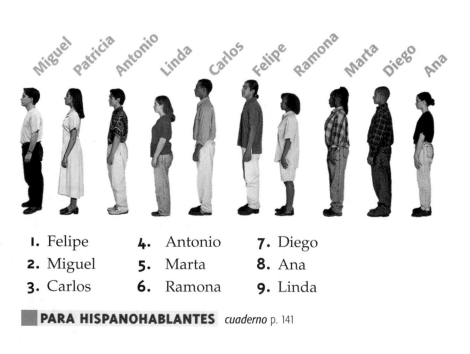

Miguel · Patricia · Antonio · Linda · Carlos · Felipe · Ramona · Marta · Diego · Ana

| | | |
|---|---|---|
| **1.** Felipe | **4.** Antonio | **7.** Diego |
| **2.** Miguel | **5.** Marta | **8.** Ana |
| **3.** Carlos | **6.** Ramona | **9.** Linda |

■ **MÁS PRÁCTICA** *cuaderno* p. 143       ■ **PARA HISPANOHABLANTES** *cuaderno* p. 141

## ACTIVIDAD 13

# ¿Quién llegó primero?

**Hablar/Escribir** Patricia y sus amigos participaron en una carrera. ¿En qué orden llegaron? *(Hint: Give their order in the race.)*

modelo

| Patricia: 2 | **Patricia** fue la **segunda** chica en llegar. |
|---|---|

1. Elena: 7
2. Antonio: 1
3. Ramón: 3
4. Linda: 8
5. Carlos: 10
6. Miguel: 4
7. Marta: 6
8. Alfredo: 9
9. Diego: 5

## ACTIVIDAD 14

# El primer día...

**Escribir** Explica en qué día hiciste las cosas durante las vacaciones. *(Hint: In what order did you do things?)*

modelo

**El segundo** día fui a un museo.

1. primero(a)
2. segundo(a)
3. tercero(a)
4. cuarto(a)
5. quinto(a)
6. último(a)

## GRAMÁTICA

### Irregular Preterite Verbs

▶ You've learned that **hacer, ir,** and **ser** are irregular in the preterite. Here are some other irregular preterite verbs. Notice that the forms for **dar** are similar to those for **ver. Decir** and **venir** have their own special forms.

| **dar** *to give* | | **decir** *to say, to tell* | | **venir** *to come* | |
|---|---|---|---|---|---|
| di | dimos | dije | dijimos | vine | vinimos |
| diste | disteis | dijiste | dijisteis | viniste | vinisteis |
| dio | dieron | dijo | dijeron | vino | vinieron |

▶ Although the verbs **tener** and **estar** have irregular endings in the preterite, their forms follow similar patterns.

| **tener** *to have* | | **estar** *to be* | |
|---|---|---|---|
| tuve | tuvimos | estuve | estuvimos |
| tuviste | tuvisteis | estuviste | estuvisteis |
| tuvo | tuvieron | estuvo | estuvieron |

Do not use **estar** in the preterite to express feelings.

Bárbara says:

—**Vine** al campo en el año 1990.
*I came to the country in 1990.*

—**Tuvimos** que trabajar muchísimo.
*We had to work a whole lot.*

—**Estuvimos** ahí el domingo pasado.
*We were there last Sunday.*

## ACTIVIDAD 15 · Gramática

# Todos ayudaron en la granja

**Escribir** Hay muchos animales en la granja del tío Julio. Muchas personas lo ayudaron con el trabajo. ¿A qué animales les dio de comer cada persona? *(Hint: Which animals did they feed?)*

### modelo

Patricia: los cerdos    **Patricia** les dio de comer a **los cerdos.**

### Nota

The expression **darle(s) de comer** means *to feed.*

**Le di de comer** a mi gato.    *I **fed** my cat.*

1. yo: el toro
2. ustedes: los gatos
3. Miguel: las llamas
4. tú: el gallo
5. mi hija: los caballos
6. mis hijos y yo: las vacas

## ACTIVIDAD 16 · Gramática

# ¿Por qué no vinieron?

**Hablar** Miguel invitó a varios amigos al campo el domingo, pero muchos no vinieron. Le pregunta a Patricia por qué. Cambien de papel. *(Hint: Explain why they didn't come.)*

### modelo

Enrique (estudiar)    **Miguel:** ¿Por qué no vino **Enrique**?

**Patricia:** *Enrique no vino porque tuvo que **estudiar**.*

1. tú (hacer unos quehaceres)
2. Carlos y Alicia (trabajar)
3. tu hermana y tú (limpiar la casa)
4. Ana (ir a una fiesta de cumpleaños)
5. Felipe (hacer su tarea)
6. Juan y Jorge (visitar a sus abuelos)

**MÁS PRÁCTICA** *cuaderno* p. 144

**PARA HISPANOHABLANTES** *cuaderno* p. 142

## ACTIVIDAD 17

# ♻ ¿Dónde estuvo?

**Hablar** Pregúntales a tres estudiantes dónde estuvieron y qué hicieron estas personas el domingo. Luego, haz un resumen para la clase. *(Hint: Say where they were.)*

### modelo

*tu hermana*

**Tú:** ¿Dónde estuvo y qué hizo **tu hermana** el domingo?

**Estudiante 1:** *Estuvo en la cancha. Jugó al tenis.*

**Resumen:** *Un estudiante dijo que su hermana estuvo en la cancha el domingo. Jugó al tenis. Dos dijeron que sus hermanas estuvieron en la iglesia.*

| | Estudiante 1 |
|---|---|
| 1. tú | |
| 2. tu hermano(a) | |
| 3. tus padres | |
| 4. tú y tus amigos(as) | |

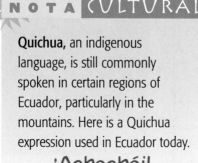

## NOTA CULTURAL

**Quichua,** an indigenous language, is still commonly spoken in certain regions of Ecuador, particularly in the mountains. Here is a Quichua expression used in Ecuador today.

### ¡Achachái!

(¡Qué frío!)

## ACTIVIDAD 18

### Las cosas que nos pasan

**Hablar/Escribir** Describe algo que te pasó. Usa una forma de cada verbo por lo menos una vez. ¡Usa tu imaginación si es necesario! (*Hint: Describe something that happened.*)

| | | |
|---|---|---|
| dar | tener | |
| ver | hacer | decir |
| estar | venir | ser |

**modelo**

*Mis primas vinieron a visitarme. Me dieron un regalo. Fue una falda azul larga. Dijeron que…*

## ACTIVIDAD 19

### Un día bonito

**Escuchar** Escucha el párrafo sobre el viaje que hizo Luisa. Luego, ordena las fotos según lo que escuchaste. (*Hint: Put the pictures in order.*)

a.

b.

c.

d.

## ACTIVIDAD 20

### Un día en el campo

**Escribir** Escribe un párrafo sobre un viaje real o imaginario que hiciste al campo o a otro lugar. Usa las preguntas como ayuda. (*Hint: Write about a trip.*)

¿Adónde fuiste?

¿Qué oíste?

¿Qué viste?

¿Qué hiciste?

¿Con quién fuiste?

**MÁS COMUNICACIÓN** p. R17

### Pronunciación

#### Trabalenguas

**Pronunciación de la l** The letter **l** is pronounced like the *l* in the English word *lucky.* Practice its sound by saying this tongue twister.

Lana, Lena, Lina y Lulú
van y ven al león con el balón.
Al león con el balón ven
Lana, Lena, Lina y Lulú.

## CULTURA Y COMPARACIONES

**PARA CONOCERNOS**

**STRATEGY:
CONNECTING CULTURES**

**Research cultural groups** The term *indigenous people* is used to refer to the original or native inhabitants of a region. Who were or are the indigenous people where you live? When researching, make sure to ask the five *W* questions: *who?, what?, when?, where?, why?* Make up five research questions about the original people of your area, using these words as prompts.

| ¿Quién? | |
| ¿Qué? | |
| ¿Cuándo? | |
| ¿Dónde? | |
| ¿Por qué? | |

Use these questions to gather information as you read «Los otavaleños».

# LOS OTAVALEÑOS

Si sales de Quito por la Carretera Panamericana[1] hacia el norte del país, vas a ver un paisaje[2] impresionante. Hay espléndidas vistas de montañas, volcanes y lagos. Entre Quito y la frontera[3] con Colombia hay un valle entre las montañas Imbabura y Cotacachi. Allí queda el pueblo de Otavalo.

Aquí viven los otavaleños. Este grupo indígena se conoce[4] por su artesanía, su éxito[5] económico y la preservación de sus costumbres folclóricas. Los sábados, los otavaleños organizan un mercado tradicional. Hay frutas y verduras, animales y lo más interesante para los turistas: tejidos[6] y artesanías. En este mercado

---

[1] Pan-American Highway
[2] landscape
[3] border
[4] is known
[5] success
[6] woven goods

puedes comprar ponchos, chompas y tapices de lana hechos[7] por los otavaleños. Los otavaleños también venden sombreros hechos a medida[8]. Como en todo mercado, ¡es importante regatear!

Hacer tejidos es una tradición de los indígenas de Otavalo. En 1917 empezaron a imitar los casimires[9] ingleses y así nació[10] la industria textil. Las personas que hacen los tejidos son de Otavalo y los pueblos cercanos, como Peguche, Ilumán, Carabuela y Quinchuqui.

Si visitas Otavalo, debes conocer la Plaza Bolívar, donde está la estatua del general inca Rumiñahui. También puedes aprender un poco de la historia y la arqueología de esta región en el Instituto Otavaleño de Antropología.

---

[7] made
[8] custom-made
[9] tweeds
[10] was born

*Ropa tradicional otavaleña*

## ¿Comprendiste?

1. ¿Dónde queda Otavalo? ¿Cómo llegas?
2. ¿Qué importancia tiene Otavalo?
3. ¿Qué cosas venden en el mercado de Otavalo?
4. ¿Cómo y cuándo empezó la industria textil?
5. ¿Qué lugares puedes conocer en Otavalo?

## ¿Qué piensas?

1. ¿Por qué debes regatear si visitas Otavalo?
2. ¿Qué puedes hacer para aprender más de la vida de los otavaleños de hoy?

## Hazlo tú

¿Hay artesanos en tu comunidad? Explica qué hacen. Si no hay, investiga alguna artesanía de Estados Unidos y haz un reportaje sobre esto.

**Now you can...**

• tell where things are located.

**To review**

• location words, see p. 414.

**Now you can...**

• point out specific people and things.

**To review**

• ordinal numbers, see p. 418.

# *En uso*
## REPASO Y MÁS COMUNICACIÓN

**OBJECTIVES**

• Point out specific people and things
• Tell where things are located
• Talk about the past

ACTIVIDAD **1** En el campo

Imagínate que estás en el campo. ¿Qué ves? *(Hint: Tell what you see in the country.)*

**modelo**

*dentro del corral, con los cerdos*

*El ganadero está **dentro del corral, con los cerdos.***

1. debajo del árbol
2. arriba, con las llamas
3. encima de la cerca
4. abajo
5. fuera de su casa
6. dentro del corral, con el ganadero

ACTIVIDAD **2** ¿En qué carro?

Estas personas participaron en una carrera. ¿En qué carro manejó cada uno? *(Hint: Say who drove what car in the race.)*

**modelo**

*Campos: 4*

***Campos** manejó el cuarto carro.*

1. Molina: 2
2. Anaya: 7
3. Valencia: 9
4. Ibarra: 1
5. Quintana: 5
6. Blanco: 10
7. Rojas: 8
8. Espinoza: 3
9. Santana: 6

**Now you can...**

• point out specific people and things.

**To review**

• demonstratives, see p. 416.

### ACTIVIDAD 3 ¿Quiénes son?

Hay una fiesta de disfraces hoy. ¿Quiénes son estas personas?
*(Hint: Identify the people at the costume party.)*

---

**modelo**

*maestra*        *Esa mujer es **maestra.***

---

**I.** policías

**2.** fotógrafa

**3.** bomberos

**4.** periodista

**5.** cartero

**6.** taxista

**7.** mujeres de negocios

**8.** doctor

**Now you can...**

• talk about the past.

**To review**

• irregular preterite verbs, see p. 419.

### ACTIVIDAD 4 Un día especial

Patricia se encuentra con una amiga en Otavalo. Completa lo que dice con la forma correcta de los verbos **dar, decir, estar, tener** o **venir.** *(Hint: Complete with the preterite of the correct verb.)*

Hoy Miguel y yo ___1___ en el campo toda la mañana. Yo ___2___ tiempo de hacer algunas entrevistas para mi proyecto. Los parientes de Miguel me ___3___ muchas cosas interesantes sobre la vida en el campo. El tío Julio también me ___4___ algunas cosas cómicas sobre Miguel. Al final de la entrevista con Bárbara, ella me ___5___ un regalo: este saco bonito. Después de la segunda entrevista, el tío Julio y su esposa nos ___6___ de comer. Luego, nosotros ___7___ aquí a Otavalo.

## ACTIVIDAD 5 — ¿Y aquel caballo?

**PARA CONVERSAR**

**STRATEGY: SPEAKING**

**Use words that direct others' attention** You now have many ways to indicate one person, animal, or object among several. Remember to use them all.

- Indicate location (**al lado de,** etc.).
- Indicate order (**el segundo, el último**).
- Indicate distance (**este, ese, aquel**).

Imagínate que tienes dos mil dólares para comprar animales de la granja de un(a) ganadero(a). Regatea para recibir el mejor precio. *(Hint: Bargain for farm animals.)*

### modelo

**Tú:** *¿Cuánto cuesta aquella vaca?*

**Ganadero(a):** *Aquélla es muy buena. Da mucha leche. Cuesta mil dólares.*

**Tú:** *¡Es demasiado! Le puedo ofrecer ochocientos.*

**Ganadero(a):** *No puedo vender aquélla por menos de novecientos, pero le dejo esta vaca más pequeña en setecientos.*

**Tú:** *Está bien. ¿Y ese cerdo que está en el corral?…*

## ACTIVIDAD 6 — ¿Dónde está?

Tus amigos buscan algo en la clase. Sólo tú sabes qué es y dónde está. Contesta sus preguntas. *(Hint: Classmates ask questions to find and identify objects.)*

### modelo

**Estudiante 1:** *¿Está encima del escritorio de la maestra?*

**Tú:** *No, no está encima del escritorio de la maestra.*

**Estudiante 2:** *¿Está dentro de tu mochila?*

**Tú:** *Sí, está dentro de mi mochila.*

**Estudiante 2:** *¿Es tu libro de inglés?*

**Tú:** *Sí, es mi libro de inglés.*

## ACTIVIDAD 7 — *En tu propia voz*

**ESCRITURA** Haz una lista de diez cosas que pasaron en la escuela este año. Pon los sucesos en orden cronológico y escribe oraciones explicando cada uno. *(Hint: List ten things that happened at school this past year in chronological order.)*

### modelo

*Primero, las clases comenzaron en agosto y todos los estudiantes vinieron a la escuela. Segundo, tuvimos que aprender los nombres de los estudiantes en español durante la primera semana de clases. Tercero, en octubre…*

## CONEXIONES

**Las ciencias** Choose an animal whose name you've learned, such as the **llama,** or find out the Spanish name for another animal that is found in Ecuador. (**Vicuñas** and **alpacas** are close relatives of the **llama.**) Do some research on the animal. Draw a picture of it and write a short paragraph that answers the questions in the chart.

| ¿Cómo es el animal? |
| --- |
| ¿De qué color(es) es? |
| ¿Dónde vive? |
| ¿Qué come? |
| ¿Es útil para la gente? ¿Para qué? |

# En resumen
## REPASO DE VOCABULARIO

### POINTING OUT SPECIFIC PEOPLE AND THINGS

#### Indicating Which One

| | |
|---|---|
| aquel(la) | *that (over there)* |
| aquél(la) | *that one (over there)* |
| aquello | *that (over there)* |
| ese(a) | *that* |
| ése(a) | *that one* |
| eso | *that* |
| este(a) | *this* |
| éste(a) | *this one* |
| esto | *this* |

#### Ordinal Numbers

| | |
|---|---|
| primero(a) | *first* |
| segundo(a) | *second* |
| tercero(a) | *third* |
| cuarto(a) | *fourth* |
| quinto(a) | *fifth* |
| sexto(a) | *sixth* |
| séptimo(a) | *seventh* |
| octavo(a) | *eighth* |
| noveno(a) | *ninth* |
| décimo(a) | *tenth* |

#### People

| | |
|---|---|
| el (la) artesano(a) | *artisan* |
| el (la) ganadero(a) | *farmer* |
| el (la) pastor(a) | *shepherd(ess)* |

#### At the Farm

| | |
|---|---|
| el caballo | *horse* |
| la cerca | *fence* |
| el cerdo | *pig* |
| el corral | *corral, pen* |
| la gallina | *hen* |
| el gallo | *rooster* |
| la granja | *farm* |
| la llama | *llama* |
| el toro | *bull* |
| la vaca | *cow* |

### TELLING WHERE THINGS ARE LOCATED

| | |
|---|---|
| abajo | *down* |
| arriba | *up* |
| debajo (de) | *underneath, under* |
| dentro (de) | *inside (of)* |
| encima (de) | *on top (of)* |
| fuera (de) | *outside (of)* |

### OTHER WORDS AND PHRASES

| | |
|---|---|
| el campo | *countryside, country* |
| darle(s) de comer | *to feed* |
| la lana | *wool* |
| el taller | *workshop* |
| las tijeras | *scissors* |
| último(a) | *last* |

## Juego

¿En qué orden terminaron la carrera?

# UNIDAD 6

## ETAPA 3

# ¡A ganar el concurso!

- Talk about the present and future

- Give instructions to someone

- Discuss the past

### ¿Qué ves?

Mira la foto del mercado de Otavalo.

1. ¿Las vendedoras sólo venden ropa?

2. ¿Hace mucho calor o no? ¿Cómo lo sabes?

3. ¿De qué color es la blusa tradicional de las mujeres de Otavalo?

4. ¿Para qué es la carta que Patricia escribió?

Patricia López Carrera
Calle Oriente 253 y P. Fermín Cevallos
Quito

Revista Onda Internacional

Concurso latino

Apartado 126

Quito

# En contexto

## VOCABULARIO ♻

Do you remember all that you have learned this year? You have learned to talk about the present, the future, and the past, and to give instructions. Take a look at these people and places for a quick review of what you have learned.

¡**Hola!** Aprendiste mucho este año. ¿Recuerdas todo lo que ves aquí?

### MIAMI

**A** **Talk about the present**

**Alma:** Arturo, te **presento** a Francisco García. Él **es** mi vecino.

**Arturo:** Francisco, **es** un placer.

**Francisco:** Igualmente, Arturo.

**B** **Talk about the future**

**Isabel:** ¡Voy a participar en el concurso! Para conocer a los mexicanos, hay que ir a una plaza. La plaza es un poema.

### CIUDAD DE MÉXICO

Map labels:
Canadá
AMÉRICA DEL NORTE
Estados Unidos
OCÉ...
MIAMI
CIUDAD DE MÉXICO
México
PUERTO RICO
OAXACA
QUITO
Ecuador
OCÉANO PACÍFICO

**PUERTO RICO**

**OAXACA**

**BARCELONA**

**C** Say what is happening

**Ignacio:** ¡Está lloviendo! ¡Y no tengo paraguas!

**Roberto:** Te **estamos esperando,** hombre.

**D** Give instructions

**Carlos:** Vas a llegar a un parque. **Cruza** el parque. Enfrente de la estatua está la calle Morelos.

**Rosa:** Muchas gracias…

**E** Discuss the past

**Luis:** ¡El día **empezó** con demasiados quehaceres!

**Carmen:** ¡Yo te **ayudé,** Luis!

**Luis:** Sí, Carmen, tú me **ayudaste** y Mercedes también me **ayudó.**

**BARCELONA**

**QUITO**

**F** Discuss the past

**Miguel:** ¿Cómo **fueron** las entrevistas?

**Patricia:** Excelente. Ya **hice** dos.

## Preguntas personales

1. ¿Quién es tu mejor amigo? ¿amiga?
2. ¿Qué vas a hacer este fin de semana?
3. ¿Qué está pasando en tu clase?
4. Explica cómo llegar a tu casa.
5. ¿Qué hiciste este año?

# En vivo

## DIÁLOGO

Patricia    Miguel

### ¡Vamos a Otavalo!

**PARA ESCUCHAR** • STRATEGY: LISTENING

**Listen and take notes** This conversation sums up Patricia's work on her project. What does she think about her work? As you jot down her ideas, listen for answers to *who? what? when? where?* and *why?* Use your notes to make a summary statement about Patricia's project.

**1 ▶ Miguel:** ¿Estás feliz con tus entrevistas?

**Patricia:** Sí, estoy muy feliz. Hice entrevistas con un arquitecto, la gerente de un banco y también con tu tío Julio y Bárbara.

**5 ▶ Patricia:** Pero aprendí algo mucho más importante también.

**Miguel:** ¿Sí? Dime.

**Patricia:** Aprendí que no tienes ni idea de lo que hay que hacer en una granja. ¡Abriste la cerca!

**6 ▶ Patricia:** ¡Mira, Miguel! ¡Es un mercado fenomenal! Voy a comprarle un regalo a mi hermana. Su cumpleaños es este mes.

**Miguel:** Cómprale una bolsa o un artículo de cuero. La artesanía de Otavalo es excelente.

**7 ▶ Patricia:** No sé si tengo suficiente dinero… a ver… tengo 40 mil sucres en efectivo. ¿Crees que puedo regatear aquí?

**Miguel:** ¡Claro que sí! Es un mercado, ¿no? ¡Ven!

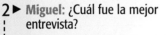

**2 ▶ Miguel:** ¿Cuál fue la mejor entrevista?

**Patricia:** No sé… Creo que fue la entrevista con tu tío Julio.

**Miguel:** ¿Y por qué? ¿Porque te habló de la vida en una granja?

**3 ▶ Patricia:** No, ¡porque me dijo qué hiciste tú la primera vez que estuviste en la granja!

**Miguel:** ¡Patricia!… ¿Y aprendiste algo de tus entrevistas?

**4 ▶ Patricia:** Sí, mucho. Sobre todo aprendí que la gente que vive en el campo no es tan diferente de la gente que vive en la ciudad. Es sólo el estilo de vida que es diferente. ¡A cada pájaro le gusta su nido!

**8 ▶ Miguel:** ¿Cuándo mandas tu proyecto a la revista?

**Patricia:** Después del fin de semana. Todavía tengo que escribir mucho.

**9 ▶ Miguel:** Hazme un favor… ¿Puedo leerlo antes? ¡Creo que va a salir muy bien y lo quiero ver! Y también…

**Patricia:** ¿Sí?

**Miguel:** ¡Quiero ver si escribiste algo de mi experiencia con la cerca y el caballo!

**10 ▶ Patricia:** Hice todo lo posible. Trabajé mucho. Espero tener buena suerte.

OBJECTIVES

• Talk about the present and future
• Give instructions to someone
• Discuss the past

# En acción

## VOCABULARIO Y GRAMÁTICA

**ACTIVIDAD 1**

## ¿En qué orden?

**Escuchar** ¿En qué orden pasaron estas cosas según el diálogo? (*Hint: What is the order?*)

a. Patricia mandó su proyecto a la revista.

b. Patricia y Miguel llegaron a Otavalo.

c. Patricia habló del cumpleaños de su hermana.

d. Patricia y Miguel entraron al mercado.

**ACTIVIDAD 2**

## Frases revueltas

**Escuchar** Combina las frases para hacer oraciones basadas en el diálogo.
(*Hint: Make sentences.*)

1. Patricia está contenta con
2. Miguel no tiene
3. Patricia va a comprarle
4. Patricia no sabe si tiene suficiente
5. Miguel quiere ver si Patricia escribe

a. dinero para comprar un regalo.
b. las entrevistas que hizo.
c. sobre su experiencia con el caballo.
d. ni idea de lo que hay que hacer en una granja.
e. un regalo a su hermana.

**ACTIVIDAD 3**

## Juego de palabras

**Hablar** Patricia y Miguel juegan a este juego de palabras. Tú también puedes jugar. Di qué palabra no debe estar en cada grupo y por qué.
(*Hint: Why doesn't one word belong?*)

### modelo

abrigo   bufanda   gorro   revista

***Una revista** no es ropa.*

| | | | |
|---|---|---|---|
| **1.** cerdo | jefe | vaca | gallo |
| **2.** raqueta | bola | patines | cansado |
| **3.** anillo | arete | casete | collar |
| **4.** casco | cuchara | cuchillo | tenedor |
| **5.** plato | bota | olla | jarra |
| **6.** cancha | contento | campo | estadio |
| **7.** hombre | chico | mujer | suelo |
| **8.** café | té | cuenta | limonada |
| **9.** espejos | orejas | piernas | brazos |
| **10.** cepillo | jabón | jamón | champú |

- Review: Present progressive and **ir a...**
- Review: Affirmative **tú** commands
- Review: Preterite tense

## Las actividades

**Escuchar** Todas estas personas están ocupadas. ¿Qué oración describe lo que hace cada una? *(Hint: Describe each picture.)*

a.

b.

c.

d.

e.

f.

g.

h.

i.

j.

## Entrevistas

**Hablar/Escribir** Imagínate que trabajas para una revista y que estás escribiendo un artículo sobre los jóvenes de hoy. Haz una entrevista con un(a) estudiante. Escribe las respuestas. *(Hint: Interview a student.)*

**La vida familiar**

1. ¿Cuántas personas hay en tu familia? ¿Quiénes son?
2. ¿Quién hace los quehaceres en tu casa?
3. ¿Cuál es la fecha de tu cumpleaños? ¿Cómo lo celebras normalmente?

**La vida diaria**

4. ¿A qué hora te levantas todos los días? ¿Qué haces después de levantarte?
5. ¿A qué hora te acuestas todos los días?
6. ¿Cómo es tu horario este semestre? ¿Cuántas materias tienes?

**Los gustos**

7. ¿Qué te gusta hacer después de las clases?
8. ¿Qué te gusta comer y beber?
9. ¿Cuál es tu deporte favorito? ¿Por qué?
10. ¿?

ACTIVIDAD

**La ciudad y el campo**

**Hablar/Escribir** Mira las fotos que sacó Patricia y describe lo que ves en cada una. *(Hint: Describe each picture.)*

1.

2.

3.

4.

5.

6.

# REPASO

## Review: Present Progressive and **ir a** + infinitive

You have learned to use verbs in the present tense three different ways:
- **simple present** tense
- **present progressive** tense
- ir a + *infinitive*

♻ **¿RECUERDAS?** *pp. 226, 342* Remember the **present progressive**? The **present progressive** is used only to talk about actions that are **happening**. It is never used to refer to the future.

| estoy | habl**ando** | estamos | habl**ando** |
|---|---|---|---|
| estás | com**iendo** | estáis | com**iendo** |
| está | escrib**iendo** | están | escrib**iendo** |

Miguel y Patricia **están camin ando** y **habl ando**.
*Miguel and Patricia **are walking** and **talking**.*

♻ **¿RECUERDAS?** *p. 149* To talk about what you are going to do, use **ir a** + *infinitive*. Although this is a present tense, you are talking about something that is going to happen in the **future**.

| voy a | **hablar** | vamos a | **hablar** |
|---|---|---|---|
| vas a | **comer** | vais a | **comer** |
| va a | **escribir** | van a | **escribir** |

Patricia says:
—**Voy a comprar**le un regalo a mi hermana.
*I'm **going to buy** a gift for my sister.*

Remember to change -**iendo** to -**yendo** when the **stem** of an -**er** or an -**ir** verb ends in a **vowel**.    creer → cre**yendo**    leer → le**yendo**    oír → o**yendo**

## ¿Qué están haciendo?

**Hablar/Escribir** Patricia y Miguel hacen muchas cosas. ¿Qué están haciendo en estas fotos? *(Hint: What are they doing?)*

### modelo

*Patricia y Miguel están caminando.*

## ¿Qué van a hacer?

**Hablar/Escribir** Todos van a hacer algo. ¿Qué van a hacer?
*(Hint: Explain what they're going to do.)*

### modelo

*Patricia quiere hacer una entrevista con el tío Julio.*

*Va a viajar a la granja.*

1. Los chicos piensan ver una película en casa.
2. Yo tengo un examen de matemáticas mañana.
3. Miguel quiere una mochila.
4. Tú quieres ir a la playa mañana.
5. Andrea y yo tenemos mucha sed.
6. Felipe y Enrique no quieren estar en casa.
7. Ustedes tienen hambre.
8. Diego piensa ir al gimnasio.

**MÁS PRÁCTICA** *cuaderno* p. 149

**PARA HISPANOHABLANTES** *cuaderno* p. 147

### Los planes para el sábado

**PARA CONVERSAR** • STRATEGY: SPEAKING

**Use storytelling techniques** Unexpected contrasts add interest to stories. Imagine an upside-down Saturday in which everyone decides to do spur-of-the-moment things. Example: **Mis padres no van a limpiar la casa. Van a buscar una nueva casa.**

**Hablar** ¿Qué van a hacer tú y estas personas el sábado por la mañana? Habla con otro(a) estudiante. Cambien de papel.
*(Hint: What are they going to do?)*

1. tu mejor amigo(a)
2. tus padres
3. tu hermano(a)
4. tus amigos y tú
5. tú
6. ¿?

## ACTIVIDAD 10

### Una carta

**Escribir** Estás de vacaciones en el campo u otro lugar. Escríbele una carta a un(a) amigo(a) describiendo tus actividades. *(Hint: Write a letter.)*

- ¿Dónde estás?
- ¿Cómo es?
- ¿Qué están haciendo tu familia y tú?
- ¿Qué van a hacer mañana?

*modelo*

*Querido Carlos:*

   *Estamos en el campo. ¡Qué tranquilo es! Mis padres están tomando un refresco…*

   *Mañana mis hermanos y yo vamos a…*

## REPASO

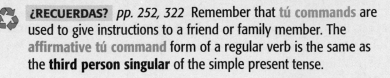

### Review: Affirmative **tú** Commands

♻ **¿RECUERDAS?** *pp. 252, 322* Remember that **tú commands** are used to give instructions to a friend or family member. The **affirmative tú command** form of a regular verb is the same as the **third person singular** of the simple present tense.

**hablar** → Habla.   **comer** → Come.   **escribir** → Escribe.

▶ Remember to attach **direct object, indirect object,** and **reflexive pronouns** to affirmative commands. When you do, you usually need to add an accent.

**Cómelo.**   **Escríbeles.**   **Lávate.**
*Eat it.*   *Write to them.*   *Wash yourself.*

Miguel says: —**Cómprale** una bolsa…
*Buy her a handbag…*

▶ You also learned eight irregular **affirmative tú commands.**

| | | | |
|---|---|---|---|
| **decir** → di | **ir** → ve | **salir** → sal | **tener** → ten |
| **hacer** → haz | **poner** → pon | **ser** → sé | **venir** → ven |

## ACTIVIDAD 11   Gramática

### ¡Cuántas órdenes!

**Hablar/Escribir** La mamá de Miguel le da muchas órdenes hoy. ¿Qué le dice? *(Hint: What does she say?)*

*modelo*

*salir temprano para la escuela   Sal temprano para la escuela.*

1. venir a casa temprano
2. ir a la tienda
3. comer las verduras
4. ser bueno con tu hermano
5. lavar los platos
6. compartir con tu hermano
7. decir a qué hora vuelves
8. tener cuidado

**MÁS PRÁCTICA**   *cuaderno p. 150*

**PARA HISPANOHABLANTES**   *cuaderno p. 148*

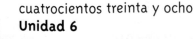

## ¡Mañana es otro día!

**Hablar** Tu amigo(a) te invita al campo pero tienes otros planes. ¿Qué te dice tu amigo(a)? Cambien de papel. *(Hint: Say what to do.)*

### modelo

limpiar

**Tú:** *Quiero **limpiar** el cuarto hoy.*

**Tu amigo(a):** *¡Límpialo mañana!*

1. leer
2. visitar
3. preparar
4. hacer
5. poner
6. escribir
7. hablar
8. ¿?

## A preparar la fiesta

**Escribir** Estás preparando una fiesta y un amigo(a) te va a ayudar. Escribe un mensaje para él o ella explicándole lo que necesita hacer. Necesitas ayuda con cinco cosas. *(Hint: Write what to do.)*

### modelo

Ana:

Gracias por ayudarme con la fiesta. Éstos son los quehaceres que debes hacer.

1) Ve de compras.

2) Compra una tarta para el postre.

■ **MÁS COMUNICACIÓN** p. R18

## REPASO

### Review: Regular Preterite

**¿RECUERDAS?** *pp. 366, 368, 392, 394* To talk about completed actions in the past, use the **preterite tense.**

| -ar verbs | | -er verbs | | -ir verbs | |
|---|---|---|---|---|---|
| hablé | hablamos | comí | comimos | escribí | escribimos |
| hablaste | hablasteis | comiste | comisteis | escribiste | escribisteis |
| habló | hablaron | comió | comieron | escribió | escribieron |

- Remember that the verb **ver** is regular in the **preterite** but has no accents.

- Remember that verbs ending in **-car, -gar,** and **-zar** have a spelling change in the **yo** form of the **preterite**.

  **marcar → marqué    llegar → llegué    cruzar → crucé**

- Third person forms of **-er** and **-ir** verbs with **stems** that end in a **vowel** require a **y** in the **preterite**.

| leí | leímos |
|---|---|
| leíste | leísteis |
| leyó | leyeron |

Miguel says: —¿Y **aprendiste** algo de tus entrevistas?
*And **did you learn** something from your interviews?*

## ACTIVIDAD 14 · Gramática

### El viaje

**Leer** Patricia escribió en su diario sobre su viaje al campo. Completa sus oraciones con uno de los verbos. *(Hint: Complete her diary.)*

| 1–5 | 6–10 | 11–15 |
|-----|------|-------|
| buscar | hablar | almorzar |
| levantarse | empezar | comprar |
| salir | sacar | llegar |
| tomar | ver | visitar |
| visitar | hablar | volver |

Esta mañana, yo __1__ a las seis y media. Después de desayunar, __2__ mi grabadora y __3__ de la casa. Miguel y yo __4__ el autobús a las ocho.

Primero, nosotros __5__ el taller de Bárbara. ¡Qué interesante! Yo __6__ fotos y __7__ la entrevista. Bárbara __8__ mucho sobre la vida del campo.

Después, en la granja del tío Julio, Miguel y yo __9__ muchos animales. El tío Julio y Miguel __10__ de la primera vez que Miguel __11__ la granja. ¡Qué cómico! Después de la entrevista nosotros __12__ .

Por fin, Miguel y yo __13__ a la ciudad después de ir al mercado en Otavalo. Yo __14__ un regalo allí. Yo __15__ a casa a las seis y media.

**MÁS PRÁCTICA** *cuaderno* p. 151
**PARA HISPANOHABLANTES** *cuaderno* p. 149

## ACTIVIDAD 15

### ¿Quién lo hizo?

**Hablar/Leer** Habla con los otros estudiantes para saber quién hizo estas actividades el año pasado. Encuentra a tres personas que hicieron cada actividad. Escribe un resumen de las respuestas. *(Hint: Find people who did these activities.)*

**modelo**

**Tú:** *¿Sacaste una buena nota el año pasado?*

**Otro(a) estudiante:** *Sí, saqué una buena nota en matemáticas.*

**Resumen:** *Raúl, Sara y Ana sacaron una buena nota el año pasado.*

| Actividad | Persona 1 | Persona 2 | Persona 3 |
|-----------|-----------|-----------|-----------|
| sacar una buena nota | Raúl | Sara | Ana |
| viajar por una semana | | | |
| ver una película de horror | | | |
| comer comida mexicana | | | |
| escribir una carta | | | |
| oír un concierto | | | |

### Juego

Si tu mamá te dice «¡Sal para la escuela!», ¿qué vas a necesitar?

a.    b.

## ¿Qué hicieron?

**Hablar/Escribir** Describe qué hicieron todos. *(Hint: Describe what everyone did.)*

modelo

*Patricia visitó una granja el sábado pasado.*

| Patricia y Miguel | almorzar | | ayer |
| yo | comer | | el sábado pasado |
| mi hermano(a) | compartir | | anoche |
| mis padres | escribir | ¿? | anteayer |
| mi mejor amigo(a) | jugar | | el año pasado |
| mis amigos y yo | leer | | el verano pasado |
| ¿? | ver | | la semana pasada |
| | visitar | | |

# REPASO

## Review: Irregular Preterite

♻ **¿RECUERDAS?** *pp. 395, 419* These are the **irregular preterite** verbs that you have learned.

**dar** *to give*

| di | dimos |
| diste | disteis |
| dio | dieron |

**decir** *to say, to tell*

| dije | dijimos |
| dijiste | dijisteis |
| dijo | dijeron |

**estar** *to be*

| estuve | estuvimos |
| estuviste | estuvisteis |
| estuvo | estuvieron |

**hacer** *to make, to do*

| hice | hicimos |
| hiciste | hicisteis |
| hizo | hicieron |

**ir** *to go* / **ser** *to be*

| fui | fuimos |
| fuiste | fuisteis |
| fue | fueron |

**tener** *to have*

| tuve | tuvimos |
| tuviste | tuvisteis |
| tuvo | tuvieron |

**venir** *to come*

| vine | vinimos |
| viniste | vinisteis |
| vino | vinieron |

Patricia might say:

—La entrevista con tu tío Julio **fue** la mejor porque él me **dijo** lo que **hiciste** tú la primera vez que **estuviste** en la granja.

*The interview with your Uncle Julio **was** the best because he **told** me what you **did** the first time you **were** on the farm.*

## Un buen fin de semana

**Escuchar** Escucha la conversación entre María y Rosa y completa las oraciones. (*Hint: Complete the sentences.*)

1. El fin de semana pasado, Rosa…

2. Las gallinas…

3. Por la tarde, Rosa…

4. Rosa no compró el saco porque…

5. El sábado por la noche, Rosa…

**■ MÁS PRÁCTICA** *cuaderno* p. 152

**■ PARA HISPANOHABLANTES**
*cuaderno* p. 150

## ¿Quién hizo qué?

**Escribir** ¿Qué hicieron ayer? (*Hint: What did they do?*)

*modelo*

*Patricia y Miguel / hacer…*

*Patricia y Miguel hicieron un viaje.*

1. yo / ir…

2. mis padres / dar…

3. mis amigos(as) y yo / tener…

4. mi hermano(a) / hacer…

5. mi amigo(a) / venir…

6. mi familia y yo / estar…

7. mis amigos(as) / decir…

## ¡Qué noticias!

**Hablar/Leer** Tú lees un artículo sobre algo que pasó en Quito y tu amigo(a) te pregunta sobre lo que leíste. Contesta las preguntas de tu amigo(a). (*Hint: Answer your friend's questions.*)

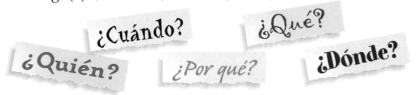

### Un turista contentísimo

*Redacción Puyó*

**Quito—** Ayer, en el centro de Quito, un turista mexicano pasó un día interesante. El turista perdió una bolsa con su pasaporte, su dinero, su tarjeta de crédito… y algo más.

«No sé cómo la perdí», dijo el turista, «pero hablé con un policía y me ayudó de una manera interesante».

El policía mandó al turista a un departamento especial. ¡Allí el turista encontró un perro con su bolsa! Otro policía le explicó todo:

«Salí con mi perro Nacho para hacer nuestra rutina diaria y, al llegar a la esquina, Nacho vio a otro perro con la bolsa. Cuando el perro sacó un sándwich de la bolsa, llegó Nacho y la tomó.

Afortunadamente Nacho sabe hacer bien su trabajo. ¡No hay ningún robo, solamente mucha hambre!»

### NOTA CULTURAL

Ecuador is made up of three widely diverse regions: the Pacific coast, the Andes mountains, and the jungles of the Amazon. The variety of habitats makes Ecuador a popular ecotourism destination.

*la Amazonia*

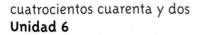

## ¡Un año interesante!

**Hablar/Escribir** ¿Qué hiciste o qué te pasó este año? Preséntale tu historia a la clase. *(Hint: What did you do?)*

Este año en la clase de español

Este año aprendí mucho en la clase de español. Hablé con muchas personas y escribí mucho. Vimos un video interesante sobre unos jóvenes que hablan español. Fuimos a un museo para ver unos artículos de Latinoamérica...

■ **MÁS COMUNICACIÓN** p. R18

## Y el ganador es...

**Hablar/Escribir** Piensa en las personas de los diálogos. ¿Quién va a ganar el concurso? Escoge a una persona y explica por qué esa persona debe ganar. *(Hint: Explain who should win and why.)*

Francisco    Isabel    Ignacio

Carlos    Mercedes    Patricia

*modelo*

*Pienso que Patricia debe ganar el concurso. Ella trabajó mucho...*

## Pronunciación

### Refrán

**Pronunciación de la x** The letter **x** is pronounced several different ways. Before a vowel, before the letters **ce** or **ci,** or at the end of a word, **x** sounds like the English *x* in the word *taxi.* At the beginning of a word or before a consonant, the **x** is pronounced like the *s* in *same.* To practice these sounds, pronounce the following.

¡Es un examen excepcional!    Xochimilco y Taxco son lugares bonitos.

In some words that come from other languages in Mexico and Central America, the letter **x** also has the following sounds:

**j** as in **jarra:**    México, Oaxaca, Xalapa

*sh* as in *shoe:*    Ixtepec, Uxmal

Now try the **refrán** about the taxi.

**El taxi gratis no existe.**

## LECTURA

# UN PASEO POR ECUADOR

### PARA LEER

#### STRATEGY: READING

**Reflect on journal writing**  Have you ever kept a journal or a diary? How are diaries organized? As you read this article about a bus trip through Ecuador, notice the place and date given for each entry. This diary-style organization of the article helps you experience each day that the writer experiences. Use the chart to record an interesting experience you read from each day.

| FECHA | LUGAR | EXPERIENCIA INTERESANTE |
|-------|-------|-------------------------|
| 17 de abril | | |
| 18 de abril | | |
| 4 de mayo | | |
| 25 de mayo | | |

**P**ara la mayoría[1] de los ecuatorianos, el autobús es el transporte más común. Para tener una experiencia muy ecuatoriana, decidí hacer un viaje en autobús.

## GUAYAQUIL, 17 de abril:

Guayaquil es el puerto principal y la ciudad más grande del país. Para conocer la costa, decidí viajar a Machala. Compré mi boleto en la terminal moderna. Los buses de larga distancia tienen cortinas[2] y televisores con videograbadora. Paseamos por la costa del Pacífico. Hacía[3] mucho calor y mucha humedad. Vi los cultivos de arroz, caña de azúcar y plátanos[4]. Por el puerto de Machala pasan más de un millón de toneladas de plátanos y camarones[5] por año.

---

[1] majority    [2] curtains    [3] It was    [4] bananas    [5] shrimp

## MACHALA, 18 de abril:

Decidí visitar los pueblitos. Viajé en un bus de transporte rural de colores muy alegres con personas muy animadas. El bus llevó todas sus posesiones encima. Fuimos a varios pueblos y plantaciones de café y cacao.

### TAMBIÉN SE DICE

The word *bus* has several forms.

- **el autobús:** many countries
- **el bus:** many countries
- **el colectivo:** Argentina
- **el ómnibus:** many countries
- **la guagua:** the Caribbean (In parts of South America, **la guagua** means *baby*!)

## LA SIERRA, 4 de mayo:

Llegué a la sierra de Ecuador, la región central de los Andes. Hacía frío en las montañas. Me levanté a las cinco y subí a un antiguo bus de escuela para ir al mercado indígena de Saquisilí. Viajamos muy lentamente. ¡Qué frío en el bus! Todos los pasajeros llevaron saco o poncho. Algunos se durmieron. Muchas personas llevaron productos al mercado. Vimos los volcanes de Cotopaxi y Tungurahua. Llegamos al Saquisilí y todos salieron del bus para trabajar o hacer compras.

## COCA, 25 de mayo:

La carretera terminó y tuve que seguir en barco por los ríos Napo y Coca, que van al río Amazonas. Vi barcos y canoas

con muchos plátanos y pasajeros. En la selva[6] vive poca gente, la mayoría son indígenas. Como ven, ¡se puede conocer mucho viajando en autobús!

---

[6] jungle

### ¿Comprendiste?

1. ¿Cuál es el transporte más común en Ecuador?
2. ¿En qué región empezó el autor?
3. ¿Qué productos son típicos de la costa?
4. ¿Cómo es el clima de la sierra?
5. ¿Adónde van los ríos Napo y Coca?

### ¿Qué piensas?

Compara el transporte de cada región. ¿En qué región te gustaría vivir? ¿Por qué?

### Hazlo tú

¿Hay regiones como las de Ecuador en Estados Unidos? ¿Cómo son? Describe una de las regiones.

# En colores

## CULTURA Y COMPARACIONES

# Cómo las Américas cambiaron la comida europea

### PARA CONOCERNOS
### STRATEGY:
### CONNECTING CULTURES
**Identify international foods** Make a grocery list of fresh fruits and vegetables (4 or 5 items) that are regularly part of your family's diet. When is their growing season in the U.S.? Where do they come from when out-of-season? Check with the produce manager of your grocery store. Then decide which foods your family eats come from other countries.

| Comida | Estación |
|--------|----------|
| naranja | marzo-abril |

¿**P**uedes imaginarte tu dieta sin papas? Pues, en Europa no había[1] papas hasta que los conquistadores llegaron a las Américas. Los europeos comieron la papa por primera vez en América. La papa, planta nativa de Perú, era[2] la comida principal de los incas, indígenas de esa zona. La palabra *papa* es de origen quechua, la lengua de los incas.

Los españoles empezaron a llevar papas a España. Comida barata para los marineros[3], así llegó la papa a Europa. Hoy la papa es una de las comidas principales de Irlanda, Alemania, Rusia y Polonia.

---

[1] there were no    [2] was    [3] sailors

El maíz[4] también es de las Américas. El cultivo de maíz empezó en México alrededor del año 3500 a.C.[5] Llegó a Perú alrededor de 3200 a.C., pero no fue tan importante en la dieta de los peruanos como en la dieta de los mexicanos. En México se hicieron las tortillas del maíz.

Otro producto americano que cambió la comida europea es el tomate. No sabemos exactamente cómo y cuándo el tomate llegó a Europa, pero su cultivo era fácil en los países mediterráneos.

Entonces, las papas fritas y la salsa de tomate para los espaguetis son de origen europeo, pero sus ingredientes principales llegaron a Europa de América. ¿Ves? Los viajes de Colón cambiaron muchas cosas, ¡entre ellas la comida europea!

## ¿Comprendiste?

**1.** ¿De dónde vino la papa?
**2.** ¿Cómo llegó la papa a Europa?
**3.** ¿De dónde vino el maíz?
**4.** El maíz tuvo más importancia en la dieta de qué país, ¿Perú o México?
**5.** ¿Cómo llegó el tomate a Europa?

## ¿Qué piensas?

**1.** En tu opinión, ¿cómo sería la comida europea sin la papa y el tomate? ¿Y la comida norteamericana? ¿Por qué?
**2.** ¿Cómo crees que llegó la papa de España a otras partes de Europa?

## Hazlo tú

Busca una receta con papas, tomates o maíz. Escribe la receta en español. Prepárala y comparte la comida con la clase. ¿Es una receta europea o americana? Explica su origen.

---

[4]corn          [5]B.C.

ETAPA 3

# En uso
## REPASO Y MÁS COMUNICACIÓN

OBJECTIVES

- Talk about the present and future
- Give instructions to someone
- Discuss the past

*Now you can...*

- talk about the present and future.

*To review*

- present progressive and **ir a** + infinitive, see p. 436.

### ACTIVIDAD 1 ¡Muy ocupados!

Miguel y sus amigos hablan por teléfono de sus actividades. ¿Qué dicen? *(Hint: Tell present and future activities.)*

**modelo**

*yo: estudiar matemáticas / ir al campo*

*Ahora **yo** estoy estudiando **matemáticas,** pero más tarde voy a **ir al campo.***

1. Patricia: escribir cartas / hacer unas entrevistas
2. tú: hacer la tarea / alquilar un video
3. mis padres: limpiar la casa / caminar con el perro
4. yo: leer una novela / ir al cine
5. nosotros: ver la televisión / hacer ejercicio en el gimnasio
6. mi hermana: maquillarse / salir con Bernardo
7. ustedes: comer chicharrones / cenar en un restaurante elegante
8. tú: abrir unas cartas / andar en bicicleta

*Now you can...*

- give instructions to someone.

*To review*

- affirmative **tú** commands, see p. 438.

### ACTIVIDAD 2 Una cena importante

El arquitecto que Patricia entrevistó viene a cenar con ella y su familia esta noche. La madre de Patricia necesita su ayuda. ¿Qué le dice? *(Hint: Say what Patricia's mother tells her to do.)*

**modelo**

*limpiar el baño*

*Limpia el baño.*

1. lavar los platos
2. barrer el suelo
3. poner la mesa
4. hacer los quehaceres cuidadosamente
5. tener cuidado
6. ir al supermercado a comprar más refrescos
7. ponerte un vestido
8. servir las bebidas
9. ser simpática durante la cena
10. pasar la aspiradora

**448** cuatrocientos cuarenta y ocho
**Unidad 6**

**Now you can...**
• discuss the past.

**To review**
• regular preterite verbs, see p. 439.

## 3 ¿Qué hiciste?

Patricia habla con una amiga sobre el fin de semana pasado. ¿Qué dice? (*Hint: Tell what happened last weekend.*)

**modelo**

yo: tomar el autobús al campo

*Yo tomé el autobús al campo.*

1. yo: visitar una granja en el campo
2. Miguel: decidir acompañarme
3. Miguel y yo: ver muchos animales
4. yo: sacar muchas fotos
5. mi madre: escribir cartas
6. mi padre: leer unas revistas
7. mis hermanos: correr en el parque
8. yo: ver a Ana en el mercado de Otavalo
9. ella: comprar algunas artesanías a muy buen precio
10. yo: llegar a casa muy tarde

**Now you can...**
• discuss the past.

**To review**
• irregular preterite verbs, see p. 441.

## 4 Un día especial

Patricia habla con su madre. Completa lo que dicen con el pretérito de los verbos. (*Hint: Complete what they say.*)

**Mamá:** Patricia, tú ___1___ (venir) a casa muy tarde ayer.

**Patricia:** Sí, mamá. Miguel y yo ___2___ (ir) al campo.

**Mamá:** ¿Y qué ___3___ (hacer) ustedes allí?

**Patricia:** Yo ___4___ (hacer) entrevistas con el tío Julio y Bárbara.

**Mamá:** ¿Ellos te ___5___ (decir) algo interesante?

**Patricia:** Sí. El tío Julio me ___6___ (decir) mucho sobre la vida en una granja. La entrevista con Bárbara, la artesana, también ___7___ (ser) interesante, y ella me ___8___ (dar) este saco.

**Mamá:** ¡Qué bonito! ¿Ustedes ___9___ (ir) a Otavalo por la tarde?

**Patricia:** Sí, mamá. Nosotros ___10___ (estar) en el mercado por tres horas. Allí yo ___11___ (tener) la oportunidad de entrevistar a un vendedor. Por eso, yo ___12___ (venir) a casa tan tarde. Lo siento.

## ACTIVIDAD 5 ¿Quién soy yo?

**PARA CONVERSAR**

**STRATEGY: SPEAKING**

**Rely on the basics** You have practiced many speaking strategies for different contexts. These work in all situations. Keep them in mind as you speak.

1. Don't be afraid to make mistakes.
2. Encourage yourself; think positively.
3. Take your time.
4. Take risks; improvise.
5. Say more, rather than less.

And enjoy speaking... now that you have plenty you can say!

Imagínate que eres una de las personas de este libro. Dile a otro(a) estudiante qué hiciste ayer, qué estás haciendo ahora y qué vas a hacer mañana. Él o ella tiene que adivinar quién eres. *(Hint: Play the role of a character. Your partner must guess who you are.)*

Francisco    Ignacio    Mercedes    Diana
    Ricardo        Patricia    Luis        Miguel
Alma    Isabel    Carlos        Sofía

## ACTIVIDAD 6 ¿Qué hago?

Vas a uno de estos lugares por primera vez. Los otros estudiantes van a decirte qué debes hacer allí. *(Hint: Select a place; classmates will tell you what to do there.)*

la playa      el campo      un bosque tropical

una granja      una ciudad grande      ¿?

un mercado mexicano      las montañas

**modelo**

**Tú:** *Voy a una ciudad grande por primera vez. ¿Qué hago?*

**Estudiante 1:** *Ve a un concierto.*

## ACTIVIDAD 7 En tu propia voz

**ESCRITURA** Estás pensando en las vacaciones de verano. Escribe un párrafo sobre lo que hiciste el verano pasado y otro párrafo sobre lo que vas a hacer este verano. *(Hint: Write about summer activities.)*

---

## CONEXIONES

**La salud** You have just read how New World foods changed European cuisine. Select a Spanish-speaking country and write a brief report about what people in that country typically eat. Prepare the food you would most like to taste. Was it difficult or easy to prepare? Is it nutritious?

¿Qué desayunan? ¿Almuerzan? ¿Cenan?

¿A qué hora almuerzan? ¿Cenan?

¿Qué meriendas hay?

¿Qué hay de postre?

¿Cuál es el plato más famoso de este país?

# En resumen
## YA SABES ♻

### Simple Present

| | |
|---|---|
| Estoy muy feliz. | I am very happy. |
| ¡Es un mercado fenomenal! | It's a phenomenal market! |
| La artesanía de Otavalo es excelente. | The handicrafts from Otavalo are excellent. |

### Present Progressive

| | |
|---|---|
| Miguel y Patricia están caminando y hablando. | Miguel and Patricia are walking and talking. |

### Ir a + *infinitive*

| | |
|---|---|
| Voy a comprarle un regalo a mi hermana. | I am going to buy a present for my sister. |
| ¡Creo que va a salir muy bien y lo quiero ver! | I think that it is going to come out very well and I want to see it! |

### Regular Preterite

| | |
|---|---|
| ¿Porque te habló de la vida en una granja? | Because he talked to you about life on a farm? |
| ¿Y aprendiste algo de tus entrevistas? | And did you learn something from your interviews? |
| Pero aprendí algo mucho más importante también. | But I learned something much more important too. |
| ¡Abriste la cerca! | You opened the fence! |
| Trabajé mucho. | I worked a lot. |

### Irregular Preterite

| | |
|---|---|
| ¿Cuál fue la mejor entrevista? | Which was the best interview? |
| No, ¡porque me dijo qué hiciste tú la primera vez que estuviste en la granja! | No, because he told me what you did the first time that you were at the farm! |
| Hice todo lo posible. | I did everything possible. |

| | |
|---|---|
| Dime. | Tell me. |
| ¡Mira, Miguel! | Look, Miguel! |
| Cómprale una bolsa o un artículo de cuero. | Buy her a handbag or leather goods. |
| ¡Ven! | Come on! |
| Hazme un favor. | Do me a favor. |

## Juego

1. ¿Qué pasa ahora?
2. ¿Qué pasó antes?
3. ¿Qué va a pasar?

**a.** ¡El caballo se va a escapar del corral!

**b.** La llama está jugando con Rocío.

**c.** El ganadero buscó su merienda.

# *En tu propia voz*

**ESCRITURA**

## ¡Busco trabajo!

A local newspaper is offering paid internships for Spanish students for the summer. Write a formal letter of application in which you emphasize your academic skills.

**Purpose:**   Apply for employment
**Audience:**  Potential employer
**Subject:**   Your qualifications
**Structure:** Formal letter of application

¡Trabaja para nuestro periódico!

Oportunidades especiales para estudiantes

*Escríbenos:*
*La Prensa*
*2255 Pacific Avenue*
*Los Ángeles, CA 90631*

> **PARA ESCRIBIR** • STRATEGY: WRITING
>
> **Support a general statement with informative details** Attract your reader's attention with a strong general statement about your academic skills. Then add details that support your statement.

## Modelo del estudiante

5 de mayo de 2000

La Prensa
2255 Pacific Avenue
Los Ángeles, CA 90631

Estimado editor:

Me gustaría trabajar para La Prensa este verano. Soy un estudiante muy trabajador y serio. Saco buenas notas en mis clases en M.L. King High School, especialmente en inglés, historia y español. Me gusta estudiar otras culturas y escribir para todas mis clases. El mes pasado recibí un premio de nuestro Departamento de Historia por mi estudio sobre los otavaleños de Ecuador.

Después de mis clases, siempre voy a la biblioteca y hago mi tarea allí. En mi tiempo libre, juego al balconcesto y escribo poesía. Pienso ser escritor o periodista en el futuro. Quiero aprender más de estas profesiones y ahora busco trabajo y experiencia en su periódico. Muchas gracias por su tiempo.

Atentamente,

Bryan Walter

The writer makes a **strong general statement** about himself as a serious, skilled student.

Next, the writer adds **evidence** of his academic interests and achievements. He emphasizes writing and Spanish in his letter.

Here he includes **additional information** that he manages his time well.

At the end, the writer adds related **details** about his interest in the writing professions.

# Estrategias para escribir

## Antes de escribir...

An effective letter requesting employment calls attention to your skills as a student and as a worker. Brainstorm ideas for the following categories: academic skills, interests, work-related experiences, and why you want the internship. Record them on a chart. Write a general statement about your skills. Add supporting evidence. Use the formal openings and closings given in the model.

| habilidades académicas | estudio todos los días |
| | aprendo rápidamente |
| | hablo, leo y escribo en español |
| intereses | soy buena fotógrafa |
| | conferencias para artistas |
| trabajo, experiencias | periódico de la escuela |
| | Photo Finish |
| | voluntaria en la liga de fútbol |
| por qué quiero el trabajo | aprender a trabajar como fotógrafa |
| | aprender más del trabajo para un periódico |

## Revisiones

Share your draft with a partner. Then ask:

- *What makes my general statement impressive?*
- *How well do the details support my general statement?*
- *How appropriate is the information about my skills?*

## La versión final

Before you write the final draft, ask yourself these questions:

- *Did I use the preterite correctly?*

**Try this:** Underline every preterite verb. Identify each as regular or irregular. Refer to pp. 439 and 441 to check the correct endings.

- *Are adverbs formed correctly?*

**Try this:** Circle all adverbs ending in **-mente**. Be sure the root word is correct and that **-mente** is appropriately placed.

Note the markings used to make a letter small and to capitalize.

 Share your writing on www.mcdougallittell.com

Estimado editor:

Busco trabajo en el departamento de fotografía de su periódico. soy creativa, inteligente y muy trabajadora. También soy buena fotógrafa. Trabajo (cuidadosamente) y aprendo (rápidamente.) El año pasado fui a una conferencia para artistas y recibió un premio por una de mis fotos.

Trabajé como Fotógrafa en el periódico de mi escuela...

---

**EDITORIAL MARKS**

A = **lowercase**     a = **capitalize**

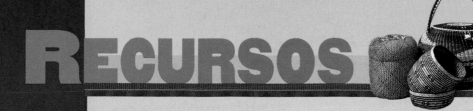

# RECURSOS

## 1 Unidad 1 Etapa 1 p. 35
### ¿Quién es?

**Estudiante A** The people in the neighborhood are being introduced at a town meeting, but it is hard to hear. Find out from your partner who they are.

**modelo**

**Estudiante A:** ¿Quién es el policía?

**Estudiante B:** Es...

1. el policía...
2. el maestro... Hernán Campos
3. las estudiantes...
4. el doctor... Raúl Guzmán
5. las maestras... Beatriz Simón y Laura Valdez
6. el estudiante...
7. la doctora...
8. los maestros... Patricio Díaz y Esteban Castillo

---

## 2 Unidad 1 Etapa 1 p. 39
### ¿Le gusta...?

**Estudiante A** Daniela only likes to do the activities pictured. Find out from your partner if Gustavo likes to do the same.

**modelo**

**Estudiante A:** ¿Le gusta nadar?

**Estudiante B:** ...

---

**Estudiante B** The people in the neighborhood are being introduced at a town meeting, but it is hard to hear. Find out from your partner who they are.

**modelo**

**Estudiante A:** ¿Quién es el policía?

**Estudiante B:** Es el señor Ruiz.

1. el policía... el señor Ruiz
2. el maestro...
3. las estudiantes... Carolina y Olivia
4. el doctor...
5. las maestras...
6. el estudiante... Felipe
7. la doctora... Ana Colón
8. los maestros...

---

**Estudiante B** Gustavo only likes to do the activities pictured. Find out from your partner if Daniela likes to do the same.

**modelo**

**Estudiante B:** ¿Le gusta correr?

**Estudiante A:** ...

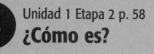

**3** Unidad 1 Etapa 2 p. 58
## ¿Cómo es?

**4** Unidad 1 Etapa 2 p. 61
## ¿De qué color son?

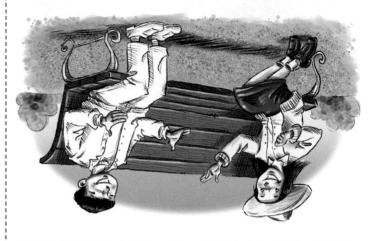

**Estudiante B:** *Lleva zapatos...*

**Estudiante A:** *¿De qué color son los zapatos?*

*modelo*

Are they wearing anything the same color?

**Estudiante A** Ask about the colors of Esteban's clothes. Then describe the colors of Chela's clothing for your partner. Are they wearing anything the same color?

partner describes to you.

might be like. Then draw the person your partner. Include what you think his personality

**Estudiante A** Describe the person to your

**Estudiante B** Draw the person your partner describes to you. Then describe your picture to your partner. Include what you think her personality might be like.

**Estudiante B** Describe the colors of Esteban's clothing for your partner. Then ask about the colors of Chela's clothes. Are they wearing anything the same color?

*modelo*

**Estudiante A:** *¿De qué color son los zapatos?*

**Estudiante B:** *Lleva zapatos negros.*

**R2** RECURSOS
Más comunicación

## 5 Unidad 1, Etapa 3 p. 77
### ¿Cuántos años tiene?

## 6 Unidad 1, Etapa 3 p. 83
### La familia Zavala

| Nombre | Edad |
|---|---|
| 1. Josefa | |
| 2. Víctor | 65 |
| 3. Victoria | 38 |
| 4. José | |
| 5. Lupita | |
| 6. Eva | 4 |

modelo

**Estudiante A:** *¿Cuántos años tiene Josefa?*
**Estudiante B:** *Tiene...*

**Estudiante A** Complete the chart with the ages of members of the Zavala family.

1. hermana / José
2. tío / Eva
3. abuelo / Pepe
4. hermano / Lupita
5. madre / Victoria
6. hijo / Víctor
7. prima / Eva
8. padre / Lupita
9. tía / Pepe
10. hija / Paquita

**Estudiante B:** ...

**Estudiante A:** *¿Quién es la hermana de José?*

modelo

**Estudiante A** Your partner is looking at the Zavala family tree. Find out the names of various family members.

---

**Estudiante B** Complete the chart with the ages of members of the Zavala family.

modelo

**Estudiante A:** *¿Cuántos años tiene Josefa?*
**Estudiante B:** *Tiene cincuenta y nueve años.*

| Nombre | Edad |
|---|---|
| 1. Josefa | 59 |
| 2. Víctor | |
| 3. Victoria | |
| 4. José | 33 |
| 5. Lupita | 15 |
| 6. Eva | |

**Estudiante B** Your partner wants to know the names of members of the Zavala family. Answer his or her questions according to the family tree.

modelo

**Estudiante A:** *¿Quién es la hermana de José?*
**Estudiante B:** *Victoria es la hermana de José.*

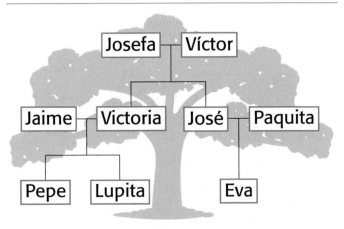

# 7 Unidad 2 Etapa 1 p. 106
## ¿Qué clase tiene?

| Nombre | Clase | Usa... |
|---|---|---|
| Rosa | | |
| César | inglés | pluma |
| Jesús | | |
| Gilberto | matemáticas | calculadora |
| yo | ¿? | ¿? |
| Estudiante B | ¿? | ¿? |

**Estudiante B:** *Usa...*

**Estudiante A:** *¿Qué usa en la clase de...?*

**Estudiante B:** *Tiene...*

**Estudiante A:** *¿Qué clase tiene Rosa?*

modelo

**Estudiante A** Find out about the following students' classes by completing the chart with your partner.

---

**Estudiante B** Find out about the following students' classes by completing the chart with your partner.

modelo

**Estudiante A:** *¿Qué clase tiene Rosa?*

**Estudiante B:** *Tiene historia.*

**Estudiante A:** *¿Qué usa en la clase de historia?*

**Estudiante B:** *Usa un cuaderno.*

| Nombre | Clase | Usa... |
|---|---|---|
| Rosa | historia | cuaderno |
| César | | |
| Jesús | computación | ratón |
| Gilberto | | |
| Estudiante A | ¿? | ¿? |
| yo | ¿? | ¿? |

# 8 Unidad 2 Etapa 1 p. 111
## ¿Siempre o nunca?

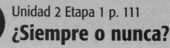

7. ¿escuchar al profesor?
6. ¿mirar videos?
5. ¿correr?
4. ¿cantar?
3. ¿llevar uniforme?
2. ¿leer?
1. ¿Gabriela tiene que estudiar?

**Estudiante B:** *Gabriela tiene que estudiar...*

**Estudiante A:** *¿Gabriela tiene que estudiar?*

modelo

**Estudiante A** Ask your partner if Gabriela has to do the following activities in her class. Can you guess what class it is?

---

**Estudiante B** Answer your partner's questions about Gabriela's class.

modelo

**Estudiante A:** *¿Gabriela tiene que estudiar?*

**Estudiante B:** *Gabriela tiene que estudiar de vez en cuando.*

| Gabriela: la clase de educación física | |
|---|---|
| siempre | llevar uniforme |
| todos los días | correr |
| mucho | escuchar al profesor |
| a veces | mirar videos |
| de vez en cuando | estudiar |
| rara vez | leer |
| nunca | cantar |

# 9 Unidad 2 Etapa 2 p. 129
## ¿A qué hora?

**Estudiante A** Ask what time your partner will do the following activities. Draw clocks to indicate the times. Then tell your partner what time you will do them.

*modelo*

**Estudiante A:** ¿A qué hora vas al doctor?

**Estudiante B:** Voy al doctor a las... ¿Y tú?

**Estudiante A:** Voy al doctor a las nueve y cuarto de la mañana.

| Por la mañana | Por la tarde |
|---|---|
| 1. 9:15 - ir al doctor | 4. 1:20 - tomar almuerzo |
| 2. 10:50 - tomar una prueba | 5. 2:45 - ir a casa |
| 3. 12:00 - comprar papel | 6. 4:30 - visitar a amigos |
| | 7. 5:10 - terminar la tarea |
| | 8. 7:45 - descansar |

**Estudiante B** Tell your partner what time you will do the following activities. Then draw clocks to indicate what time your partner will do them.

*modelo*

**Estudiante A:** ¿A qué hora vas al doctor?

**Estudiante B:** Voy al doctor a las nueve menos cuarto de la mañana. ¿Y tú?

**Estudiante A:** Voy al doctor a las...

**Por la mañana**

8:45 - ir al doctor

12:00 - tomar almuerzo

**Por la tarde**

1:05 - tomar una prueba

2:15 - comprar papel

3:50 - ir a casa

4:20 - terminar la tarea

6:30 - visitar a amigos

9:00 - descansar

# 10 Unidad 2 Etapa 2 p. 133
## ¿Doble visión?

**Estudiante A** You and your partner have similar drawings. Ask each other questions to find at least five differences between the two drawings.

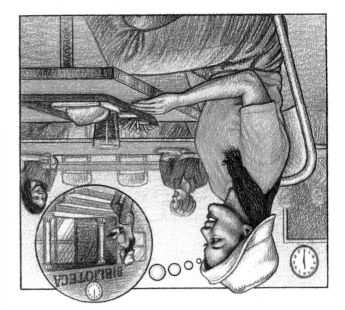

**Estudiante B** You and your partner have similar drawings. Ask each other questions to find at least five differences between the two drawings.

**MÁS COMUNICACIÓN**

**Estudiante A** Find out about Marcos. Ask if he is going to do the following activities.

**modelo**

**Estudiante A:** ¿Marcos va a pasear?

**Estudiante B:** …

1. pasear
2. leer una novela
3. ir al supermercado
4. pintar
5. ver la televisión
6. cuidar el pájaro

---

**Estudiante B** Answer your partner's questions about Marcos according to your drawing.

**modelo**

**Estudiante A:** ¿Marcos va a pasear?

**Estudiante B:** Sí, Marcos va a pasear.

| | |
|---|---|
| 6:00 | |
| 6:30 | hacer ejercicio |
| 7:00 | |
| 7:30 | ir a la biblioteca |
| 8:00 | |
| 8:30 | escribir un poema |
| 9:00 | |

**Estudiante A:** ¿Qué hace primero?

**Estudiante B:** Primero, ella… ¿Qué hace después de…?

**Estudiante A:** Entonces, ella hace ejercicio.

**modelo**

**Estudiante A** Susana likes to organize her activities, but she left her other calendar at school. Work with your partner to determine the order of her evening activities.

---

**Estudiante B** Susana likes to organize her activities, but she left her other calendar at home. Work with your partner to determine the order of her evening activities.

**modelo**

**Estudiante A:** ¿Qué hace primero?

**Estudiante B:** Primero, ella lee el periódico. ¿Qué hace después de leer el periódico?

**Estudiante A:** Entonces, ella…

| | |
|---|---|
| 6:00 | leer el periódico |
| 6:30 | |
| 7:00 | escuchar música |
| 7:30 | |
| 8:00 | comer una merienda |
| 8:30 | |
| 9:00 | ver la televisión |

## 13 Unidad 3 Etapa 1 p. 179
### Muchas emociones

**Estudiante A** You and your partner are talking about friends. You know what each person has done and your partner knows how each is feeling. Exchange information.

modelo

Josefina: ayudar a su padre

**Estudiante A:** ¿Cómo está Josefina?

**Estudiante B:** Está... ¿Qué acaba de hacer?

**Estudiante A:** Acaba de ayudar a su padre.

1. Milagros: sacar una mala nota
2. Carlos: visitar a su abuelo enfermo
3. Ricardo: tomar un examen
4. Martina: mirar un video

---

## 14 Unidad 3 Etapa 1 p. 183
### Por teléfono

**Estudiante A** Practice making phone calls. Begin a conversation and then choose logical responses from the list. Your partner will begin the second conversation.

**Conversación 1**

| |
|---|
| Soy... ¿Cómo estás? |
| ¿Te gustaría ir al cine por la noche? |
| Está bien. Hasta luego. |
| ¡Qué lástima! |
| Buenos días. ¿Puedo hablar con...? |

**Conversación 2**

| |
|---|
| Muy bien. Adiós. |
| ¿Cuál es tu teléfono? |
| No está aquí. Regresa más tarde. |
| ¡Claro que sí! |

---

**Estudiante B** You and your partner are talking about friends. You know how each person is feeling and your partner knows what each has just done. Exchange information.

modelo

Josefina

**Estudiante A:** ¿Cómo está Josefina?

**Estudiante B:** Está tranquila. ¿Qué acaba de hacer?

**Estudiante A:** Acaba de...

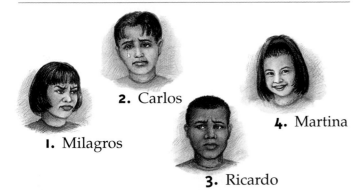

1. Milagros
2. Carlos
3. Ricardo
4. Martina

---

**Estudiante B** Your partner has just called you on the phone. Choose from the responses to carry on a logical conversation. Then begin a second conversation.

| **Conversación 1** |
|---|
| Gracias, pero no puedo. |
| ¡Muy bien! Voy a patinar por la tarde. |
| Nos vemos. |
| Tal vez otro día. |
| Soy... ¿Quién habla? |

| **Conversación 2** |
|---|
| Quiero dejar un mensaje para ella. |
| 253-5652 |
| Buenas tardes. ¿Puedo hablar con Carolina? |
| Dile que me llame, por favor. |
| Gracias. Adiós. |

## 15 — Unidad 3 Etapa 2 p. 202 — Los deportes

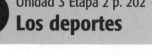

Óscar

**Estudiante A** By looking at Óscar's equipment, you can see which sports he plays. With your partner, determine how many sports he and Aída have in common.

modelo

**Estudiante A:** *Óscar juega al baloncesto. ¿Y Aída?*

**Estudiante B:** …

**Estudiante B** By looking at Aída's equipment, you can see which sports she plays. With your partner, determine how many sports she and Óscar have in common.

modelo

**Estudiante A:** *Oscar juega al baloncesto. ¿Y Aída?*

**Estudiante B:** *No, no juega al baloncesto, pero patina.*

Aída

## 16 — Unidad 3 Etapa 2 p. 205 — En la escuela

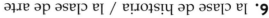

1. la clase de español / la clase de inglés
2. tu maestro(a) de educación física / tu maestro(a) de matemáticas
3. las tareas / las pruebas
4. la oficina / la biblioteca
5. la cafetería / el gimnasio
6. la clase de historia / la clase de arte

modelo

el (la) maestro(a) de historia / el (la) maestro(a) de español

**Estudiante A:** *¿Cómo son la maestra de historia y el maestro de español?*

**Estudiante B:** *La maestra de historia es más simpática que el maestro de español.*

**o:** *El maestro de español es más simpático que la maestra de historia.*

**Estudiante A** Ask your partner to compare school experiences.

**Estudiante B** Answer your partner's questions about school, using the following expressions.

modelo

*más simpático(a)*

**Estudiante A:** *¿Cómo son la maestra de historia y el maestro de español?*

**Estudiante B:** *La maestra de historia es más simpática que el maestro de español.*

**o:** *El maestro de español es más simpático que la maestra de historia.*

1. tan fácil como
2. mayor
3. peor
4. menos interesante
5. menos grande
6. más divertida

## 17 Unidad 3 Etapa 3 p. 224
### Los dibujos

**Estudiante A** Fernando feels differently at 7:30, 1:00, 6:00, and 9:00. Ask about Fernando.

**modelo**

**Estudiante A:** ¿Cómo está Fernando a las siete y media?

**Estudiante B:** …

1. 7:30
2. 9:00
3. 6:00
4. 1:00

**Estudiante B** Fernando feels differently at 7:30, 1:00, 6:00, and 9:00. Answer your partner's questions about Fernando, using **tener** expressions.

9:00

7:30

1:00

6:00

## 18 Unidad 3 Etapa 3 p. 227
### ¿Lo tiene?

**Estudiante A** Catalina is going to the beach. Find out if she has the following items with her. Then tell which items Antonio has for his trip to the mountains.

**modelo**

los patines

**Estudiante A:** ¿Tiene Catalina los patines?

**Estudiante B:** …

1. las gafas de sol
2. el traje de baño con rayas
3. la merienda
4. los shorts de cuadros
5. el bronceador
6. una revista

**Estudiante B** Catalina is going to the beach. Answer your partner's questions about Catalina. Then find out if Antonio has the following items for his trip to the mountains.

*modelo*

*los patines*

**Estudiante A:** *¿Tiene Catalina los patines?*

**Estudiante B:** *No, no los tiene.*

7. el gorro
8. la chaqueta
9. el impermeable
10. la bufanda con rayas
11. las gafas de sol
12. el suéter

## 19 Unidad 4 Etapa 1 p. 251
## ¿Qué es?

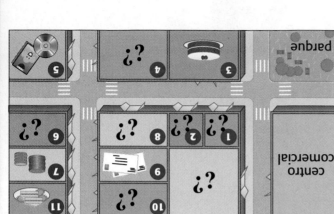

**Estudiante A** Tú no conoces el centro muy bien. Habla con tu amigo(a) para identificar todos los lugares. *(Hint: Identify the places.)*

**modelo**

**Estudiante A:** ¿Qué está enfrente del centro comercial?

**Estudiante B:** ...está enfrente del centro comercial.

---

**Estudiante B** Tú no conoces el centro muy bien. Habla con tu amigo(a) para identificar todos los lugares. *(Hint: Identify the places.)*

**modelo**

**Estudiante A:** ¿Qué está enfrente del centro comercial?

**Estudiante B:** La estación de autobuses está enfrente del centro comercial.

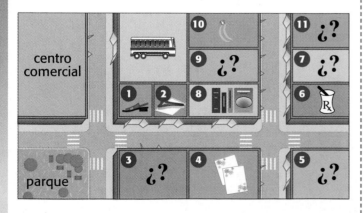

## 20 Unidad 4 Etapa 1 p. 255
## ¿Es posible?

1. sacar una foto
2. jugar al baloncesto
3. comer pizza
4. andar en bicicleta
5. beber un refresco
6. escribir tu nombre en un papel

**modelo**

tocar el piano

**Estudiante A:** Toca el piano.

**Estudiante B:** No es posible.

**Estudiante A** Dile a tu amigo(a) qué hacer. Si tiene lo necesario, va a dramatizarla. Si no lo tiene, va a decirte que no es posible. Cambien de papel. *(Hint: Tell your partner what to do. If possible, your partner will act it out.)*

---

**Estudiante B** Tu amigo(a) te va a decir qué hacer. Si tienes el objeto necesario, dramatiza la actividad. Si no lo tienes, dile que no es posible. Cambien de papel. *(Hint: Your partner will say what to do. If possible, act it out. If not, say so.)*

**modelo**

tocar el piano

**Estudiante A:** Toca el piano.

**Estudiante B:** No es posible.

7. escribir en el pizarrón
8. usar la computadora
9. comer una hamburguesa
10. tocar la guitarra
11. correr en tu lugar
12. leer un libro

## 21 Unidad 4 Etapa 2 p. 272
### ¿Puede hacerlo bien?

**Estudiante A** Tu amigo(a) tiene las notas de Emilia. Pregúntale si puede hacer las siguientes actividades bien. (*Hint: Ask if Emilia does these well.*)

**modelo**

**Estudiante A:** ¿Puede hacer ejercicio bien?

**Estudiante B:** …

1. hacer ejercicio
2. hacer un proyecto sobre los pájaros
3. trabajar con números
4. hablar español
5. comprender los mapas

---

**Estudiante B** Mira las notas de Emilia y contesta las preguntas de tu amigo(a). (*Hint: Tell if Emilia does these well.*)

**modelo**

**Estudiante A:** ¿Puede hacer ejercicio bien?

**Estudiante B:** Sí, puede hacer ejercicio bien.

### Colegio Alta Vista

| Emilia Villarreal | | | |
|---|---|---|---|
| | 1 | 2 | 3 |
| Español | A | | |
| Matemáticas | B | | |
| Ciencias | D | | |
| Estudios sociales | C− | | |
| Educación física | A+ | | |

## 22 Unidad 4 Etapa 2 p. 277
### Los regalos

**Estudiante A** Chavela hace una tabla de los regalos que da para la Navidad. Con tu amigo(a), completa la tabla. (*Hint: Complete the chart.*)

**modelo**

**Estudiante A:** ¿Qué le da a su madre?

**Estudiante B:** Le da… a su madre. ¿Cuánto cuesta(n)…?

**Estudiante A:** Cuesta(n) treinta dólares.

| mi madre | $30 | |
| mis hermanos | | carteras |
| mi padre | $25 | |
| mis abuelos | | olla |
| mi prima | | casete |
| mi amiga | $15 | |

---

**Estudiante B** Chavela hace una tabla de los regalos que da para la Navidad. Con tu amigo(a), completa la tabla. (*Hint: Complete the chart.*)

**modelo**

**Estudiante A:** ¿Qué le da a su madre?

**Estudiante B:** Le da unos aretes a su madre. ¿Cuánto cuestan los aretes?

**Estudiante A:** Cuesta(n)…

| mi madre | | aretes |
| mis hermanos | $20 | |
| mi padre | | cinturón |
| mis abuelos | $18 | |
| mi prima | $9 | |
| mi amiga | | pulsera |

## 23 ¿Riquísimo o no?
Unidad 4 Etapa 3 p. 293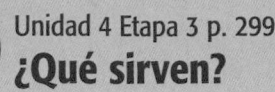

**Estudiante A** Vas a un restaurante con Memo y tu amigo(a). ¿A ellos les gustan estas comidas y bebidas? (*Hint: Do Memo and your partner like these?*)

**modelo**

**Estudiante A:** ¿Te gusta el bistec? ¿A Memo le gusta?
**Estudiante B:** …

1. el bistec    2. la salsa    3. el flan
4. la limonada    5. los frijoles

| | Memo | Mi amigo(a) |
|---|---|---|
| las enchiladas | sí | ¿? |
| el té | no | ¿? |
| los postres | sí | ¿? |
| el arroz | sí | ¿? |
| la ensalada | no | ¿? |

**Estudiante B** Vas a un restaurante con Memo y tu amigo(a). ¿A ellos les gustan estas comidas y bebidas? (*Hint: Do Memo and your partner like these?*)

**modelo**

**Estudiante A:** ¿Te gusta el bistec? ¿A Memo le gusta?
**Estudiante B:** A mí me gusta el bistec. A Memo no le gusta.

6. las enchiladas    9. el arroz
7. el té    10. la ensalada
8. los postres

| | Memo | Mi amigo(a) |
|---|---|---|
| el bistec | no | ¿? |
| la salsa | sí | ¿? |
| el flan | sí | ¿? |
| la limonada | no | ¿? |
| los frijoles | sí | ¿? |

## 24 ¿Qué sirven?
Unidad 4 Etapa 3 p. 299

**Estudiante A** Roberto pide las siguientes comidas. ¿Las sirven en el Café Veracruz? (*Hint: Say what Roberto is ordering.*)

**modelo**

*papas fritas*

**Estudiante A:** *Pide papas fritas.*
**Estudiante B:** …

1. ensalada    6. bistec
2. flan    5. pan
3. sopa    4. pollo
7. hamburguesa    12. arroz
8. pastel    11. pan dulce
9. enchiladas    10. queso

**Estudiante B** Dile a tu amigo(a) si sirven las comidas que pide Roberto en el Café Veracruz. (*Hint: Tell your partner if these are served.*)

**modelo**

*papas fritas*

**Estudiante A:** *Pide papas fritas.*
**Estudiante B:** *Sí, sirven papas fritas.*

## 25 Unidad 5, Etapa 1 p. 323
### ¿Qué hago?

**Estudiante A** No recuerdas qué hacer hoy y tú amigo(a) tiene tu calendario. Adivina las cuatro actividades de la lista. (*Hint: Guess the four activities.*)

modelo

hacer la cama

**Estudiante A:** ¿Hago la cama hoy?

**Estudiante B:** Sí, haz la cama.

**o:** No, no está en tu calendario.

1. poner la mesa
2. tocar el piano
3. ir al mercado
4. salir a las 7:30
5. escribir una carta
6. hacer la tarea

---

**Estudiante B** Tu amigo(a) no recuerda qué hacer hoy y tú tienes su calendario. Cuando te pregunta, dile qué hacer según su calendario.
(*Hint: Tell your partner what to do.*)

modelo

hacer la cama

**Estudiante A:** ¿Hago la cama hoy?

**Estudiante B:** Sí, haz la cama.

**o:** No, no está en tu calendario.

### 8 abril

poner la mesa
ir al mercado
salir a las 7:30
hacer la tarea

---

## 26 Unidad 5 Etapa 1 p. 327
### Problemas y soluciones

**Estudiante A** Tú le dices varios problemas a tu amigo(a) y te dice una solución. Cambien también de papel. (*Hint: Tell your partner your problems.*)

modelo

**Estudiante A:** No tengo secador de pelo.

**Estudiante B:** ...

No tengo secador de pelo.

no ponerse shorts
no despertarse tan tarde
lavarse los dientes con otra pasta de dientes
peinarse

1. Siempre estoy muy cansado(a).
2. Tengo mucho calor.
3. Quiero ver un programa a las diez.
4. No llevo nada en los pies.

---

**Estudiante B** Tu amigo(a) te dice sus problemas. Dile una solución con las expresiones de la lista. Cambien de papel.
(*Hint: Suggest solutions to your partner.*)

bañarse en agua fresca
ponerse los zapatos
no acostarse tan tarde
secarse el pelo con una toalla
no dormirse antes de las diez

modelo

**Estudiante A:** No tengo secador de pelo.

**Estudiante B:** Sécate el pelo con una toalla.

5. Siempre llego tarde a la escuela.
6. No me gusta la pasta de dientes.
7. No me gusta mi pelo hoy.
8. Tengo frío.

## 27 Unidad 5 Etapa 2 p. 344
## ¿Dónde?

**Estudiante A** Diana y su familia preparan una fiesta. Pregúntale a tu amigo(a) dónde están haciendo los siguientes quehaceres. *(Hint: Ask where they do each chore.)*

**modelo**

*ordenar las flores*

**Estudiante A:** *¿Dónde están ordenando las flores?*

**Estudiante B:** *Están ordenándolas en...*

1. barrer el suelo
2. pasar la aspiradora
3. planchar la ropa
4. quitar la mesa

**Estudiante B** Diana y su familia preparan una fiesta. Dile a tu amigo(a) dónde están haciendo los siguientes quehaceres. *(Hint: Tell where they do each chore.)*

**modelo**

*ordenar las flores*

**Estudiante A:** *¿Dónde están ordenando las flores?*

**Estudiante B:** *Están ordenándolas en la cocina.*

## 28 Unidad 5 Etapa 2 p. 349
## ¿Cómo?

**Estudiante A** ¿Cómo debe hacer Pedro las siguientes actividades? *(Hint: How should Pedro do these?)*

**modelo**

*quitar el polvo*

**Estudiante A:** *¿Cómo debe quitar el polvo?*

**Estudiante B:** *Debe quitarlo...*

1. pasar la aspiradora
2. sacar la basura
3. barrer el suelo
4. hacer la tarea
5. hacer la cama
6. manejar

**Estudiante B** ¿Cómo debe hacer Pedro las siguientes actividades? *(Hint: How should Pedro do these?)*

**modelo**

*quitar el polvo: cuidadoso*

**Estudiante A:** *¿Cómo debe quitar el polvo?*

**Estudiante B:** *Debe quitarlo cuidadosamente.*

a. sacar la basura: rápido
b. hacer la tarea: paciente
c. manejar: tranquilo
d. pasar la aspiradora: lento
e. hacer la cama: fácil
f. barrer el suelo: frecuente

## 29 Unidad 5 Etapa 3 p. 365
### ¿Quién es?

Unidad 5 Etapa 3 p. 365

**Estudiante A** Pregúntale a tu amigo(a) sobre tres nuevas estudiantes. *(Hint: Ask about three students.)*

**modelo**

*más alta*

**Estudiante A:** ¿Quién es la más alta?
**Estudiante B:** ... es la más alta.

1. ser menor
2. tener pelo más largo
3. estar más contenta
4. ser menos alta
5. tener pelo más corto
6. ser mayor
7. estar más cansada

---

**Estudiante B** Contesta las preguntas de tu amigo(a) sobre las tres nuevas estudiantes. *(Hint: Answer questions about three students.)*

**modelo**

**Estudiante A:** ¿Quién es la más alta?
**Estudiante B:** Olivia es la más alta.

Lina - 17 años  Olivia - 16 años  Inés - 15 años

---

## 30 Unidad 5 Etapa 3 p. 371
### En el supermercado

965 ptas / 2    1.380 ptas / 4    250 ptas / 2 kilos    575 ptas / 2

**Estudiante A** Pregúntale a tu amigo(a) qué compraron las siguientes personas. Cambien de papel. *(Hint: Ask what they bought.)*

**modelo**

*el señor Matute / 840 pesetas*

**Estudiante A:** ¿Qué compró el señor Matute por ochocientas cuarenta pesetas?
**Estudiante B:** Compró...

1. ustedes / 1.225 pesetas
2. la señora García / 315 pesetas
3. tú / 140 pesetas
4. Alejandra y Cristóbal / 1.425 pesetas

---

**Estudiante B** Dile a tu amigo(a) qué compraron. Cambien de papel. *(Hint: Say what they bought.)*

**modelo**

**Estudiante A:** ¿Qué compró el señor Matute por ochocientas cuarenta pesetas?
**Estudiante B:** Compró medio kilo de salchichas.

5. la señora Martínez / 1.380 pesetas
6. tú / 575 pesetas
7. tu amigo / 250 pesetas
8. el señor Aguilera / 965 pesetas

2 litros/ 315 ptas    4/ 1.225 ptas    1 kilo/ 1.425 ptas    12/ 140 ptas    1/2 kilo/ 840 ptas

## 31 Unidad 6 Etapa 1 p. 395
### Una noche larga

**Estudiante A** ¿Qué leyeron u oyeron estas personas en sus camas? Completa la tabla con tu amigo(a). (Hint: Complete the chart.)

**modelo**

**Estudiante A:** ¿Ángela oyó o leyó algo?

**Estudiante B:** Ángela...

| | |
|---|---|
| Ángela | |
| María y Elena | una novela |
| Quique y Alex | |
| Gloria | |
| Alfredo y Paco | los aviones |
| Tavo | una revista |

---

**Estudiante B** ¿Qué leyeron u oyeron estas personas en sus camas? Completa la tabla con tu amigo(a). (Hint: Complete the chart.)

**modelo**

**Estudiante A:** ¿Ángela oyó o leyó algo?

**Estudiante B:** Ángela oyó los pájaros.

| Ángela | los pájaros |
|---|---|
| María y Elena | |
| Quique y Alex | el periódico |
| Gloria | el tren |
| Alfredo y Paco | |
| Tavo | |

## 32 Unidad 6 Etapa 1 p. 399
### Vamos a...

**Estudiante A** Le sugieres a tu amigo(a) a hacer algo. Tu amigo(a) te dice la última vez que lo hizo. Cambien de papel. (Hint: Suggest you do an activity.)

la semana pasada  anteayer
anoche  el... pasado  ayer

**modelo**

**Estudiante A:** Vamos a estudiar.

**Estudiante B:** Estudié ayer.

estudiar

1. jugar al baconcesto
2. ver la televisión
3. ¿?
4. ¿?
5. leer revistas
6. ir a una fiesta
7. ¿?
8. ¿?

---

**Estudiante B** Tu amigo(a) te sugiere hacer algo. Dile la última vez que lo hiciste. Cambien de papel. (Hint: Say the last time you did an activity after you hear the suggestion.)

la semana pasada  anteayer
anoche  el... pasado  ayer

**modelo**

**Estudiante A:** Vamos a estudiar.

**Estudiante B:** Estudié ayer.

1. ¿?
2. ¿?
3. ir al cine
4. correr
5. ¿?
6. ¿?
7. comer helado
8. escuchar música

# 33 Unidad 6 Etapa 2 p. 417
## ¿Dónde están?

**modelo**

**Estudiante A:** Hay un corral en el centro…

**Estudiante A** Descríbele la granja a tu amigo(a). El (Ella) la va a dibujar. Cambien de papel. (Hint: Describe the farm.)

**Estudiante B** Tu amigo(a) te describe una granja. Dibuja lo que oyes. Cambien de papel. (Hint: Draw the farm described.)

**modelo**

**Estudiante A:** Hay un corral en el centro…

# 34 Unidad 6 Etapa 2 p. 421
## La carrera

**modelo**

**Estudiante A:** ¿Quién es la primera?
**Estudiante B:** La primera es número…

**Estudiante A** Hay una carrera y no puedes ver bien. Trabaja con tu amigo(a) para identificar a todos los participantes. (Hint: Identify all the racers.)

**Estudiante B** Hay una carrera y no puedes ver bien. Trabaja con tu amigo(a) para identificar a todos los participantes. (Hint: Identify all the racers.)

**modelo**

**Estudiante A:** ¿Quién es la primera?
**Estudiante B:** La primera es número cincuenta.

**35** Unidad 6 Etapa 3 p. 439
## ¿Lo hago?

**36** Unidad 6 Etapa 3 p. 443
## Parte de la historia

**Estudiante A** No recuerdas qué hacer hoy y tu amigo(a) tiene tu calendario. Pregúntale qué haces hoy. *(Hint: Ask what you'll do today.)*

**modelo**

barrer el suelo

**Estudiante A:** ¿Barro el suelo hoy?

**Estudiante B:** Sí, barre el suelo hoy.   **o:** Hoy no.

1. almorzar con Angélica
2. estudiar en la biblioteca
3. sacar la basura
4. mandar una carta
5. ir al cine
6. estar en casa a las 8:30

**Estudiante A** Viste algo en la televisión, pero solamente sabes parte de la historia. Con tu amigo(a), cuenta lo que pasó según los dibujos. Tu amigo(a) empieza. *(Hint: Take turns telling what happened.)*

**modelo**

**Estudiante B:** Un hombre se levantó a las seis de la mañana.

---

**Estudiante B** Tu amigo(a) no recuerda qué hacer hoy y tú tienes su calendario. Cuando te pregunta, dile qué hacer según su calendario. *(Hint: Tell your partner what to do according to the calendar.)*

**modelo**

barrer el suelo

**Estudiante A:** ¿Barro el suelo hoy?

**Estudiante B:** Sí, barre el suelo hoy.   **o:** Hoy no.

**26  junio**

almorzar con Angélica
sacar la basura
ir al cine
estar en casa a las 8:30

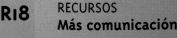

**Estudiante B** Viste algo en la televisión, pero solamente sabes parte de la historia. Con tu amigo(a), cuenta lo que pasó según los dibujos. Tú empiezas. *(Hint: Take turns telling what happened.)*

**modelo**

**Estudiante B:** Un hombre se levantó a las seis de la mañana.

# Juegos—respuestas

## UNIDAD 1

**Etapa 1**    **En uso,** p. 45: A Marisol no le gusta hacer las actividades con la letra **c.**

**Etapa 2**    **En uso,** p. 67: b

**Etapa 3**    **En acción,** p. 81: El hermano de Marco tiene un año.; **En uso,** p. 91: 1. El abuelo tiene 61 años. 2. Carlos tiene 37 años. 3. Antonio tiene 2 años.

## UNIDAD 2

**Etapa 1**    **En uso,** p. 117: 1. matemáticas, 2. computación, 3. inglés, 4. música

**Etapa 2**    **En uso,** p. 139: Marco va al auditorio. Maricarmen va a la biblioteca. Josefina va a la oficina.

**Etapa 3**    **En acción,** p. 148: El perro tiene sed.; **En uso,** p. 163: Adriana camina con el perro. José toca la guitarra. Jorge cuida a sus hermanos.

## UNIDAD 3

**Etapa 1**    **En uso,** p. 189: 1. Miguel va a un concierto. 2. Mariela va al cine. 3. Martina y Martín van de compras (a la tienda).

**Etapa 2**    **En uso,** p. 211: 1. Ángela: levantar pesas, 2. Marco: surfing, 3. Juanito: fútbol

**Etapa 3**    **En acción,** p. 226: b; **En uso,** p. 235: c. Chile

## UNIDAD 4

**Etapa 1**    **En uso,** p. 261: Adriana va al aeropuerto. Andrés va a la farmacia. Arturo va al banco.

**Etapa 2**    **En acción,** p. 274: Lola quiere darle la lila a Lidia.; **En uso,** p. 283: Compras un plato barato por pocos pesos.

**Etapa 3**    **En uso,** p. 307: Pablo le sirve sopa a Marco, ensalada a Martina y azúcar a Marisol.

## UNIDAD 5

**Etapa 1**    **En acción,** p. 322: Necesita peinarse.; **En uso,** p. 333: 1. un despertador, 2. un secador de pelo, 3. un peine, 4. un espejo

**Etapa 2**    **En uso,** p. 355: 1. Sofía está en el comedor. 2. Felipe está en la sala. 3. Cristina está en la cocina.

**Etapa 3**    **En uso,** p. 379: 1. helado: el congelador, 2. platos sucios: el lavaplatos, 3. leche: el frigorífico, 4. carne de res: la estufa

## UNIDAD 6

**Etapa 1**    **En uso,** p. 405: 1. El papá de Adriana es contador. 2. El padre de Susana es fotógrafo. 3. El Sr. Rodríguez es bombero.

**Etapa 2**    **En uso,** p. 427: El cerdo es el primero, la llama es la segunda y la vaca es la tercera.

**Etapa 3**    **En acción,** p. 440: a; **En uso,** p. 451: 1. b. La llama está jugando con Rocío. 2. c. El ganadero buscó su merienda. 3. a. ¡El caballo se va a escapar del corral!

# Vocabulario adicional

Here are lists of additional vocabulary to supplement the words you know. They include musical instruments, classes, animals, professions, sports, and foods. If you do not find a word here, it may be listed as passive vocabulary in the glossaries.

## Los instrumentos

| | |
|---|---|
| el acordeón | accordion |
| la armónica | harmonica |
| el arpa (fem.) | harp |
| el bajo | bass |
| el bajón | bassoon |
| el banjo | banjo |
| la batería | drum set |
| el clarinete | clarinet |
| el corno francés | French horn |
| el corno inglés | English horn |
| la flauta | flute |
| la flauta dulce | recorder |
| el flautín | piccolo |
| la mandolina | mandolin |
| el oboe | oboe |
| el órgano | organ |
| la pandereta | tambourine |
| el saxofón | saxophone |
| el sintetizador | synthesizer |
| el tambor | drum |
| el trombón | trombone |
| la trompeta | trumpet |
| la tuba | tuba |
| la viola | viola |
| el violín | violin |
| el violonchelo | cello |
| el xilófono | xylophone |

## Más animales

| | | | |
|---|---|---|---|
| la abeja | bee | el león | lion |
| el águila (fem.) | eagle | el leopardo | leopard |
| el alce | moose | el lobo | wolf |
| la araña | spider | el loro | parrot |
| la ardilla | squirrel | el mono | monkey |
| la ballena | whale | el mapache | raccoon |
| el buey | ox | la mariposa | butterfly |
| el búho | owl | la mosca | fly |
| el burro | donkey | el mosquito | mosquito |
| la cabra | goat | el (la) oso(a) | bear |
| el cangrejo | crab | la oveja | sheep |
| el chapulín | grasshopper | la paloma | pigeon, dove |
| el cisne | swan | la pantera | panther |
| el conejillo de Indias | guinea pig | el pato | duck |
| el conejo | rabbit | el pavo | turkey |
| el coyote | coyote | el pavo real | peacock |
| el delfín | dolphin | el pingüino | penguin |
| el elefante | elephant | la rana | frog |
| el ganso | goose | la rata | rat |
| el gerbo | gerbil | el ratón | mouse |
| el grillo | cricket | el sapo | toad |
| el hámster | hamster | la serpiente | snake |
| la hormiga | ant | el tiburón | shark |
| el hurón | ferret | el tigre | tiger |
| el jaguar | jaguar | la tortuga | turtle |
| la jirafa | giraffe | el venado | deer |
| la lagartija | small lizard | el zorro | fox |

## Más profesiones

| | |
|---|---|
| el (la) abogado(a) | *lawyer* |
| el actor | *actor* |
| la actriz | *actress* |
| el (la) agente de bolsa | *stockbroker* |
| el (la) agente de viajes | *travel agent* |
| el (la) alcalde | *mayor* |
| el (la) artista | *artist* |
| el (la) asistente social | *social worker* |
| el (la) atleta | *athlete* |
| el (la) auxiliar de vuelo | *flight attendant* |
| el (la) cantante | *singer* |
| el (la) carnicero(a) | *butcher* |
| el (la) carpintero(a) | *carpenter* |
| el (la) científico(a) | *scientist* |
| el (la) dentista | *dentist* |
| el (la) director(a) | *principal, director* |
| el (la) empleado(a) de banco | *bank clerk* |
| el (la) enfermero(a) | *nurse* |
| el (la) farmacéutico(a) | *pharmacist* |
| el (la) funcionario(a) | *civil servant* |
| el (la) guía | *guide* |
| el (la) ingeniero(a) | *engineer* |
| el (la) jardinero(a) | *gardener* |
| el (la) joyero(a) | *jeweler* |
| el (la) mecánico(a) | *mechanic* |
| el (la) militar | *soldier* |
| el (la) modelo | *model* |
| el (la) músico(a) | *musician* |
| el (la) panadero(a) | *baker* |
| el (la) peluquero(a) | *hairstylist* |
| el (la) pescador(a) | *fisher* |
| el (la) piloto(a) | *pilot* |
| el (la) plomero(a) | *plumber* |
| el (la) profesor(a) | *teacher, professor* |
| el (la) sastre | *tailor* |
| el (la) vendedor(a) | *salesperson* |
| el (la) veterinario(a) | *veterinarian* |
| el (la) zapatero(a) | *shoemaker* |

## Las clases

| | |
|---|---|
| el alemán | *German* |
| el álgebra (fem.) | *algebra* |
| la biología | *biology* |
| el cálculo | *calculus* |
| la composición | *writing* |
| la contabilidad | *accounting* |
| la física | *physics* |
| el francés | *French* |
| la geografía | *geography* |
| la geología | *geology* |
| la geometría | *geometry* |
| el italiano | *Italian* |
| el japonés | *Japanese* |
| el latín | *Latin* |
| la química | *chemistry* |
| el ruso | *Russian* |
| la salud | *health* |
| la trigonometría | *trigonometry* |

## Los deportes

| | |
|---|---|
| el árbitro | *referee, umpire* |
| el arquero | *goalie* |
| el (la) bateador(a) | *batter* |
| el boxeo | *boxing* |
| el (la) campeón(ona) | *champion* |
| el campeonato | *championship* |
| la carrera | *race* |
| el cesto | *basket* |
| el (la) entrenador(a) | *trainer, coach* |
| el esquí | *ski* |
| la gimnasia | *gymnastics* |
| el golf | *golf* |
| los juegos olímpicos | *Olympics* |
| el (la) lanzador(a) | *pitcher* |
| el marcador | *scoreboard* |
| el palo | *stick, club* |
| el (la) parador(a) | *catcher* |
| la pista | *racetrack* |
| la red | *net* |
| la tabla hawaiana | *surfboard* |
| el trofeo | *trophy* |
| el uniforme | *uniform* |

## Las frutas y las verduras

| | |
|---|---|
| el aguacate | *avocado* |
| la alcachofa | *artichoke* |
| el apio | *celery* |
| el arándano | *blueberry* |
| la banana | *banana* |
| la berenjena | *eggplant* |
| el bróculi | *broccoli* |
| el calabacín | *zucchini* |
| la calabaza | *squash* |
| la cereza | *cherry* |
| la ciruela | *plum* |
| el coco | *coconut* |
| la col | *cabbage* |
| la coliflor | *cauliflower* |
| el dátil | *date* |
| el espárrago | *asparagus* |
| la espinaca | *spinach* |
| la frambuesa | *raspberry* |
| la fresa | *strawberry* |
| la guayaba | *guava* |
| el kiwi | *kiwi* |
| el lima | *lime* |
| el limón | *lemon* |
| el mango | *mango* |
| la manzana | *apple* |
| el melocotón | *peach* |
| el melón | *melon* |
| la mora | *blackberry* |
| la naranja | *orange* |
| la papaya | *papaya* |
| el pepino | *cucumber* |
| la pera | *pear* |
| el plátano | *banana, plantain* |
| la sandía | *watermelon* |
| la toronja | *grapefruit* |

# Gramática—resumen

## Grammar Terms

**Adjective (pp. 57–58):** a word that describes a noun

**Adverb (pp. 107, 347):** a word that describes a verb, an adjective, or another adverb

**Article (pp. 54–55):** a word that identifies the class of a noun (masculine or feminine, singular or plural); English articles are *a, an,* or *the*

**Command (p. 252):** a verb form used to tell someone to do something

**Comparative (p. 202):** a phrase that compares two things

**Conjugation (pp. 105, 366):** a verb form that uses the stem of an infinitive and adds endings that reflect subject and tense

**Direct Object (p. 224):** the noun, pronoun, or phrase that receives the action of the main verb in a sentence

**Gender (p. 57):** a property that divides adjectives, nouns, pronouns, and articles into masculine and feminine groups

**Indirect Object (p. 273):** a noun, pronoun, or phrase that tells to whom/what or for whom/what an action is done

**Infinitive (p. 37):** the basic form of a verb; it names the action without giving tense, person, or number

**Interrogative (p. 131):** a word that asks a question

**Noun (p. 54):** a word that names a thing, person, animal, place, feeling, or situation

**Number (p. 58):** a property that divides adjectives, nouns, pronouns, articles, and verbs into singular and plural groups

**Preposition (p. 78):** a word that shows the relationship between its object and another word in the sentence

**Pronoun (p. 33):** a word that can be used in place of a noun

**Reflexive Verb (p. 320):** a verb for which the subject and the direct object are the same participant

**Subject (p. 33):** the noun, pronoun, or phrase in a sentence that performs the action and is the focus of attention

**Superlative (p. 364):** a phrase that describes which item has the most or least of a quality

**Tense (pp. 105, 366):** when the action of a verb takes place

## Nouns, Articles, and Pronouns

### Nouns

**Nouns** identify things, people, animals, places, feelings, or situations. Spanish nouns are either masculine or feminine. They are also either **singular** or **plural**. **Masculine nouns** usually end in **-o** and **feminine nouns** usually end in **-a**.

To make a noun **plural**, add **-s** to a word ending in a vowel and **-es** to a word ending in a consonant.

| Singular Nouns | | Plural Nouns | |
|---|---|---|---|
| **Masculine** | **Feminine** | **Masculine** | **Feminine** |
| amigo | amiga | amigo**s** | amiga**s** |
| chico | chica | chico**s** | chica**s** |
| hombre | mujer | hombre**s** | mujer**es** |
| suéter | blusa | suéter**es** | blusa**s** |
| zapato | falda | zapato**s** | falda**s** |

# Articles

**Articles** identify the class of a noun: masculine or feminine, singular or plural. **Definite articles** are the equivalent of the English word *the*. **Indefinite articles** are the equivalent of *a, an,* or *some*.

| Definite Articles | | |
|---|---|---|
| | **Masculine** | **Feminine** |
| *Singular* | **el** amigo | **la** amiga |
| *Plural* | **los** amigos | **las** amigas |

| Indefinite Articles | | |
|---|---|---|
| | **Masculine** | **Feminine** |
| *Singular* | **un** amigo | **una** amiga |
| *Plural* | **unos** amigos | **unas** amigas |

# Pronouns

A **pronoun** takes the place of a noun. The pronoun used is determined by its function or purpose in the sentence.

| Subject Pronouns | |
|---|---|
| yo | nosotros(as) |
| tú | vosotros(as) |
| usted | ustedes |
| él, ella | ellos(as) |

| Pronouns Used After Prepositions | |
|---|---|
| de **mí** | de **nosotros(as)** |
| de **ti** | de **vosotros(as)** |
| de **usted** | de **ustedes** |
| de **él, ella** | de **ellos(as)** |

| Direct Object Pronouns | |
|---|---|
| me | nos |
| te | os |
| lo, la | los, las |

| Indirect Object Pronouns | |
|---|---|
| me | nos |
| te | os |
| le | les |

| Reflexive Pronouns | |
|---|---|
| me | nos |
| te | os |
| se | se |

| Demonstrative Pronouns | |
|---|---|
| éste(a), esto | éstos(as) |
| ése(a), eso | ésos(as) |
| aquél(la), aquello | aquéllos(as) |

# Adjectives

**Adjectives** describe nouns. In Spanish, adjectives must match the **number** and **gender** of the nouns they describe. When an adjective describes a group with both genders, the masculine form is used. To make an adjective plural, apply the same rules that are used for making a noun plural. Most adjectives are placed after the noun.

| Adjectives | | |
|---|---|---|
| | **Masculine** | **Feminine** |
| *Singular* | el chico **guapo** | la chica **guapa** |
| | el chico **paciente** | la chica **paciente** |
| | el chico **fenomenal** | la chica **fenomenal** |
| | el chico **trabajador** | la chica **trabajadora** |
| *Plural* | los chicos guapo**s** | las chicas guapa**s** |
| | los chicos paciente**s** | las chicas paciente**s** |
| | los chicos fenomenal**es** | las chicas fenomenal**es** |
| | los chicos trabajador**es** | las chicas trabajadoras |

# Adjectives cont.

Sometimes adjectives are placed before the noun and **shortened**. **Grande** is shortened before any singular noun. Several others are shortened before a masculine singular noun.

| Shortened Forms | | | |
|---|---|---|---|
| alguno | **algún** chico | primero | **primer** chico |
| bueno | **buen** chico | tercero | **tercer** chico |
| malo | **mal** chico | | |
| ninguno | **ningún** chico | grande | **gran** chico(a) |

**Possessive adjectives** identify to whom something belongs. They agree in gender and number with the noun possessed, not with the person who possesses it.

| Possessive Adjectives | Masculine | | Feminine | |
|---|---|---|---|---|
| *Singular* | **mi** amigo | **nuestro** amigo | **mi** amiga | **nuestra** amiga |
| | **tu** amigo | **vuestro** amigo | **tu** amiga | **vuestra** amiga |
| | **su** amigo | **su** amigo | **su** amiga | **su** amiga |
| *Plural* | **mis** amigos | **nuestros** amigos | **mis** amigas | **nuestras** amigas |
| | **tus** amigos | **vuestros** amigos | **tus** amigas | **vuestras** amigas |
| | **sus** amigos | **sus** amigos | **sus** amigas | **sus** amigas |

**Demonstrative adjectives** point out which noun is being referred to. Their English equivalents are *this*, *that*, *these*, and *those*.

| Demonstrative Adjectives | Masculine | Feminine |
|---|---|---|
| *Singular* | **este** amigo | **esta** amiga |
| | **ese** amigo | **esa** amiga |
| | **aquel** amigo | **aquella** amiga |
| *Plural* | **estos** amigos | **estas** amigas |
| | **esos** amigos | **esas** amigas |
| | **aquellos** amigos | **aquellas** amigas |

# Interrogatives

**Interrogative** words are used to ask questions.

| Interrogatives | | |
|---|---|---|
| ¿Adónde? | ¿Cuándo? | ¿Por qué? |
| ¿Cómo? | ¿Cuánto(a)? ¿Cuántos(as)? | ¿Qué? |
| ¿Cuál(es)? | ¿Dónde? | ¿Quién(es)? |

# Comparatives and Superlatives

## Comparatives

**Comparatives** are used when comparing two different things.

| Comparatives | | |
|---|---|---|
| más (+)<br>**más** interesante **que…**<br>Me gusta correr **más que** nadar. | menos (−)<br>**menos** interesante **que…**<br>Me gusta nadar **menos que** correr. | tan(to) (=)<br>**tan** interesante **como…**<br>Me gusta leer **tanto como** escribir. |

There are a few irregular comparatives. When talking about the age of people, use **mayor** and **menor**.

| Age | Quality |
|---|---|
| mayor | mejor |
| menor | peor |

When talking about numbers, **de** is used instead of **que**.

> más (menos) **de** cien…

## Superlatives

**Superlatives** are used to distinguish one item from a group. They describe which item has the most or least of a quality.

The ending **-ísimo(a)** can be added to an adjective to form a superlative.

| Superlatives | | |
|---|---|---|
| | **Masculine** | **Feminine** |
| *Singular* | **el** chico **más** alto<br>**el** chico **menos** alto | **la** chica **más** alta<br>**la** chica **menos** alta |
| *Plural* | **los** chicos **más** altos<br>**los** chicos **menos** altos | **las** chicas **más** altas<br>**las** chicas **menos** altas |
| *Singular* | mole buen**ísimo** | pasta buen**ísima** |
| *Plural* | frijoles buen**ísimos** | enchiladas buen**ísimas** |

# Affirmative and Negative Words

**Affirmative** words are used to talk about something or someone, or to say that an event also or always happens. **Negative** words are used to refer to no one or nothing, or to say that events do not happen.

| Affirmative | Negative |
|---|---|
| algo | nada |
| alguien | nadie |
| algún (alguna) | ningún (ninguna) |
| alguno(a) | ninguno(a) |
| siempre | nunca |
| también | tampoco |

## Adverbs

**Adverbs** modify a verb, an adjective, or another adverb. Many adverbs in Spanish are made by changing an existing adjective.

| Adjective | → | Adverb |
|---|---|---|
| reciente | → | reciente**mente** |
| frecuente | → | frecuente**mente** |
| fácil | → | fácil**mente** |
| normal | → | normal**mente** |
| especial | → | especial**mente** |
| feliz | → | feliz**mente** |
| cuidadoso(a) | → | cuidadosa**mente** |
| rápido(a) | → | rápida**mente** |
| lento(a) | → | lenta**mente** |
| tranquilo(a) | → | tranquila**mente** |

## Verbs: Present Tense

### Regular Verbs

**Regular verbs** ending in **-ar**, **-er**, or **-ir** always have regular endings in the present.

| -ar Verbs | | -er Verbs | | -ir Verbs | |
|---|---|---|---|---|---|
| habl**o** | habl**amos** | com**o** | com**emos** | viv**o** | viv**imos** |
| habl**as** | habl**áis** | com**es** | com**éis** | viv**es** | viv**ís** |
| habl**a** | habl**an** | com**e** | com**en** | viv**e** | viv**en** |

### Verbs with Irregular yo Forms

Some verbs have regular forms in the present except for their **yo** forms.

| Infinitive | → | Yo form |
|---|---|---|
| **conocer** | → | conozco |
| **dar** | → | doy |
| **hacer** | → | hago |
| **ofrecer** | → | ofrezco |
| **poner** | → | pongo |
| **saber** | → | sé |
| **salir** | → | salgo |
| **traer** | → | traigo |
| **ver** | → | veo |

## Stem-Changing Verbs

| u → ue | |
|--------|--------|
| juego | jugamos |
| juegas | jugáis |
| juega | juegan |

**Jugar** is the only verb with a **u → ue** stem change.

| e → ie | |
|--------|--------|
| cierro | cerramos |
| cierras | cerráis |
| cierra | cierran |

Other **e → ie** verbs: **empezar, entender, merendar, nevar, pensar, perder, preferir, querer.** Reflexive: **despertarse.**

| o → ue | |
|--------|--------|
| vuelvo | volvemos |
| vuelves | volvéis |
| vuelve | vuelven |

Other **o → ue** verbs: **almorzar, contar, costar, devolver, dormir, encontrar, llover, mover, poder, recordar.** Reflexive: **acostarse.**

| e → i | |
|-------|--------|
| pido | pedimos |
| pides | pedís |
| pide | piden |

Other **e → i** verbs: **repetir, seguir, servir.**

## Irregular Verbs

| decir | |
|-------|--------|
| digo | decimos |
| dices | decís |
| dice | dicen |

| esquiar | |
|---------|--------|
| esquío | esquiamos |
| esquías | esquiáis |
| esquía | esquían |

| estar | |
|-------|--------|
| estoy | estamos |
| estás | estáis |
| está | están |

| ir | |
|----|--------|
| voy | vamos |
| vas | vais |
| va | van |

| oír | |
|-----|--------|
| oigo | oímos |
| oyes | oís |
| oye | oyen |

| ser | |
|-----|--------|
| soy | somos |
| eres | sois |
| es | son |

| tener | |
|-------|--------|
| tengo | tenemos |
| tienes | tenéis |
| tiene | tienen |

| venir | |
|-------|--------|
| vengo | venimos |
| vienes | venís |
| viene | vienen |

## Verbs: Present Participles

**Present participles** are used with a form of **estar** to talk about something that is in the process of happening.

### Regular Participles

| -ar Verbs | -er Verbs | -ir Verbs |
|-----------|-----------|-----------|
| hablando | comiendo | compartiendo |
| tocando | haciendo | saliendo |
| usando | perdiendo | viviendo |

### y Spelling Change

| | | |
|------|---|-----------|
| creer | → | creyendo |
| leer | → | leyendo |
| oír | → | oyendo |
| traer | → | trayendo |

### Stem Changes

| | | |
|-------|---|-----------|
| decir | → | diciendo |
| dormir | → | durmiendo |
| pedir | → | pidiendo |
| servir | → | sirviendo |
| venir | → | viniendo |

# Verbs: tú Commands

## Affirmative tú Commands

Affirmative tú commands are used to tell a friend or family member to do something. Regular tú commands are the same as the third person singular form of the present tense.

| Regular Commands | | |
|---|---|---|
| **-ar Verbs** | **-er Verbs** | **-ir Verbs** |
| habla | come | vive |
| piensa | entiende | pide |
| almuerza | vuelve | sirve |

| Irregular Commands | | |
|---|---|---|
| **Infinitive** → | **Tú Command** | |
| **decir** | → | di |
| **hacer** | → | haz |
| **ir** | → | ve |
| **poner** | → | pon |
| **salir** | → | sal |
| **ser** | → | sé |
| **tener** | → | ten |
| **venir** | → | ven |

## Negative tú Commands

Negative tú commands are used to tell a friend or family member **not** to do something.

| Regular Commands | | |
|---|---|---|
| **-ar Verbs** | **-er Verbs** | **-ir Verbs** |
| no hables | no comas | no vivas |
| no mires | no hagas | no oigas |
| no entres | no vuelvas | no vengas |

| Commands with Spelling Changes | | |
|---|---|---|
| **-car Verbs** | **-gar Verbs** | **-zar Verbs** |
| no busques | no juegues | no almuerces |
| no practiques | no llegues | no cruces |
| no toques | no pagues | no empieces |

| Irregular Commands | | |
|---|---|---|
| **Infinitive** → | **Tú Command** | |
| **dar** | → | no des |
| **estar** | → | no estés |
| **ir** | → | no vayas |
| **ser** | → | no seas |

## Regular Verbs

Regular preterite verbs ending in **-ar**, **-er**, or **-ir** have regular endings.

| -ar Verbs | | -er Verbs | | -ir Verbs | |
|---|---|---|---|---|---|
| bailé | bailamos | corrí | corrimos | abrí | abrimos |
| bailaste | bailasteis | corriste | corristeis | abriste | abristeis |
| bailó | bailaron | corrió | corrieron | abrió | abrieron |

## Verbs with Spelling Changes

| -car Verbs | |
|---|---|
| c → qu | |
| practiqué | practicamos |
| practicaste | practicasteis |
| practicó | practicaron |

| -gar Verbs | |
|---|---|
| g → gu | |
| pagué | pagamos |
| pagaste | pagasteis |
| pagó | pagaron |

| -zar Verbs | |
|---|---|
| z → c | |
| crucé | cruzamos |
| cruzaste | cruzasteis |
| cruzó | cruzaron |

| creer | |
|---|---|
| i → y | |
| creí | creímos |
| creíste | creísteis |
| creyó | creyeron |

| leer | |
|---|---|
| i → y | |
| leí | leímos |
| leíste | leísteis |
| leyó | leyeron |

| oír | |
|---|---|
| i → y | |
| oí | oímos |
| oíste | oísteis |
| oyó | oyeron |

## Irregular Verbs

| dar | |
|---|---|
| di | dimos |
| diste | disteis |
| dio | dieron |

| decir | |
|---|---|
| dije | dijimos |
| dijiste | dijisteis |
| dijo | dijeron |

| estar | |
|---|---|
| estuve | estuvimos |
| estuviste | estuvisteis |
| estuvo | estuvieron |

| hacer | |
|---|---|
| hice | hicimos |
| hiciste | hicisteis |
| hizo | hicieron |

| ir | |
|---|---|
| fui | fuimos |
| fuiste | fuisteis |
| fue | fueron |

| ser | |
|---|---|
| fui | fuimos |
| fuiste | fuisteis |
| fue | fueron |

| tener | |
|---|---|
| tuve | tuvimos |
| tuviste | tuvisteis |
| tuvo | tuvieron |

| venir | |
|---|---|
| vine | vinimos |
| viniste | vinisteis |
| vino | vinieron |

# GLOSARIO
## *español-inglés*

This Spanish-English glossary contains all of the active vocabulary words that appear in the text as well as passive vocabulary from readings, culture sections, and extra vocabulary lists. Most inactive cognates have been omitted. The active words are accompanied by the number of the unit and **etapa** in which they are presented. For example, **a pie** can be found in **4.1** (*Unidad 4, Etapa 1*). **EP** refers to the *Etapa preliminar*. Stem-changing verbs are indicated by the change inside the parentheses—**poder (ue)**, as are verbs that are irregular only in the **yo** form.

**a** to, at
    **A la(s)…** At…. o'clock. **2.2**
    **a la derecha (de)**
      to the right (of) **4.1**
    **a la izquierda (de)**
      to the left (of) **4.1**
    **a pie** on foot **4.1**
    **¿A qué hora es…?**
      (At) What time is…? **2.2**
    **a veces** sometimes **2.1**
**abajo** down **6.2**
**abierto(a)** open **5.2**
**el abrigo** coat **3.3**
**abril** April **1.3**
**abrir** to open **2.3**
**la abuela** grandmother **1.3**
**el abuelo** grandfather **1.3**
**los abuelos** grandparents **1.3**
**aburrido(a)** boring **1.2**
**acá** here **4.1**
**acabar de…** to have just… **3.1**
**el aceite** oil **5.3**
**las aceitunas** olives **5.2**
**acostarse (ue)** to go to bed **5.1**
**actualmente** nowadays
**Adiós.** Good-bye. **EP**
**adónde** (to) where **2.2**
**el aeropuerto** airport **4.1**
**afeitarse** to shave oneself **5.1**
**agosto** August **1.3**
**el agua** (fem.) water **2.2**

**ahora** now **1.3**
    **¡Ahora mismo!** Right now! **2.1**
**al** to the **2.2**
    **al aire libre** outdoors **3.2**
    **al lado (de)** beside, next to **4.1**
**alegre** happy **3.1**
**el (la) alfarero(a)** potter
**algo** something **4.3**
**alguien** someone **4.3**
    **conocer a alguien** to know, to
      be familiar with someone **2.3**
**alguno(a)** some **4.3**
**allá** there **4.1**
**allí** there **4.1**
**almorzar (ue)** to eat lunch **4.2**
**el almuerzo** lunch **2.2**
**alquilar un video**
    to rent a video **3.1**
**alto(a)** tall **1.2**
**amarillo(a)** yellow **1.2**
**el (la) amigo(a)** friend **1.1**
**anaranjado(a)** orange **1.2**
**ancho(a)** wide **6.1**
**andar**
    **andar en bicicleta**
      to ride a bike **2.3**
    **andar en patineta**
      to skateboard **3.2**
**el anillo** ring **4.2**
**el animal** animal **2.3**
**anoche** last night **5.3**
**anteayer** day before yesterday **5.3**
**antes (de)** before **2.3**
**antiguo(a)** old, ancient **6.1**

**el año** year **1.3**
    **el año pasado** last year **5.3**
    **¿Cuántos años tiene…?**
      How old is…? **1.3**
    **Tiene… años.**
      He/She is… years old. **1.3**
**apagar la luz**
    to turn off the light **5.3**
**el apartamento** apartment **1.1**
**aparte** separate
    **Es aparte.** Separate checks. **4.3**
**el apellido** last name, surname **EP**
**el apoyo** support
**aprender** to learn **2.3**
**aquel(la)** that (over there) **6.2**
**aquél(la)** that one (over there) **6.2**
**aquello** that (over there) **6.2**
**aquí** here **4.1**
**el árbol** tree **3.3**
**el arete** earring **4.2**
**el armario** closet **5.2**
**el (la) arquitecto(a)** architect **6.1**
**la arquitectura** architecture **6.1**
**arriba** up **6.2**
**el arroz** rice **4.3**
**el arte** art **2.1**
**la artesanía** handicraft **4.2**
**el (la) artesano(a)** artisan **6.2**
**los artículos de cuero**
    leather goods **4.2**
**asado(a)** roasted
**el auditorio** auditorium **2.2**
**el autobús** bus **4.1**
**la avenida** avenue **4.1**
**el avión** airplane **4.1**

ayer yesterday **5.3**
ayudar (a) to help **2.1**
   **¿Me ayuda a pedir?**
      Could you help me order? **4.3**
el azúcar sugar **4.3**
azul blue **1.2**

bailar to dance **1.1**
bajo(a) short (height) **1.2**
el baloncesto basketball **3.2**
el banco bank **4.1**
bañarse to take a bath **5.1**
el baño bathroom **5.2**
barato(a) cheap, inexpensive **4.2**
el barco ship **4.1**
barrer el suelo
   to sweep the floor **5.2**
el barrio district
el barro clay
el bate bat **3.2**
beber to drink **2.3**
   **¿Quieres beber…?**
      Do you want to drink…? **2.2**
   **Quiero beber…**
      I want to drink… **2.2**
la bebida beverage, drink **4.3**
el béisbol baseball **3.2**
la biblioteca library **2.2**
bien well **1.1**
   **(No muy) Bien, ¿y tú/usted?**
      (Not very) Well, and you? **1.1**
bienvenido(a) welcome **1.1**
el bistec steak **4.3**
blanco(a) white **1.2**
la blusa blouse **1.2**
la boca mouth **5.1**
la bola ball **3.2**
la bolsa bag **1.2;** handbag **4.2**
el bombero firefighter **6.1**
bonito(a) pretty **1.2**
el borrador eraser **2.1**
el bosque forest **3.3**
las botas boots **4.2**
la botella bottle **5.3**
el brazo arm **5.1**
el bronceador suntan lotion **3.3**

bueno(a) good **1.2**
   **Buenas noches.**
      Good evening. **EP**
   **Buenas tardes.**
      Good afternoon. **EP**
   **Buenos días.** Good morning. **EP**
la bufanda scarf **3.3**
buscar to look for, to search **2.1**

el caballo horse **6.2**
la cabeza head **5.1**
   **lavarse la cabeza**
      to wash one's hair **5.1**
cada each, every **2.3**
el café café **4.1;** coffee **4.3**
la cafetería cafeteria,
   coffee shop **2.2**
los calamares squid **5.2**
el calcetín sock **1.2**
la calculadora calculator **2.1**
la calidad quality **4.2**
caliente hot, warm **4.3**
¡Cállate! Be quiet! **5.3**
la calle street **4.1**
calor
   **Hace calor.** It is hot. **3.3**
   **tener calor** to be hot **3.3**
la cama bed **5.1**
   **hacer la cama**
      to make the bed **5.1**
la cámara camera **6.1**
los camarones shrimp
cambiar to change, to exchange **4.2**
el cambio change,
   money exchange **4.2**
caminar con el perro
   to walk the dog **2.3**
el camino road **4.1**
la camisa shirt **1.2**
la camiseta T-shirt **1.2**
el campo field **3.2;** countryside,
   country **6.2**
la cancha court **3.2**
cansado(a) tired **3.1**
cantar to sing **1.1**
la cara face **5.1**
la carne meat **4.3**
la carne de res beef **5.3**
la carnicería butcher's shop **4.1**

caro(a) expensive **4.2**
   **¡Es muy caro(a)!**
      It's very expensive! **4.2**
la carretera highway
el carro car **4.1**
la cartera wallet **4.2**
el (la) cartero(a) mail carrier **6.1**
la casa house **1.1**
el casco helmet **3.2**
el casete cassette **4.2**
castaño(a) brown hair **1.2**
catorce fourteen **1.3**
la cebolla onion **5.3**
la cena supper, dinner **2.3**
cenar to have dinner, supper **2.3**
el centro center, downtown **4.1**
   **el centro comercial**
      shopping center **4.1**
el cepillo (de dientes)
   brush (toothbrush) **5.1**
la cerámica ceramics **4.2**
la cerca fence **6.2**
cerca (de) near (to) **4.1**
el cerdo pig **6.2**
el cereal cereal **5.3**
cero zero **EP**
cerrado(a) closed **5.2**
cerrar (ie) to close **3.2**
el champú shampoo **5.1**
la chaqueta jacket **1.2**
chévere awesome
   **¡Qué chévere!**
      How awesome! **1.3**
la chica girl **1.1**
los chicharrones pork rinds **2.3**
el chico boy **1.1**
la chiringa kite
el chorizo sausage **5.2**
cien one hundred **1.3**
las ciencias science **2.1**
cinco five **EP**
cincuenta fifty **1.3**
el cinturón belt **4.2**
la cita appointment **2.2**
la ciudad city **1.3**
¡Claro que sí! Of course! **3.1**
la clase class, classroom **2.1**
la cocina kitchen **5.2**
cocinar to cook **5.3**
el (la) cocinero(a) chef
el colegio school
el collar necklace **4.2**

**el color** color **1.2**
  **¿De qué color…?**
    What color…? **1.2**
**el comedor** dining room **5.2**
**comer** to eat **1.1**
  **darle(s) de comer** to feed **6.2**
  **¿Quieres comer…?**
    Do you want to eat…? **2.2**
  **Quiero comer…**
    I want to eat… **2.2**
**cómico(a)** funny, comical **1.2**
**la comida** food, a meal **2.3**
**como** like, as
**cómo** how **2.2**
  **¿Cómo es?**
    What is he/she like? **1.2**
  **¿Cómo está usted?**
    How are you? (formal) **1.1**
  **¿Cómo estás?**
    How are you? (familiar) **1.1**
  **¡Cómo no!** Of course! **4.1**
  **¿Cómo se llama?**
    What is his/her name? **EP**
  **¿Cómo te llamas?**
    What is your name? **EP**
  **Perdona(e), ¿cómo llego a…?**
    Pardon, how do I get to…? **4.1**
**la compañía** company **6.1**
**compartir** to share **2.3**
**comprar** to buy **2.2**
**comprender** to understand **2.3**
**la computación**
  computer science **2.1**
**la computadora** computer **2.1**
**la comunidad** community **1.1**
**con** with **1.3**
  **con rayas** striped **3.3**
  **Con razón.** That's why. **2.1**
**el concierto** concert **3.1**
**el concurso** contest **1.1**
**el congelador** freezer **5.3**
**conmigo** with me **3.1**
**conocer (conozco)** to know,
  to be familiar with **2.3**
  **conocer a alguien** to know, to
    be familiar with someone **2.3**
**el (la) contador(a)** accountant **6.1**
**la contaminación del aire**
  air pollution **6.1**
**contar (ue)** to count, to (re)tell **4.2**
**el contenido** contents
**contento(a)** content, pleased **3.1**
**contestar** to answer **2.1**

**contigo** with you **3.1**
**el corazón** heart **2.3**
**corto(a)** short (length) **1.2**
**el corral** corral, pen **6.2**
**el correo** post office **4.1**
**correr** to run **1.1**
**la cosa** thing **4.1**
**costar (ue)** to cost **4.2**
  **¿Cuánto cuesta(n)…?**
    How much is (are)…? **4.2**
**la costumbre** custom
**creer** to think, to believe **3.3**
  **Creo que sí/no.** I think so. /
    I don't think so. **3.3**
**la crema** cream **5.3**
**cruzar** to cross **4.1**
**el cuaderno** notebook **2.1**
**la cuadra** city block **4.1**
**cuál(es)** which (ones), what **2.2**
  **¿Cuál es la fecha?**
    What is the date? **1.3**
  **¿Cuál es tu teléfono?** What is
    your phone number? **EP**
**cuando** when, whenever **3.1**
**cuándo** when **2.2**
**cuánto** how much **4.2**
  **¿A cuánto está(n)…?**
    How much is (are)…? **5.3**
  **¿Cuánto cuesta(n)…?**
    How much is (are)…? **4.2**
  **¿Cuánto es?**
    How much is it? **4.3**
  **¿Cuánto le doy de propina?**
    How much do I tip? **4.3**
**cuántos(as)** how many
  **¿Cuántos años tiene…?**
    How old is…? **1.3**
**cuarenta** forty **1.3**
**cuarto(a)** quarter **5.3**; fourth **6.2**
**cuatro** four **EP**
**cuatrocientos(as)** four hundred **5.3**
**la cuchara** spoon **4.3**
**el cuchillo** knife **4.3**
**la cuenta** bill, check **4.3**
  **La cuenta, por favor.**
    The check, please. **4.3**
**la cuerda** string
**el cuero** leather
  **los artículos de cuero**
    leather goods **4.2**
**el cuerpo** body **5.1**
**cuidadosamente** carefully **5.2**
**cuidadoso(a)** careful **5.2**

**cuidar (a)** to take care of **2.3**
**el cumpleaños** birthday **1.3**

**dar (doy)** to give **4.2**
  **darle(s) de comer** to feed **6.2**
**de** of, from **1.1**
  **de cuadros** plaid, checked **3.3**
  **de la mañana**
    in the morning **2.2**
  **de la noche** at night **2.2**
  **de la tarde** in the afternoon **2.2**
  **De nada.** You're welcome. **1.1**
  **de vez en cuando**
    once in a while **2.1**
**debajo (de)** underneath, under **6.2**
**deber** should, ought to **5.2**
**decidir** to decide **6.1**
**décimo(a)** tenth **6.2**
**decir** to say, to tell **4.1**
**dejar** to leave (behind)
  **dejar un mensaje**
    to leave a message **3.1**
  **Deje un mensaje después**
    **del tono.** Leave a message
    after the tone. **3.1**
  **Le dejo… en…**
    I'll give… to you for… **4.2**
  **Quiero dejar un mensaje**
    **para…** I want to leave
    a message for… **3.1**
**del** from the **3.1**
**delante (de)** in front (of) **4.1**
**delgado(a)** thin **1.2**
**delicioso(a)** delicious **4.3**
**demasiado(a)** too much **4.2**
**dentro (de)** inside (of) **6.2**
**deportes: practicar deportes**
  to play sports **3.1**
**deprimido(a)** depressed **3.1**
**la derecha** right
  **a la derecha (de)**
    to the right (of) **4.1**
**derecho** straight ahead **4.1**
**el desarrollo** development
**desayunar** to have breakfast **4.3**
**el desayuno** breakfast **4.3**
**descansar** to rest **2.2**
**desde** from **4.1**
**el desfile** parade

**el desierto** desert **3.3**
**el despertador** alarm clock **5.1**
**despertarse (ie)** to wake up **5.1**
**después (de)** after, afterward **2.3**
**detrás (de)** behind **4.1**
**devolver (ue)** to return (item) **4.2**
**el día** day **EP**
    **Buenos días.** Good morning. **EP**
    **¿Qué día es hoy?**
      What day is today? **EP**
    **todos los días** every day **2.1**
**el diccionario** dictionary **2.1**
**diciembre** December **1.3**
**diecinueve** nineteen **1.3**
**dieciocho** eighteen **1.3**
**dieciséis** sixteen **1.3**
**diecisiete** seventeen **1.3**
**el diente** tooth **5.1**
    **lavarse los dientes**
      to brush one's teeth **5.1**
**diez** ten **EP**
**difícil** difficult, hard **2.1**
**el dinero** money **4.2**
**la dirección** address, direction **4.1**
**el disco compacto**
    compact disc **4.2**
**divertido(a)** enjoyable, fun **1.2**
**doblar** to turn **4.1**
**doce** twelve **1.3**
**la docena** dozen **5.3**
**el (la) doctor(a)** doctor **1.1**
**el dólar** dollar **4.2**
**domingo** Sunday **EP**
**dónde** where **2.2**
    **¿De dónde eres?**
      Where are you from? **EP**
    **¿De dónde es?** Where is he/
      she from? **EP**
**dormir (ue)** to sleep **4.2**
**dormirse (ue)** to fall asleep **5.1**
**dos** two **EP**
**doscientos(as)** two hundred **5.3**
**ducharse** to take a shower **5.1**
**dulce** sweet **4.3**
**durante** during **2.2**
**duro(a)** hard, tough **5.1**

**la edad** age **1.3**
**el edificio** building **6.1**

**el (la) editor(a)** editor **6.1**
**la educación física**
    physical education **2.1**
**el efectivo** cash **4.2**
**él** he **1.1**
**ella** she **1.1**
**ellos(as)** they **1.1**
**emocionado(a)** excited **3.1**
**empezar (ie)** to begin **3.2**
**Encantado(a).** Delighted/
    Pleased to meet you. **EP**
**la enchilada** enchilada **4.3**
**en** in **1.1**
    **en vez de** instead of
**encima (de)** on top (of) **6.2**
**encontrar (ue)** to find, to meet **4.2**
**el encuentro** meeting
**la encuesta** survey
**enero** January **1.3**
**enfermo(a)** sick **3.1**
**enfrente (de)** facing **4.1**
**enojado(a)** angry **3.1**
**enorme** huge, enormous **6.1**
**la ensalada** salad **4.3**
**enseñar** to teach **2.1**
**entender (ie)** to understand **3.2**
**entonces** then, so **2.3**
**entrar (a, en)** to enter **2.1**
**entre** between **4.1**
**la entrevista** interview **6.1**
**el equipo** team **3.2**
**escribir** to write **1.1**
**el (la) escritor(a)** writer **6.1**
**el escritorio** desk **2.1**
**la escritura** writing
**escuchar** to listen (to) **2.1**
**la escuela** school **2.1**
**ese(a)** that **6.2**
**ése(a)** that one **6.2**
**eso** that **6.2**
**el español** Spanish **2.1**
**especial** special **5.2**
**especialmente** (e)specially, **5.2**
**el espejo** mirror **5.1**
**esperar** to wait for, to expect **2.1**
**la esposa** wife
**el esposo** husband
**esquiar** to ski **3.2**
**la esquina** corner **4.1**
**la estación de autobuses**
    bus station **4.1**
**las estaciones** seasons **3.3**
**el estadio** stadium **3.2**

**estar** to be **2.2**
    **¿Está incluido(a)…?**
      Is… included? **4.3**
    ~~estar de acuerdo~~ to agree **6.1**
**este(a)** this **6.2**
**éste(a)** this one **6.2**
**esto** this **6.2**
**el estómago** stomach **5.1**
**estrecho(a)** narrow **6.1**
**la estrella** star **5.3**
**el (la) estudiante** student **1.1**
**estudiar** to study **2.1**
**los estudios sociales**
    social studies **2.1**
**la estufa** stove **5.3**
**la etapa** step
**el examen** test **2.1**
**el éxito** success

**fácil** easy **2.1**
**fácilmente** easily **5.2**
**la falda** skirt **1.2**
**la familia** family **1.1**
**la farmacia** pharmacy **4.1**
**favorito(a)** favorite **3.2**
**febrero** February **1.3**
**la fecha** date **1.3**
    **¿Cuál es la fecha?**
      What is the date? **1.3**
**felicidades** congratulations **1.3**
**feliz** happy **1.3**
**felizmente** happily **5.2**
**feo(a)** ugly **1.2**
**la fiesta** party **5.2**
**el fin de semana** weekend
**el flan** caramel custard dessert **4.3**
**la flor** flower **3.3**
**el folleto** brochure
**formal** formal **6.1**
**fotos: sacar fotos**
    to take pictures **3.3**
**el (la) fotógrafo(a)** photographer **6.1**
**frecuente** frequent **5.2**
**frecuentemente** often, frequently **5.2**
**el frigorífico** refrigerator **5.3**
**los frijoles** beans
**frío**
    **Hace frío.** It is cold. **3.3**
    **tener frío** to be cold **3.3**

la **frontera** border
la **fruta** fruit **2.2**
**fuera (de)** outside (of) **6.2**
**fuerte** strong **1.2**
el **fútbol** soccer **3.2**
el **fútbol americano** football **3.2**

las **gafas de sol** sunglasses **3.3**
la **galleta** cookie, cracker **5.3**
la **gallina** hen **6.2**
el **gallo** rooster **6.2**
las **gambas** shrimp
el (la) **ganadero(a)** farmer **6.2**
el (la) **ganador(a)** winner **6.1**
**ganar** to win **3.2**
el (la) **gato(a)** cat **1.2**
la **gente** people **2.3**
el (la) **gerente** manager **6.1**
el **gimnasio** gymnasium **2.2**
el **gobierno** government
el **gol** goal **3.2**
**gordo(a)** fat **1.2**
la **gorra** baseball cap **3.2**
el **gorro** cap **3.3**
la **grabadora** tape recorder **6.1**
**Gracias.** Thank you. **1.1**
   **Gracias, pero no puedo.**
     Thanks, but I can't. **3.1**
el **grado** degree **3.3**
el **gramo** gram **5.3**
**grande** big, large; great **1.2**
la **granja** farm **6.2**
**gris** gray
el **guante** glove **3.2**
**guapo(a)** good-looking **1.2**
la **guía telefónica** phone book **3.1**
los **guisantes** green peas
**gustar** to like
   **Le gusta…** He/She likes… **1.1**
   **Me gusta…** I like… **1.1**
   **Me gustaría…** I'd like… **3.1**
   **Te gusta…** You like… **1.1**
   **¿Te gustaría…?**
     Would you like…? **3.1**
el **gusto** pleasure
   **El gusto es mío.**
     The pleasure is mine. **EP**
   **Mucho gusto.**
     Nice to meet you. **EP**

la **habitación** bedroom **5.2**
**hablar** to talk, to speak **2.1**
   **¿Puedo hablar con…?**
     May I speak with…? **3.1**
**hacer (hago)** to make, to do **2.3**
   **Hace buen (mal) tiempo.**
     It is nice (bad) outside. **3.3**
   **Hace calor.** It is hot. **3.3**
   **Hace fresco.** It is cool. **3.3**
   **Hace frío.** It is cold. **3.3**
   **Hace sol.** It is sunny. **3.3**
   **Hace viento.** It is windy. **3.3**
   **hacer ejercicio** to exercise **2.3**
   **hacer la cama**
     to make the bed **5.1**
   **hacer volar una chiringa**
     to fly a kite
   **¿Qué tiempo hace?**
     What is the weather like? **3.3**
la **hamburguesa** hamburger **2.2**
la **harina** flour **5.3**
**hasta** until, as far as **4.1**
   **Hasta luego.** See you later. **EP**
   **Hasta mañana.**
     See you tomorrow. **EP**
**hay** there is, there are **1.3**
   **hay que** one has to, must **2.1**
   **Hay sol.** It's sunny. **3.3**
   **Hay viento.** It's windy. **3.3**
**hazlo** do it
el **helado** ice cream **5.3**
la **hermana** sister **1.3**
la **hermanastra** stepsister
el **hermanastro** stepbrother
el **hermano** brother **1.3**
los **hermanos**
   brother(s) and sister(s) **1.3**
la **hija** daughter **1.3**
el **hijo** son **1.3**
los **hijos** son(s) and daughter(s),
   children **1.3**
la **historia** history **2.1**
el **hockey** hockey **3.2**
**Hola.** Hello. **EP**
el **hombre** man **1.1**
el **hombre de negocios**
   businessman **6.1**
el **horario** schedule **2.2**
el **horno** oven **5.3**

el **hotel** hotel **4.1**
**hoy** today **EP**
   **Hoy es…** Today is… **EP**
   **¿Qué día es hoy?**
     What day is today? **EP**
el **huevo** egg **5.3**

la **iglesia** church **4.1**
**Igualmente.** Same here. **EP**
el **impermeable** raincoat **3.3**
la **impresora** printer **2.1**
**informal** informal **6.1**
el **inglés** English **2.1**
**inteligente** intelligent **1.2**
**interesante** interesting **1.2**
el **invierno** winter **3.3**
la **invitación** invitation **5.2**
**invitar** to invite
   **Te invito.**
     I'll treat you. I invite you. **3.1**
**ir** to go **2.2**
   **ir a…** to be going to… **2.3**
   **ir al cine**
     to go to a movie theater **3.1**
   **ir al supermercado**
     to go to the supermarket **2.3**
   **ir de compras**
     to go shopping **3.1**
   **Vamos a…** Let's… **6.1**
**irse** to leave, to go away **5.1**
la **izquierda** left
   **a la izquierda (de)**
     to the left (of) **4.1**

el **jabón** soap **5.1**
el **jamón** ham **5.2**
el **jardín** garden **5.2**
la **jarra** pitcher **4.2**
los **jeans** jeans **1.2**
el (la) **jefe(a)** boss **6.1**
**joven** young **1.3**
las **joyas** jewelry **4.2**
la **joyería** jewelry store **4.1**
el **juego** game
**jueves** Thursday **EP**

el (la) jugador(a) player
jugar (ue) to play **3.2**
el juguete toy
julio July **1.3**
junio June **1.3**
juntos together **4.2**

el kilo kilogram **5.3**

el lago lake **3.3**
la lámpara lamp **5.2**
la lana wool **6.2**
el lápiz pencil **2.1**
largo(a) long **1.2**
la lata can **5.3**
el lavaplatos dishwasher **5.3**
lavar los platos
   to wash the dishes **5.1**
lavarse to wash oneself **5.1**
  **lavarse la cabeza**
    to wash one's hair **5.1**
  **lavarse los dientes**
    to brush one's teeth **5.1**
la lección lesson **2.1**
la leche milk **5.3**
la lechuga lettuce **4.3**
la lectura reading
leer to read **1.1**
lejos (de) far (from) **4.1**
  **¿Queda lejos?** Is it far? **4.1**
la lengua language **4.3**
lentamente slowly **5.2**
lento(a) slow **5.2**
levantar pesas
   to lift weights **3.2**
levantarse to get up **5.1**
la librería bookstore **4.1**
el libro book **2.1**
la limonada lemonade **4.3**
limpiar el cuarto
   to clean the room **5.1**
limpio(a) clean **5.1**
listo(a) ready **4.3**
la literatura literature **2.1**
el litro liter **5.3**

la llama llama **6.2**
la llamada call **3.1**
llamar to call **3.1**
  **Dile/Dígale que me llame.**
    Tell him or her to call me. **3.1**
la llave key **5.2**
llegar to arrive **2.1**
  **llegar a ser** to become
llevar to wear, to carry **2.1;**
   to take along **3.3**
llover (ue) to rain **3.3**
la lluvia rain **3.3**
Lo siento… I'm sorry… **4.1**
loco(a) crazy **3.2**
luego later **2.3**
  **Hasta luego.** See you later. **EP**
el lugar place **1.1**
lujoso(a) luxurious **6.1**
lunes Monday **EP**

la madrastra stepmother
la madre mother **1.3**
el (la) maestro(a) teacher **1.1**
el maíz corn
malo(a) bad **1.2**
mandar una carta
   to send a letter **2.3**
manejar to drive **4.1**
la mano hand **5.1**
la manta blanket **5.1**
la mantequilla butter **5.3**
mañana tomorrow **EP**
  **Hasta mañana.**
    See you tomorrow. **EP**
  **Mañana es…** Tomorrow is… **EP**
la mañana morning **2.2**
  **de la mañana**
    in the morning **2.2**
  **por la mañana**
    during the morning **2.2**
el mapa map **4.1**
maquillarse to put on makeup **5.1**
la máquina contestadora
   answering machine **3.1**
el mar sea **3.3**
marcar to dial **3.1**
marrón brown **1.2**
martes Tuesday **EP**
marzo March **1.3**

más more **1.3**
  **más de** more than **3.2**
  **más… que** more… than **3.2**
las matemáticas mathematics **2.1**
la materia subject **2.1**
mayo May **1.3**
mayor older **1.3**
Me llamo… My name is… **EP**
la media hermana half-sister
la medianoche midnight **2.2**
medio(a) half **5.3**
el medio hermano half-brother
el mediodía noon **2.2**
mejor better **3.2**
menor younger **1.3**
menos to, before **2.2;** less **3.2**
  **menos de** less than **3.2**
  **menos… que** less… than **3.2**
el menú menu **4.3**
el mercado market **4.2**
merendar (ie) to have a snack **3.2**
la merienda snack **2.2**
el mes month **1.3**
  **el mes pasado** last month **5.3**
la mesa table **5.2**
  **poner (pongo) la mesa**
    to set the table **4.3**
  **quitar la mesa**
    to clear the table **5.1**
el (la) mesero(a) waiter(ress) **4.3**
el metro subway **4.1**
la mezcla mixture
mi my **1.3**
el microondas microwave **5.3**
miércoles Wednesday **EP**
mil one thousand **5.3**
un millón one million **5.3**
mirar to watch, to look at **2.1**
mismo(a) same **2.1**
la mochila backpack **2.1**
moderno(a) modern **6.1**
el momento moment
  **Un momento.** One moment. **3.1**
la montaña mountain **3.3**
morado(a) purple **1.2**
moreno(a) dark hair and skin **1.2**
la moto(cicleta) motorcycle **4.1**
mover (ue) los muebles
   to move the furniture **5.2**
la muchacha girl **1.1**
el muchacho boy **1.1**
mucho often **2.1**
mucho(a) much, many **1.1**

los muebles furniture **5.2**
la mujer woman **1.1**
la mujer de negocios
    businesswoman **6.1**
el mundo world **1.1**
el museo museum **2.3**
la música music **2.1**
muy very **1.3**

**N**

nada nothing **4.3**
nadar to swim **1.1**
nadie no one **4.3**
la nariz nose **5.1**
necesitar to need **2.1**
negro(a) black **1.2**
nervioso(a) nervous **3.1**
nevar (ie) to snow **3.3**
ni nor
la nieta granddaughter
el nieto grandson
la nieve snow **3.3**
ninguno(a) none, not any **4.3**
el niño boy
la niña girl
no no **EP**; not **1.1**
    ¡No digas eso! Don't say that! **1.2**
    ¡No te preocupes!
        Don't worry! **3.1**
la noche night, evening
    Buenas noches.
        Good evening. **EP**
    de la noche at night **2.2**
    por la noche
        during the evening **2.2**
el nombre name, first name **EP**
normal normal **5.2**
normalmente normally **5.2**
nosotros(as) we **1.1**
novecientos(as) nine hundred **5.3**
la novela novel **2.3**
noveno(a) ninth **6.2**
noventa ninety **1.3**
noviembre November **1.3**
nublado cloudy
    Está nublado. It is cloudy. **3.3**
nuestro(a) our **1.3**
nueve nine **EP**
nuevo(a) new **1.2**
nunca never **2.1**

**O**

o or **1.1**
la obra work
    la obra maestra masterpiece
ochenta eighty **1.3**
ocho eight **EP**
ochocientos(as) eight hundred **5.3**
octavo(a) eighth **6.2**
octubre October **1.3**
ocupado(a) busy **3.1**
la oficina office **2.2**
ofrecer (ofrezco) to offer **6.1**
    Le puedo ofrecer…
        I can offer you… **4.2**
oír to hear **2.3**
el ojo eye **1.2**
la ola wave
la olla pot **4.2**
olvidar to forget **5.2**
once eleven **1.3**
el (la) operador(a) operator **6.1**
ordenar to arrange **5.2**
ordinario(a) ordinary **6.1**
la oreja ear **5.1**
el oro gold **4.2**
el otoño fall **3.3**
otro(a) other, another **1.2**

**P**

paciente patient **1.2**
el padrastro stepfather
el padre father **1.3**
los padres parents **1.3**
pagar to pay **4.2**
el país country **1.1**
el paisaje landscape
el pájaro bird **2.3**
el pan bread **4.3**
el pan dulce sweet roll **4.3**
la panadería bread bakery **4.1**
la pantalla screen **2.1**
los pantalones pants **1.2**
    los pantalones cortos shorts
la papa potato
    las papas fritas french fries **2.2**
el papel paper **2.1**
la papelería stationery store **4.1**

el paquete package **5.3**
para for, in order to **4.2**
el paraguas umbrella **3.3**
la pared wall **5.2**
el parque park **2.3**
el partido game **3.2**
pasar to happen, to pass (by) **2.1**
    pasar la aspiradora
        to vacuum **5.2**
    pasar un rato con los amigos to
        spend time with friends **2.3**
pasear to go for a walk **2.3**
el paseo walk
la pasta pasta **5.3**
la pasta de dientes toothpaste **5.1**
el pastel cake **4.3**
la pastelería pastry shop **4.1**
el (la) pastor(a) shepherd(ess) **6.2**
la patata potato **5.3**
patinar to skate **1.1**
los patines skates **3.2**
la patineta skateboard **3.2**
    andar en patineta
        to skateboard **3.2**
el pedazo piece **5.3**
pedir (i) to ask for, to order **4.3**
    ¿Me ayuda a pedir? Could you
        help me order? **4.3**
peinarse to comb one's hair **5.1**
el peine comb **5.1**
la película movie **3.1**
el peligro danger
peligroso(a) dangerous **3.2**
pelirrojo(a) redhead **1.2**
el pelo hair **1.2**
la pelota baseball **3.2**
pensar (ie) to think, to plan **3.2**
peor worse **3.2**
pequeño(a) small **1.2**
perder (ie) to lose **3.2**
Perdona(e)… Pardon…
    Perdona(e), ¿cómo llego a…?
        Pardon, how do I get to…? **4.1**
perezoso(a) lazy **1.2**
perfecto(a) perfect **4.2**
el periódico newspaper **2.3**
el (la) periodista journalist **6.1**
pero but **1.1**
el (la) perro(a) dog **1.2**
    caminar con el perro
        to walk the dog **2.3**
el pescado fish **5.3**
el pez fish **2.3**

**picante** spicy **4.3**
**el pie** foot **5.1**
   **a pie** on foot **4.1**
**la pierna** leg **5.1**
**la pimienta** pepper **5.3**
**pintar** to paint **2.3**
**la piña** pineapple
**la piscina** swimming pool **3.2**
**el pizarrón** chalkboard **2.1**
**placer: Es un placer.**
   It's a pleasure. **EP**
**planchar** to iron **5.2**
**la planta** plant **3.3**
**la plata** silver **4.2**
**el plato** plate **4.2**
**la playa** beach **3.3**
**la plaza** town square **4.1**
**la pluma** pen **2.1**
**poco** a little **2.1**
**poder (ue)** to be able, can **4.2**
   **Gracias, pero no puedo.**
     Thanks, but I can't. **3.1**
   **Le puedo ofrecer…**
     I can offer you… **4.2**
   **¿Puedes (Puede usted) decirme dónde queda…?** Could you tell me where… is? **4.1**
   **¿Puedo hablar con…?**
     May I speak with…? **3.1**
**el poema** poem **2.3**
**la poesía** poetry **2.3**
**el (la) policía** police officer **1.1**
**el pollo** chicken **4.3**
**poner (pongo)** to put **4.3**
   **poner la mesa** to set the table **4.3**
**ponerse (me pongo)** to put on **5.1**
   **ponerse la ropa** to get dressed **5.1**
**por** for, by, around **4.1**
   **por favor** please **2.2**
   **por fin** finally **2.3**
   **por la mañana**
     during the morning **2.2**
   **por la noche**
     during the evening **2.2**
   **por la tarde**
     during the afternoon **2.2**
   **por qué** why **2.2**
**porque** because **3.1**
**el postre** dessert **4.3**
**practicar deportes** to play sports **3.1**
**el precio** price **4.2**
**preferir (ie)** to prefer **3.2**
**preocupado(a)** worried **3.1**

**preparar** to prepare **2.1**
**presentar** to introduce
   **Te/Le presento a…** Let me introduce you to… **1.1**
**la primavera** spring **3.3**
**primero** first **2.3**
**el primero** first of the month **1.3**
**primero(a)** first **6.2**
**el (la) primo(a)** cousin **1.3**
**el problema** problem **2.3**
**la profesión** profession **6.1**
**el programa** program
**pronto** soon **2.1**
**propio(a)** own
**la propina** tip **4.3**
   **¿Cuánto le doy de propina?** How much do I tip? **4.3**
**la prueba** quiz **2.1**
**el pueblo** town, village **4.3**
**el puerco** pork **5.3**
**la puerta** door **5.2**
**pues** well **1.2**
**la pulsera** bracelet **4.2**

**que** that
**qué** what **2.2**
   **¿A qué hora es…?**
     (At) What time is…? **2.2**
   **¡Qué (divertido)!** How (fun)! **1.2**
   **¿Qué día es hoy?**
     What day is today? **EP**
   **¿Qué hora es?** What time is it? **2.2**
   **¡Qué lástima!** What a shame! **3.1**
   **¿Qué lleva?** What is he/she wearing? **1.2**
   **¿Qué tal?** How is it going? **1.1**
   **¿Qué tiempo hace?**
     What is the weather like? **3.3**
**quedar (en)** to be (in a specific place), to agree on **4.1**
   **¿Puedes (Puede usted) decirme dónde queda…?** Could you tell me where… is? **4.1**
   **¿Queda lejos?** Is it far? **4.1**
**los quehaceres** chores **5.1**

**querer (ie)** to want **3.2**
   **¿Quieres beber…?**
     Do you want to drink…? **2.2**
   **¿Quieres comer…?**
     Do you want to eat…? **2.2**
   **Quiero beber…**
     I want to drink… **2.2**
   **Quiero comer…**
     I want to eat… **2.2**
   **Quiero dejar un mensaje para…** I want to leave a message for… **3.1**
**el queso** cheese **4.3**
**quién(es)** who **2.2**
   **¿De quién es…?** Whose is…? **1.3**
   **¿Quién es?** Who is it? **1.3**
   **¿Quiénes son?** Who are they? **1.3**
**quince** fifteen **1.3**
**quinientos(as)** five hundred **5.3**
**quinto(a)** fifth **6.2**
**Quisiera…** I would like… **4.3**
**quitar**
   **quitar el polvo** to dust **5.2**
   **quitar la mesa**
     to clear the table **5.1**

**el radio** radio **4.2**
**el radiocasete** radio-tape player **4.2**
**rápidamente** quickly **5.2**
**rápido(a)** fast, quick **5.2**
**la raqueta** racket **3.2**
**rara vez** rarely **2.1**
**el ratón** mouse **2.1**
**la razón** reason **2.1**
   **Con razón.** That's why. **2.1**
   **tener razón** to be right **3.3**
**el (la) recepcionista** receptionist **6.1**
**el receso** break **2.2**
**la receta** recipe
**recibir** to receive **2.3**
**reciente** recent **5.2**
**recientemente** lately, recently **5.2**
**recordar (ue)** to remember **4.2**
**el recuerdo** souvenir
**el recurso** resource
**el refrán** saying
**el refresco** soft drink **2.2**
**el regalo** gift **4.2**
**regatear** to bargain **4.2**

**regresar** to return

   **Regresa más tarde.**

     He/She will return later. **3.1**

**Regular.** So-so. **1.1**

**el reloj** clock, watch **2.2**

**el repaso** review

**el restaurante** restaurant **4.3**

**el resumen** summary

**el retrato** portrait

**la revista** magazine **2.3**

**rico(a)** tasty **4.3**; rich

**el río** river **3.3**

**riquísimo(a)** very tasty **4.3**

**el ritmo** rhythm

**rojo(a)** red **1.2**

**la ropa** clothing **1.2**

   **ponerse la ropa** to get dressed **5.1**

**rosado(a)** pink **1.2**

**rubio(a)** blond **1.2**

**S**

**sábado** Saturday **EP**

**saber (sé)** to know **3.2**

**el sabor** flavor

**sabroso(a)** tasty **5.3**

**sacar**

   **sacar fotos** to take pictures **3.3**

   **sacar la basura**

     to take out the trash **5.2**

   **sacar una buena nota**

     to get a good grade **2.1**

**la sal** salt **5.3**

**la sala** living room **5.2**

**la salchicha** sausage **5.3**

**salir (salgo)** to go out, to leave **4.1**

**la salsa** salsa **4.3**

**la sartén** frying pan

**Se llama…** His/Her name is… **EP**

**el secador de pelo** hair dryer **5.1**

**secarse** to dry oneself **5.1**

**el (la) secretario(a)** secretary **6.1**

**segundo(a)** second **6.2**

**seis** six **EP**

**seiscientos(as)** six hundred **5.3**

**la selva** jungle

**la semana** week **EP**

   **la semana pasada** last week **5.3**

**el semestre** semester **2.2**

**sencillo(a)** simple, plain **6.1**

**el señor** Mr. **1.1**

**la señora** Mrs. **1.1**

**la señorita** Miss **1.1**

**septiembre** September **1.3**

**séptimo(a)** seventh **6.2**

**ser** to be **1.1**

   **Es la…/Son las…**

     It is… o'clock. **2.2**

   **ser de…** to be from… **1.1**

**serio(a)** serious **1.2**

**servir (i)** to serve **4.3**

**sesenta** sixty **1.3**

**setecientos(as)** seven hundred **5.3**

**setenta** seventy **1.3**

**sexto(a)** sixth **6.2**

**los shorts** shorts **3.3**

**si** if **5.2**

**sí** yes **EP**

   **Sí, me encantaría.**

     Yes, I would love to. **3.1**

**siempre** always **2.1**

**siete** seven **EP**

**el siglo** century

**la silla** chair **5.2**

**el sillón** armchair **5.2**

**simpático(a)** nice **1.2**

**sin** without **4.3**

**sobre** on, about

   **sobre hielo** on ice **3.2**

**el sofá** sofa, couch **5.2**

**el sol** sun **3.3**

   **las gafas de sol** sunglasses **3.3**

   **Hace sol.** It is sunny. **3.3**

   **Hay sol.** It's sunny. **3.3**

   **tomar el sol** to sunbathe **3.3**

**sólo** only **1.3**

**solo(a)** alone **3.1**

**el sombrero** hat **1.2**

**el sonido** sound

**la sopa** soup **4.3**

**sorprender** to surprise **5.2**

**la sorpresa** surprise **5.2**

**su** your, his, her, its, their **1.3**

**sucio(a)** dirty **5.1**

**el suelo** floor **5.2**

   **barrer el suelo**

     to sweep the floor **5.2**

**el suéter** sweater **1.2**

**el surfing** surfing **3.2**

**T**

**Tal vez otro día.**

   Maybe another day. **3.1**

**el taller** workshop **6.2**

**también** also, too **1.1**

   **también se dice** you can also say

**tampoco** neither, either **4.3**

**tan… como** as… as **3.2**

**tanto como** as much as **3.2**

**las tapas** appetizers **5.2**

**tarde** late **2.1**

**la tarde** afternoon **2.2**

   **Buenas tardes.**

     Good afternoon. **EP**

   **de la tarde** in the afternoon **2.2**

   **por la tarde**

     during the afternoon **2.2**

**la tarea** homework **2.1**

**la tarjeta de crédito** credit card **4.2**

**el taxi** taxi, cab **4.1**

**el (la) taxista** taxi driver **6.1**

**la taza** cup **4.3**

**el té** tea **4.3**

**el teatro** theater **2.3**

**la tecla** key (of an instrument)

**el teclado** keyboard **2.1**

**el teléfono** telephone **3.1**

   **¿Cuál es tu teléfono?** What is

     your phone number? **EP**

**el televisor** television set **5.2**

**la temperatura** temperature **3.3**

**temprano** early **3.1**

**el tenedor** fork **4.3**

**tener** to have **1.3**

   **¿Cuántos años tiene…?**

     How old is…? **1.3**

   **tener calor** to be hot **3.3**

   **tener cuidado** to be careful **3.3**

   **tener frío** to be cold **3.3**

   **tener ganas de…** to feel like… **3.3**

   **tener hambre** to be hungry **2.3**

   **tener miedo** to be afraid **3.3**

   **tener prisa** to be in a hurry **3.3**

   **tener que** to have to **2.1**

   **tener razón** to be right **3.3**

   **tener sed** to be thirsty **2.3**

   **tener sueño** to be sleepy **3.3**

   **tener suerte** to be lucky **3.3**

   **Tiene… años.**

     He/She is… years old. **1.3**

**el tenis** tennis **3.2**
**tercero(a)** third **6.2**
**terminar** to finish **2.2**
**Terrible.** Terrible./Awful. **1.1**
**la tía** aunt **1.3**
**el tiempo** time **3.1**; weather **3.3**
   **Hace buen tiempo.**
     It is nice outside. **3.3**
   **Hace mal tiempo.**
     It is bad outside. **3.3**
   **¿Qué tiempo hace?**
     What is the weather like? **3.3**
   **el tiempo libre** free time **3.1**
**la tienda** store **2.3**
   **la tienda de deportes** sporting
     goods store **3.2**
   **la tienda de música y videos**
     music and video store **4.1**
**la tierra** land
**las tijeras** scissors **6.2**
**el tío** uncle **1.3**
**los tíos** uncle(s) and aunt(s) **1.3**
**la tiza** chalk **2.1**
**la toalla** towel **5.1**
**tocar** to play (an instrument)
   **tocar el piano**
     to play the piano **2.3**
   **tocar la guitarra**
     to play the guitar **2.3**
**todavía** still, yet **4.3**
**todo(a)** all **1.3**
   **todos los días** every day **2.1**
**tomar** to take, to eat or drink **2.2**
   **tomar el sol** to sunbathe **3.3**
**el tomate** tomato **5.3**
**la tormenta** storm **3.3**
**el toro** bull **6.2**
**la torta** sandwich (sub) **2.2**
**la tortilla española** potato omelet **5.2**
**trabajador(a)** hard-working **1.2**
**trabajar** to work **1.1**
**el trabalenguas** tongue twister
**tradicional** traditional **6.1**
**traer (traigo)** to bring **4.3**
   **¿Me trae…?**
     Could you bring me…? **4.3**
**el tráfico** traffic **6.1**
**el traje de baño** bathing suit **3.3**
**tranquilamente** calmly **5.2**
**tranquilo(a)** calm **3.1**
**trece** thirteen **1.3**
**treinta** thirty **1.3**
**el tren** train **4.1**

**tres** three **EP**
**trescientos(as)** three hundred **5.3**
**triste** sad **3.1**
**tu** your (familiar) **1.3**
**tú** you (familiar singular) **1.1**

**último(a)** last **6.2**
**la unidad** unit
**uno** one **EP**
**usar** to use **2.1**
**el uso** use
**usted** you (formal singular) **1.1**
**ustedes** you (plural) **1.1**
**la uva** grape

**la vaca** cow **6.2**
**el vaso** glass
   **el vaso de** glass of **2.2**
**el (la) vecino(a)** neighbor
**vegetariano(a)** vegetarian **4.3**
**veinte** twenty **1.3**
**veintiuno** twenty-one **1.3**
**vender** to sell **2.3**
**venir** to come **3.1**
**la ventana** window **5.2**
**ver (veo)** to see **2.3**
   **¿Me deja ver…?** May I see…? **4.2**
   **Nos vemos.** See you later. **EP**
   **ver la televisión**
     to watch television **2.3**
**el verano** summer **3.3**
**la verdad** truth **2.2**
   **Es verdad.** It's true. **1.2**
**verde** green **1.2**
**la verdura** vegetable **5.3**
**el vestido** dress **1.2**
**viajar** to travel **4.1**
**el viaje** trip **4.1**
**la vida** life **2.3**
**el video** video **4.2**
   **alquilar un video**
     to rent a video **3.1**
**la videograbadora** VCR **4.2**
**el videojuego** video game **4.2**
**viejo(a)** old **1.3**

**el viento** wind **3.3**
   **Hace viento.** It is windy. **3.3**
   **Hay viento.** It's windy. **3.3**
**viernes** Friday **EP**
**visitar** to visit **2.2**
**vivir** to live **2.3**
   **Vive en…** He/She lives in… **1.1**
   **Vivo en…** I live in… **1.1**
**vivo(a)** alive
**el voleibol** volleyball **3.2**
**volver (ue)** to return,
   to come back **4.2**
**vosotros(as)** you (familiar plural) **1.1**
**la voz** voice
**vuestro(a)** your (familiar plural) **1.3**

**y** and **1.1**
   **y cuarto** quarter past **2.2**
   **y media** half past **2.2**
**ya** already, now
**ya no** no longer **3.1**
**yo** I **1.1**
**el yogur** yogurt **5.3**

**la zanahoria** carrot **5.3**
**la zapatería** shoe store **4.1**
**el zapato** shoe **1.2**
**el zumo** juice **5.3**

# GLOSARIO
## *inglés-español*

This English–Spanish glossary contains all of the active words that appear as well as passive ones from readings, culture sections, and extra vocabulary lists. Active words are indicated by the unit and **etapa** number when they appear.

**about** sobre
**accountant** el (la) contador(a) **6.1**
**address** la dirección **4.1**
**to be afraid** tener miedo **3.3**
**after** después (de) **2.3**
**afternoon** la tarde **2.2**
   **during the afternoon**
     por la tarde **2.2**
   **Good afternoon**
     Buenas tardes. **EP**
   **in the afternoon** de la tarde **2.2**
**afterward** después **2.3**
**age** la edad **1.3**
**to agree (on)** quedar (en) **4.1**,
   estar de acuerdo **6.1**
**air pollution**
   la contaminación del aire **6.1**
**airplane** el avión **4.1**
**airport** el aeropuerto **4.1**
**alarm clock** el despertador **5.1**
**all** todo(a) **1.3**
**alone** solo(a) **3.1**
**already** ya
**also** también **1.1**
**always** siempre **2.1**
**ancient** antiguo(a) **6.1**
**and** y **1.1**
**angry** enojado(a) **3.1**
**animal** el animal **2.3**
**another** otro(a) **1.2**
**to answer** contestar **2.1**
**answering machine**
   la máquina contestadora **3.1**
**apartment** el apartamento **1.1**
**appetizers** las tapas **5.2**

**appointment** la cita **2.2**
**April** abril **1.3**
**architect** el (la) arquitecto(a) **6.1**
**architecture** la arquitectura **6.1**
**arm** el brazo **5.1**
**armchair** el sillón **5.2**
**around** por **4.1**
**to arrange** ordenar **5.2**
**to arrive** llegar **2.1**
**art** el arte **2.1**
**artisan** el (la) artesano(a) **6.2**
**as** como
   **as… as** tan… como **3.2**
   **as far as** hasta **4.1**
   **as much as** tanto como **3.2**
**to ask for** pedir (i) **4.3**
**at** a
   **At… o'clock.** A la(s)… **2.2**
**auditorium** el auditorio **2.2**
**August** agosto **1.3**
**aunt** la tía **1.3**
**avenue** la avenida **4.1**
**awesome: How awesome!**
   ¡Qué chévere! **1.3**
**awful** terrible **1.1**

**backpack** la mochila **2.1**
**bad** malo(a) **1.2**
   **It is bad outside.**
     Hace mal tiempo. **3.3**
**bag** la bolsa **1.2**
**bakery (bread)** panadería **4.1**,
   **(pastry)** pastelería **4.1**
**ball** la bola **3.2**
**bank** el banco **4.1**
**to bargain** regatear **4.2**

**baseball (sport)** el béisbol **3.2**;
   **(ball)** la pelota **3.2**
**baseball cap** la gorra **3.2**
**basketball** el baloncesto **3.2**
**bat** el bate **3.2**
**bathing suit** el traje de baño **3.3**
**bathroom** el baño **5.2**
**to be** ser **1.1**; estar **2.2**
   **to be (in a specific place)**
     quedar (en) **4.1**
   **to be able** poder (ue) **4.2**
   **to be afraid** tener miedo **3.3**
   **to be careful** tener cuidado **3.3**
   **to be cold** tener frío **3.3**
   **to be familiar with** conocer **2.3**
   **to be from…** ser de… **1.1**
   **to be going to…** ir a… **2.3**
   **to be hot** tener calor **3.3**
   **to be hungry** tener hambre **2.3**
   **to be in a hurry** tener prisa **3.3**
   **to be lucky** tener suerte **3.3**
   **to be right** tener razón **3.3**
   **to be sleepy** tener sueño **3.3**
   **to be thirsty** tener sed **2.3**
**beach** la playa **3.3**
**beans** los frijoles
**because** porque **3.1**
**to become** llegar a ser
**bed** la cama **5.1**
   **to go to bed** acostarse (ue) **5.1**
   **to make the bed**
     hacer la cama **5.1**
**bedroom** la habitación **5.2**
**beef** la carne de res **5.3**
**before** antes (de) **2.3**
**to begin** empezar (ie) **3.2**
**behind** detrás (de) **4.1**
**to believe** creer **3.3**
**belt** el cinturón **4.2**

**beside** al lado (de) **4.1**
**better** mejor **3.2**
**between** entre **4.1**
**beverage** la bebida **4.3**
**big** grande **1.2**
**bike** la bicicleta
    **to ride a bike** andar en
      bicicleta **2.3**
**bill** la cuenta **4.3**
**bird** el pájaro **2.3**
**birthday** el cumpleaños **1.3**
**black** negro(a) **1.2**
**blanket** la manta **5.1**
**blond** rubio(a) **1.2**
**blouse** la blusa **1.2**
**blue** azul **1.2**
**body** el cuerpo **5.1**
**book** el libro **2.1**
**bookstore** la librería **4.1**
**boots** las botas **4.2**
**border** la frontera
**boring** aburrido(a) **1.2**
**boss** el (la) jefe(a) **6.1**
**bottle** la botella **5.3**
**boy** el chico **1.1**, el muchacho **1.1**,
    el niño
**bracelet** la pulsera **4.2**
**bread** el pan **4.3**
**break** el receso **2.2**
**breakfast** el desayuno **4.3**
**to bring** traer **4.3**
    **Could you bring me…?**
      ¿Me trae…? **4.3**
**brochure** el folleto
**brother** el hermano **1.3**
**brown** marrón **1.2**
**brown hair** castaño(a) **1.2**
**brush** el cepillo **5.1**
**to brush one's teeth** lavarse los
    dientes **5.1**
**building** el edificio **6.1**
**bull** el toro **6.2**
**bus** el autobús **4.1**
**bus station** la estación de
    autobuses **4.1**
**businessman** el hombre de
    negocios **6.1**
**businesswoman** la mujer de
    negocios **6.1**
**busy** ocupado(a) **3.1**
**but** pero **1.1**
**butcher's shop** la carnicería **4.1**
**butter** la mantequilla **5.3**

**to buy** comprar **2.2**
**by** por **4.1**

## C

**cab** el taxi **4.1**
**café** el café **4.1**
**cafeteria** la cafetería **2.2**
**cake** el pastel **4.3**
**calculator** la calculadora **2.1**
**call** la llamada **3.1**
**to call** llamar **3.1**
**calm** tranquilo(a) **3.1**
**calmly** tranquilamente **5.2**
**camera** la cámara **6.1**
**can** la lata **5.3**
**can (to be able)** poder (ue) **4.2**
    **I can offer you…** Le puedo
      ofrecer… **4.2**
    **Thanks, but I can't.** Gracias,
      pero no puedo. **3.1**
**cap (knit)** el gorro **3.3**, **(baseball)**
    la gorra **3.2**
**car** el carro **4.1**
**careful** cuidadoso(a) **5.2**
    **to be careful** tener cuidado **3.3**
**carefully** cuidadosamente **5.2**
**carrot** la zanahoria **5.3**
**to carry** llevar **2.1**
**cash** el efectivo **4.2**
**cassette** el casete **4.2**
**cat** el (la) gato(a) **1.2**
**center** el centro **4.1**
**century** el siglo
**ceramics** la cerámica **4.2**
**cereal** el cereal **5.3**
**chair** la silla **5.2**
**chalk** la tiza **2.1**
**chalkboard** el pizarrón **2.1**
**change** el cambio **4.2**
**to change** cambiar **4.2**
**cheap** barato(a) **4.2**
**check** la cuenta **4.3**
    **Separate checks.** Es aparte. **4.3**
    **The check, please.** La cuenta,
      por favor. **4.3**
**checked** de cuadros **3.3**
**cheese** el queso **4.3**
**chef** el (la) cocinero(a)
**chicken** el pollo **4.3**
**chores** los quehaceres **5.1**

**church** la iglesia **4.1**
**city** la ciudad **1.3**
    **city block** la cuadra **4.1**
**class** la clase **2.1**
**classroom** la clase **2.1**
**clay** el barro
**to clean the room** limpiar el
    cuarto **5.1**
**clock** el reloj **2.2**
**to close** cerrar (ie) **3.2**
**closed** cerrado(a) **5.2**
**closet** el armario **5.2**
**clothing** la ropa **1.2**
**cloudy** nublado
    **It is cloudy.** Está nublado. **3.3**
**coat** el abrigo **3.3**
**coffee** el café **4.3**
    **coffee shop** la cafetería **2.2**
**cold**
    **to be cold** tener frío **3.3**
    **It is cold.** Hace frío. **3.3**
**color** el color
    **What color…?**
      ¿De qué color…? **1.2**
**comb** el peine **5.1**
**to comb one's hair** peinarse **5.1**
**to come** venir **3.1**
    **to come back** volver(ue) **4.2**
**comical** cómico(a) **1.2**
**community** la comunidad **1.1**
**compact disc** el disco
    compacto **4.2**
**company** la compañía **6.1**
**computer** la computadora **2.1**
**computer science**
    la computación **2.1**
**concert** el concierto **3.1**
**congratulations** felicidades **1.3**
**content** contento(a) **3.1**
**contest** el concurso **1.1**
**to cook** cocinar **5.3**
**cookie** la galleta **5.3**
**cool: It is cool.** Hace fresco. **3.3**
**corn** el maíz
**corner** la esquina **4.1**
**corral** el corral **6.2**
**to cost** costar (ue) **4.2**
**couch** el sofá **5.2**
**to count** contar (ue) **4.2**
**country** el país **1.1**; el campo **6.2**
**countryside** el campo **6.2**
**court** la cancha **3.2**
**cousin** el (la) primo(a) **1.3**

**cow** la vaca **6.2**
**cracker** la galleta **5.3**
**crazy** loco(a) **3.2**
**cream** la crema **5.3**
**credit card** la tarjeta de crédito **4.2**
**to cross** cruzar **4.1**
**cup** la taza **4.3**
**custom** la costumbre

**to dance** bailar **1.1**
**danger** el peligro
**dangerous** peligroso(a) **3.2**
**dark hair and skin** moreno(a) **1.2**
**date** la fecha **1.3**
   **What is the date?**
      ¿Cuál es la fecha? **1.3**
**daughter** la hija **1.3**
**day** el día **EP**
   **the day before yesterday**
      anteayer **5.3**
   **What day is today?**
      ¿Qué día es hoy? **EP**
**December** diciembre **1.3**
**to decide** decidir **6.1**
**degree** el grado **3.3**
**delicious** delicioso(a) **4.3**
**depressed** deprimido(a) **3.1**
**desert** el desierto **3.3**
**desk** el escritorio **2.1**
**dessert** el postre **4.3**
**development** el desarrollo
**to dial** marcar **3.1**
**dictionary** el diccionario **2.1**
**difficult** difícil **2.1**
**dining room** el comedor **5.2**
**dinner** la cena **2.3**
**direction** la dirección **4.1**
**dirty** sucio(a) **5.1**
**dishwasher** el lavaplatos **5.3**
**district** el barrio
**to do** hacer **2.3**
**doctor** el (la) doctor(a) **1.1**
**dog** el (la) perro(a) **1.2**
   **to walk the dog**
      caminar con el perro **2.3**
**dollar** el dólar **4.2**
**door** la puerta **5.2**
**down** abajo **6.2**
**downtown** el centro **4.1**

**dozen** la docena **5.3**
**dress** el vestido **1.2**
**drink** la bebida **4.3**
**to drink** tomar **2.2**; beber **2.3**
   **Do you want to drink…?**
      ¿Quieres beber…? **2.2**
   **I want to drink…**
      Quiero beber… **2.2**
**to drive** manejar **4.1**
**drugstore** la farmacia **4.1**
**to dry oneself** secarse **5.1**
**during** durante **2.2**
**to dust** quitar el polvo **5.2**

**each** cada **2.3**
**ear** la oreja **5.1**
**early** temprano **3.1**
**earring** el arete **4.2**
**easily** fácilmente **5.2**
**easy** fácil **2.1**
**to eat** comer **1.1**, tomar **2.2**
   **Do you want to eat…?**
      ¿Quieres comer…? **2.2**
   **to eat a snack** merendar (ie) **3.2**
   **to eat breakfast** desayunar **4.3**
   **to eat dinner** cenar **2.3**
   **to eat lunch** almorzar (ue) **4.2**
   **I want to eat…**
      Quiero comer… **2.2**
**editor** el (la) editor(a) **6.1**
**egg** el huevo **5.3**
**eight** ocho **EP**
**eight hundred** ochocientos(as) **5.3**
**eighteen** dieciocho **1.3**
**eighth** octavo(a) **6.2**
**eighty** ochenta **1.3**
**eleven** once **1.3**
**enchilada** la enchilada **4.3**
**English** el inglés **2.1**
**enjoyable** divertido(a) **1.2**
**enormous** enorme **6.1**
**to enter** entrar (a, en) **2.1**
**eraser** el borrador **2.1**
**especially** especialmente **5.2**
**evening** la noche
   **during the evening**
      por la noche **2.2**
   **Good evening.**
      Buenas noches. **EP**

**every** cada **2.3**
   **every day** todos los días **2.1**
**to exchange** cambiar **4.2**
**excited** emocionado(a) **3.1**
**to exercise** hacer ejercicio **2.3**
**to expect** esperar **2.1**
**expensive** caro(a) **4.2**
   **It's very expensive!**
      ¡Es muy caro(a)! **4.2**
**eye** el ojo **1.2**

**face** la cara **5.1**
**facing** enfrente (de) **4.1**
**fall** el otoño **3.3**
**to fall asleep** dormirse (ue) **5.1**
**family** la familia **1.1**
**far (from)** lejos (de) **4.1**
   **Is it far?** ¿Queda lejos? **4.1**
**farm** la granja **6.2**
**farmer** el (la) ganadero(a) **6.2**
**fast** rápido(a) **5.2**
**fat** gordo(a) **1.2**
**father** el padre **1.3**
**favorite** favorito(a) **3.2**
**February** febrero **1.3**
**to feed** darle(s) de comer **6.2**
**to feel like…** tener ganas de… **3.3**
**fence** la cerca **6.2**
**field** el campo **3.2**
**fifteen** quince **1.3**
**fifth** quinto(a) **6.2**
**fifty** cincuenta **1.3**
**finally** por fin **2.3**
**to find** encontrar (ue) **4.2**
**to finish** terminar **2.2**
**firefighter** el bombero **6.1**
**first** primero **2.3**; primero(a) **6.2**
**first name** el nombre **EP**
**fish** el pez **2.3**; el pescado **5.3**
**five** cinco **EP**
**five hundred** quinientos(as) **5.3**
**flavor** el sabor
**floor** el suelo **5.2**
**flour** la harina **5.3**
**flower** la flor **3.3**
**to fly a kite**
   hacer volar una chiringa
**food** la comida **2.3**

foot el pie **5.1**
    **on foot** a pie **4.1**
football el fútbol americano **3.2**
for por **4.1;** para **4.2**
forest el bosque **3.3**
to forget olvidar **5.2**
fork el tenedor **4.3**
formal formal **6.1**
forty cuarenta **1.3**
four cuatro **EP**
four hundred cuatrocientos(as) **5.3**
fourteen catorce **1.3**
fourth cuarto(a) **6.2**
free time el tiempo libre **3.1**
freezer el congelador **5.3**
french fries las papas fritas **2.2**
frequent frecuente **5.2**
frequently frecuentemente **5.2**
fresh fresco(a)
Friday viernes **EP**
friend el (la) amigo(a) **1.1**
    **to spend time with friends**
        pasar un rato con los
        amigos **2.3**
from de **1.1;** desde **4.1**
fruit la fruta **2.2**
frying pan la sartén
fun divertido(a) **1.2**
funny cómico(a) **1.2**
furniture los muebles **5.2**

game el partido **3.2**
garden el jardín **5.2**
garlic el ajo
to get dressed ponerse la ropa **5.1**
to get up levantarse **5.1**
gift el regalo **4.2**
girl la chica **1.1,** la muchacha **1.1,**
    la niña
to give dar **4.2**
    **I'll give... to you for...**
        Le dejo... en... **4.2**
glass el vaso **2.2**
glove el guante **3.2**
to go ir **2.2**
    **to go away** irse **5.1**
    **to go for a walk** pasear **2.3**
    **to go out** salir **4.1**
    **to go to bed** acostarse (ue) **5.1**

goal el gol **3.2**
gold el oro **4.2**
good bueno(a) **1.2**
    **Good afternoon.**
        Buenas tardes. **EP**
    **Good evening.**
        Buenas noches. **EP**
    **Good morning.** Buenos días. **EP**
Good-bye. Adiós. **EP**
good-looking guapo(a) **1.2**
government el gobierno
grade la nota
    **to get a good grade**
        sacar una buena nota **2.1**
gram el gramo **5.3**
grandchildren los nietos
granddaughter la nieta
grandfather el abuelo **1.3**
grandmother la abuela **1.3**
grandparents los abuelos **1.3**
grandson el nieto
grape la uva
gray gris
great grande **1.2**
green verde **1.2**
guitar la guitarra **2.3**
gymnasium el gimnasio **2.2**

hair el pelo **1.2**
hair dryer el secador de pelo **5.1**
half medio(a) **5.3**
    **half past** y media **2.2**
half-brother el medio hermano
half-sister la media hermana
ham el jamón **5.2**
hamburger la hamburguesa **2.2**
hand la mano **5.1**
handbag la bolsa **4.2**
handicraft la artesanía **4.2**
to happen pasar **2.1**
happily felizmente **5.2**
happy feliz **1.3,** alegre **3.1,**
    contento(a) **3.1**
hard difícil **2.1;** duro(a) **5.1**
hard-working trabajador(a) **1.2**
hat el sombrero **1.2**

to have tener **1.3**
    **to have just...** acabar de... **3.1**
    **to have to** tener que **2.1**
    **one has to** hay que **2.1**
he él **1.1**
head la cabeza **5.1**
health la salud
to hear oír **2.3**
heart el corazón **2.3**
Hello. Hola. **EP**
helmet el casco **3.2**
to help ayudar (a) **2.1**
    **Could you help me order?**
        ¿Me ayuda a pedir? **4.3**
hen la gallina **6.2**
her su **1.3**
here acá/aquí **4.1**
highway la carretera
his su **1.3**
history la historia **2.1**
hockey el hockey **3.2**
homework la tarea **2.1**
horse el caballo **6.2**
hot caliente **4.3**
    **to be hot** tener calor **3.3**
    **It is hot.** Hace calor. **3.3**
hotel el hotel **4.1**
house la casa **1.1**
how cómo **2.2**
    **How (fun)!** ¡Qué (divertido)! **1.2**
    **How are you?** *(familiar)* ¿Cómo
        estás? **1.1** *(formal)* ¿Cómo
        está usted? **1.1**
    **How is it going?** ¿Qué tal? **1.1**
    **How old is...?**
        ¿Cuántos años tiene...? **1.3**
    **Pardon, how do I get to...?**
        Perdona(e), ¿cómo llego
        a...? **4.1**
how much cuánto
    **How much do I tip?** ¿Cuánto le
        doy de propina? **4.3**
    **How much is (are)...?**
        ¿Cuánto cuesta(n)...? **4.2;**
        ¿A cuánto está(n)...? **5.3**
    **How much is it?** ¿Cuánto es? **4.3**
huge enorme **6.1**
to be hungry tener hambre **2.3**
to be in a hurry tener prisa **3.3**
husband el esposo

I yo **1.1**
ice el hielo
   **on ice** sobre hielo **3.2**
ice cream el helado **5.3**
if si **5.2**
in en **1.1**
   **in front (of)** delante (de) **4.1**
   **in order to** para **4.2**
included incluido(a)
   **Is… included?**
      ¿Está incluido(a)…? **4.3**
inexpensive barato(a) **4.2**
informal informal **6.1**
inside (of) dentro (de) **6.2**
instead of en vez de
intelligent inteligente **1.2**
interesting interesante **1.2**
interview la entrevista **6.1**
introduce: Let me introduce you
   *(familiar/formal)* to…
   Te/Le presento a… **1.1**
invitation la invitación **5.2**
to invite invitar
   **I invite you.** Te invito. **3.1**
to iron planchar **5.2**
its su **1.3**

jacket la chaqueta **1.2**
January enero **1.3**
jeans los jeans **1.2**
jewelry las joyas **4.2**
jewelry store la joyería **4.1**
journalist el (la) periodista **6.1**
juice el zumo **5.3**, el jugo
July julio **1.3**
June junio **1.3**
jungle la selva

key la llave **5.2**; la tecla
keyboard el teclado **2.1**
kilogram el kilo **5.3**

kitchen la cocina **5.2**
kite la chiringa
   **to fly a kite**
      hacer volar una chiringa
knife el cuchillo **4.3**
to know (a fact) saber **3.2**
   **to know someone**
      conocer a alguien **2.3**

lake el lago **3.3**
lamp la lámpara **5.2**
land la tierra
landscape el paisaje
language la lengua **4.3**
large grande **1.2**
last último(a) **6.2**
   **last month** el mes pasado **5.3**
   **last name** el apellido **EP**
   **last night** anoche **5.3**
   **last week** la semana pasada **5.3**
   **last year** el año pasado **5.3**
late tarde **2.1**
lately recientemente **5.2**
later luego **2.3**
   **See you later.** Hasta luego. **EP**,
      Nos vemos. **EP**
lazy perezoso(a) **1.2**
to learn aprender **2.3**
leather goods
   los artículos de cuero **4.2**
to leave salir **4.1**, irse **5.1**; **(behind)**
   dejar **3.1**
   **I want to leave a message for…**
      Quiero dejar un mensaje
      para… **3.1**
   **to leave a message**
      dejar un mensaje **3.1**
   **Leave a message after the tone.**
      Deje un mensaje después del
      tono. **3.1**
left la izquierda
   **to the left (of)**
      a la izquierda (de) **4.1**
leg la pierna **5.1**
lemonade la limonada **4.3**
less menos
   **less than** menos de **3.2**
   **less… than** menos… que **3.2**
lesson la lección **2.1**

Let's… Vamos a… **6.1**
letter la carta
   **to send a letter**
      mandar una carta **2.3**
lettuce la lechuga **4.3**
library la biblioteca **2.2**
life la vida **2.3**
to lift weights levantar pesas **3.2**
like (as) como
to like gustar
   **He/She likes…** Le gusta… **1.1**
   **I like…** Me gusta… **1.1**
   **I would like…**
      Me gustaría… **3.1**
   **Would you like…?**
      ¿Te gustaría…? **3.1**
   **You like…** Te gusta… **1.1**
to listen (to) escuchar **2.1**
liter el litro **5.3**
literature la literatura **2.1**
a little poco **2.1**
to live vivir **2.3**
living room la sala **5.2**
llama la llama **6.2**
long largo(a) **1.2**
to look at mirar **2.1**
to look for buscar **2.1**
to lose perder (ie) **3.2**
to be lucky tener suerte **3.3**
lunch el almuerzo **2.2**
   **to eat lunch** almorzar (ue) **4.2**
luxurious lujoso(a) **6.1**

magazine la revista **2.3**
mail carrier el (la) cartero(a) **6.1**
to make hacer **2.3**
   **to make the bed**
      hacer la cama **5.1**
man el hombre **1.1**
manager el (la) gerente **6.1**
many mucho(a) **1.1**
map el mapa **4.1**
March marzo **1.3**
market el mercado **4.2**
masterpiece la obra maestra
mathematics las matemáticas **2.1**
May mayo **1.3**

**maybe** tal vez
 **Maybe another day.**
  Tal vez otro día. **3.1**
**meal** la comida **2.3**
**meat** la carne **4.3**
**to meet** encontrar (ue) **4.2**
**meeting** el encuentro
**menu** el menú **4.3**
**message** el mensaje
 **I want to leave a message for…**
  Quiero dejar un mensaje
  para… **3.1**
 **to leave a message**
  dejar un mensaje **3.1**
 **Leave a message after the tone.**
  Deje un mensaje después del
  tono. **3.1**
**microwave** el microondas **5.3**
**midnight** la medianoche **2.2**
**milk** la leche **5.3**
**million** un millón **5.3**
**mirror** el espejo **5.1**
**Miss** la señorita **1.1**
**mixture** la mezcla
**modern** moderno(a) **6.1**
**moment** el momento
 **One moment.** Un momento. **3.1**
**Monday** lunes **EP**
**money** el dinero **4.2**
 **money exchange** el cambio **4.2**
**month** el mes **1.3**
**more** más **1.3**
 **more than** más de **3.2**
 **more… than** más… que **3.2**
**morning** la mañana **2.2**
 **during the morning**
  por la mañana **2.2**
 **Good morning.** Buenos días. **EP**
 **in the morning** de la mañana **2.2**
**mother** la madre **1.3**
**motorcycle** la moto(cicleta) **4.1**
**mountain** la montaña **3.3**
**mouse** el ratón **2.1**
**mouth** la boca **5.1**
**to move (the furniture)** mover
 (ue) (los muebles) **5.2**
**movie** la película **3.1**
 **to go to a movie theater**
  ir al cine **3.1**
**Mr.** el señor **1.1**
**Mrs.** la señora **1.1**
**much** mucho(a) **1.1**
 **as much as** tanto como **3.2**

**museum** el museo **2.3**
**music** la música **2.1**
 **music and video store** la tienda
  de música y videos **4.1**
**must: one must** hay que **2.1**
**my** mi **1.3**

**name** el nombre **EP**
 **His/Her name is…**
  Se llama… **EP**
 **My name is…** Me llamo… **EP**
 **What is his/her name?**
  ¿Cómo se llama? **EP**
 **What is your name?**
  ¿Cómo te llamas? **EP**
**narrow** estrecho(a) **6.1**
**near (to)** cerca (de) **4.1**
**necklace** el collar **4.2**
**to need** necesitar **2.1**
**neighbor** el (la) vecino(a)
**neither** tampoco **4.3**
**nervous** nervioso(a) **3.1**
**never** nunca **2.1**
**new** nuevo(a) **1.2**
**newspaper** el periódico **2.3**
**next to** al lado de **4.1**
**nice** simpático(a) **1.2**
 **It is nice outside.**
  Hace buen tiempo. **3.3**
 **Nice to meet you.**
  Mucho gusto. **EP**
**night** la noche **2.2**
 **at night** de la noche **2.2**
**nine** nueve **EP**
**nine hundred** novecientos(as) **5.3**
**nineteen** diecinueve **1.3**
**ninety** noventa **1.3**
**ninth** noveno(a) **6.2**
**no** no **EP**
**no longer** ya no **3.1**
**no one** nadie **4.3**
**none** ninguno(a) **4.3**
**noon** el mediodía **2.2**
**nor** ni
**normal** normal **5.2**
**normally** normalmente **5.2**
**nose** la nariz **5.1**
**not** no **1.1**
**notebook** el cuaderno **2.1**
**nothing** nada **4.3**

**novel** la novela **2.3**
**November** noviembre **1.3**
**now** ahora **1.3**
 **Right now!** ¡Ahora mismo! **2.1**
**nowadays** actualmente
**number** el número
 **What is your phone number?**
  ¿Cuál es tu teléfono? **EP**

**October** octubre **1.3**
**of** de
 **Of course!** ¡Claro que sí! **3.1,**
  ¡Cómo no! **4.1**
**to offer** ofrecer **6.1**
 **I can offer you…**
  Le puedo ofrecer… **4.2**
**office** la oficina **2.2**
**often** mucho **2.1,**
 frecuentemente **5.2**
**oil** el aceite **5.3**
**old** viejo(a) **1.3;** antiguo(a) **6.1**
 **How old is…?**
  ¿Cuántos años tiene…? **1.3**
**older** mayor **1.3**
**olives** las aceitunas **5.2**
**on** en **1.1,** sobre
 **on ice** sobre hielo **3.2**
 **on top (of)** encima (de) **6.2**
**once in a while**
 de vez en cuando **2.1**
**one** uno **EP**
**one hundred** cien **1.3**
**onion** la cebolla **5.3**
**only** sólo **1.3**
**open** abierto(a) **5.2**
**to open** abrir **2.3**
**operator** el (la) operador(a) **6.1**
**or** o **1.1**
**orange** anaranjado(a) **1.2**
**to order** pedir (i) **4.3**
 **Could you help me order?**
  ¿Me ayuda a pedir? **4.3**
**ordinary** ordinario(a) **6.1**
**other** otro(a) **1.2**
**ought to** deber **5.2**
**our** nuestro(a) **1.3**
**outdoors** al aire libre **3.2**
**outside (of)** fuera (de) **6.2**
**oven** el horno **5.3**

**P**

package el paquete **5.3**
to paint pintar **2.3**
pants los pantalones **1.2**
paper el papel **2.1**
parade el desfile
Pardon, how do I get to…?
    Perdona(e), ¿cómo llego
    a…? **4.1**
parents los padres **1.3**
park el parque **2.3**
party la fiesta **5.2**
to pass (by) pasar **2.1**
pasta la pasta **5.3**
pastry shop la pastelería **4.1**
patient paciente **1.2**
to pay pagar **4.2**
peas los guisantes
pen (enclosure) el corral **6.2**,
    (instrument) la pluma **2.1**
pencil el lápiz **2.1**
people la gente **2.3**
pepper la pimienta **5.3**
perfect perfecto(a) **4.2**
period la época
pharmacy la farmacia **4.1**
phone book
    la guía telefónica **3.1**
photographer
    el (la) fotógrafo(a) **6.1**
physical education
    la educación física **2.1**
piano el piano **2.3**
piece el pedazo **5.3**
picture la foto
    to take pictures sacar fotos **3.3**
pig el cerdo **6.2**
pineapple la piña
pink rosado(a) **1.2**
pitcher la jarra **4.2**
place el lugar **1.1**
plaid de cuadros **3.3**
plain sencillo(a) **6.1**
to plan pensar (ie) + *infinitive* **3.2**
plant la planta **3.3**
plate el plato **4.2**

to play tocar **2.3**; practicar **3.1**,
    jugar (ue) **3.2**
    to play sports
        practicar deportes **3.1**
    to play (the guitar, piano) tocar
        (la guitarra, el piano) **2.3**
player el (la) jugador(a)
please por favor **2.2**
pleased contento(a) **3.1**
    Pleased to meet you.
        Encantado(a). EP
pleasure
    It's a pleasure. Es un placer. EP
    The pleasure is mine.
        El gusto es mío. EP
poem el poema **2.3**
poetry la poesía **2.3**
police officer el (la) policía **1.1**
pork el puerco **5.3**
pork rinds los chicharrones **2.3**
portrait el retrato
post office el correo **4.1**
pot la olla **4.2**
potato la patata **5.3**, la papa
potter el (la) alfarero(a)
to practice practicar **3.1**
to prefer preferir (ie) **3.2**
to prepare preparar **2.1**
pretty bonito(a) **1.2**
price el precio **4.2**
printer la impresora **2.1**
problem el problema **2.3**
profession la profesión **6.1**
program el programa
purple morado(a) **1.2**
to put poner **4.3**
to put on (clothes) ponerse **5.1**
to put on makeup maquillarse **5.1**

**Q**

quality la calidad **4.2**
quarter cuarto(a) **5.3**
    quarter past y cuarto **2.2**
quick rápido(a) **5.2**
quickly rápidamente **5.2**
quiet: Be quiet! ¡Cállate! **5.3**
quiz la prueba **2.1**

**R**

race la carrera; la raza
racket la raqueta **3.2**
radio el radio **4.2**
radio-tape player
    el radiocasete **4.2**
rain la lluvia **3.3**
to rain llover (ue) **3.3**
raincoat el impermeable **3.3**
rarely rara vez **2.1**
to read leer **1.1**
ready listo(a) **4.3**
reason la razón **2.1**
to receive recibir **2.3**
recent reciente **5.2**
recently recientemente **5.2**
receptionist
    el (la) recepcionista **6.1**
recipe la receta
red rojo(a) **1.2**
redhead pelirrojo(a) **1.2**
refrigerator el frigorífico **5.3**
to remember recordar (ue) **4.2**
to rent a video alquilar un video **3.1**
to rest descansar **2.2**
restaurant el restaurante **4.3**
to retell contar (ue) **4.2**
to return regresar **3.1**, volver (ue)
    **4.2**; (an item) devolver (ue) **4.2**
    He/She will return later.
        Regresa más tarde. **3.1**
rhythm el ritmo
rice el arroz **4.3**
right
    to be right tener razón **3.3**
    to the right (of)
        a la derecha (de) **4.1**
ring el anillo **4.2**
river el río **3.3**
road el camino **4.1**
roasted asado(a)
room el cuarto **5.1**
rooster el gallo **6.2**
rule la regla
to run correr **1.1**

**S**

sad triste **3.1**
salad la ensalada **4.3**
salsa la salsa **4.3**
salt la sal **5.3**
same mismo(a) **2.1**
sandwich (sub) la torta **2.2**
Saturday sábado **EP**
sausage el chorizo **5.2**,
la salchicha **5.3**
to say decir **4.1**
**Don't say that!**
¡No digas eso! **1.2**
scarf bufanda **3.3**
schedule el horario **2.2**
school la escuela **2.1**, el colegio
science las ciencias **2.1**
scissors las tijeras **6.2**
screen la pantalla **2.1**
sea el mar **3.3**
to search buscar **2.1**
seasons las estaciones **3.3**
second segundo(a) **6.2**
secretary el (la) secretario(a) **6.1**
to see ver **2.3**
**May I see…?**
¿Me deja ver…? **4.2**
to sell vender **2.3**
semester el semestre **2.2**
to send a letter
mandar una carta **2.3**
September septiembre **1.3**
serious serio(a) **1.2**
to serve servir (i) **4.3**
to set the table poner la mesa **4.3**
seven siete **EP**
seven hundred setecientos(as) **5.3**
seventeen diecisiete **1.3**
seventh séptimo(a) **6.2**
seventy setenta **1.3**
shame: What a shame!
¡Qué lástima! **3.1**
shampoo el champú **5.1**
to share compartir **2.3**
to shave afeitarse **5.1**
she ella **1.1**
shepherd(ess) el (la) pastor(a) **6.2**
ship el barco **4.1**
shirt la camisa **1.2**

shoe el zapato **1.2**
shoe store la zapatería **4.1**
shopping
to go shopping ir de compras **3.1**
shopping center
el centro comercial **4.1**
short (height) bajo(a) **1.2**;
(length) corto(a) **1.2**
shorts los shorts **3.3**,
los pantalones cortos
should deber **5.2**
shrimp los camarones, las gambas
sick enfermo(a) **3.1**
silver la plata **4.2**
simple sencillo(a) **6.1**
to sing cantar **1.1**
sister la hermana **1.3**
six seis **EP**
six hundred seiscientos(as) **5.3**
sixteen dieciséis **1.3**
sixth sexto(a) **6.2**
sixty sesenta **1.3**
to skate patinar **1.1**
skateboard la patineta **3.2**
to skateboard
andar en patineta **3.2**
skates los patines **3.2**
to ski esquiar **3.2**
skirt la falda **1.2**
to sleep dormir (ue) **4.2**
to be sleepy tener sueño **3.3**
slow lento(a) **5.2**
slowly lentamente **5.2**
small pequeño(a) **1.2**
snack la merienda **2.2**
to have a snack merendar (ie) **3.2**
snow la nieve **3.3**
to snow nevar (ie) **3.3**
so entonces **2.3**
So-so. Regular. **1.1**
soap el jabón **5.1**
soccer el fútbol **3.2**
social studies
los estudios sociales **2.1**
sock el calcetín **1.2**
sofa el sofá **5.2**
soft drink el refresco **2.2**
some alguno(a) **4.3**
someone alguien **4.3**
to know, to be familiar
with someone conocer a
alguien **2.3**
something algo **4.3**

sometimes a veces **2.1**
son el hijo **1.3**
soon pronto **2.1**
sorry: I'm sorry… Lo siento… **4.1**
sound el sonido
soup la sopa **4.3**
souvenir el recuerdo
Spanish el español **2.1**
to speak hablar **2.1**
**May I speak with…?**
¿Puedo hablar con…? **3.1**
special especial **5.2**
specially especialmente **5.2**
spicy picante **4.3**
spoon la cuchara **4.3**
sport el deporte
to play sports
practicar deportes **3.1**
sporting goods store
la tienda de deportes **3.2**
spring la primavera **3.3**
squid los calamares **5.2**
stadium el estadio **3.2**
star la estrella **5.3**
stationery store la papelería **4.1**
steak el bistec **4.3**
stepbrother el hermanastro
stepfather el padrastro
stepmother la madrastra
stepsister la hermanastra
still todavía **4.3**
stomach el estómago **5.1**
store la tienda **2.3**
storm la tormenta **3.3**
stove la estufa **5.3**
straight ahead derecho **4.1**
street la calle **4.1**
string la cuerda
striped con rayas **3.3**
strong fuerte **1.2**
student el (la) estudiante **1.1**
to study estudiar **2.1**
subject la materia **2.1**
subway el metro **4.1**
success el éxito
sugar el azúcar **4.3**
summer el verano **3.3**
sun el sol **3.3**
to sunbathe tomar el sol **3.3**
Sunday domingo **EP**
sunglasses las gafas de sol **3.3**

**sunny: It is sunny.**
Hace sol. **3.3,** Hay sol. **3.3**
**suntan lotion** el bronceador **3.3**
**supermarket** el supermercado
**to go to the supermarket**
ir al supermercado **2.3**
**supper** la cena **2.3**
**to have supper** cenar **2.3**
**surfing** el surfing **3.2**
**surname** el apellido **EP**
**surprise** la sorpresa **5.2**
**to surprise** sorprender **5.2**
**survey** la encuesta
**sweater** el suéter **1.2**
**to sweep the floor**
barrer el suelo **5.2**
**sweet** dulce **4.3**
**sweet roll** el pan dulce **4.3**
**to swim** nadar **1.1**
**swimming pool** la piscina **3.2**

**T**

**T-shirt** la camiseta **1.2**
**table** la mesa **5.2**
**to clear the table**
quitar la mesa **5.1**
**to set the table** poner la mesa **4.3**
**to take** tomar **2.2**
**to take a bath** bañarse **5.1**
**to take a shower** ducharse **5.1**
**to take along** llevar **3.3**
**to take care of** cuidar (a) **2.3**
**to take out the trash**
sacar la basura **5.2**
**to take pictures** sacar fotos **3.3**
**to talk** hablar **2.1**
**tall** alto(a) **1.2**
**tape recorder** la grabadora **6.1**
**tasty** rico(a) **4.3,** sabroso(a) **5.3**
**taxi** el taxi **4.1**
**taxi driver** el (la) taxista **6.1**
**tea** el té **4.3**
**to teach** enseñar **2.1**
**teacher** el (la) maestro(a) **1.1**
**team** el equipo **3.2**
**telephone** el teléfono **3.1**
**television** la televisión
**to watch television**
ver la televisión **2.3**
**television set** el televisor **5.2**

**to tell** decir **4.1,** contar (ue) **4.2**
**Tell** *(familiar/formal)* **him or her**
**to call me.** Dile/Dígale que
me llame. **3.1**
**temperature** la temperatura **3.3**
**ten** diez **EP**
**tennis** el tenis **3.2**
**tenth** décimo(a) **6.2**
**terrible** terrible **1.1**
**test** el examen **2.1**
**textile** el tejido
**Thank you.** Gracias. **1.1**
**that** que; ese(a), eso **6.2**
**that (over there)**
aquel(la) **6.2;** aquello **6.2**
**that one** ése(a) **6.2**
**that one (over there)**
aquél(la) **6.2**
**theater** el teatro **2.3**
**their** su **1.3**
**then** entonces **2.3**
**there** allá/allí **4.1**
**there is, there are** hay **1.3**
**they** ellos(as) **1.1**
**thin** delgado(a) **1.2**
**thing** la cosa **4.1**
**to think** pensar (ie) **3.2;** creer **3.3**
**I think so. / I don't think so.**
Creo que sí/no. **3.3**
**third** tercero(a) **6.2**
**thirsty: to be thirsty** tener sed **2.3**
**thirteen** trece **1.3**
**thirty** treinta **1.3**
**this** este(a) **6.2;** esto **6.2**
**this one** éste(a) **6.2**
**thousand** mil **5.3**
**three** tres **EP**
**three hundred** trescientos(as) **5.3**
**Thursday** jueves **EP**
**time** el tiempo
**free time** el tiempo libre **3.1**
**(At) What time is…?**
¿A qué hora es…? **2.2**
**What time is it?**
¿Qué hora es? **2.2**
**tip** la propina **4.3**
**How much do I tip?** ¿Cuánto
le doy de propina? **4.3**
**tired** cansado(a) **3.1**

**to** a
**to the left (of)**
a la izquierda (de) **4.1**
**to the right (of)**
a la derecha (de) **4.1**
**today** hoy **EP**
**Today is…** Hoy es… **EP**
**What day is today?**
¿Qué día es hoy? **EP**
**together** juntos **4.2**
**tomato** el tomate **5.3**
**tomorrow** mañana **EP**
**See you tomorrow.**
Hasta mañana. **EP**
**Tomorrow is…** Mañana es… **EP**
**too** también **1.1**
**too much** demasiado(a) **4.2**
**tooth** el diente **5.1**
**toothbrush**
el cepillo de dientes **5.1**
**toothpaste** la pasta de dientes **5.1**
**tough** duro(a) **5.1**
**towel** la toalla **5.1**
**town** el pueblo **4.3**
**town square** la plaza **4.1**
**toy** el juguete
**traditional** tradicional **6.1**
**traffic** el tráfico **6.1**
**train** el tren **4.1**
**trash** la basura **5.2**
**to travel** viajar **4.1**
**to treat: I'll treat you.** Te invito. **3.1**
**tree** el árbol **3.3**
**trip** el viaje **4.1**
**true: It's true.** Es verdad. **1.2**
**truth** la verdad **2.2**
**Tuesday** martes **EP**
**to turn** doblar **4.1**
**to turn off the light**
apagar la luz **5.3**
**twelve** doce **1.3**
**twenty** veinte **1.3**
**twenty-one** veintiuno **1.3**
**two** dos **EP**
**two hundred** doscientos(as) **5.3**

**ugly** feo(a) **1.2**
**umbrella** el paraguas **3.3**
**uncle** el tío **1.3**

**under** debajo (de) **6.2**
**to understand** comprender **2.3**, entender (ie) **3.2**
**until** hasta **4.1**
**up** arriba **6.2**
**to use** usar **2.1**

**to vacuum** pasar la aspiradora **5.2**
**vacuum cleaner** la aspiradora **5.2**
**VCR** la videograbadora **4.2**
**vegetable** la verdura **5.3**
**vegetarian** vegetariano(a) **4.3**
**very** muy **1.3**
**video** el video **4.2**
  **to rent a video**
    alquilar un video **3.1**
  **video game** el videojuego **4.2**
**village** el pueblo **4.3**
**to visit** visitar **2.2**
**volleyball** el voleibol **3.2**

**to wait for** esperar **2.1**
**waiter** el mesero **4.3**
**waitress** la mesera **4.3**
**to wake up** despertarse (ie) **5.1**
**walk** el paseo
**to walk** caminar
  **to walk the dog**
    caminar con el perro **2.3**
**wall** la pared **5.2**
**wallet** la cartera **4.2**
**to want** querer (ie) **3.2**
**warm** caliente **4.3**
**to wash** lavar
  **to wash one's hair**
    lavarse la cabeza **5.1**
  **to wash oneself** lavarse **5.1**
  **to wash the dishes** lavar los platos **5.1**
**watch** el reloj **2.2**
**to watch** mirar **2.1**
  **to watch television**
    ver la televisión **2.3**
**water** el agua *(fem.)* **2.2**
**wave** la ola

**we** nosotros(as) **1.1**
**to wear** llevar **2.1**
  **What is he/she wearing?**
    ¿Qué lleva? **1.2**
**weather** el tiempo **3.3**
  **What is the weather like?**
    ¿Qué tiempo hace? **3.3**
**Wednesday** miércoles **EP**
**week** la semana **EP**
**weekend** el fin de semana
**weights: to lift weights**
  ilevantar pesas **3.2**
**welcome** bienvenido(a) **1.1**
  **You're welcome.** De nada. **1.1**
**well** bien **1.1**; pues **1.2**
  **(Not very) Well, and you**
    *(familiar/formal)*? (No muy)
    Bien, ¿y tú/usted? **1.1**
**what** cuál(es) **2.2**; qué **2.2**
  **What a shame!**
    ¡Qué lástima! **3.1**
  **What day is today?**
    ¿Qué día es hoy? **EP**
  **What is he/she like?**
    ¿Cómo es? **1.2**
  **What is your phone number?**
    ¿Cuál es tu teléfono? **EP**
**when** cuándo **2.2**; cuando **3.1**
**where** dónde **2.2**; **(to) where**
  adónde **2.2**
  **Could you tell me where… is?**
    ¿Puedes (Puede usted)
    decirme dónde queda…? **4.1**
  **Where are you from?**
    ¿De dónde eres? **EP**
  **Where is he/she from?**
    ¿De dónde es? **EP**
**which (ones)** cuál(es) **2.2**
**white** blanco(a) **1.2**
**who** quién(es) **2.2**
  **Who are they?**
    ¿Quiénes son? **1.3**
  **Who is it?** ¿Quién es? **1.3**
**Whose is…?** ¿De quién es…? **1.3**
**why** por qué **2.2**
  **That's why.** Con razón. **2.1**
**wide** ancho(a) **6.1**
**wife** la esposa
**to win** ganar **3.2**
**wind** el viento **3.3**
**window** la ventana **5.2**
**windy: It is windy.**
  Hace viento. **3.3**, Hay viento. **3.3**

**winner** el (la) ganador(a) **6.1**
**winter** el invierno **3.3**
**with** con **1.3**
  **with me** conmigo **3.1**
  **with you** contigo **3.1**
**without** sin **4.3**
**woman** la mujer **1.1**
**wool** la lana **6.2**
**work** la obra
**to work** trabajar **1.1**
**workshop** el taller **6.2**
**world** el mundo **1.1**
**worried** preocupado(a) **3.1**
**to worry: Don't worry!**
  ¡No te preocupes! **3.1**
**worse** peor **3.2**
**to write** escribir **1.1**
**writer** el (la) escritor(a) **6.1**

**year** el año **1.3**
  **He/She is… years old.**
    Tiene… años. **1.3**
**yellow** amarillo(a) **1.2**
**yes** sí **EP**
  **Yes, I would love to.**
    Sí, me encantaría. **3.1**
**yesterday** ayer **5.3**
**yet** todavía **4.3**
**yogurt** el yogur **5.3**
**you** tú *(familiar singular)* **1.1**,
  usted *(formal singular)* **1.1**,
  ustedes *(plural)* **1.1**,
  vosotros(as) *(familiar plural)* **1.1**
**young** joven **1.3**
**younger** menor **1.3**
**your** su *(formal)* **1.3**,
  tu *(familiar)* **1.3**,
  vuestro(a) *(plural familiar)* **1.3**

**zero** cero **EP**

# Índice

# Créditos

## Photography

i Private Collection, Tom Holton/SuperStock; **iv** School Division, Houghton Mifflin Company (t); **vi** Courtesy *¡Qué onda! Magazine* (r); **xii** School Division, Houghton Mifflin Company (b); **xiv** School Division, Houghton Mifflin Company (r); **xxii** School Division, Houghton Mifflin Company (t); **xxiii** School Division, Houghton Mifflin Company; Nancy Sheehan (+); **xxxiii** Patricia A. Eynon (tr); **xxxv** Larry Bussacca/Retna Ltd. (cr); **2** Nancy Sheehan (br); **3** Nancy Sheehan (tl, cl, bl); **4** Nancy Sheehan (tl); Peter Menzel (br); **5** Nancy Sheehan (t, c); **6** Peter Menzel (b); **7** Robert Frerck/Odyssey/Chicago (b); **8** School Division, Houghton Mifflin Company (tl); Nancy Sheehan (tr); **12** Guía telefónia 1998, ICE Telecommunicaciones, Costa Rica; School Division, Houghton Mifflin Company (c); **20** Nancy Sheehan; **23** SuperStock (bl); Ken O'Donahue (tr); Larry Busacca/Retna Ltd. (br); **26** Michael Newman/PhotoEdit (tr); **31** Michael Newman/PhotoEdit (bl); **34** Michael Newman/ PhotoEdit (cr); Patricia A. Eynon (br); **36** Dennie Cody **37** Alain Benainous/ Liaison International (cr); **42** Jim Whitmer; **43** Alain Banainous/Liaison International (br); Patricia A. Eynon (cl); **53** Richard Hutchings/Photo Researchers, Inc. (br); **56** Bob Daemmrich Photography (c); Courtesy *The Miami Herald* (cr); **58** Suzanne Murphy-Larronde; **62** KXTN Radio Station/San Antonio; Bob Daemmrich Photography (cr); Courtesy *¡Qué onda! Magazine* (bl, +); **63** Sygma (t); Courtesy *¡Qué onda! Magazine* (cr); Jak Kilby/Retna (b); **66** Courtesy *¡Qué onda! Magazine;* **70** Ken O'Donahue (background); **76** Barney/inStock (b); **78** Michael Newman/PhotoEdit (br); **79** Paul Barton/The Stock Market (tl); Jose L. Pelaez/The Stock Market (tr); Tim Theriault (mid cr); Rob Lewine/The Stock Market (cr); Blaine Harrington III/The Stock Market (br); **84** Patricia A. Eynon (r); Beryl Goldberg (l); **85** Robert Frerck/Odyssey Productions/Chicago (tl); Beryl Goldberg (r); **86** School Division, Houghton Mifflin Company (t); **87** School Division, Houghton Mifflin Company (t); **89** Patricia A. Eynon; **90** Bob Daemmrich Photography (r); **94** *The Flower Seller* by Diego Rivera, oil on masonite, 1942, Christie's Images/The Bridgeman Art Library (br); **95** courtesy, Ballet Folklórico (tr); UPI/Corbis (br); School Division, Houghton Mifflin Company (bc); **109** David Ryan/Photo 20-20 (b); **113** School Division, Houghton Mifflin Company; **128** School Division, Houghton Mifflin Company; **132** Albert Moldvay/National Geographic Society; **134** School Division, Houghton Mifflin Company (cr); **137** School Division, Houghton Mifflin Company; **146** Robert Frerck/Odyssey Productions/Chicago (br); **156** John Boykin/PhotoEdit (r); **157** J. P. Courau/DDB Stock Photo (tr); Susan Kaye (cr); Doug Bryant/ DDB Stock Photo (b); **158** Ed Dawson (c); North Wind Picture Archives (b); **159** Ed Dawson (tr); Sean Sprague (c); David Sanger Photography (cr); Beryl Goldberg (bl); **162** Chris Sharp/New England Stock Photo (br); **166** UPI/Corbis-Bettmann (t); Sharon Smith/ Photonica (bl); Harold Castro/FPG International & Ken O'Donahue (montage br); **167** Robert Frerck/ Odyssey Productions/Chicago (t, cr); United States Postal Service (cl); Farrell Grehan/Photo Researchers, Inc. (b); **180** Reuters Newsmedia, Inc./CORBIS; **184** Bob Daemmrich Photography (l); Ken O'Donahue (r); **185** Bob Daemmrich/Stock Boston (t); Robert Frerck/Odyssey Productions/ Chicago (cr); **186** Tony Freeman/PhotoEdit (t); David Simson/Stock Boston (cr); **188** Robert Frerck/Odyssey Productions/Chicago; **189** School Division, Houghton Mifflin Company; Steve Azzara/Liaison International (br); **192** Chris Brown/Unicorn Stock Photography & Dick Young/Unicorn Stock Photography (montage br); **193** Dave Nagel/Liaison International (cr); Scott Liles/ Unicorn Stock Photography (br); **197** Randy Wells/Tony Stone Images, Inc./PNI (bl); School Division, Houghton Mifflin Company (cr); **201** Suzanne Murphy/DDB Stock Photography (b); **204** School Division, Houghton Mifflin Company (tl); Randy Wells/Tony Stone Images, Inc./PNI (br); **206** Robert Frerck/Odyssey Productions/Chicago (+); **207** David Seelic/Allsport (c); John Todd/AP Photo (cr); **209** School Division, Houghton Mifflin Company (br); **210** Russell Gordon/Odyssey Productions/Chicago (r); **211** Bob Daemmrich Photography (tr, br); David Simson/Stock Boston (cr); **214** Ken O'Donahue (background); K. Scott Harris (cr); Nik Wheeler (br); **220** K. Scott Harris; **228** Thomas R. Fletcher/Stock Boston (br); Raymond A. Mendez/Animals Animals (+); **229** Jaime Santiago/DDB Stock Photography (tc); School Division, Houghton Mifflin Company (c); **230** Ken O'Donahue (background); **231** Ulrike Welsch (t); Brenda Matthiesen/Unicorn Stock Photography (cl); Thayer Syme/FPG International (cr); **235** Bruno Maso/ Photo Researchers, Inc.; **236** Puerto Rico Postcard Inc., St. Thomas, U.S. Virgin Islands; **238** Patricia A. Eynon (bl); School Division, Houghton Mifflin Company (t, br); **239** School Division, Houghton Mifflin Company (tl); The Granger Collection (tr); Gayna Hoffman (bl); *Woman Reaching for the Moon* by Rufino Tamayo, oil on canvas, 1946, The Cleveland Museum of Art, Gift of the Hanna Fund, 47.69 (br); **243** Dave G. Houser (tc); **246** Patricia A. Eynon (cr); Dave G. Houser (br); **249** Mark Richards/PhotoEdit (tcr); Ed Simpson/Tony Stone Images, Inc. (tr); Robert Fried (bl); Cameramann/The Image Works (bcl); **251** Patricia A. Eynon; **253** Pamela Harper/Harper Horticultural Slide Library; **256** Dave G. Houser (c); Tom Bean/DRK Photo (+); **257** Patricia A. Eynon (t); Rogers/ Monkmeyer Press (c, b); **260** Galyn C. Hammond; **274** Robert Frerck/Odyssey/Chicago; **275** School Division, Houghton Mifflin Company; **277** School Division, Houghton Mifflin Company (tr); Tom Trace/Tony Stone Worldwide, Ltd.; **281** School Division, Houghton Mifflin Company (tl, tc, bc); **287** Ken O'Donahue (r); **291** Ken O'Donahue (tl, cl, br); PhotoDisc (bl); **297** School Division, Houghton Mifflin Company (cr); Ken O'Donahue (br); **302** Joe Viesti/The Viesti Collection (bl); **305** Felicia Martinez/PhotoEdit; **306** James Schaffer/PhotoEdit (r); **310** The Granger Collection (t); P. G. Sclarinda/Black Star (bl); Tor Eigeland (br); **311** Robert Frerck/Odyssey (tc); A.G.E. FotoStock (br); **320** Bair/Monkmeyer Press (bc); Spencer Grant/PhotoEdit (tr); **326** Courtesy Sony Music Entertainment (Spain); **328** *Self Portrait with Palette,* Pablo Picasso/ARS/Spanish, Private Collection (bl); **329** *Maya with a Doll,* Pablo Picasso/Picasso Museum, Paris, France/Giraudon Paris/Superstock (tl); *Portrait of Jaime Sabartes,* Pablo Picasso/ARS/Giraudon/Art Resource/NY (c); Robert Frerck/Odyssey Productions/Chicago (r); **354** Tony Arruza/Tony Stone Images, Inc. (r); **382** Inga Spence/ DDB Stock Photo; **383** Robert Winslow/The Viesti Collection (tl); **395** Joseph F. Viesti/The Viesti Collection (t); **397** Dan McCoy/ Rainbow (tl); Richard Palsey/Stock Boston (cr); School Division, Houghton Mifflin Company; **398** Richard Palsey/Stock Boston (cr);

403 Llewellyn/Uniphoto; **404** Tony Freeman/PhotoEdit (r); **405** Michele and Tom Grimm/Tony Stone (tr); Sidney/Monkmeyer Press (br); **409** Mary Altier (cr); Robert Frerck/Odyssey Productions/Chicago (bl); **412** Dietrich C. Gehring/The Viesti Collection (br); **413** Bob Daemmrich/The Image Works (cr); Dorothy Littell Greco/Stock Boston (br); **415** Robert Frerck/Odyssey Productions/Chicago; **422** S. Aitchison/DDB Stock Photo (+); **438** Wolfgang Kaehler (bl); **440** School Division, Houghton Mifflin Company; **442** Robert Frerck/Odyssey Productions/Chicago; **444** Jeff Greenberg/PhotoEdit; **445** School Division, Houghton Mifflin Company (tl); Eric A. Wessman/The Viesti Collection (cr); Wolfgang Kaehler (b); **447** Jan Butchofsky-Houser (background); Robert Pettit/Dembinsky Photo Association (b); Inga Spence/DDB Stock Photo (tr); Robert Frerck/Odyssey Productions/Chicago (cr); **449** Mary Altier

All other photography: Martha Granger/EDGE Productions

## Illustration

Lisa Adams **203**

Gary Antonetti/Ortelius Design **xxvi–xxxi**

Fian Arroyo **83** (b), **155, 205, 227** (b), **307,322, 327, 399, 421** (r); **427, 451, R2**

Susan M. Blubaugh **160, 163, 247** (t), **249, 269, 280, 370**

Roger Chandler, Activity icons

Chris Costello **430** (+)

Naverne Covington **108, 148, 161, 177, 187, 279, 280**

Jim Deigen **353**

Mike Dietz **39, 183**

Elisee Goldstein **142** (+)

Nenad Jakesevic **358** (+)

Catherine Leary **45, 81, 91, 111, 133, 333, 355, 367, 443, R15, R17,** (r)

Jared D. Lee **255, 261, 274, 299, 319** (r)

John Lytle **48** (+), **59** (r), **264** (+)

Patrick O'Brien **330, 414, 446** (+); **R17** (r)

Steve Patricia **26** (+), **242** (+), **243, 415, 417**

Gail Piazza **15, 19, 223, 227** (t), **233, 318, R9** (l)

Matthew Pippin **98** (+), **170, 171, 192, 193, 386** (+)

Rick Powell **65** (b), **88, 200, 323, 344, 421** (l); **R5, R18**

Donna Ruff **31, 67, 83** (t), **120** (+), **377, 424, 425**

School Division, Houghton Mifflin Company **54, 55, 59** (l), **65** (t), **78, 220, 247** (b), **290, 319** (l), **340, 365, 379, R1, R6, R7, R8, R9** (r); **R10, R12, R14**

Stacey Shuitt **314** (+), **332**

Don Stewart **114, 219, 221**

Wood Ronsadille Harlin, Inc. **336** (+), **408** (+)

Rosario Valderamma **218**

Cris Reverdy, Caroline McCarty, Jackie Reeves for Yellow House Studio **10**

Farida Zaman **286** (+)